Werner Heinz/Salomon Korn

Sozialtherapie als Alibi?

Materialien zur
Strafvollzugsreform

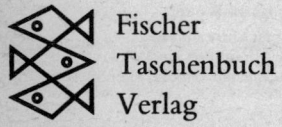
Fischer
Taschenbuch
Verlag

Originalausgabe

Fischer Taschenbuch Verlag
Oktober 1973

Umschlagentwurf: Jan Buchholz/Reni Hinsch
unter Verwendung eines Fotos (Foto: Harro Wolter)

Fischer Taschenbuch Verlag GmbH, Frankfurt am Main
© Fischer Taschenbuch Verlag GmbH, Frankfurt am Main 1973
Gesamtherstellung: Hanseatische Druckanstalt GmbH, Hamburg
Printed in Germany
ISBN 3 436 01658 6

Inhalt

Vorbemerkung

Am 1. Januar 1975 tritt das ›Zweite Gesetz zur Reform des Strafrechts‹ in Kraft. Ein Kernstück dieses Gesetzes ist als neue ›Maßregel der Besserung und Sicherung‹ (§ 61) die Unterbringung eines in § 65 näher definierten Täterkreises in ›sozialtherapeutischen Anstalten‹.*

Im Mittelpunkt der folgenden Beiträge stehen diese neue ›Maßregel‹, die mit ›Sozialtherapie‹ bezeichneten Behandlungsverfahren sowie vorhandene ›sozialtherapeutische‹ Modelleinrichtungen in der BRD.

Infolge des besonderen Verhältnisses von Gesellschaftssystem und Kriminalität bliebe die Behandlung dieses Themas jedoch eindimensional, würde sie nicht den Versuch unternehmen, vorab bestimmte Abhängigkeiten zwischen den Bedingungen des kapitalistischen Systems und ›abweichendem Verhalten‹ bzw. Kriminalität skizzenhaft aufzuzeigen. Damit ist die Absicht unserer Vorgehensweise angedeutet, Phänomene der Kriminalität im gesellschaftlichen Kontext zu betrachten, um sie als Variable bestimmter aus diesem Kontext erklärbarer Determinanten zu begreifen und nicht als Naturkonstanten.

Das weitgehende Fehlen zusammenhängender Theorien von Gesellschaft und Kriminalität sowie von Sozialisation und ›abweichendem Verhalten‹ erforderte an einigen Stellen die Übernahme von Hypothesen. Ein solches Vorgehen erschien uns jedoch sinnvoller, als die Diskussion – wie zum Teil in neueren Arbeiten der deutschen Kriminologie üblich (siehe Exkurs: ›Der Mangel an Theorie‹, S. 110ff) – durch das Aufzählen vieler zusammenhangloser Fakten zu blockieren. Die Arbeit beginnt daher mit einer längeren theoretischen Einführung, auf die alle folgenden Abschnitte rückzubeziehen sind, auch wenn dies in der streckenweise ›immanent‹ geführten Diskussion nicht immer explizit geschieht.

Der erste Abschnitt des ersten Teils geht auf das Verhältnis von schichtspezifischer Sozialisation und ›abweichendem Verhalten‹

---

* Zunächst war der 1. Oktober 1973 für das Inkrafttreten vorgesehen gewesen. Vier Monate vor diesem Termin hat der Bundestag den Vorschlag des Vermittlungsausschusses gebilligt, den Termin bis zum 1. Januar 1975 auszusetzen. Die Teilbestimmung über die Einrichtung sozialtherapeutischer Anstalten soll sogar erst am 1. Januar 1978 wirksam werden.
Diese Änderungen konnten in der vorliegenden Arbeit nicht mehr im einzelnen berücksichtigt werden, da der Band redaktionell bereits abgeschlossen war; inhaltliche Korrekturen wären ohnehin nicht notwendig gewesen.

ein. Aus Gründen der Übersichtlichkeit wurde in einzelnen Passagen eine undialektische Betrachtungsweise mit zum Teil idealtypischen Modellen gewählt. Aufgehoben wird dieses Vorgehen durch den zweiten Abschnitt, der sich mit dem Verhältnis von Gesellschaftssystem und Gewalt befaßt und im ersten Abschnitt nicht dargelegte Interdependenzen aufzeigt.

Im zweiten Teil werden die Entstehungsgeschichte und wesentliche Punkte der neuen ›Maßregel der Besserung und Sicherung‹ einer kritischen Betrachtung unterworfen.

Anschließend wird versucht, den bisher vagen, von gesellschaftlichen Bezügen meist losgelösten Begriff ›Sozialtherapie‹ mit Inhalt zu füllen und daran anknüpfend seine problematische Anwendung in der Praxis näher zu beleuchten sowie die Ursachen der sehr diffusen Vorstellungen zu untersuchen, die diesen Begriff begleiten. Eine Übersicht über ›sozialtherapeutische‹ Verfahren und ihre Eignung für die Behandlung von Delinquenten schließen diesen Teil ab.

Kernstück des dritten Teils bilden die Beschreibungen der bisher in der BRD vorhandenen ›sozialtherapeutischen‹ Modellanstalten. Vorangestellt sind zur Orientierung ihre wichtigsten ausländischen Vorbilder sowie die wesentlichsten bisher in der Literatur aufgestellten Forderungen an sozialtherapeutische Anstalten.

Auch wenn wir darauf bedacht waren, Wiederholungen zu vermeiden, lag es dennoch in unserer Absicht, hin und wieder den gleichen Aspekt unter verschiedenen Blickwinkeln zu betrachten. Auf diese Weise wurde versucht, der Verschiedenartigkeit zweier Autoren Rechnung zu tragen und gleichzeitig Schnittpunkte der Gedankengänge als wesentliche Stellen dieser Beiträge bestehen zu lassen – wobei wir jedoch keineswegs den Anspruch erheben, eine in sich geschlossene Arbeit ohne die eine oder andere Bruchstelle vorzulegen.

Werner Heinz schrieb folgende Abschnitte: Sozialcharakter; Unterbringung in einer Sozialtherapeutischen Anstalt – 2. StrRG; Haus Sommerberg; Hamburg-Bergedorf; Düren.

Salomon Korn: Sozialisation und ›abweichendes Verhalten‹; ›Sozialtherapie‹; Die Praxis der ›sozialtherapeutischen‹ Modelleinrichtungen in der BRD – Übersicht; Hohenasperg.

Frankfurt, Sommer 1973   W. H./S. K.

Erster Teil: **Kriminalität und Gesellschaft**

I. Sozialisation und ›abweichendes Verhalten‹

1. Bedingungen der Sozialisation

»Die Sozialisation ist ein in Lernstufen verlaufender Prozeß, in dem das Individuum zu einem sozial handelnden Subjekt ausgebildet wird. In diesem Prozeß stehen individuelle Ansprüche gesellschaftlichen Erwartungen gegenüber. Die individuellen Ansprüche können allgemein als vitale Bedürfnisse bezeichnet werden, die als spezifische aus den unterschiedlichen Entwicklungsphasen resultieren. Die gesellschaftlichen Erwartungen können sich als Verhaltensvorschriften, Leistungsanforderungen und Sanktionen darstellen, die als spezifische aus den unterschiedlichen Normen und Werten eines kulturellen Systems resultieren. Ziel der Sozialisation ist es, in dem Individuum Möglichkeiten zu fördern, aufgrund derer es seine individuellen Bedürfnisse mit den gesellschaftlichen Erwartungen derart in Einklang bringen kann, daß ein handlungsfähiges Subjekt entsteht« (Soz. statt Strafe, 1971, S. 35).

Die von Kultur- und Sozialanthropologie in anderen Kulturkreisen vorgefundenen Variationen menschlicher Verhaltensformen sind so vielfältig, daß der Nachweis spezifischer, in allen Gesellschaften gleich auftretender Verhaltensweisen nahezu unmöglich ist. Weder die in unserer Gesellschaft charakteristische Einstellung zum Eigentum noch die in unserem Kulturkreis definierten Rollen von Mann und Frau oder gar die uns vertraute Einstellung zu Ehe und Sexualität können durchgehend beobachtet werden (vgl. Mead, 1970; Malinowski, 1962).

Unmittelbarer als die Kulturanthropologie belegt die Zwillingsforschung, daß unterschiedliche Umweltbedingungen auch innerhalb desselben Kulturkreises divergierendes Verhalten erzeugen. So zeigte sich bei den systematischen Untersuchungen von H. H. Newman an früh getrennten, körperlich gesunden eineiigen Zwillingen, daß die »psychischen Differenzen zwischen den Paarlingen um so ausgeprägter auftraten, je größer die Unterschiede der Pflegestellen waren« (Richter, 1969, S. 35). Der Nachweis war erbracht, »daß die beträchtlichen psychischen Divergenzen aus äußeren Ursachen entstanden waren« (ebd.).

Gerade die letzten Befunde zeigen, daß die ›Variationsbreite‹ sozialer Verhaltensweisen nicht biologisch, etwa durch ›Rassenunterschiede‹, sondern allein durch die modellierbare ›Plastizität‹

des Menschen zu erklären ist. Das Fehlen hochentwickelter Instinkte, die das Tier an begrenzte Handlungskreisläufe binden, bedeutet für den Menschen Freiheit von begrenzten Reaktionen und Notwendigkeit langer Lernprozesse. Seine Instinktarmut zwingt den ›weltoffenen‹, unangepaßten, unspezialisierten Menschen zum Zusammenschluß mit seinesgleichen und zur Ausbildung einer von der Natur abgelösten ›zweiten Natur‹. Mit Hilfe sozialer Normen wird willkürliches, unberechenbares Reagieren abgebaut und die Voraussehbarkeit menschlichen Handelns als Voraussetzung gesellschaftlicher Zusammenarbeit erreicht. ›Institutionalisiertes Verhalten‹ (Berger, Luckmann, 1969, S. 56 ff) wird in dem Maße notwendig, wie es gilt, durch allgemeinverbindliches, standardisiertes Verhalten Entscheidungen vor jeder Handlung überflüssig zu machen, um dafür im Gegenzug ›Freiheit‹, z. B. für schöpferische Tätigkeiten, einzutauschen.

Art und Breite des Spielraums von Normkonformität und Freiheit sind, wie oben angedeutet, in verschiedenen Gesellschaftsformen unterschiedlich bemessen: je nach den herrschenden Traditionen, Wertvorstellungen und Interessen wird das Verhalten des Neugeborenen in die von der jeweiligen Gesellschaft erwünschte, als ›normal‹ und ›natürlich‹ definierte Richtung zu lenken versucht. Spätestens hier offenbart sich der politische Charakter der Sozialisation: sie »zielt nicht einfach darauf ab, ein Kind zu einem sozialen Wesen oder zum Mitglied einer bestimmten Gesellschaft zu formen, sondern auch und vor allem darauf, die Struktur dieser Gesellschaft von Generation zu Generation zu konservieren« (Huch, 1972, S. 19). Das Interesse, vorhandene Zustände zu wahren, liegt zunächst bei den von dieser Struktur Profitierenden: da dies nicht offenkundig werden soll, wird – undialektisch gesprochen – versucht, den herrschenden Zustand als ›natürlich‹ oder ›im Sinne des Volkswohles‹ auszugeben – bis ihn schließlich alle, auch die Herrschenden selbst, in diesem Sinne verinnerlicht haben.

Ohne Erhellung der jeweiligen sozio-ökonomischen Struktur und der sie steuernden Interessen bleiben die Determinanten der Sozialisation, d. h. die Ursachen ihres je spezifischen Verlaufes mit seinen unterschiedlichen Folgen, im Dunkeln und weiterhin Naturkategorien verhaftet.

2. Die Klassengesellschaft der BRD

In der Bundesrepublik leben heute mehr als 14 Millionen Menschen in Armut, darunter 5 Millionen Erwerbstätige und Familien mit einem monatlichen Einkommen unter DM 600, von denen 2,6 Millionen mit weniger als DM 300 im Monat auskommen müssen, und 5,4 Millionen Rentenabhängige mit monatlichen Renten bis DM 350, von denen 3,6 Millionen weniger als DM 250 erhalten (Roth, 1971, S. 70). 800000 Familien leben in Baracken; 7 Millionen Wohnungen haben weder Bad noch Toilette; 1,9 Millionen Wohnungen sind weder an die Kanalisation noch an eine Hauskläranlage angeschlossen (S. 49). 30% der männlichen Erwerbspersonen (4,8 Millionen) haben keine Berufsausbildung (S. 116), etwa 10 bis 14% der Gesamtbevölkerung (6 bis 10 Millionen) »leidet an psychischen Krankheiten, die sie in ihren wichtigsten sozialen Funktionen erheblich behindern« (S. 100). So sind nach übereinstimmenden Schätzungen »etwa die Hälfte aller Patienten in der Allgemeinpraxis in erster Linie nicht körperlich, sondern psychisch krank [. . .]. Sie ahnen nicht, daß ihre Symptome (Kopfschmerzen, Magen- und Herzbeschwerden – Verf.) die Signale für Neurosen, Depressionen oder gar schwere Psychosen sind« (FR, 1. 3. 1973). Die Annahme, daß Ausbeutung heute nicht immer unmittelbar als materielle Armut in Erscheinung tritt, sondern die Form ›massenhafter psychischer Verelendung‹ annimmt (SPK, I, S. 1), scheint durchaus plausibel zu sein.

Die dennoch oft gehörte Feststellung, ›dem Arbeiter ging es noch nie so gut wie heute‹, ist nur dann richtig, wenn man unterentwickelte Länder oder menschenunwürdige Zustände des 19. Jahrhunderts zum Vergleich heranzieht. Werden die Verhältnisse am gesellschaftlich erzeugten Reichtum eines hochentwickelten Industriestaates des 20. Jahrhunderts und an den Mitteln der Bedürfnisbefriedigung, die der Armut gegenüberstehen, gemessen, dann entlarven solche Äußerungen verborgene Interessen: Von 1950 bis 1971 stieg das Volkseinkommen von DM 76,9 Milliarden auf DM 582,7 Milliarden. Im gleichen Zeitraum erhöhte sich die Zahl der unselbständigen Erwerbstätigen von 13,7 Millionen (68,4% aller Erwerbstätigen) auf 22,6 Millionen (= 83,1%). 1971 erhielten 83,1% der Erwerbstätigen DM 267,25 Milliarden an Nettolöhnen und Gehältern, also lediglich 45,8% des Volkseinkommens von DM 582,7 Milliarden. Bereits 1950 erhielten 68,4% der Erwerbstätigen 46,3% des Volkseinkommens, also mehr als 83,1% im Jahre 1971. Der prozentuale Anteil der Lohn- und Gehaltsempfänger am Volkseinkommen ist von 1950 bis 1971 nicht gleichgeblieben (oder gar gestiegen) – mehr Erwerbstätige erhielten einen geringeren Anteil als 1950 –, sondern deutlich gesunken (Sachverständigenrat zur Begutachtung der gesamtwirtschaftlichen Entwicklung, Jahresgutachten 1972/73, S. 204–210, Tabellen 57, 58, 60, 61); dabei bleibt noch unberücksichtigt, daß in der Statistik der Verdienst eines Generaldirektors oder Managers auf der Seite der unselbständigen Erwerbstätigen verbucht wird, das ›Einkommen‹ eines Hausierers oder Würstchenverkäufers sich statistisch auf der Seite der Unternehmer niederschlägt. »Durch

dieses Verfahren werden beide Seiten einander statistisch näher-
gebracht: das durchschnittliche Unternehmereinkommen wird
durch den Würstchenverkäufer herabgedrückt, das durchschnittliche Arbeitnehmereinkommen durch den Manager angehoben«
(Huffschmid, 1969, S. 12).
1966 verfügten rund 2% aller privaten Haushalte über 32%
des Gesamtvermögens und $1,7\%$ der privaten Haushalte über
74% des Produktivvermögens (Siebke-Gutachten). In den Jahren
1957, 1961 und 1967 produzierten 1% der Betriebe in der BRD,
die fast 40% aller in der Industrie tätigen Arbeitnehmer beschäftigen, 40% des Industrieumsatzes (Huffschmid, 1969, S. 39–41).
Daß dieses Übergewicht der Großen über die Kleinen von Jahr zu
Jahr wächst, die vielgepriesene ›freie‹ Marktwirtschaft damit
langsam unterhöhlt wird, geht u. a. aus den Mitteilungen des
Bundeskartellamtes hervor: »Im Jahre 1972 hat sich der Konzentrationsprozeß im Vergleich zum Jahre 1971 wieder beschleunigt.
1972 wurden 269 Unternehmenszusammenschlüsse nach § 23
des Gesetzes gegen Wettbewerbsbeschränkungen (GWB) beim
Bundeskartellamt angezeigt. Damit wurde die Gesamtzahl des
Jahres 1971 (220) um 49 Konzentrationsfälle überschritten« (Bundeskartellamt, Presseinformation Nr. 7/73). »Im 1. Quartal des
Jahres 1973 sind bereits 98 Unternehmenszusammenschlüsse [...]
beim Bundeskartellamt angezeigt worden. Damit wurde die Zahl
von Fusionen im vergleichbaren Zeitraum des Jahres 1972 (97)
bereits übertroffen [...]« (Bundeskartellamt, Presseinformation
Nr. 21/73).
»Einkommen und Vermögen in der BRD konzentrieren sich nach
wie vor in den Händen einer kleinen Schicht der Bevölkerung
[...]. Kapital- und Betriebskonzentration entstehen nicht nur in
der Hand der reichsten Leute, sondern saugen auch als quasi-
autonome Organisationen das Eigentum der Besitzer geringerer
Vermögensmengen auf« (Huffschmid, 1969, S. 64). Dieser systembedingte Kapitalverwertungsprozeß macht die breite Bevölke-
rungsmasse mehr und mehr von Produktionsentscheidungen pri-
vater Kapitaleigner abhängig, die stets im Interesse der Vermeh-
rung bereits konzentrierter Privatvermögen gefällt werden, und
nicht, wie gerne vorgetäuscht, im Sinne des Allgemeinwohls. Die
Verfügungsgewalt einiger weniger über den gesellschaftlichen
Reichtum trifft den eigentlichen Produzenten dieses Reichtums
am härtesten: »Der Arbeiter muß heute wie vor hundert Jahren
Arbeitskraft verkaufen; er bekommt dafür einen Lohn, den er wie
vor hundert Jahren zum größten Teil verbrauchen muß, so daß er
immer wieder sich gezwungen sieht, seine Arbeitskraft zu verkaufen« (S. 24).
Staatliche Dementis über nicht-vorhandene Armut in der BRD,
stetige Wiederholungen, es gebe kein System mit so viel Freiheiten
(für wen?) wie die ›soziale (?) Marktwirtschaft‹, populäre Thesen

von der ›nivellierten Mittelstandsgesellschaft‹ (Schelsky, 1958), angebliche ›soziale Mobilität‹ und Behauptungen, es gebe kein materielles Elend in diesem Staat, sind Ideologien, die nicht darüber hinwegtäuschen können, daß in der BRD eine Klassengesellschaft existiert. Das Fehlen eines ausgeprägten Klassenbewußtseins in der Unterschicht widerlegt nichts an diesem Tatbestand.

Während ›Klasse‹ die objektive gesellschaftlich-ökonomische Lage bestimmter sozialer Gruppen meint, »die durch das *Merkmal von Herrschaft*, das heißt, durch das Verhältnis von Arbeit und Aneignung geschieden sind« (Hofmann, 1969, S. 34), gehört das Gefüge der ›Schicht‹ »dem äußeren Erscheinungsbild des gesellschaftlichen Lebens an« (S. 35). »Ihrem Wesen nach sind die beiden großen gesellschaftlichen Gruppen der erwerbswirtschaftlichen Ordnung, Kapitalverwerter und Unselbständige, vom Typus sozialer *Klassen* [...]. Die eine Klasse arbeitet für die Zwecke der anderen; sie kann unter den Bedingungen unserer Ordnung sich selbst nur erhalten, indem sie die Verwertung und Vergrößerung des Kapitalbestandes der anderen sozialen Gruppen besorgt.

Das nur durch deutende Vertiefung zu erschließende elementare Grundverhältnis zweier gesellschaftlicher Klassen wird überdeckt durch das bunte Erscheinungsbild zahlreicher sozialer *Schichten*. So zerfallen beide Klassen in mannigfache Sondergruppen mit ihren eigenen Interessen und Interessenspannungen: die kapitalverwertende Seite läßt sich einteilen in industrielle, Transport-, Bank- und Handelsinteressenten und deren zahlreiche Untergruppierungen, oder auch in Klein- und Großunternehmungen mit ihren keineswegs sich deckenden Partikularwünschen u. a. m. Die Beschäftigten unterscheiden sich in Arbeiter, Angestellte und Beamte, und auch hier sind bedeutende Unterteilungen sowie gelegentliche Interessenkollisionen im einzelnen möglich« (S. 63).

Schicht- und Klassenstruktur einer Gesellschaft sind somit nicht identisch: sowohl Unterschicht, zu der unterste Angestellte und Beamte sowie praktisch die gesamte Arbeiterschaft zu zählen sind, als auch Mittelschicht, die sich vor allem aus leitenden und mittleren Angestellten und Beamten sowie hochqualifizierten Arbeitern zusammensetzt (vgl. Bolte, 1967, S. 296f), zählen zur Klasse der Unselbständigen, die von der Verfügung über Produktionsmittel ausgeschlossen ist. Die Tatsache, daß beide Schichten vom Verkauf ihrer Arbeitskraft leben müssen – im Gegensatz zum Kapitalisten kein Kapital für sich arbeiten lassen können –, führt dazu, daß die Arbeit, d. h. ihre spezifische Arbeitsplatzsituation, eine ›existentielle‹ Bedeutung für sie bekommt.

Im folgenden wird aufgezeigt, wie die unterschiedliche Stellung der Unter- und Mittelschicht im Produktionsprozeß ihr jeweiliges Sozialverhalten schichtspezifisch prägt und welche tiefgreifenden Folgen dies für den Sozialisationsprozeß hat. Dabei wird der Ein-

fachheit halber ein dichotomisches Schichtmodell benutzt, das
global in Unter- und Mittelschicht teilt, ohne jeweils in obere,
mittlere und untere Gruppierungen zu differenzieren (vgl. Gottschalch u. a., 1971, S. 71 ff). Aus dem gleichen Grunde sind die
nachstehenden schichtspezifischen Sozialisationsbedingungen zunächst idealtypisch, ohne Überschneidungen und gegenseitige
Einflüsse dargestellt worden.
Hinzuweisen wäre noch auf den Umstand, daß die Gegenüber-
stellung von Unter- und Mittelschicht keine Wertungen etwa
zugunsten der Mittelschicht beinhaltet. Es wäre falsch, die Bedingungen und den Prozeß der Mittelschichtsozialisation als idealtypisch zu begreifen. Gegen Ende dieses Abschnittes soll deutlich
werden, daß die Annäherung der Sozialisation der Unterschicht
an die der Mittelschicht keineswegs wünschenswert ist, weil
systembedingte Widersprüche damit nicht aufgehoben, sondern
›neutralisiert‹ und verschleiert werden.

3. Arbeitsplatzsituation

a) UNTERSCHICHT

»Die demokratischen Rechte hören an der Schwelle der Betriebe
auf; sobald man durch ein Werktor geht, tritt man in eine autori-
täre und absolutistische Gesellschaft ein, die so repressiv und starr
von oben nach unten organisiert ist wie die Armee. Am Werktor
enden die bürgerlichen Rechte – enden Versammlungsfreiheit,
Redefreiheit, Pressefreiheit« (Jaeggi, 1969, S. 58).
Als wesentliche Merkmale der Arbeitsplatzsituation der Unterschicht werden genannt: Unterordnung unter fremde Autorität
und standardisierte Regeln, monoton-repetitiver Umgang mit
Sachen, »Entscheidungsohnmacht in der Verfügung über Bedingungen, Inhalt und Ablauf ihrer Arbeit (Fließbandarbeit – Verf.)«
(Caesar, 1972, S. 31). Permanente Kontrollen, ein von Maschinen
diktierter Arbeitsrhythmus, ununterbrochener Lärm, körperlich-
nervliche Belastungen, Zeitdruck bei Akkordarbeit und vom Be-
triebsrat angeordnete Überstunden, gegen die es kein Weige-
rungsrecht gibt, tragen zum vorzeitigen Verschleiß des Arbeiters
bei (Huch, 1972, S. 33–36) (Zur Kritik solcher u. ä. Aufzählungen
siehe Gottschalch u. a., 1971, S. 21 und 78).
Die vollständige Entqualifizierung und Funktionalisierung des
Arbeiters, seine Reduzierung auf die ›Ware Arbeitskraft‹, verhindern die Identifikation mit seiner Berufssphäre. Die ständige Ein-
engung seiner Erfahrungsmöglichkeiten führen zu Apathie,
Resignation und Fatalismus und lassen schließlich seine Denk- und
Kritikfähigkeit verkümmern. »Daß das Bewußtsein und damit

auch die psychische Gesundheit Ausdruck der kapitalistischen Produktion ist, beweisen alle vorhandenen Untersuchungen« (S. 79).

b) MITTELSCHICHT

Während der Arbeiter »im Betrieb hoffnungslos ›unten‹ ist und deshalb auch die Gesellschaft dichotomisch in zwei Blöcke – unten die Arbeiter, oben die ›anderen‹ – zerfallen sieht, kennt der Angestellte (als Repräsentant der Mittelschicht – Verf.) im Betrieb sehr wohl ein Oben, das sich über ihm, und ein Unten, das sich unter ihm befindet; deshalb stellt er sich die Gesellschaft hierarchisch aufgebaut vor und ordnet sich selbst in der Mitte ein« (Huch, 1972, S. 49). Im Gegensatz zum resignierenden Arbeiter ist er, der sich der Firmenleitung näher fühlt, aufstiegsorientiert, was sinngemäß für die gesamte Mittelschicht gilt.

Die beruflichen Positionen der Mittelschicht sind in erster Linie durch nicht-manuelle Tätigkeiten gekennzeichnet: Gebrauch von Symbolen (Schreib- und Rechentätigkeit), Ideen (Planungs- und Entscheidungtätigkeit), Umgang mit Personen (Führen von Verhandlungen), relativ selbständige Einflußnahme auf Arbeitsbedingungen und -ablauf sowie Einsicht in die Struktur des Arbeitsplatzes (Caesar, 1972, S. 27), wobei einschränkend hinzugefügt werden muß, daß diese Einsichten formaler Art und keineswegs identisch mit Einsichten in die objektive Arbeitsplatzsituation sind. Dennoch darf angenommen werden, daß die beruflichen Tätigkeiten der Mittelschicht, insbesondere der mittleren und oberen, eher »Objekte positiver Identifikation und Quelle subjektiver Befriedigung (sind)« (ebd.), als dies in der Unterschicht der Fall ist.

4. Schichtspezifische Wertorientierung und Sprachverhalten

Daß ›Werte‹ schichtspezifisch sind und »außerordentlich signifikante Zusammenhänge zwischen Sozialschicht (ihrer Arbeitswelt – Verf.) und bestimmten Wertorientierungen« bestehen, haben parallele Untersuchungen in Italien und den USA belegt (vgl. Huch, 1972, S. 75 ff).

a) UNTERSCHICHT

Unterordnung unter fremde Autorität, strenge Überwachung am Arbeitsplatz und eine Tätigkeit ohne Entscheidungsspielraum nö-

tigen dem Angehörigen der Unterschicht Gehorsam und Unterwerfung als Werte auf, die bis zu einem gewissen Grad verinnerlicht sein müssen, wenn er als der Schwächere nicht ständig Konflikte mit mächtigeren Kontrollorganen austragen will. Seine
Resignation läßt »Initiativen, die auf Aufstieg in Betrieb und Gesellschaft abzielen, nicht nur als aussichtslos, sondern oft geradezu
als abweichendes Verhalten erscheinen« (S. 79).

Die Stabilität der Arbeitssituation und Kontinuität des Einkom-
mens schlagen sich in einer »eher konservativen Einstellung nieder,
die auf Vermeidung von Risiken, Verteidigung des Bestehenden
und Abwehr von Veränderungen gerichtet ist« (Caesar, 1972,
S. 33), was herrschenden Interessen durchaus entgegenkommt und
von diesen wiederum verstärkt wird.

Angesichts ihrer unsicheren Lebensbedingungen »erscheint es den
Angehörigen der Unterschicht wenig sinnvoll, jede Handlung
als Investition für die Zukunft zu betrachten« (S. 33). Kurzfristiges
Planungsverhalten, Ausnutzung aller gegenwärtig sich bietenden
Möglichkeiten und Angst vor Befriedigungsaufschub (›deferred
gratification pattern‹) sind weitere Merkmale der in der Unterschicht herrschenden Wertvorstellungen.

»Wo die (heute kaum noch vorhandenen – Verf.) kollektiv solidarischen Verhaltensmuster in politische Aktionen umschlugen,
die eine grundlegende Veränderung der Situation des Arbeiters
anstrebten, wurden sie im Interesse des Bürgertums zerschlagen.
Wesentlich von solidarischen Verhaltensweisen bestimmt sind
daher nur die für das Kapital ungefährlichen erweiterten Ver-
wandtschaftsbeziehungen, die Freundschafts- und Nachbarschafts-
beziehungen [. . .]« (Gans, zit. n. Gottschalch u. a., 1971, S. 80),
auf die sich der Angehörige der Unterschicht zurückzieht, wenn
er die ihn beherrschende, feindselige soziale Außenwelt hinter
sich lassen will. Die Mitglieder dieser ›Primärgruppen‹ sind bereit, sich jederzeit »ohne stillschweigendes Einkalkulieren von
Gegenleistungen, mit allen verfügbaren Mitteln, in schwierigen
Situationen zu helfen. [. . .] Dies impliziert auch, daß in den Primärgruppen ein starker, durch externe soziale Kontrollen ge-
stützter Konformitätsdruck ausgeübt wird, dem sich der einzelne
infolge der Dichte der Sozialkontakte kaum entziehen kann.
[. . .] Diese für die Unterschicht typische Form der Sozialbeziehungen erzeugt nach Bernstein eine nach dem ›restringierten
Code‹ organisierte Struktur der verbalen Kommunikation« (Caesar, 1972, S. 36 f). Beim restringierten Code ist für den Sprecher
die Auswahl aus einer Reihe von möglichen sprachlichen Alternativen beträchtlich eingeschränkt, »und die Wahrscheinlichkeit,
mit der die Elemente vorausgesagt werden können, ist ausgesprochen
groß« (Bernstein, 1970, S. 17). Gekennzeichnet ist dieses Sprach-
verhalten durch kurze, abgehackte, undifferenzierte und oft un-
fertige Sätze. In den häufigen Versicherungen gegenseitiger Über-

einstimmung (Kreisgespräche) und Betonungen traditioneller Redewendungen schlägt der Konformitätsdruck, als Reflex der objektiven Situation, im Sprachstil immer wieder durch. »Gleichzeitig verhindert die in dieser Kommunikationsform unterstellte kollektive Identität, sich auf die Standpunkte anderer Personen als von den eigenen unterschieden einzustellen« (Caesar, 1972, S. 37).

b) MITTELSCHICHT

Demgegenüber lassen sich bei der Mittelschicht aufgrund ihrer andersgearteten Stellung im Produktionsprozeß andere Wertorientierungen und Handlungsmuster feststellen: relativer Einfluß auf den Ablauf des Arbeitsgeschehens, der Umgang mit Symbolen, Personen und Ideen, Tätigkeiten, die ein hohes Maß an Selbstvertrauen verlangen, und partielle Einsichten in die Struktur des Arbeitsplatzes führen beim Angehörigen der Mittelschicht zur Hochschätzung von Selbstkontrolle bei sich und seinen Kindern. Der Wunsch nach sozialem Aufstieg in der für ihn überschaubareren Hierarchie durch Fleiß, Ausbildung und berufliche Karriere, ›erzeugt‹ »eine auf die Durchsetzung *individueller* Ziele gerichtete aktiv-manipulierte Umweltorientierung, die [...] durch das Vertrauen darauf bestimmt ist, daß die natürliche und soziale Umgebung vom Individuum prinzipiell durch rationales Handeln beherrschbar und damit zum eigenen Vorteil manipulierbar ist.
Dieser aktiv-manipulativen Orientierung komplementär ist eine hohe Bewertung von Selbstdisziplin im Sinne der Beherrschung von unmittelbaren affektiven Impulsen zugunsten zweckrationalen Handelns« (Caesar, 1972, S. 28 f).
Im Gegensatz zur Unterschicht hat die Mittelschicht »entweder einen bereits erreichten Lebensstil zu verteidigen, der nur durch langfristige Orientierungen, Erziehungs- und Berufspläne erhalten werden kann, oder strebt einen solchen Lebensstil an, der nur so zu erreichen ist« (Gottschalch u. a., 1971, S. 81). Diesen leistungsbezogenen Mittelschichtwertvorstellungen entspricht die Fähigkeit des Aufschubs von Bedürfnisbefriedigung zugunsten eines späteren, höher eingeschätzten Lustgewinns als Voraussetzung des in dieser Schicht vorherrschenden langfristigen Planungsverhaltens.
Die im Gegensatz zur Unterschicht wesentlich differenzierteren Sozialbeziehungen der Mittelschicht in Beruf und Familie ›erzeugen‹ nach Bernstein den ›elaborierten Code‹ (1970, S. 20 ff). Weil die Absichten der an einer sozialen Situation beteiligten Personen nicht in dem Maße als selbstverständlich vorausgesetzt werden können, wie dies eher bei der Unterschicht der Fall ist, wird beim

Gebrauch des elaborierten Codes aus einem größeren verbalen Arrangement ausgewählt, das dem jeweiligen Gegenstand genauer angemessen ist. »Wenn ein restringierter Code die Bildung und den Austausch von vergemeinschafteten Symbolen fördert, dann begünstigt ein elaborierter Code die verbale Gestaltung und den verbalen Austausch von individuierten oder persönlichen Symbolen« (S. 21). Diese Sprachform erlaubt es ihren Benutzern, Distanzierungen, individuelle Besonderheiten, Absichten und Gefühle verbal exakt zu vermitteln. »Damit zugleich beinhaltet sie die Orientierung an den Perspektiven und Standpunkten anderer« (Caesar, 1972, S. 30f).

5. Schichtspezifische Erziehungsmerkmale

Zur Weitergabe der aus divergierenden Arbeitsbedingungen stammenden Wertvorstellungen bedienen sich Mittel- und Unterschicht während des Sozialisationsprozesses unterschiedlicher Erziehungstechniken.

a) UNTERSCHICHT

»Die am Arbeitsplatz erlebte Macht- und Bedeutungslosigkeit des *einzelnen* Arbeiters wird durch Übertragung der betrieblichen Hierarchie in die familiäre Situation überkompensiert« (Gefesselte Jugend, 1971, S. 132). Unterdrückung, Versagung und Frustration des Mannes »– und bei Berufstätigkeit auch der Frau – setzt sich in aggressives Verhalten sowohl gegenüber den Ehepartnern als auch den Kindern um« (Soz. statt Strafe, 1971, S. 7).
Als typische Merkmale der Erziehung sind hervorzuheben: Beziehungsstörungen zwischen den Eltern; Reduktion des Vaters auf die »Funktion der negativen Autoritätsausübung, die weitgehend an die Mutter delegiert wird« (Caesar, 1972, S. 49); Dominanz der Mutter; indifferentes, autoritäres und abweisendes Verhalten des Vaters; auf Unterordnung des Kindes gerichtete Formen der Kontrolle; strenge Sexualerziehung; inkonsequente Handhabung der Sanktionsmittel (vorwiegend Schläge), d. h. Oszillieren zwischen extrem harten Strafen und Verwöhnung aus zeitweise schlechtem Gewissen dem Kind gegenüber; Bestrafung der unmittelbaren Folgen kindlichen Verhaltens, nicht der dahinter liegenden Absichten, womit das Kind keine Chance erhält, elterliches Handeln vorhersehbar zu machen, um es angstfrei als rationales Verhalten durchschauen zu können. Es überwiegen »auf das äußere Verhalten des Kindes in der Familie bezogene

Zielsetzungen (Sauberkeit, Ruhe, Ordnung), die sich in der Erwartung von Gehorsam als hauptsächlichem Ziel der Autoritätsausübung manifestieren« (S. 49).

b) Mittelschicht

Das Erziehungsverhalten der Mittelschicht läßt sich im Zusammenhang mit der für sie typischen Leistungs- und Aufstiegsorientierungen sehen. Das Elternverhalten, insbesondere der oberen Mittelschicht, ist verhältnismäßig kontinuierlich und unterstützend; es besteht eine relativ einheitliche ›pädagogische Front‹ zwischen den Ehepartnern; Kontrollausübungen sind nachsichtig-tolerant; es dominieren demokratischere Verhaltensmuster; bevorzugt werden ›psychologische Formen der Autoritätsausübung‹ wie Drohen mit Liebesentzug, vorwiegend in der unteren Mittelschicht, oder Appellieren an die Vernunft in der oberen Mittelschicht; bestraft werden in erster Linie die subjektiven Absichten nach einem kindlichen Vergehen, nicht so sehr dessen Folgen; das Kind vermag den Grund elterlichen Verhaltens zu durchschauen und kann so viel eher Vertrauen und Verhaltenssicherheit im Umgang mit anderen Menschen entwickeln.
»Bereits früh wird auf die Selbständigkeit des Kindes geachtet. Die Entwicklung von Selbstkontrolle als Hauptproblem der Erziehung wird nicht als die Befolgung von äußerlich gesetzten Regeln definiert, sondern als selbständige Beherrschung spontaner affektiver Regungen und als selbständige Befolgung verinnerlichter Verhaltenserwartungen« (Soz. statt Strafe, 1971, S. 8).

6. Leistungsmotivation

Vor dem Hintergrund unserer Klassengesellschaft beruht die Messung von Leistungsmotivation »auf der Anerkennung einer auf die Individualität des einzelnen bezogenen Erfolgsideologie, nach der jeder Erfolg haben kann und in der nicht von vornherein antagonistische Klassengegensätze das Schicksal des einzelnen bestimmen« (Gottschalch u. a., 1971, S. 102).
Wie jede Motivation ist auch die Leistungsmotivation nicht einfach eine ererbte, sondern eine erworbene Größe (Roth, 1969, S. 31). »Sie ist nach allen Untersuchungen davon abhängig, welche Wertschätzung die Eltern einer frühen und eigenständigen Bewährung ihres Kindes entgegenbringen« (S. 32). Dabei ist entscheidend, ob die Eltern selbst leistungsmotiviert sind, und ob *beide* Elternteile dem Kind gegenüber hohe Leistungserwartungen hegen. Leistungsmotivation des Kindes entwickelt sich am stärk-

sten durch positive Reaktionen der Eltern nach Erfolgen und neutrale Reaktionen nach Mißerfolgen. Auf diese Weise entsteht im Kind ›eine erfolgszuversichtliche Motivation‹, »die als positive Einstellung zur eigenen Leistungsfähigkeit jene Leistungsbereitschaft darstellt, die für das ganze Leben entscheidend sein kann« (S. 33). Diese idealtypische Form der Entwicklung von Leistungsmotivation ist vor allem in der oberen Mittelschicht zu beobachten.

Die für die Unterschicht charakteristischen Erziehungstechniken haben bei der Entwicklung von Leistungsmotivation gesellschaftlich weitreichende Folgen. Die fortgesetzte Anwendung von Bestrafung ist in bezug auf Lernbereitschaft und Intelligenzentwicklung deshalb so folgenschwer, »weil Strafe zur Angstentwicklung führen kann, die jeden weiteren Lernversuch im Zusammenhang mit der gesamten Situation, in der gestraft wurde, verhindert« (Gottschalch u. a., 1971, S. 59). Leistungsmotivation, das zeigen die Erziehungsmuster der Mittelschicht, wird nur dann entwickelt, wenn die Leistungserwartungen beider Eltern relativ frühzeitig, *vor* dem Auferlegen von Restriktionen, einsetzen. Die geringen Leistungsforderungen der Unterschichtseltern, ihre inkonsistenten Reaktionen sowie das Auferlegen von Restriktionen *vor* dem Einsetzen jeglicher Entwicklung von Unabhängigkeit wirken sich stark hemmend auf das Leistungsstreben ihrer Kinder aus. Unterdrückung der Sexualität hemmt bereits frühzeitig jedes Neugierverhalten, das in früher Kindheit stets Sexualneugier bedeutet.

Den wesentlichsten Ansatz zur Intelligenzentwicklung hat das Kind der Unterschicht schon frühzeitig verpaßt: nach Oevermanns Untersuchungen des schichtspezifischen Sprachverhaltens verbindet sich vom 4. Lebensjahr die Entwicklung der Sprache mit der der Intelligenz, weil von da an »ein hierarchisch durchgegliedertes ›verbales Netzwerk‹ als Vermittlungscode für kognitive Planungs- und Abstraktionsprozesse benötigt wird« (Oevermann, 1969, S. 320). Ohne dieses ›Netzwerk‹ ist eine intensive, ausdrucksreiche verbale Begleitung des kindlichen Handelns nicht möglich. Durch den restringierten Code der Unterschicht sind beide Voraussetzungen nicht gegeben, so daß Unterschichtkinder im Laufe der weiteren Entwicklung fast hoffnungslos hinter ihre Altersgenossen aus der Mittelschicht zurückfallen.

7. Funktion der Schule

Tritt das Unterschichtkind in die Schule ein, dann wird es in Reife- und Intelligenztests nach den für die Mittelschicht typischen Leistungskriterien gemessen. Indem sprachliche Fähigkeiten als Kriterium der Intelligenzmessung dienen, wird der Entwicklungsstand des Mittelschichtkindes zum absoluten Maßstab erhoben, hinter dem das Arbeiterkind zurückbleiben muß. Auf diese Weise werden schichtspezifische Sprachfähigkeiten, die letztlich aus unterschiedlichen sozio-ökonomischen Bedingungen entstanden, zu Sprach- und Bildungsbarrieren für Unterschichtkinder.

Für die materielle Lage der Unterschicht ist das Angebot an Bildungsgütern, das die Klassengesellschaft klassenspezifisch bereithält, von entscheidender Bedeutung: »der Arbeiterschaft läßt sie nur die Grundschule offen. Die praktische Unüberspringbarkeit der ökonomisch begründeten Klassenschranken wird damit ergänzt und bestätigt durch ein kaum durchlässiges Bildungssystem, das nicht den emanzipatorischen Gehalt der Bildung zum Ziel hat, sondern die Ausbildung kapitalistisch verwertbarer Arbeitskraft. So kommt es, daß Arbeiterkinder in Oberschulen und erst recht an den Hochschulen weit unterrepräsentiert sind« (Huffschmid u. a., 1970, S. 50).

Zwischenbilanz

Wir haben bisher gesehen, daß große Teile der Mittelschicht sich den herrschenden Normen und Wertvorstellungen besser anzupassen verstehen als die Unterschicht: einerseits läßt sich dies aus dem einfachen Umstand erklären, daß die leistungsbezogene Erfolgsdoktrin der Mittelschicht sich weitgehend mit dem herrschenden Wertsystem der Gesamtgesellschaft deckt, weil es »in den dominanten – vorwiegend mit Angehörigen der Mittelschicht besetzten – sozialen Institutionen allen Mitgliedern der Gesellschaft verbindlich gemacht wird« (Caesar, 1972, S. 28); andererseits ist die Tatsache der spezifischen Stellung im Produktionsprozeß von ausschlaggebender Bedeutung: die Beteiligung der Mittelschicht an Planung und Verwertung des Arbeitsproduktes und der (oft eingebildete) Spielraum an Aufstiegs- und Entscheidungsmöglichkeiten verleitet ihre Angehörigen zu einer »subjektiven Identifizierung mit den Herrschenden, deren Geschäfte sie besorgen, und verhindert [. . .] die Einsicht in ihre objektive Lage [. . .]« (Huch, 1972, S. 118).

Die Bereitschaft zur Identifizierung mit den Inhabern der Macht und den geltenden Normen muß bereits früh einsetzen und tief verankert werden, um Konformität in der oben beschriebenen Weise als ›natürliches Verhalten‹ zu empfinden. Diese Konformität wird vom sogenannten ›Gewissen‹ gewährleistet, dessen Ausbildung in die frühesten Phasen der Sozialisation fällt, wenn Plastizität und Lenkbarkeit des Kindes noch sehr groß, seine spezifi-

schen Abwehrmechanismen aber gering sind. Es ist als jene psychische Instanz zu begreifen, »die das Individuum befähigt und es zwingt, mit dem Kollektiv und dessen Verhaltenserwartungen in Übereinstimmung zu leben« (Gottschalch u. a., 1971, S. 156).
Von der spezifischen Ausbildung des Gewissens – in der Psychoanalyse ›Überich‹ genannt – hängt demnach ab, ob sein jeweiliger Träger sich innerhalb einer bestimmten Gesellschaftsordnung normkonform oder abweichend verhält. Im folgenden soll gezeigt werden, auf welche Weise das Überich gebildet wird und wie schichtspezifische, also letztlich sozio-ökonomische Faktoren, dessen individuelle Ausbildung unterschiedlich beeinflussen.

8. Gewissensbildung (Überich)

a) Einführung

Die eingangs erwähnten Ergebnisse der Kulturanthropologie und Zwillingsforschung deuteten bereits an, daß Gewissen, als Träger und Kontrollinstanz jeweils unterschiedlicher gesellschaftlicher Normen, nicht angeboren sein kann, sondern individuell entwickelt werden muß.
Nach der psychoanalytischen Theorie gliedert sich der psychische Apparat des Menschen in ›Es‹, ›Ich‹ und ›Überich‹ (Freud, G. W. XIII, S. 246). Das Es bezeichnet den unbewußten, triebhaften, rein auf Lustgewinn drängenden Anteil, wie man ihn beim Neugeborenen als ›reinem Triebbündel‹ vorfindet. Die Anforderungen der Außenwelt (Realitätsprinzip) lassen ein ungehemmtes Ausleben des Lustverlangens (Lustprinzip) nicht zu. Diese Anforderungen der Außenwelt (Eltern) bewirken, daß sich im Laufe der psychosexuellen Entwicklung aus dem unbewußten Es bewußte Ich-Anteile herauskristallisieren, die dem Kind zwecks besserer Realitätsbewältigung (Anforderungen) zunehmend gewisse Kontrollfunktionen über körperliche und psychische Vorgänge erlauben – vor allem über das triebhafte Es selbst. Aber das noch sehr schwach ausgebildete Selbstwertgefühl leidet darunter, »fremden Befehlen gehorchen zu müssen. Andererseits können wir uns ihnen nicht entziehen« (Gottschalch u. a., 1971, S. 50). Aus diesem Grunde wird aus dem Ich (und Es), zum Zwecke der Aufhebung direkter Befehle, das *unbewußt* handelnde Überich entwickelt und verinnerlicht; es ›diktiert‹ dem Ich die Art der jeweiligen Reaktion, verleiht ihm Verhaltenssicherheit und ist ihm gleichzeitig eine Hilfe bei seiner Abwehr gegen verbotene Es-Impulse.
Bevor die Entwicklung des ›Gewissens‹ detaillierter aufgezeigt wird, soll noch einiges zum gesellschaftlichen Aspekt des Überichs vorausgeschickt werden: Die Tatsache, daß Inhalte des Überichs

für den jeweiligen Träger unbewußt bleiben, entrückt es der Kontrolle seines ›rationalen‹ Ichs. »In ihren heroischen Zeiten hat die Freudsche Schule [...] die rücksichtslose Kritik des Überichs als eines Ichfremden, wahrhaft Heteronomen, gefordert. Sie durchschaute es als blinde und bewußtlose Verinnerlichung von gesellschaftlichem Zwang [...], (denn) die Unwiderstehlichkeit des Gewissenszwanges besteht, wie die archaischen Tabus, in solchem Unbewußtwerden; [...] die Vergegenständlichung und Verselbständigung, durch die das Gewissen zur Instanz wird, ist konstitutiv ein Vergessen und insofern ichfremd« (Adorno, 1966, S. 267 f).

Der Psychoanalyse wirft Adorno vor, sich darüber auszuschweigen, wie etwa zwischen einem ›normalen‹ und ›pathischem‹ Überich zu unterscheiden sei; dies bleibt bei ihren Analysen ausgeklammert, weil »Kritik des Überichs Kritik der Gesellschaft werden (müßte), die es produziert« (ebd.). Versuche, ein ›gesundes‹ oder ›normales‹ Überich zu beschreiben, laufen zwangsläufig auf die Rationalisierung herrschender Verhältnisse hinaus. Dies muß bei den folgenden psychoanalytischen, zum Teil idealtypischen Beschreibungen der Überich-Entwicklung berücksichtigt werden.

b) ÜBERICH-ENTWICKLUNG

›Idealtypisches‹ Modell (Mittelschicht)

In der ›phallischen‹ Entwicklungsphase (ca. 3. bis 5. Lebensjahr), nach ›oraler‹ und ›analer‹ Phase die dritte Stufe psychosexueller Entwicklung, entdeckt der Junge (nur er wird der Kürze halber hier betrachtet) seine Zuordnung zu einem bestimmten Geschlecht. Seine frühkindlichen Regungen und Phantasien konzentrieren sich auf das schon mit dem oralen und analen Lusttrieb verbundene Liebesobjekt: – die Mutter. Die Position des Vaters bei der Mutter entspricht seinen eigenen Vorstellungen: er muß so stark und klug sein wie der Vater (Identifizierung), um dessen Stelle bei der Mutter einnehmen zu können. »Die Vateridentifizierung nimmt nun eine feindselige Tönung an, sie wendet sich zum Wunsch, den Vater zu beseitigen, um ihn bei der Mutter zu ersetzen. Von da an ist das Verhältnis zum Vater ambivalent« (Freud, G. W. XIII, S. 260). Diese Ambivalenz, die Gleichzeitigkeit unvereinbarer Zuneigung und Abneigung gegenüber demselben Objekt und Angst um den möglichen Verlust seines lustspendenden ›Geschlechts-Organes‹ als Strafe des Vaters für seine inzestuösen Phantasien (›Kastrationsangst‹), verdichtet sich zum sogenannten ›Ödipuskonflikt‹. Dieser Konflikt »zwischen dem narzißtischen Interesse an diesem Körperteil und der libidinösen

Besetzung der elterlichen Objekte« (S. 368) wird, in der Erkenntnis, daß es Wesen gibt, die keinen Penis ›mehr‹ besitzen (Mädchen), zugunsten des ersteren entschieden. Das starke, lustvoll drängende Es gibt die Objektbesetzungen nicht ohne weiteres auf. Das Ich bietet ihm den Ersatz, indem es die Züge des geliebten Objektes annimmt (Identifizierung) und sich selbst dem Es als Liebesobjekt aufdrängt, gleichsam sagend: »Sieh, du kannst auch mich lieben, ich bin dem Objekt so ähnlich« (S. 258). Anstelle der ›unrealistischen‹ Objektbesetzungen bildet das Ich des Kindes die ›Bilder‹ der Eltern in sich nach und übernimmt damit gleichzeitig deren Wertvorstellungen und Gebote. Die ins Ich aufgenommene Elternautorität »bildet dort den Kern des Über-Ichs, welches vom Vater die Strenge entlehnt, sein Inzestverbot perpetuiert und so das Ich gegen die Wiederkehr der libidinösen Objektbesetzung versichert« (S. 399).

Die Kraft zur Verdrängung der inzestuösen Objektbesetzungen des Es wurde gewissermaßen vom Vater ›entliehen‹, so daß das Überich vorwiegend den Charakter des Vaters bewahren wird. Die ursprüngliche ›Realangst‹ des Kindes vor der äußeren Strafgewalt der elterlichen Autorität, die eine zunächst nur oberflächliche Konformität erzwang, wird durch die Verinnerlichung der elterlichen Autorität in ›moralische‹ oder ›Gewissensangst‹ umgewandelt (Caesar, 1972, S. 80).

Die Angstmilderung vor der Elternautorität durch kompensatorische Identifikation mit ihrer Macht stellt für das Kind eine erhebliche Entlastungsfunktion dar, von der hoher Identifikationsanreiz ausgeht. Diese Ichveränderung, Gewissensangst anstelle von Realangst, behält für den Rest des Lebens eine Sonderstellung: sie sorgt dafür, daß die Eltern mit ihren Ge- und Verboten in uns, besser über uns, immer zur Stelle sind, sobald verbotene Es-Impulse die Oberhand zu gewinnen drohen (Brenner, 1967, S. 136). »Der mit der Entwicklung des Über-Ichs einmal ›erlernte‹ Weg, reale Ohnmacht durch Identifizierung mit dem real Mächtigen zu kompensieren, ist ganz sicher eine der wichtigsten Ursachen des massenweisen Auftretens autoritätssüchtiger Charaktere« (Gottschalch u. a., 1971, S. 158). Der Wandel der Familie und der Vaterrolle als Folge geänderter Produktionsweisen geben sicherlich Anlaß zu partiellen Revisionen der obengemachten Aussagen (vgl. Adorno, 1956, S. 116ff), wenngleich an der strengen Sexualtheorie festgehalten werden sollte (vgl. Adorno, 1970, S. 59).

Ein wesentlicher Gesichtspunkt bei der Entwicklung des Überich ist, daß der Überich-Errichtung eine Stärkung des Ich vorausgehen muß, weil ohne entwickelte, bewußte Ich-Anteile das Kind »nicht weiß, was es mit seinen Schuldgefühlen anfangen soll, wenn es sie hat« (Jones, zit. n. Moser, 1970, S. 231). Andererseits muß jede progressive emanzipatorische Erziehung auf diese Stärkung gerichtet sein, um dem Ich sowohl zur rationalen Erkenntnis und eventuellen Kritik der vom Überich gestellten ›gesellschaftlichen‹ Anforderungen zu verhelfen, als ihm auch eine weitere bewußtseinsmäßige Durchdringung des Es zu ermöglichen. Nur in der ›Auseinandersetzung‹ mit seinen antagonistischen Widersachern »hat das Ich eine Chance zu wachsen« (Gottschalch u. a., 1971, S. 158 f).

Das alles bedeutet nicht, daß man das Überich vollends abschaffen könnte. »Denn es stellt einen der Kontrahenten in einem innerpersonalen quasi-dialektischen Prozeß dar; wo dieser Faktor ausfällt, ist Desorientierung und Delinquenz die Folge« (S. 159). Erst in einem ›Zustand allseitiger rationaler Aktualität‹ – eine sicherlich utopische Vorstellung – würde sich kein Überich mehr etablieren (Adorno, 1966, S. 267).

›Alternative‹ Entwicklung (Unterschicht)

Bei gelungener Auflösung des Ödipuskonfliktes (= ›gut integriertes‹ Überich) hat sich die ursprüngliche Identifizierung des Jungen mit dem ersten Liebesobjekt (Mutter) auf den Vater verschoben. Der Identifikationstransfer zum Vater bedarf einer soliden Ich-Entwicklung (orale und anale Phase), in deren Verlauf der Identifikationsmechanismus an der Mutter erlernt werden mußte. »Die Chance, den Transfer vorzunehmen, hängt von der emotionalen Besetzung des Vaters ab, vom Identifikationsanreiz, der von ihm ausgeht, und vom psychischen Gewinn, der für das Kind mit dieser Identifikation verbunden ist. Bedeutet sie eine Angstminderung in den ödipalen Konflikten, so erhöht sich die Motivation für sie« (Moser, 1970, S. 253). Die Identifikation mit dem Vater kann daher aus einer Reihe von Gründen blockiert werden: »1. aus äußeren: Brutalität des Vaters, Ablehnung des Kindes; 2. aus familiendynamischen: Streit der Eltern, Ablehnung des Vaters durch die Mutter; 3. aus inneren Gründen des Kindes: Unfähigkeit zu oder Abwehr von neuen Objektbeziehungen, Störung der Identifikationsfähigkeit überhaupt« (S. 253).

Aus früheren Ausführungen geht hervor, daß bisher mindestens die beiden ersten Faktoren eher für die Unterschicht als für die Mittelschicht zutreffen: bei den Schilderungen der schichtspezifischen Erziehungsmerkmale wurde angedeutet, wie der Angehörige der Unterschicht die am Arbeitsplatz erlebte Macht und Bedeutungslosigkeit durch Übertragung der dort erfahrenen Frustrationen auf schwächere Familienmitglieder aggressiv abreagiert. Die daraus resultierenden, häufig inkonsistenten Beziehungen zwischen den Ehepartnern verhindern während der ödipalen Phase oft, daß die Mutter den Identifikationstransfer zum Vater begünstigt, indem sie etwa den Sohn ermuntert, die Identifikation mit ihr abzubrechen (S. 266). Die vom frustrierten Ehemann permanent erniedrigte Mutter bezieht das Kind in ihre unbewußten Konfliktlösungsstrategien mit ein und bindet es an sich, indem sie es zum Verbündeten gegen den ›drohenden‹ Vater ausrichtet. Die am Arbeitsplatz und in der Familie untergrabene ›Autorität‹ des Vaters bietet wegen ihrer spürbaren Ohnmacht und Dysfunktionalität zu geringe Identifikationsanreize für den ich-schwachen Sohn, um den Identifikationstransfer von der Mutter zum Vater ausreichend vollziehen zu können. Durch mangelhafte Verinnerlichung der väterlichen Autorität in die kindliche Persönlichkeit entsteht während des Ödipuskonfliktes ein nur oberflächlich integriertes Überich, das nicht genügend Gewissensangst zur Abwehr von starken Es-Impulsen erzeugen kann: es bedarf weiterhin der äußeren Gewalt (Realangst), um Normkonformität zu erzwingen.

Die lückenhafte Identifizierung mit dem Vater korreliert mit verstärkter Mutteridentifizierung; diese als Schwäche empfundene feminine Orientierung (latente Homosexualität) wird stark verdrängt und kehrt häufig in einem überbetont aggressiven Männlichkeitsideal wieder, das auf sozialer Ebene verstärkt demonstriert werden muß, um die durch Dequalifikation, niedrigen Status sowie Machtlosigkeit bedrohte ›Männlichkeit‹ des Angehörigen der Unterschicht zu kompensieren.

»Dieses geringe Maß an Internalisierung der herrschenden Normen [...] enthält durchaus positive Momente. Die Identifikation mit dem Vater und damit zugleich mit den von Vater vertretenen Normen gelingt in dem Maße nicht, wie der Vater nicht als omnipotentes und positiv besetztes Identifikationsobjekt vom proletarischen Kind erlebt werden kann. Es sieht seinen Vater vergleichsweise distanzierter als Mittelschichtkinder« (Gefesselte Jugend, 1971, S. 137).

Die psychologischen Gründe der geschilderten Entwicklung sind in der bereits angedeuteten schwachen Ich-Ausbildung zu suchen. Von der Entstehung dieser Ich-Schwäche und deren Folgen wird im nächsten Abschnitt berichtet; bei der geschilderten Transformation objektiver Bedingungen der Unterschicht in subjektives Verhalten müssen die sozio-ökonomischen Bedingungen als übergeordnete Faktoren stets mitbedacht werden.

9. Formen ›abweichenden Verhaltens‹

a) ›ALLOPLASTISCHES‹ VERHALTEN (UNTERSCHICHT)

Das aus ihrer frustrierenden Arbeitswelt (materiellem Mangel, niedrigem sozialem Status, etc.) resultierende besonders aggressiv getönte Erziehungsverhalten der Unterschichteltern erzeugt bei deren Kindern um so nachhaltigere Persönlichkeitsstörungen, je früher dieses Verhalten in die psychosexuelle Entwicklung einfließt. Die vom Mann erlittene Aggression ›verschiebt‹ die Mutter gewöhnlich auf das noch schwächere Kind. Als erstes und wichtigstes Liebesobjekt entscheidet das von ihr eingebrachte Maß an Aggressivität in den Erziehungsprozeß über den Verlauf der künftigen Kindesentwicklung.

Der Säugling befindet sich zunächst »im Zustand des ›primären‹ Narzißmus, einer glücklichen Selbstzufriedenheit und Selbstliebe, ›in der er sein eigenes Ideal‹ ist« (Moser, 1970, S. 226). Mit zunehmender Differenzierung der Beziehungen zur Mutter muß das Kind dieses Ideal aufgeben. Dabei versucht es stets, den Zustand narzißtischen Glücks, die Einheit mit sich selbst, wieder herzustellen. Dies gelingt ihm nur, indem es das Ideal der Eltern (Mutter) verinnerlicht und anstelle des verlorenen narzißtischen Ideals zu lieben beginnt (›sekundärer‹ Narzißmus) (Freud, G. W. XIII, S. 258 und XI, S. 427 ff). Den Zustand des ›primären‹ Narzißmus wird das heranwachsende Kind um so heftiger herbeisehnen, je feindlicher und aggressiver die primären Beziehungsobjekte (Mutter, Vater, Geschwister) seiner Umwelt sind. Werden die lustvollen, lustbereitenden Ansprüche des Kindes zu stark bedroht, dann entsteht im schwachen, ohne nennenswerte Abwehrmechanismen ausgestatteten Ich panische Existenzangst, die durch Rückzug (Regression) auf die kleinkindlichen Omnipotenzphantasien (›primärer‹ Narzißmus) kompensiert und abgewehrt wird. Diese durch Inkonsistenz, Härte und Ablehnung der Eltern tief eingeschliffene ›narzißtische Abwehr‹ wird auf Dauer mit ›Verkümmerung der Sozialbezüge‹ und weitgehendem ›Realitätsverlust‹ bezahlt (Moser, 1970, S. 211). »Das Ich [...] verarmt in bezug auf Bewältigungstechniken von Konflikten, übrig bleibt Flucht, Vermeidung, wilder Angriff und diffuse Zerstörung zur Angstmilderung« (S. 245). Folge dieser Entwicklung kann sogenanntes ›psychopathisches‹ Verhalten sein, das gekennzeichnet ist durch Aggressivität, Gier nach Erregung, auf sich selbst bezogene Suche nach Lust, hohe Impulsivität, ›asoziales‹ Verhalten und Fehlen von Schuldgefühlen und Liebe (S. 185).

Der Begriff ›Psychopathie‹ ist allerdings stark umstritten (vgl. Kallwass, 1969, S. 1–66, und Wulff, 1972, S. 62 ff) und muß hinsichtlich seiner ›neurotischen‹ Varianten und Spielarten relativiert werden (vgl. Künzel, 1971, S. 21 ff). An die Stelle des mit kriminalpsychiatrischem Ballast befrachteten Begriffes ›psychopathisch‹ sollte deshalb der Begriff ›alloplastisch‹ treten (Freud, G. W., XIII, S. 366); darunter ist ein nach ›außen‹ gerichtetes Verhalten zu verstehen, das durch Frustrationsintoleranz und die Unfähigkeit gekennzeichnet ist, Konflikte rational zu verarbeiten und Befriedigungsaufschub zu leisten. Alloplastisches Agieren ist stets ein Zeichen von Ich-Schwäche: Affekte werden zwanghaft nach außen projiziert, weil das eigene Ich zu schwach ist, sie zu verarbeiten; es ist die Unfähigkeit, aggressive Regungen teilweise gegen sich selbst zu richten; so kann das Ich nicht wachsen, weil keine Konfliktstruktur in der Auseinandersetzung mit anderen Menschen entwickelt wurde; rationale Bewältigungen werden durch nach ›außen‹ ausgelebte Ersatzhandlungen gemieden (ausagiert).

Dem Zwang zum alloplastischen (Re-)Agieren kann nur entgangen werden, wenn das Ich frühzeitig ›Gründe‹ entwickelt hat, ungerichtete und ungebundene Aggressivität von der Objektwelt abzuziehen, um sie dem sich langsam konstituierenden Überich als Kontrollenergie ›gegen‹ das Ich selbst zur Verfügung zu stellen. Diese ›Gründe‹ »beruhen vor allem auf der Angst vor dem Liebesverlust. Die Gefahr des Liebesverlustes besteht dort nicht, wo eine starke emotionale Bindung fehlt [. . .]. Dies ist der Kontrollaspekt der libidinösen Bindungen« (Moser, 1970, S. 205).

Da in der Unterschicht Angst vor Liebesentzug durch mangelhafte Liebesbindung weitgehend entfällt, muß körperliche Strafe – den ›Teufelskreis der Realitätsflucht‹ verstärkend – immer wieder eingesetzt werden, um elterliche Verhaltenserwartungen zu erzwingen. »Das Kind, das körperlich gestraft wird, ohne die Drohung eines Liebesverlustes, handelt nach den Spielregeln nur, solange der Polizist aufpaßt. Das Kind der Mittelschicht hat dagegen den Polizisten verinnerlicht und hält sich an die Regeln, auch wenn niemand zusieht« (Langner und Michael, zit. n. Moser, 1970, S. 218). Die vor allem sozio-ökonomisch bedingte Sprachorganisation der Unterschicht (restringierter Code) übt eine verstärkende Funktion auf das alloplastische Verhalten aus: weil eine ›symbolische Bearbeitung des Gefühlssektors‹ (Parow, 1972, S. 77) erschwert ist, Konflikte verbal nicht aufgearbeitet werden können, wird das direkte Umsetzen von Gefühlen in Aktion (Agieren) begünstigt. Die Unfähigkeit, Aggressionen teilweise durch Aussprechen abzubauen, führt zu deren direkter Abfuhr, wenn äußerliche Drohgewalt (Realangst) dies nicht verhindert.

Alloplastisches Verhalten ist aber – wie weiter unten näher ausgeführt wird – noch nicht mit ›abweichendem Verhalten‹ oder Kriminalität gleichzusetzen. Es ist zunächst eine von vielen Alternativen, wie die Unterschicht auf ihre restringierten Entfaltungsmöglichkeiten reagiert. Allerdings ist die Wahrscheinlichkeit größer, daß dieses Verhalten als ›abweichend‹ empfunden wird, wenn man es mit der verabsolutierten Elle mittelständischer Wertvorstellungen von ›normalem‹ Verhalten mißt. Wie sieht es aber mit dieser ›Normalität‹ in Wirklichkeit aus?

b) ›Autoplastisches‹ Verhalten (Mittelschicht)

Fromm ist der Ansicht, daß die Konzeption der ›seelischen Gesundheit‹, also dessen, was normal sein sollte, sich aus den Bedingungen der menschlichen Existenz ableitet und für Menschen aller Zeiten und aller Kulturen die gleiche ist (1960, S. 65). »Geistig-seelische Gesundheit ist gekennzeichnet durch die Fähigkeit, zu lieben und schöpferisch zu sein; [...] durch ein Gefühl der Identität aufgrund des Erlebens seiner selbst als Subjekt und Organ der Eigenkräfte und Erfassung der Realität in uns und um uns, das heißt durch die Entwicklung von Objektivität und Vernunft« (ebd.). In ähnlichem Sinne meint Marcuse, daß eine Gesellschaft krank ist, »wenn ihre fundamentalen Institutionen und Beziehungen (d. h. ihre Struktur) so geartet sind, daß sie die Nutzung der vorhandenen materiellen und intellektuellen Mittel für die optimale Entfaltung der menschlichen Natur nicht gestattet. Je breiter die Kluft zwischen der möglichen und der tatsächlichen menschlichen Verfassung, desto größer wird das Bedürfnis nach [...] Triebunterdrückung, die nicht der Bewahrung und Entfaltung der Kultur dient, sondern dem sanktionierten Interesse am Fortbestand der etablierten Gesellschaft« (1968, S. 11).

Von einem ›Gefühl der Identität aufgrund des Erlebens seiner selbst als Subjekt‹ kann angesichts der in unserer Klassen- und Konkurrenzgesellschaft vorherrschenden entfremdeten Arbeit keine Rede sein (vgl. das folgende Kapitel ›Sozialcharakter‹, S. 39). Aufgrund ihrer spezifischen Stellung im Produktionsprozeß und der darauf resultierenden Wertvorstellungen – Beherrschen von Affekten, Aufschub von Triebbefriedigung, langfristige Orientierung an gesellschaftlichen Zielen u. a. m. – basiert ein Großteil des Sozialisationsprozesses, besonders der mittleren und unteren Mittelschicht, auf massiver Triebunterdrückung ihrer Kinder.

Wird der Liebesentzug, eine typische erzieherische Kontrolltechnik der Mittelschichten, zu streng und ohne ausreichende Kompensationen gehandhabt, dann kann sie »eine erhebliche Frustration des kindlichen Abhängigkeits- und Autonomiebedürfnisses darstellen« (Caesar, 1972, S. 110), die die Entstehung von starken Aggressionen gegenüber den Eltern bedingen können. »Auf der anderen Seite ist Angst vor Liebesverlust ein so intensives Motiv, daß es den offenen Ausdruck dieser feindseligen Regungen im Verhalten verhindert« (ebd.). In der ödipalen Phase kann die existenzbedrohende Angst vor Liebesverlust in ebenso starke Gewissensangst transformiert werden, um im ›strengen‹ Überich permanente Schuldgefühle zu erzeugen. Da das aggressive Antriebspotential »nicht abgebaut, sondern nur vom Bewußtsein dissoziiert wird« (ebd.), besteht die Gefahr akuter Durchbruchserscheinungen (Zerfall der internalisierten Normen), »die bei dem

sonst eher übergefügigen, besonders braven, stillen und unleben-
dig wirkenden Menschen [. . .] nur als Entladungsreaktion einer
unerträglichen neurotischen Affektstauung verstanden werden
können« (Künzel, 1971, S. 24).
Im ›Normalfall‹ werden diese Affekte zur Erreichung längerfristi-
ger Ziele permanent verdrängt, um entweder bei sich bietenden
Aggressionsventilen – Straßenverkehr, Krimis, Fußball etc. – abreagiert oder auf andere Weise sublimiert zu werden (vgl. ›Sozialcharakter‹, s. o.). Diese Art des Verhaltens, Frustrationen mindestens kurzfristig ertragen zu können und Konflikte nicht direkt
auszuagieren, wird im folgenden als ›autoplastisch‹, also als nach
innen gerichtet, bezeichnet (vgl. Freud, G. W. XIII, S. 366);
dieses Verhalten ist eher ein Merkmal der Mittelschicht als der Unterschicht, die mehr zum oben beschriebenen alloplastischen Verhalten neigt. Wulff hat darauf hingewiesen, daß in der Literatur
über ›abweichendes Verhalten‹ eine naive Idealisierung der Lebensverhältnisse, Berufsrollen, Sozialisationsbedingungen und
Charakterstrukturen der Mittelschicht festzustellen ist, die den
Eindruck erweckt, als genüge es, »für die gesamte Bevölkerung
Mittelklasseverhältnisse zu schaffen, um einen vorzüglichen Boden zur Lösung der meisten psychosozialen und psychosexuellen
Probleme zu bereiten« (1972, S. 76). Die Frage, »zu welchen eigenen Zwängen, Deformationen und Ängsten eine typische Mittel-
und Oberklassen-Sozialisation führt, (wird) in allen zitierten Arbeiten kaum je gestellt« (S. 76). Diese eigene Art der psychischen
Leidensform bezeichnet Wulff mit ›Normopathie‹; sie ist gekennzeichnet durch sadomasochistische identifikatorische Unterwerfung unter die jeweils angebotenen Konventionen und Normen. »Spießermief, Hobbykultur, die eingezäunten kleinen Freiheiten und die begrenzten Ausbrüche, die Grüne-Witwen-Zivili-
sation und die Cocktailkommunikation, der milde Alkoholismus
und der milde Beruhigungsmittelmißbrauch, die kanalisierte
Kontaktmoral und der ihr entsprechende soziale Autismus außerhalb von vorprogrammierten Situationen, das sind doch wohl
kaum Zeichen psychischer Gesundheit?« (ebd.). Die Frage, »wieso
es Mittel- und Unterschichtsverhältnisse überhaupt gibt und ob
sie sich nicht gegenseitig bedingen, d. h. letztlich auf der Grundlage des gesamten ökonomischen und politischen Systems er-
wachsen« (ebd.), wird nur selten gestellt. Um vom Grundwiderspruch der kapitalistischen Gesellschaft nicht sprechen zu müssen,
wird allgemein darauf verzichtet, den gemeinsamen sozialen Ursachen des spezifischen alloplastischen Unterschichts- und des
autoplastischen Mittelschichtsverhaltens nachzugehen.

10. Funktion der Kriminalität

a) ›Abweichendes Verhalten‹ per Definition (Unterschicht)

Alloplastisches Agieren ist für sich genommen noch nicht ›abweichendes Verhalten‹; wie der ›Delinquent‹, der sein ganzes Leben lang gewohnt ist, Lügen als selbstverständliches Mittel des Überlebens zu benutzen, ungewollt jeden Lügendetektor ›narrt‹, so selbstverständlich erscheint es vielen Angehörigen der Unterschicht, ihrer Situation adäquate Überlebenstechniken anzuwenden, die sie subjektiv nicht unbedingt als ›abweichende‹ empfinden. Erst in der Konfrontation mit dem Normensystem und dessen Sanktionspotential wird dem Betreffenden deutlich gemacht, daß seine durchaus angemessenen Reaktionen auf unerträgliche Existenzbedingungen unzulässig sind.

Inkonsistente Erziehung, Konflikte zwischen den Ehepartnern, unvollständige Familien, Ablehnung der Kinder, ein hohes Aggressionspotential u. a. m. als Folge der spezifischen Stellung im Produktionsprozeß müssen nicht zwangsläufig zur Kriminalität führen, sondern können sich ebenso gut in überangepaßtem Verhalten, Schizophrenien, psychotischen Reaktionen, Selbstmord oder – was seltener ist – in bewußter Form im politisch organisierten Protest äußern. Alle diese Reaktionen stellen »eine spezielle Strategie dar, die jemand erfindet, um eine unerträgliche Situation ertragen zu können« (Laing, 1969, S. 104).

Die Diskriminierung dieser Verhaltensweisen, die man unter Berücksichtigung der objektiven Situation der Unterschicht als durchaus adäquat und ›normal‹ bezeichnen muß, beginnt mit dem Vokabular der Mittelschicht, das diese Reaktionen als ›psychopathisch‹, ›soziopathisch‹ oder ›abweichend‹ (dis-)qualifiziert. In solchen Definitionsprozessen »zeigt sich die Einbeziehung der Wissenschaft in das gesellschaftliche System, ihre Indienstnahme für seine Prioritäten und ideologischen Rechtfertigungsbedürfnisse« (Wulff, 1972, S. 76). Richtig gestellt muß die Frage nach der Definition von ›abweichendem Verhalten‹ lauten, »von welchem Klassenstandpunkt aus Verwahrlosung und Kriminalität definiert wird, d. h., *wer welche* Verhaltensmerkmale *bei wem* heute mit *welcher Begründung* als Verwahrlosungs- oder Kriminalitätsmerkmale definiert« (Gefesselte Jugend, 1971, S. 73).

Die zu Beginn skizzierten kultur- und sozialanthropologischen Vergleiche menschlicher Verhaltensmuster deuteten bereits an, daß der Charakter von ›abweichendem Verhalten‹ erst durch die Existenz bestimmter Normen (Strafgesetznormen) definiert wird, die dieses Verhalten negativ sanktionieren. »Man wird sich dagegen schwer tun mit empirischen Belegen für die Behauptung, abweichendes Verhalten habe darüber hinaus eine andere Qualität als konformes Verhalten« (D. u. H. Peters, 1970, S. 115). ›Abweichendes Verhalten‹ und Kriminalität sind demnach keine Phänomene mit eigener Wesenheit. »Sie werden durch die Zuschreibung von Bedeutungen konstituiert« (D. u. H. Peters, 1972, S. 251). Die Autoren dieses Ansatzes der »Variabilität von Bedeutungen für ein und dieselbe Handlung« (S. 252) beschreiben die Entstehung von Kriminalität als einen Prozeß, »der sich als Abfolge von Interaktionen zwischen einem Handelnden und seiner sozialen Umwelt darstellt. Die Definition der Handlung durch den Handelnden selbst spielt dabei für den Ausgang dieses Prozesses die geringste Rolle« (ebd.). Mit ihrem zur Verfügung stehenden Sanktionspotential kann die soziale Umwelt die Selbstdefinition des Handelnden infolge ihrer eigenen Bewertung dieser Handlungen und größeren Durchsetzungskraft ändern und zukünftige Handlungschancen beschneiden. Diese Etikettierungen können »die Selbstdefinition des Handelnden ins Unrecht setzen und die Definition ›kriminell‹ zu einem wesentlichen Teil seiner öffentlichen Identität machen. Sie fungieren daher als Vorgabe für zukünftige Bedeutungszuschreibungen überhaupt. Ganz allgemein gesagt, setzen dann private und öffentliche, informelle und formelle Bedeutungszuschreibungen die Handlungsbedingungen, die konformes Handeln zunehmend kostspieliger machen und so dem Handelnden die Übernahme der Rolle des Kriminellen nahelegen« (ebd.) (zur Kritik dieses Ansatzes siehe Gefesselte Jugend, 1971, S. 140ff).

Allerdings geschieht die Zuschreibung des Merkmals ›kriminell‹ nicht beliebig, sondern durchaus selektiv. So unterscheidet Leferenz die »Kriminalität des ›normalen‹ Staatsbürgers« von den eigentlichen Verbrechen (zit. n. D. u. H. Peters, 1972, S. 249). »Der Kontext seiner Äußerungen zeigt, daß er unter der Kriminalität des normalen Staatsbürgers einen großen Teil der Delinquenz versteht, die nicht entdeckt und nicht geahndet wird« (ebd.). Da die Grundlage der Ursachenforschung vieler Kriminologen die *verurteilte* Kriminalität ist (Kriminalstatistiken), »sind die von ihr festgestellten Merkmale, die mit Kriminalität korrelieren, selbst Ausdruck der Kriterien, nach denen Kriminalität in der Gesellschaft verteilt wird« (S. 253).

Die durch den Klassenantagonismus, d. h. sozio-ökonomische Ursachen, entstandenen alloplastischen Verhaltensweisen der meisten Angehörigen der Unterschicht werden durch den Zuschreibungsprozeß der Stigmatisierung als ›abweichend‹ bzw. ›kriminell‹ definiert. Sie eignen sich deshalb so besonders dazu, weil sie aufgrund ihrer objektiven Lebenslage zwangsläufiger und auch auffälliger gegen das Normensystem verstoßen müssen als Angehörige der Mittelschicht.

Dieser Selektionsmechanismus »reproduziert das jeweilige System sozialer Ungleichheit einer Gesellschaft, indem sie die Werte und Normen, die dieses System begründen, im Wege der Entscheidung über Sanktionen ständig wieder neu in Geltung setzt« (S. 255). Die Tatsache, daß die im folgenden aufgezeigte Mittelschichtdelinquenz der Gesellschaft wesentlich größeren materiellen Schaden zufügt als die Kriminalität der Unterschicht, letztere jedoch in weitaus höherem Maße geahndet wird, deutet auf Kriminalität als einem konstitutiven Bestandteil einer Gesellschaft hin, die des Verbrechens bedarf, um die Stabilisierung ihrer anachronistischen Klassenstruktur zu gewährleisten und die in ihr vorhandenen Widersprüche fortlaufend zu verschleiern.

b) ›ABWEICHENDES VERHALTEN‹ IN SANKTIONIERTER FORM (MITTELSCHICHT)

Die New Yorker Untersuchungen von Wallerstein und Wyle an 1700 vorwiegend der Mittelschicht zugehörigen Personen ergaben, »daß nicht-aufgedeckte Verbrechen unter völlig ›ehrbaren‹ Mitgliedern der Gesellschaft nichts Besonderes sind. 99°/₀ der Befragten gaben zu, einen oder mehrere von 49 Verstößen gegen die Strafgesetze des Staates N. Y. begangen zu haben, wobei jeder dieser Verstöße so schwer war, daß er mit einer Höchststrafe von einem Jahr Gefängnis belegt werden konnte« (Gottschalch u. a., 1971, S. 172 f). Der Einwand, es handele sich hier um amerikanische Verhältnisse, die mit denen in der Bundesrepublik nicht zu vergleichen seien, ist nur noch bedingt richtig:»Amtlichen Statistiken zufolge sind von den im Jahr 1970 bekannt gewordenen 170000 Betrugsdelikten rund 30000 auf Gesetzesverstöße von Tätern im ›weißen Kragen‹ entfallen. Die Schäden, die durch die Wirtschaftskriminalität entstehen, sind nach Schätzungen von Fachleuten inzwischen auf jährlich rund 20 Milliarden Mark angewachsen« (*FAZ*, 26. 7. 1972). Frankfurts Oberstaatsanwalt Rahn meint dazu, daß Gewaltverbrechen, die bedeutend weniger volkswirtschaftliches Unheil anrichten als die ›White-collar-crimes‹, von der Öffentlichkeit schärfer verurteilt würden als Wirtschaftsverbrechen (*FR*, 3. 3. 1973). An gleicher Stelle ist zu lesen, daß die Zentralstelle zur Bekämpfung der Wirtschaftskriminalität, die sich mit »Konkurstätern, Steuersündern, betrügerischen Kaufleuten (Abschreibungsobjekte), mit den Menschenhändlern auf dem Arbeitsmarkt oder den Wohnungsschwindlern« befaßten, bei den »wie Pilze aus dem Boden schießenden Verbrechen« einfach nicht mehr nachkomme (ebd.).

Wahrscheinlich unterscheidet Leferenz die »Kriminalität des ›normalen‹ Staatsbürgers von den eigentlichen Verbrechen« (D. u. H. Peters, 1972, S. 249), weil er genau weiß, daß es in der Regel nur »die dummen und ungeschickten (Kriminellen) sind, die sich erwischen lassen« (ebd.). In der Meinung, mit der statistisch bekannt gewordenen Kriminalität einen ›sozial wichtigen Sektor‹ erfaßt zu haben, fügt er hinzu: »Die Kriminalität des ›normalen‹ Staatsbürgers hat meines Erachtens, nämlich von seiner Persönlichkeit und der Motivation her gesehen, meist nicht die destruktive, antisoziale Tendenz, die die soziale Gefährlichkeit bedingt« (Leferenz zit. n. D. u. H. Peters, 1972, S. 250). Verbrechen des ›normalen Staatsbürgers‹, also der Mittelschicht, werden von vornherein als besondere Kategorien eingestuft; die Motivation ihrer Mitglieder ist Leferenz zufolge nicht mit den ›destruktiven, antisozialen‹ Verbrechen der Unterschicht vergleichbar.

Was diesen Delikten der Mittelschicht »die Qualifikation der nicht eigentlich verbrecherischen Tat einträgt, ist die soziale Typisierung des Delinquenten, die vom Bild des Verbrechers abweicht. [...] Wenn der sozial wichtige Sektor der Kriminalität durch die Kriminalstatistik erfaßt ist, so bedeutet das eben, daß der sozial wichtige Kriminalitätsbereich durch die Delinquenz der Unterschicht definiert ist. 90% der in der polizeilichen Kriminalstatistik erfaßten Personen wären nach einem soziologischen Schichtindex der Unterschicht zuzurechnen [...]. Den Unwertgehalt und die Strafbarkeit von Delikten nach diesem Maßstab zu bestimmen, heißt nichts anderes, als in Aussagen, die sich wissenschaftlich geben, die Machtstruktur der Gesellschaft zu reproduzieren. Denn das Verbrechen eignet sich allemal dazu, soziale Deprivationen zu rechtfertigen. Daß sich der normale Staatsbürger in der Regel gesetzestreu verhält und ihm eigentlich verbrecherische Motive fern sind, bestätigt seinen höheren Rang als Verdienst« (ebd.).

Der einmal ›erlernte‹ Weg, »reale Ohnmacht durch Identifizierung mit dem real Mächtigen zu kompensieren« (Gottschalch u. a., 1971, S. 158), erhält in diesem Zusammenhang noch eine besondere Funktion. Dieses vorwiegend für die Mittelschicht typische Sozialisationsmuster verdeutlicht die Disposition ihrer Mitglieder zur Identifizierung mit den postulierten Wertvorstellungen der Herrschenden. Das latente Potential an Aggressivität, (auf das im folgenden Kapitel noch näher eingegangen wird) ist dazu ebenso notwendig wie das strenge Überich. »Denn nicht die gelungene Anpassung des einzelnen gewährleistet seine reibungslose Unterwerfung, sondern seine aus unvermeidlichem ›sittlichen Versagen‹ resultierende Zerknirschung. [...] Der Mensch, der mit Selbstvorwürfen sich peinigt, ist beherrschbar geworden« (Plack, 1968, S. 88). Dies ist der Nutzen, den die Herrschenden aus der weitgehend unaufgeklärten Mittelschichtdelinquenz ziehen: »Menschen mit schlechtem Gewissen und Schuldgefühlen zeigen einen starken Hang zu äußerer Konformitätsbereitschaft und verstärken die (nach Marcuse) ohnehin vorhandene Tendenz der Mittelschichten, Idolen zu applaudieren und Schuldgefühle nach unten zu projizieren: auf die in den Medien markierten Sündenböcke, die zugleich potentielle Konkurrenten sind« (Gottschalch u. a., 1971, S. 173).

So demonstriert das Normensystem seine Sanktionsgewalt vorwiegend an denen, die aufgrund ihrer objektiven Lebenslage und schichtspezifischer Konfliktlösungsversuche (›alloplastisch‹) am sichtbarsten und fast zwangsläufig gegen mittelständisch definierte Wertvorstellungen verstoßen müssen: den Angehörigen der Unterschicht – einerseits, um den Mittelschichten die Möglichkeit des drohenden sozialen Abstiegs kraß vor Augen zu führen, und andererseits, um mittels sozialer Deklassierung die Unterschichten am gewünschten gesellschaftlichen Ort zwecks effektiver Ausbeutung (›irgendjemand muß ja die Dreckarbeit machen‹) festnageln zu können. »Die ungleichen Machtverhältnisse in einer Gesellschaft geben den in ihr herrschenden Gruppen auch die Macht und das ›Recht‹ zu definieren, was strafwürdig, was ›kriminell‹ ist. Das Interesse der Herrschaft ist darauf gerichtet, Handlungen, die zwar objektiv der Allgemeinheit schaden, nicht als kriminell zu definieren, wenn diese Handlungen zur Ausweitung und Erhaltung ihrer Machtpositionen oder Gewinnquellen nützlich sind. Im geschriebenen Recht dominiert ›gefrorenes‹ Herrschaftsinteresse« (S. 165 f).

Zusammenfassung

Die mit der jeweiligen Stellung im Produktionsprozeß verknüpften unterschiedlichen sozio-ökonomischen Bedingungen ›erzeugen‹ aufgrund ihrer existentiellen Bedeutung in Mittel- und Unterschichten schichtspezifische Wertvorstellungen und Erziehungstechniken sowie daraus resultierende schichtspezifische Überich-Strukturen. »Die *objektive* Struktur der Klassengesellschaft findet auf diese Weise ihr *subjektives* Korrelat in der Charakterstruktur der Individuen; sie wird selbst verinnerlicht. Indem die Beherrschten, ohne ein Bewußtsein davon zu haben, sich und ihren Nachkommen noch einmal und stets von neuem antun, was der kapitalistische Produktionsapparat ihnen antut, leisten sie selbst den wichtigsten Beitrag zur Stabilisierung der Herrschaftsverhältnisse« (Huch, 1972, S. 95). Mit Stabilisierung der objektiven Verhältnisse durch deren Transformation ins Subjektive werden die Interessen weniger Mächtiger nicht *gegen* die Vielen durchgesetzt, »sondern durch diese hindurch« (Adorno, 1970, S. 56). Das in allen Schichten spezifisch sich bildende Aggressionspotential, das aufgrund schichtspezifischer Sozialisationsmuster unterschiedlich kanalisiert und artikuliert werden kann, deutet auf ›abweichendes Verhalten‹ und Kriminalität als notwendige, systemstabilisierende Funktionen dieser Gesellschaft hin: die besonders in der Unterschicht vorherrschenden alloplastischen Verhaltensweisen, die aufgrund objektiver Bedingungen ›entstanden‹ –

37

und diese wiederum verfestigen –, stellen unter den herrschenden Verhältnissen adäquate Reaktionen auf eingeschränkte Existenzbedingungen dar. Vorwiegend an diesem Verhalten demonstriert das Normen- und Sanktionssystem die Legitimität ›normopathischer‹ mittelständischer Wertvorstellungen und Lebensweisen; damit erhält die Mittelschicht laufend die Gewißheit, ›normal‹ zu sein, und rechtfertigt gleichzeitig die in dieser Gesellschaft vorhandenen ungleichen Lebenschancen und sozialen Deprivationen. So ist es nicht die Erfüllung eines objektiven Tatbestandes, aufgrund dessen jemand kriminell wird, »sondern aufgrund von Definitionen dessen, was kriminell genannt wird. Diese Definitionen werden von den jeweils (ökonomisch und politisch) herrschenden Gruppen festgelegt, verkündet und durchgesetzt« (Gottschalch u. a., 1971, S. 165).

Angesichts der in der Mittelschicht zu beobachtenden ›Normopathie‹ bleibt die Frage offen, mit welchem Ziel die Resozialisierung von ›Kriminellen‹ angestrebt werden soll. Eine Resozialisierung, die zur ›Normopathie‹ hinstrebte, wäre schon gescheitert, bevor sie ansetzte. Würde man aber andererseits den in Anstalten Behandelten »zusammen mit den infantilen Kompensationszwängen auch Besitzgier und zusätzliche Konsumbedürfnisse« austreiben, »dann wären die Entlassenen die einzigen ›Gesunden‹ in der gesamten Bevölkerung« (Wetter, Böckelmann, 1972, S. 214), was in dieser Gesellschaft ›Lebensuntüchtigkeit‹ bedeuten würde.

In Anbetracht dieser ›Alternativen‹ sind die Aussichten auf emanzipatorische Momente innerhalb möglicher Resozialisierungsbemühungen mikroskopisch klein. Alle wohlgemeinten therapeutischen Maßnahmen, die nicht den Stellenwert ihrer Interventionen innerhalb der aufgezeigten gesellschaftlichen Rahmenbedingungen angeben können, erhalten den absurden Charakter eines ›trotzigen Aktionismus‹, der hartnäckig forciert wird, um das lähmende ›Eingeständnis‹ subjektiver Ohnmacht gegenüber verhärteten objektiven Bedingungen permanent aus dem Bewußtsein auszublenden – womit diese noch einmal verfestigt werden.

II. Sozialcharakter

Während wir im ersten Kapitel den Versuch unternommen haben, die Genese derjenigen Haltungen und Verhaltensweisen, die als kriminelle und Verwahrlosungssymptome gelten, unter dem Gesichtspunkt von Klassenlage und den dadurch bestimmten Faktoren wie Bedürfnisbefriedigung und Bedürfnisrestriktionen, Erziehung und Ausbildung etc. zu entwickeln, wollen wir hier die Frage nach der Definition von Kriminalität und Verwahrlosung unter dem Aspekt untersuchen, inwieweit kriminelles Verhalten ein notwendiger Bestandteil des kapitalistischen ›Gesellschaftscharakters‹ ist.

Sowohl im vorwissenschaftlichen als auch im wissenschaftlichen Bereich wird nach wie vor mit Nachdruck die These vertreten, daß alles menschliche Verhalten aus der quasi immergleichen, selbstsüchtigen und unabänderlichen Trieb- bzw. Charakterstruktur des Menschen zu erklären sei. »Verhaltensmuster bzw. Verkehrsweisen der Individuen, die historischen Ursprungs sind, (werden) durch (diese) Reduktion auf anthropologische Grundbestimmungen zu Naturgesetzen verabsolutiert« (Gefesselte Jugend, 1971, S. 107), entziehen sich damit jeglicher Hinterfragung und halten letztlich dazu her, die gesellschaftlichen Verhältnisse, aus denen allein sie zu erklären wären, zu legitimieren und zu stabilisieren, entsprechen sie doch vollkommen der vorgeblichen menschlichen Natur. Es erweist sich als weitaus einfacher und für das System sicherer, mit Hilfe eines pessimistisch gezeichneten Menschenbildes – isoliert, asozial, egoistisch, gewinn- und genußsüchtig und auf Rivalität gestellt – die gesellschaftliche Struktur zu erklären, als umgekehrt eben jenes Menschenbild aus dieser Struktur abzuleiten.

1. Grundformen des Sozialverhaltens und ihre sozioökonomische Bedingtheit

Wie bereits erläutert, zeigt uns ein Blick in die Geschichte oder in andere Kulturen, daß jede Zeit bzw. Kultur »ihre ihr eigentümlichen Grundformen des Sozialverhaltens, zum Teil in Gestalt von Idealen, philosophischen Verhaltensregeln oder auch in Sprichwörtern und Volksweisheiten geprägt und ausgearbeitet (hat)«

(Sozialistische Kriminologie, 1971, S. 176); daß also menschliche Verhaltensmuster letztlich veränderlich und vergänglich und keineswegs statisch und ewig sind. »Das menschliche Wesen ist kein dem einzelnen Individuum innewohnendes Abstraktum. In seiner Wirklichkeit ist es das Ensemble der gesellschaftlichen Verhältnisse« (Marx, MEW, Bd. 3, S. 6).

Zur Bestimmung des Einflusses konkreter gesellschaftlicher Verhältnisse auf die ›Natur des Menschen‹ ist man allerdings genötigt, aus der immensen Vielfalt individueller Verhaltensweisen innerhalb der jeweiligen Gesellschaft nur diejenigen auszugrenzen, die von den meisten Angehörigen dieser Gesellschaft geteilt werden. Fromm bezeichnet diese gemeinsamen Charaktereigenschaften bzw. Verhaltensmuster bei den Mitgliedern einer konkreten Gesellschaft als ›Gesellschaftscharakter‹ oder ›Sozialcharakter‹. Dieser ist zwar »notwendigerweise weniger mannigfaltig als der individuelle Charakter«, da er nur »den Wesenskern der Charakterstruktur der meisten Gruppenmitglieder (umfaßt), welcher sich als Ergebnis (der) dieser Gruppe gemeinsamen Lebensweise und Grunderlebnisse entwickelte« (Fromm, zit. nach Gottschalch u. a., 1971, S. 20), aber er stellt *das* notwendige Bindeglied zwischen dem individuellen und unterschiedlichen Verhalten der Mitglieder einer konkreten Gesellschaft und der sozio-ökonomischen Struktur dieser Gesellschaft dar, in der er auch begründet ist.

Der ›Gesellschaftscharakter‹ ist letztlich nichts anderes als ein Resultat »aus der dynamischen Anpassung der Menschennatur an die betreffende Gesellschaftsordnung. Veränderungen in der Gesellschaftslage haben Veränderungen im Gesellschaftscharakter zur Folge, d. h. neue Bedürfnisse, neue Besorgnisse« (Fromm, zit. nach ebd.). Fromm bezieht sich dabei auf die klassische Formulierung von Marx – »es ist nicht das Bewußtsein der Menschen, das ihr Sein, sondern umgekehrt ihr gesellschaftliches Sein, das ihr Bewußtsein bestimmt« (Marx, 1970, S. 15) –, gemäß der »das Bewußtsein das Produkt einer bestimmten Lebenspraxis ist, die für eine gegebene Gesellschaft oder Klasse charakteristisch ist. [. . .] Während die Menschen glauben, sie würden von ihren eigenen Vorstellungen beherrscht und bestimmt, werden sie in Wirklichkeit von Kräften bestimmt, die hinter ihrem Rücken wirken und die sie nicht wahrnehmen« (Fromm, 1970, S. 140).

Nach Marx sind diese Kräfte, die die ›betreffende Gesellschaftsordnung‹ bzw. das ›Sein‹ der Menschen bestimmen, vor allem in den jeweils in der konkreten Gesellschaft vorhandenen Produktionsbedingungen und Verkehrsformen verankert, da diese als die objektiven Bedingungen, als die reale Basis der Gesellschaft – in Form der Produktionsverhältnisse, des ökonomischen Produktionsprozesses – die letztlich ›bewegende Grundkraft‹ der Geschichte sind.

»Die Produktion ist vielmehr schon eine bestimmte Art der Tätigkeit dieser Individuen, eine bestimmte Art, ihr Leben zu äußern, eine bestimmte *Lebensweise* derselben. Wie die Individuen ihr Leben äußern, so sind sie. Was sie sind, fällt also zusammen mit ihrer Produktion, sowohl damit, *was* sie produzieren, als auch damit, *wie* sie produzieren. Was die Individuen also sind, das hängt ab von den materiellen Bedingungen ihrer Produktion« (Marx/ Engels, MEW, Bd. 3, S. 21). Zur Beantwortung der Frage nach der konkreten Ausprägung des ›Sozialcharakters‹ in der Gesellschaft der BRD haben wir also vor allem jene Elemente zu berücksichtigen, »die der kapitalistischen Produktionsweise eigen sind, also der ›erwerbssüchtigen Gesellschaft‹ [...] im industriellen Zeitalter« (Fromm, 1966, S. 77).

2. Sozialverhalten in der kapitalistischen Gesellschaft

Die in der antagonistischen Klassenstruktur der kapitalistischen Gesellschaft begründete und aus deren Produktionsverhältnissen resultierende ungleichmäßige und ungerechte Verteilung der Lebenschancen (Erziehung, Ausbildung, Beruf, Wohnverhältnisse, Befriedigung materieller Bedürfnisse etc.) führt – vermittelt über klassenspezifische Subkulturen – zu einer Fülle je nach Klassenlage unterschiedlicher und durch eben jene determinierter Verhaltensweisen (vgl. oben Abschnitt 1).
Der, wenn auch spekulative Versuch, trotz dieser verschiedenartigen Verhaltensformen einen bei den meisten Gesellschaftsmitgliedern gleichermaßen vorfindlichen (und damit die Klassenstruktur übergreifenden) Grundtypus des Sozialverhaltens nachweisen zu wollen, kann u. E. nur gelingen, wenn wir eben jene je unterschiedlichen ›Erscheinungsformen‹ auf das ›Wesen‹ (d. h. die allgemeinen Bedingungen) der kapitalistischen Gesellschaft zurückbeziehen; das bedeutet aber, auf die den kapitalistischen Produktionsverhältnissen immanenten (sie stabilisierenden und gleichermaßen vorantreibenden) Prinzipien der *Konkurrenz* (d. h. des rücksichtslosen und ungehemmten Kampfes zwischen rivalisierenden Wirtschaftssubjekten) und der *Ausbeutung* (des Menschen durch den Menschen; d. h. der Aneignung fremder Arbeitskraft infolge des Privateigentums an Produktionsmitteln) sowie der *Fetischisierung des Privateigentums* und (im Spätkapitalismus) des *Konsums*.

a) KONKURRENZPRINZIP

»Die Kapitalrechnung in ihrer formal reinsten Gestalt setzt [...] den Kampf des Menschen mit dem Menschen voraus« (Weber, zit. nach Kühnl, S. 43).

Die mit der ›freien Konkurrenz der Wirtschafts-Subjekte‹ gesetzten wesentlichen Werte der kapitalistischen Gesellschaft sind – »*Durchsetzung individueller Interessenorientierung*« (selbst ist der Mann, jeder ist seines Glückes Schmied usw.) und »*Wahrung des eigenen Vorteils*« (Egoismus – jeder für sich, Gott für uns alle). Nach den Vorstellungen der liberalen Ökonomie sollte mit der Befolgung dieser ganz auf individuellen Profit ausgerichteten Werte zugleich auch dem Gemeinwohl am besten gedient sein. Infolge der zunehmenden Konzentration der Produktionsmittel in den Händen einiger weniger ›freier‹ Unternehmer – und der damit erfolgten Trennung von Herstellern und Eigentümern der Produktionsmittel – sind jedoch heute diese auf eine ›Gesellschaft von Kleinwarenproduzenten‹ zugeschnittenen Werte – in der ein »jeder Anbieter seine Waren selber herstellt und umgekehrt ein jeder Arbeiter seine Produktionsmittel selber besitzt« (Habermas, 1962, S. 109) – für die Mehrheit der Bevölkerung nicht mehr in ihrem ursprünglichen Sinn in der Wirtschaftssphäre in Verhalten umsetzbar. Die lohnabhängigen, vom Besitz der Produktionsmittel ausgeschlossenen Massen können nämlich nicht »als relativ gleichwertige Konkurrenten auf dem Markt« (Kühnl, 1971, S. 51) ihre selbstproduzierten Waren verkaufen, sondern sind gezwungen, im Verkauf ihrer selbst, d. h. ihrer Ware Arbeitskraft, miteinander zu konkurrieren. Aber nicht nur Wirtschafts- und Arbeitssphäre sind dem Konkurrenzprinzip unterworfen, sondern auch alle anderen Dimensionen des privaten und öffentlichen Daseins sind von ihm durchdrungen. Hierzu sei nur auf den in der Freizeitsphäre ausgetragenen Kampf um materielle Statussymbole verwiesen, der von den Eignern der Produktionsmittel mit allen ihnen verfügbaren Mitteln (Bewußtseinsmanipulation mit Hilfe der Massenmedien und der Werbung) zwecks Steigerung der Warenproduktion forciert wird.

Die im Konkurrenzprinzip implizierten und für die Aufrechterhaltung der kapitalistischen Produktions- und Reproduktionsverhältnisse unerläßlichen Grundmuster des Sozialverhaltens lassen sich vereinfacht als mangelnde Solidarität, Egoismus, Individualismus, Gegensatz der Individuen untereinander und zur Gesellschaft, Isolierung und Vereinzelung benennen.

Egoismus:

»Die moderne Gesellschaft besteht aus ›Atomen‹ (wenn wir das griechische Wort im Sinne des lateinischen ›In-dividuen‹ gebrauchen wollen), kleinen Partikeln, die einander fremd sind, aber von selbstsüchtigen Interessen und von der Notwendigkeit, voneinander Nutzen zu ziehen, zusammengehalten werden« (Fromm, 1960, S. 126). In der kapitalistischen Gesellschaft stellt Egoismus weder einen Charakterfehler noch eine negative *Grundeigenschaft* des Menschen dar, sondern eine durch die objektiven Verhältnisse geprägte Einstellung, die »unter diesen Bedingungen zu

einer notwendigen Form der Lebenserhaltung des Individuums«
wird (Gefesselte Jugend, 1971, S. 109). Das ›Zwangsgesetz zur
Konkurrenz‹ führt zu einem sozialen Klima, in dem »sich jeder
selbst der nächste ist«– und notgedrungenerweise zu sein hat – und
in dem solidarisches Verhalten als ›Labilität‹ bzw. ›Haltlosigkeit‹
begriffen wird (Hartmann, zit. nach Gefesselte Jugend, 1971,
S. 93). Je nach Klassenlage nimmt dieses egoistische Verhalten
unterschiedliche Erscheinungsformen an: beim parasitären Groß-
kapitalisten, der sich durch raffinierte Rücksichtslosigkeit, moralische Gleichgültigkeit und ständige Aggressivität auszeichnet und
dem alle legalen und manchmal auch illegalen Mittel recht sind,
wenn sie nur dem eigenen Vorteil dienen; beim karrieristischen
Angestellten, der seine Ellenbogen zu gebrauchen weiß; und
schließlich beim die gesellschaftlichen Spielregeln mißachtenden
Kriminellen, der sich – genauso wie der Kapitalist – seinen Lebens-
unterhalt auf Kosten anderer zu beschaffen trachtet, d. h. fremde
Arbeitsprodukte ohne eigene Arbeit aneignet.
Solange rücksichtsloses, am eigenen Vorteil orientiertes Verhalten
von sozialem Erfolg gekrönt ist – mag es sich dabei um einen
›Mafiaboß‹ oder um einen ›Industriekapitän‹ handeln –, kann es
gesellschaftlicher Gratifikationen gewiß sein, da es die Tauglich-
keit der Prinzipien eben jener Gesellschaft bestätigt; daß es hingegen bei Mißerfolg um so unnachsichtiger bestraft wird, braucht
kaum noch erwähnt zu werden.

Individualismus – bei gleichzeitigem Zwang zur Anpassung:
Das zum Wesenskern der bürgerlichen Gesellschaft gehörige in-
dividualistische Verhalten – »das Individuum und sein Wohler-
gehen sind der Ausgangspunkt aller Überlegungen und das Ziel
jeder Politik. Staat und Gesellschaft werden von hier aus kon-
struiert« (Kühnl, 1971, S. 22) – wird als Folge der rapide geringer
werdenden Möglichkeiten menschlicher Selbstverwirklichung
am Arbeitsplatz (was nicht nur auf die ›Hand-‹, sondern auch auf
eine steigende Zahl von ›Kopfarbeitern‹ zutrifft) immer mehr in
den noch vorgeblich individuell gestaltbaren Bereich der Freizeit-
und Privatsphäre verdrängt. Reisen, Hobbys und Konsum (Klei-
dung, Wohnungseinrichtung, Autos etc.) markieren den verzwei-
felten Versuch, Ausbeutung und rigide Kontrolle am Arbeitsplatz
zu kompensieren und der je individuellen Persönlichkeit zum
Ausdruck zu verhelfen. Die Individuen sehen sich immer mehr
durch ihren Konsum als durch ihre Arbeit definiert (vgl. S. 55).
Vermittelt über eine Reihe darauf spezialisierter Industriezweige
sind jedoch auch diese Bereiche bereits nahezu vollständig den
Verwertungsgesetzen des Kapitalismus unterworfen, so daß viele
›Möchte-gern-Individualisten‹ mit ihrem vermeintlichen ›besonderen Geschmack‹ (den sie ohnehin nur den vielfältig wirksamen
Mitteln der Bewußtseinsindustrie zu verdanken haben) und der
›schon immer etwas teurer war‹ und sie vom ungeliebten Nach-

barn abheben soll, nur den Profitinteressen der herrschenden, über die notwendigen Produktionsmittel verfügenden Klasse dienen.

Außerdem soll nicht vergessen werden, daß über eine zunehmende Einflußnahme ›extra-familialer Sozialisations-Agenturen‹ auf die primäre Sozialisation gesellschaftliche Werte und Normen (die zur Erhaltung der Klassenstruktur der kapitalistischen Gesellschaft erforderlich sind und die »Knechtschaft der menschlichen Existenz reproduzieren« – Marcuse, 1969, S. 19) quasi ungebrochen, d. h. in abnehmendem Maße durch die Eltern vermittelt, dem heranwachsenden Individuum internalisiert werden und damit eine je unterschiedliche ›Persönlichkeitsentfaltung‹ bereits im Ansatz behindern. »Durch die Beseitigung der intrafamilialen Konfliktpunkte zwischen den Generationen wird die lebendige, d. h. affektiv mitvollzogene Aneignung der kulturellen Leistungen erschwert. Die Schwächung der affektiven Kräfte des Individuums bedeutet zugleich eine Schwächung seiner Ich-Fähigkeiten; die Entwicklung zu einer selbständig denkenden und selbstbewußt nach außen wirkenden Person mißlingt; das Verharren in infantilen Abhängigkeitsverhältnissen gegenüber den von der Gesellschaft einzig vorgesehenen Befriedigungs- und Handlungsmöglichkeiten wird zur Regel« (Berndt, Reiche, 1968, S. 105 f).

Diese zunehmend unterschiedslosere Orientierung aller an den Zwecken der herrschenden Klasse – durch die Einflüsse von Kindergarten, Schule, Massenmedien, Unterhaltungsindustrie etc. – ist zwar tendenziell feststellbar, doch u. E. bleibt es fraglich, ob sie infolge der für den einzelnen je nach Klassen- bzw. Schichtzugehörigkeit unterschiedlichen Lebensbedingungen tatsächlich generell durchsetzbar ist.

Gegensatz der Individuen untereinander und zur Gesellschaft:
Das soziale Gegenüber wird nicht mehr als Mensch, sondern als Rivale bzw. als ein der Ausbeutung nützlicher Träger der Ware Arbeitskraft gesehen.

Die ihre Arbeitskraft verkaufenden Individuen – und das ist die große Mehrheit der Bevölkerung – treten sich auf dem Arbeitsmarkt als mit allen Mitteln der Intrigen und der Bespitzelung kämpfende Konkurrenten gegenüber. In diesem sie gegen- und untereinander isolierenden und von den Herrschenden mit allen Mitteln forcierten Kampf verausgaben die Beherrschten letztlich die Kraft, die allein – solidarisch angewandt – die Aufhebung der sie versklavenden Verhältnisse bewirken könnte. Währenddessen sehen die Herrschenden »vom Gipfel der Kapitalanhäufung gelassen zu, wie ein Volk von sozialen Bergsteigern auf halber Höhe sich gegenseitig behindert oder ›fallen läßt‹« (Plack, 1967, S. 43).

In der Privatsphäre setzen sich Leistungs- und Konkurrenzkampf fort als Konsum, dessen Niveaulagen gesellschaftlich vorgegeben werden (Brückner, S. 55), als Wettkampf um Statussymbole.

Und auch in den Formen, in denen Menschen die Befriedigung sexueller und emotioneller Bedürfnisse organisieren, werden die Prinzipien der Erwerbssphäre (Leistung und Wettbewerb) zur beherrschenden Norm – wofür u. a. Heirats- und Geselligkeitsannoncen, die sich immer mehr aus einem Sammelsurium quantitativ meßbarer ›Werte‹ zusammensetzen, ein beredtes Zeugnis sind.

Zunehmende Isolierung und Vereinzelung:

Am Arbeitsplatz durch getrennte, standardisierte Arbeitsabläufe, die ein kommunikationsfeindliches Klima begünstigen (Konkurrenz und Rivalität tun ein übriges); in der Nachbarschaft durch – über das Profitstreben der Bauunternehmer vermittelte – den einzelnen abkapselnde Wohnverhältnisse, des weiteren infolge mangelnder ökonomischer Beweggründe (Ausleihen von Haushaltsgeräten, Werkzeugen, Lebensmittel etc.) und weitgehend fehlender Kontaktbereitschaft. Man ist froh, nach einem frustrierenden Arbeitstag ›seine Ruhe zu haben‹, man ist ›schon genug mit seinen eigenen Problemen beschäftigt‹ und ist zudem geneigt, dem Nachbarn ebenso mißtrauisch und ängstlich zu begegnen wie dem rivalisierenden Bürokollegen, da »*die* Gefühle und Eigenschaften, die für einen erfolgreichen Daseinskampf am Arbeitsplatz ›kultiviert‹ werden müssen, [...] die Oberhand über die Regungen des Privaten gewinnen« (H. Ritter, zit. nach Brückner, S. 114).

»Die Parzellierung, Isolierung der einzelnen setzt sich unter dem emotionalen Band der Ehe fort: Männer wie Frauen hoffen, in der Ehe der relativen Isolierung (am Arbeitsplatz, in der Nachbarschaft, in der Welt), der Anonymität sozialer Kontakte, der sich verbreitenden Neutralität, Indifferenz oder Gleichgültigkeit gegeneinander durch Isolierung in der Kleinstgruppe zu entgehen; doch in ihr wird verfestigt, was der einzelne zu fliehen trachtet – Isolierung bei allseitiger Abhängigkeit« (Brückner, 1972, S. 113).

Die Flucht in eine auch durch räumliche Isolierung gekennzeichnete Privatsphäre wird forciert durch das vom Profitinteresse der Bauunternehmer diktierte und produzierte Ideal vom ›Häuschen‹ bzw. der Eigentumswohnung im Grünen. Hier hofft der ›kleine Mann‹, wenn auch um den Preis von Verschuldung und zusätzlicher Mehrarbeit (was seine allseitige Abhängigkeit noch verstärkt), »Geborgenheit zu finden, hier fühlt er sich vor allem als Herr im Hause, der über sich selbst bestimmen kann« (Guha, 1971, S. 120). In dieser schönen und naiven Illusion wird er noch durch Werbung, Massenmedien etc. bestärkt, während gleichzeitig die fremdbestimmten ›Kontrollfäden‹, die auch diese Sphäre durchdringen, immer dichter und fester ›gewoben‹ werden.

Wird das soziale Klima der Rivalität, Feindseligkeit und Vereinsamung für den einzelnen jedoch zu unerträglich und zu übermächtig, so steht ihm noch eine letzte, allerdings irreversible Fluchtmöglichkeit zur Verfügung: Selbstdestruktion in Form von Selbstmord. Daß dabei nicht ein >dem Menschen an sich< inne­wohnender >Zerstörungstrieb<, sondern die frustrierenden Verhältnisse der spätkapitalistischen Gesellschaft für die steigende Zahl von Selbstmorden (in der BRD über 13 000 pro Jahr) verantwortlich sind, veranschaulichen Vergleichszahlen aus Ländern mit unterschiedlichen Entwicklungsstufen des Kapitalismus. Hochentwickelte Länder wie Dänemark, die Schweiz, Finnland, Schweden und die USA weisen dabei weitaus höhere Selbstmordziffern auf (35,09; 33,72; 23,35; 19,74; 15,52 auf je 100 000 der erwachsenen Bevölkerung) als weniger entwickelte Länder wie Spanien, Italien und Irland (7,71; 7,67; 3,70 – alle Angaben nach Fromm, 1960, S. 12). Und ebenso wie die Zahl der Selbstmorde mit zunehmender Entwicklungsstufe steigt, nimmt auch die Zahl der Alkoholiker zu; hier liegen gleichfalls, wenn auch in anderer Reihenfolge, die USA, Frankreich, Schweden, die Schweiz und Dänemark an der Spitze der Tabelle.

Aber während das spätkapitalistische System infolge der totalen >Vermarktung< seiner Gesellschaftsmitglieder – »Jedermann ist ein Gebrauchsgegenstand für irgendwen« (Fromm, 1960, S. 126) – zu einer zunehmenden Suspendierung von Solidarität und Nächstenliebe in den zwischenmenschlichen Beziehungen geführt und damit die Partikularisierung und Vereinsamung der Individuen vorangetrieben hat (die gleichzeitig Vorbedingung dieser Verhältnisse sind), hebt es diese Vereinzelung in anderer Hinsicht dadurch wieder auf, daß es die einander entfremdeten und feindselig gegenübergestellten Individuen über eine immer perfektere Verwaltung aller Bereiche des menschlichen Daseins einer wachsenden, den Erfordernissen des Systems dienlichen Konformität unterwirft.

Die am Fortbestand dieses Systems primär interessierte Klasse ist zwar bestrebt, die lohnabhängige Bevölkerung in ihrem Glauben zu bestärken, sie sei frei und unabhängig und keiner Autorität untertan; tatsächlich ist sie jedoch nur daran interessiert, deren Manipulierbarkeit permanent zu vergrößern, um sie um so leichter und gefahrloser in die eigenen, den Profit steigernden Kalkulationen einbeziehen zu können.

Die Verfeinerung der das Verhalten der Individuen regulierenden Kontroll- und Steuerungsmechanismen zeigt sich vor allem darin, daß neben ein äußeres »System von Verboten, Geboten, Normen, Werten, Anschauungen, Gebräuchen, Idealen, Ideologien usw.« (Guha, 1971, S. 118) »ein immer umfassender ausgeklügeltes und wissenschaftlich verfeinertes System von Einwirkungen (tritt), denen das Denken und Meinen, die Wünsche und Handlungsantriebe der einzelnen unterworfen werden« (Hofmann, 1970, S. 12).

46

Über die fortwährende Propagierung und gleichzeitige Introjektion standardisierter und an der Reproduktion der etablierten Ordnung orientierter Werte und Normen »wird die Psyche in ihrer unbewußten und in ihrer bewußten Dimension einer systematischen Kontrolle und Manipulation zugänglich gemacht und unterworfen. [...] Die Kontrollen sind [...] über die gesamte Gesellschaft verteilt, sie werden (in sehr verschiedenem Grade) durch Nachbarn, ›peer groups‹, Massenmedien, Verbände und durch die Regierung ausgeübt. Wirksam, ja ermöglicht werden sie allerdings erst durch die Wissenschaft, insbesondere durch Soziologie und Psychologie; als Industrie-Soziologie und -Psychologie oder, euphemistischer ausgedrückt, als die ›Wissenschaft der menschlichen Beziehungen‹ sind sie zu einem unerläßlichen Werkzeug in den Händen der herrschenden Mächte geworden« (Marcuse, 1968, S. 11 ff). »Die etablierten Werte werden die der Leute selbst: Anpassung verkehrt sich in Spontaneität, in Autonomie, und die Wahl zwischen sozialen Notwendigkeiten erscheint als Freiheit« (Marcuse, 1969, S. 29). Ist die Introjektion dieser Werte geglückt, so können die gegeneinander gestellten und doch konform ausgerichteten Individuen »das Herrschaftssystem nicht ablehnen [...], ohne sich selbst, ihre eigenen repressiven Triebbedürfnisse und Werte abzulehnen« (S. 34).

Diese Werte sind jedoch keinesfalls immer eindeutig und übereinstimmend, sondern als Reflex der Widersprüche der kapitalistischen Gesellschaft und infolge der Tatsache, daß sich »in jeder herrschenden Moral [...] nicht nur gegenwärtige Produktions- und Herrschaftsverhältnisse, sondern auch die vergangener Epochen« (Gottschalch u. a., 1971, S. 155) spiegeln, widersprüchlich und bisweilen desorientierend. Die Aufgabe, diese Widersprüchlichkeit zu lösen, wird aber allemal dem einzelnen Individuum angelastet, und – so möchte man sagen – wehe dem, dem dies nicht zu gelingen vermag. Denn die Gesellschaft ist nie im Irrtum, es ist stets das Individuum – »Scheitern gilt als persönliches Versagen oder Charakterschwäche« (Guha, 1971, S. 120).

b) Ausbeutung und Entfremdung

Die kapitalistische Produktionsweise (Trennung der Produzenten von ihren Produktionsmitteln und ihren Produkten, Benutzung einer Majorität von Nicht-Kapitalbesitzern durch eine Minorität von Kapitalbesitzern als Mittel für ihren eigenen Profit, zunehmende Reglementierung und Stupidität der Arbeit infolge einer immer differenzierteren Arbeitsteilung zur Steigerung der Warenproduktion und der produktiven Ausbeutung, Primat des Profits – »maximale Produktion, maximaler Konsum und minimale menschliche Reibungen« – Fromm, 1970, S. 233) führt

immer mehr zu einer ›Verzerrung und Verstümmelung‹ des um
die freie Entfaltung seiner je individuellen Fähigkeiten betrogenen
Individuums, zu einem entfremdeten, austauschbaren sowie kal-
kulier- und manipulierbaren Faktor, dessen Wert zudem permanent im Sinken begriffen ist.

Kritische Berichterstattungen über die Behandlung kranker und
alter Menschen in unserem System lösen zwar bisweilen Entrü-
stung und Empörung in der Öffentlichkeit aus. Ändern können
sie jedoch nichts, denn der Wert menschlichen Lebens bemißt sich
zunehmend nach seinem Nutzen im Sinne der Kapitalverwertung,
und alle larmoyanten Appelle müssen fruchtlos bleiben, solange
nicht die zugrunde liegenden Verhältnisse geändert werden.

In der kapitalistischen Gesellschaft haben die Eigentümer an den
Produktionsmitteln nicht nur die Verfügungsgewalt über den
Reichtum der Gesellschaft, sondern zugleich auch die ›Befehls-
befugnis über menschliche Arbeitskraft‹. »Die gesellschaftliche
Macht wird so zur Privatmacht der Privatperson« (Marx, MEW,
Bd. 23, S. 146), die andere Menschen für ihren eigenen Profit be-
nützt. Der Mensch, dessen Wesen durch seine Tätigkeit bestimmt
wird, gehört, wenn er z. B. Proletarier ist, nicht mehr sich
selbst. Er ist dem eigen, der über die Produktionsmittel verfügt.
Im modernen Kapitalismus ist es »nicht mehr der Arbeiter,
der die Produktionsmittel anwendet, sondern es sind die Produktionsmittel, die den Arbeiter anwenden« (S. 329). Folglich ist
der Arbeiter, der vom Verkauf seiner physischen oder geistigen
Kraft – als Ware an den Kapitalbesitzer – zu leben gezwungen
ist und damit einem anderen für Zwecke dient, die nicht mehr
seine eigenen sind, nur noch »ein Teil der Ausrüstung, die das
Kapital angeschafft oder gemietet hat, und seine Rolle und seine
Funktion sind von dieser Eigenschaft als Teil der Ausrüstung bestimmt« (Fromm, 1960, S. 163). »Dieses spezifische Verhältnis
zum produktiven Dasein unter den Bedingungen der Ausbeutung
faßt Marx in den Begriff der Entfremdung des Arbeiters gegenüber den Bedingungen der Verwirklichung seiner eigenen Arbeit.
Die Arbeit als Bedürfnis des Menschen wird zu einem Mittel der
Befriedigung von Bedürfnissen außer ihr« (Gefesselte Jugend,
1971, S. 112). Die durch ständig intensivierte Ausbeutung immer
gravierendere Beschneidung dieses nach Marx wahren menschlichen Bedürfnisses nach Verwirklichung und Vergegenständlichung durch selbstbestimmte Arbeit bedeutet jedoch, »daß der
Mensch nur mehr in seinen tierischen Funktionen, Essen, Trinken
und Zeugen, höchstens noch Wohnung, Schmuck etc., sich als
freitätig fühlt und in seinen menschlichen Funktionen nur mehr
als Tier« (Marx, zit. nach Gefesselte Jugend, 1971, S. 113). »Das
Leben wird erdrosselt; Verlangen nach Selbstkontrolle, schöpfe-
risches Tun, Wißbegier und unabhängiges Denken werden er-
stickt, und das Ergebnis – das unvermeidliche Ergebnis – ist Flucht

oder Kampf auf seiten des Arbeiters, Abstumpfung oder Zerstörungsdrang – psychische Regression« (J. J. Gillepsie, zit. nach Fromm, 1960, S. 114).

Da wir jedoch »heute schon wissen, daß white-collar-Arbeiter auch in Zukunft immer mehr zunehmen werden auf Kosten der Zahl der blue-collar-Arbeiter, daß sich das Verhältnis von Hand- und Kopfarbeitern immer weiter verschieben wird und die Kopfarbeiter mehr und mehr zur Basis des menschlichen Produktionsprozesses werden« (Marcuse, 1970, S. 50), bekommen diese auf die Situation des Arbeiters bezogenen Aussagen für immer weitere Schichten der lohnabhängigen Bevölkerung (83°/₀ der Erwerbstätigen) Gültigkeit. Und schon heute gilt, daß »das Industrieproletariat als Industrieproletariat ein Moment in der gesamten Klasse ist, aber nicht diese Klasse in ihrer Totalität repräsentiert« (Krahl, 1971, S. 318).

Mögen sich auch Arbeitsplatzsituation und Arbeitsbedingungen dieser vom Verkauf ihrer Arbeitskraft lebenden Bevölkerungsmehrheit je nach Schichtzugehörigkeit mehr oder weniger stark unterscheiden (vgl. oben Abschnitt 1), so ist doch das »Joch von Abhängigkeit und Unselbständigkeit« (Brückner, 1972, S. 133) heute nicht mehr nur den Industriearbeitern und unteren Angestellten auferlegt, sondern bestimmt auch immer mehr die Arbeitsplatzverhältnisse der Angehörigen höherer Schichten. »Erwartet wird auch von der akademischen Intelligenz spezialisierte Funktionstüchtigkeit im Dienste an vorgegebenen, fremdgesetzten Zwecken« (Hofmann, zit. nach Brückner, 1972, S. 56). Enzensberger illustriert diese Situation in einem Gespräch mit Herbert Marcuse: »In Deutschland gibt es heute bereits große Architekturbüros, wo Leute, die sich während ihres Studiums noch eingebildet haben, daß sie später ›freiberuflich schaffen‹, Häuser entwerfen, also eine schöpferische Arbeit leisten würden, Leute, die also im Grunde eine bürgerliche Berufsperspektive hatten, sich in einem industrialisierten Großbetrieb wiederfinden, an einem Zeichentisch neben Dutzenden von anderen jungen Architekten. Dabei müssen sie feststellen, daß sie tagaus tagein ein Baudetail zu liefern haben. Ein solcher Architekt zeichnet zum Beispiel immerzu Fenster«, und er schließt mit der beinahe rhetorischen Frage: »Verschwindet nicht vielmehr tendenziell der Unterschied zwischen jenem Architekten und dem Mechaniker, der zum Beispiel in einer automatisierten Fabrik Reparaturen vornimmt?« (Enzensberger, 1970, S. 50f).

Auch Mitscherlich stellt für die Arbeit in ›Großunternehmungen‹ fest – und diese wird bei der zunehmenden Konzentration und Zentralisation des Kapitals für die meisten Angehörigen der lohnabhängigen Bevölkerung zur einzig möglichen: »das Angebot – der Arbeitsplatz – ist meist monoton, läßt selbst in den gehobenen Positionen wenig spontane Eigenbeteiligung zu; ihm zu genügen fordert einen deformierenden Anpassungsvorgang, im Prinzip nicht um vieles besser als das Beugen unter das Joch einer schweren Körperarbeit, bei der einem das Denken verging. [...] Die Abhängigkeit, in die man geraten ist, [...] erzeugt psychischen Rückschritt, Regression in Richtung primitiver Denk- und Gefühlsnormen« (Mitscherlich, 1967, S. 203). Und »wer einen Job in einem solchen Betrieb hat, der sieht sich selber nicht als Opfer des Kapitalismus. Er fühlt sich als ein Teil dieser geschäftigen kleinen Welt, die ihre eigenen Vergnügungen und Befriedigungen und auch ihre eigenen Frustrationen kennt« (E. Langer, 1970, S. 186). Aber nicht nur die Vertreter der linken (Enzensberger) oder der liberalen Seite (Mitscherlich) haben die psychisch depravierende Situation am Arbeitsplatz durchschaut; auch von konservativer Seite kann man ähnliche Äußerungen vernehmen. So schrieb Bruno Heck, CDU–MdB, als er noch Bundesfamilienminister war: »In dem modernen System maschineller Arbeit ist der Mensch als Funktion in die mechanistische Disziplin mit einbezogen: das Schicksal des Menschen in unserer modernen Industriegesellschaft ist es, gegen Entgelt eine von anderen geplante, eine von anderen organisierte, eine von anderen bis in die letzte Einzelheit hinein vorweg festgelegte Funktion auszuüben« (zit. nach Guha, S. 133).

Diese von den Erfordernissen des Profits und der Ausbeutung bestimmte, parzellierte, kontrollierte und infolge ihrer Stumpfsinnigkeit und Sinnentleertheit kaum je ›libidinös besetzbare‹, sondern total entfremdete Arbeit führt bei allen Beteiligten – je nach zugestandenem ›Freiheitsspielraum‹ – zu mehr oder weniger starken affektiven Spannungen. Diese können sich jedoch »kaum je im Feld ihrer Entstehung, d. h. am Arbeitsort artikulieren oder gar entladen« (Wulff, 1972, S. 74); es sei denn über eine unbewußte Verschiebung der Zielrichtung – vom Vorgesetzten, vom Betrieb, vom Produktionssystem auf den Kollegen oder unter Ausnutzung des ›bestehenden Macht-Ohnmacht-Gefälles‹ auf den Untergebenen.

Zum größten Teil werden diese angestauten aggressiven Energien dann »im Privatbereich abreagiert: am Ehepartner, am Nachbarn, beim Autofahren usw.« (Guha, 1971, S. 120), oder an denjenigen, von denen die geringste Gegenwehr zu befürchten ist: an den eigenen Kindern.

»Nach [...] Quellen, die K. Horn ausgewertet hat, wird in etwa 85% aller Familien in der Bundesrepublik geschlagen« (Brückner, 1972, S. 73). Befragungen in den USA ergaben ähnliche Resultate: »Acht von zehn Männern und jeweils neun von zehn Frauen jeder Einkommensgruppe, Bildungsstufe, Altersgruppe und Rasse haben schon einmal ein Kind verhauen« (*Die Zeit*, 25. 12. 1970; zit. nach Brückner, 1972, S. 74). So nimmt es auch nicht wunder, daß die Zahl der Kindesmißhandlungen in der BRD Ende 1970 bereits auf 7000 pro Jahr geschätzt wurde (S. 59), denn »Mißhandlung, manchmal Tötung wären nur nach vollständigem Verzicht auf Körperstrafe reduzierbar; solange nur überhaupt noch geschlagen werden darf, sind Überschreitungen des ›Züchtigungsrechts‹ unvermeidlich« (S. 65). »In der Tat ist die Zahl der Kinder, die fremden Tätern zum Opfer fallen, viel geringer als die Zahl derjenigen, die unter der Gewalt ihrer Väter und Mütter starben: den 90 ›eigenen‹ Kindern des einzigen Jahres 1965 standen 71 von Fremden getötete Kinder in den fünf Jahren 1961–1965 gegenüber; eine Ziffer, die heute wohl gesunken ist, während die Anzahl der von den Eltern getöteten Kinder anstieg« (S. 103 f).

Wir wissen aber auch, »daß Feindseligkeit sich unter bestimmten psychischen und sozialen Bedingungen nicht gegen andere, etwa Kinder, entladen muß – sie kann auch die Person, in der Feindseligkeit sich entwickelt oder akkumuliert, zum vertauschten Objekt nehmen. [. . .] Die gegen die eigene Person sich wendende Destruktion kann sich in verschiedenen psychosomatischen Leidenszuständen und neurotischen Organstörungen ausdrücken« (S. 77). Magengeschwüre, Schlaflosigkeit, hoher Blutdruck und nervöse Spannungszustände als Ausdruck oft unbewußter Unzufriedenheit sind heute nicht mehr nur höheren Angestellten (Kopfarbeitern) vorbehalten, sondern auch in zunehmender Zahl bei Handarbeitern festzustellen. »Dies ergibt sich aus verschiedenen Untersuchungen, welche zeigen, daß Neurosen und psychogene Krankheiten die Hauptgründe für Fehlen am Arbeitsplatz sind. (Die Schätzungen für das Vorhandensein neurotischer Symptome unter den Fabrikarbeitern belaufen sich auf bis zu 50%)« (Fromm, 1960, S. 264).

Es soll auch nicht vergessen werden, daß dieses Aggressionspotential – wenn auch mit klassen- und schichtspezifischen Unterschieden – sich durch zusätzliche Faktoren akkumuliert: überlange, nervenstrapazierende Arbeitswege; Lärm und Hektik des Großstadtlebens; Wohnverhältnisse, die die individuellen Bedürfnisse einschränken; mangelnde Kontaktmöglichkeiten etc.

Obschon die aus den frustrierenden Arbeitsplatzverhältnissen resultierenden Aggressionen weitgehend aus dem Produktionsbereich abgezogen und in die Privat- und Freizeitsphäre, den Reproduktionsbereich also, verlagert sind, haben die Herrschenden – der Gefahr bewußt, daß die individuellen Aggressionen solidarisch gegen sie gewandt, ihre privilegierte Stellung bedrohen könnten – eine Reihe zusätzlicher Ventile eingeführt. Diese haben, nach dem Motto ›panem et circenses‹, primär die Funktion, die latent vorhandene, aber diffuse Aggressionsbereitschaft der Lohnabhängigen zu kanalisieren und damit steuerbar zu machen.

Die Betroffenen akzeptieren diese Ventile bereitwilligst, erscheinen ihnen doch der gesellschaftliche Zustand, unter dem sie leiden, als ›nicht änderbar‹ und die Ventile selber als die einzig denkbare und mögliche Art, ihre – d. h. die ihnen mit-

tels der Instrumente der Bewußtseinsindustrie introjizierten –
Bedürfnisse und Leidenschaften zu befriedigen: »der Fußballplatz,
wo man Dampf ablassen kann« (Guha, 1971, S. 121), überhaupt
Sport in allen nur denkbaren Formen, wobei sich »die moderne
Konkurrenzgesellschaft [...] in den Kampfbedingungen vieler
Arten des Sportes wiedererkennt« (Hofmann, 1970, S. 13), eine
zunehmend enttabuisierter werdende Sexualität (da man ihre
Konsumfunktion erkannt hat), Kino- und Fernsehfilme (die bei
zunehmender Brutalisierung des Genres im grausamen Helden
Identifikationsmöglichkeiten zur Aggressionsabfuhr bereitstellen), schließlich Alkoholika (»Fast jeder 100. Westdeutsche ist
nach Schätzungen des deutschen Guttempler-Ordens stark alko-
holgefährdet« – Abendpost/Nachtausgabe, 10. 4. 1972) und Rausch-
mittel wie Haschisch, LSD und Heroin, die den Konsumenten die
Illusion der Selbstverwirklichung vorgaukeln.
Die Klassenstruktur der kapitalistischen Gesellschaft macht indes
die Zugangsmöglichkeiten der Individuen zu diesen gesellschaftlich bereitgestellten Ventilen von der Klassen- und Schichtzugehörigkeit abhängig. D. h. konkret, daß die am untersten Ende der
Schichtenpyramide Angesiedelten, bei denen sich infolge zusätzlicher psychophysischer Abnutzung am Arbeitsplatz und häufig
unzureichender Wohn- und Lebensverhältnisse die allgemeine
Aggressionsbereitschaft akkumuliert, auch die geringsten Chancen haben, ihre aus dem Arbeitsprozeß resultierenden Aggressionen in der Freizeitsphäre abzubauen bzw. zu verdrängen. Während die Mitglieder der Mittelschichten – und der Oberschicht
ohnehin – meist noch genügend Zeit und Geld haben, um die in
der Arbeitswelt erlittenen Frustrationen in der Privat- und Freizeitsphäre über Hobbys, gesteigerten Konsum und die Befriedigung ihrer – wenn auch größtenteils fremdbestimmten – Bedürfnisse kompensieren zu können, sind die Angehörigen der Unterschicht infolge mangelnder finanzieller Ressourcen von einer ganzen Reihe dieser auf Pazifizierung ausgerichteten und permanent
proklamierten Ventile ausgeschlossen.
Aber auch für diese infolge mangelhafter konsumtiver Integration
fortwirkende Aggressionsbereitschaft der Unterschicht kennt die
Gesellschaft ein Mittel der Steuerung: die Kanalisierung der eigenen Aggression auf gesellschaftlich vorgegebene ›Sündenböcke‹:
Langhaarige, Studenten, Juden, Gastarbeiter oder Kommunisten
zählen hierzu, da in der ›Treibjagd auf Sündenböcke‹ »der Haß,
der sich gegen Verhältnisse und gegen die diese Verhältnisse tra-
genden Eliten richtet« (Brückner, 1972, S. 140), erlischt.
Diese als ›böse Objekte‹ vordefinierten Gruppen können und
werden auch für aus dem System resultierende individuell spürbare Unzulänglichkeiten (Wohnungsknappheit, mangelnde Arbeitsplätze, Kriminalität) verantwortlich gemacht, ohne sich –
infolge fehlender Mittel – massiv dagegen zur Wehr setzen zu

können. Die als Minoritäten ohnedies schon Verfolgten werden also zu Verfolgern umdefiniert, von denen man sich bedroht fühlt und vor denen man sich demzufolge schützen muß. Dies trifft vor allem für diejenigen Schichten zu, die aufgrund ihrer eigenen gesellschaftlichen Lage diesen Minoritäten am nächsten stehen. »Die Mitglieder der Mehrheit rücken einander näher, die Vernichtung des freigegebenen Feindes suspendiert kurzfristig die Vernichtung des privaten, mitmenschlichen Friedens« (ebd.).

Und um – wie die extremsten Fälle in dieser Richtung zeigen: Drittes Reich und die Juden, USA und die Neger, Südafrika und die Farbigen – das Tötungstabu außer Kraft zu setzen und das individuelle Gewissen zu beruhigen, werden diesen ›stigmatisierten Objekten‹ Verhaltensweisen zugeschrieben, die sie als Nicht-Menschen erscheinen lassen. »Gegen Nicht-Menschen aber ist alles erlaubt, ja Töten wird zur sittlichen Pflicht, gefordert von den höchsten Autoritäten der Gesellschaft [...]. Diese höchsten Autoritäten aber hat der Ich-geschwächte Mensch ja verinnerlicht. Er ist sie. [...]

So löst sich der scheinbar unfaßbare Widerspruch, daß die Schlächter von Auschwitz achtbare, harmlose Bürger waren und wieder wurden, daß die jugendlichen Killer von My Lai als Privatmenschen ›Sonnyboys‹ sind. Sie sind Menschen wie du und ich, Menschen mit einem deformierten Ich in einer zwanghaften Gesellschaft« (Guha, 1971, S. 127).

Es soll nicht geleugnet werden, daß bestimmte – allerdings nur klassenspezifisch faßbare – Sozialisationsdefizite (fehlende Liebeszuwendung von seiten der Eltern; mangelhafte oder auch überstarke Überich-Bildung; geringer Grad an verinnerlichter Moral; Unfähigkeit, Frustration oder Erregung sprachlich, symbolisch zu bewältigen etc.) die allgemeine Aggressivität und Grausamkeit individuell verstärken können.

Diese Gesellschaft verweigert aufgrund ihrer ökonomischen Struktur den meisten ihrer Mitglieder die Entfaltung und Entwicklung ihrer menschlichen Fähigkeiten und beschneidet einer weiteren Zahl von Menschen selbst die Befriedigung ihrer nach Marx ›tierischen‹ Bedürfnisse (Essen, Trinken, Wohnen). Ihre Gewalthaftigkeit und Brutalität kommt sowohl in der Scheinwelt ihrer eigenen Unterhaltungsindustrie: in Filmen, Comics und Büchern permanent zum Vorschein als auch in der Reduktion der grausamen Wirklichkeit auf die »Ebene der banalen Ereignisse und Vorkommnisse des täglichen Lebens« (Marcuse, 1968, S. 19) – Bilder aus Vietnam, Nordirland oder von Massakern in Afrika erscheinen zusammen mit Werbe- und Sportsendungen oder lokalpolitischen Ereignissen. In einer solchen Gesellschaft können unserer Ansicht nach menschliche Rücksichtslosigkeit und Gewalt nicht auf bloß individuelles Versagen oder die besonderen Bedingungen in demoralisierten Schichten zurückgeführt werden, sondern müssen – wenn auch vermittelt über die je unterschiedlichen klassen- und schichtspezifischen Bedingungen – aus den allgemeinen Bedingungen der spätkapitalistischen Verhältnisse erklärt werden. »Die Verrohung der Privatmoral entspricht und entspringt derjenigen des ökonomischen, des öffentlichen, ja des zwischenstaatlichen Verkehrs selbst« (Hofmann, 1970, S. 14).

Ein weiteres konstitutives Moment für den Sozialcharakter in der spätkapitalistischen Gesellschaft liegt in der mit zunehmender Entfremdung und Aggressivität der Menschen einhergehenden Verlagerung ihrer Wünsche und Leidenschaften vom Mitmenschen auf die Produkte dieser Gesellschaft.

c) Fetischisierung von Konsum und Privateigentum

Im Gegensatz zu den Frühzeiten des Kapitalismus im 19. Jahrhundert, in denen Askese, Sparsamkeit und Horten als wesentliche Werte galten, ist das spätkapitalistische System des 20. Jahrhunderts durch vollkommen konträre Wertvorstellungen gekennzeichnet: Kaufen, Verbrauchen, Wegwerfen – und dies womöglich in einem steten und immer schnelleren Rhythmus. Infolge der ungeheuren Steigerung der gesellschaftlichen Produktion – bei zunehmender Konzentration des Kapitals – ist Massenkonsum zur alles bestimmenden Handlungsmaxime geworden. Ein ständig wachsender Produktionsapparat fordert zur Absetzung der produzierten Waren immer neue Bedürfnisse, zu deren Befriedigung umgekehrt wieder die Vergrößerung des Apparats vonnöten ist. Diese Bedürfnisse werden den Individuen von den Herstellern eben jener Waren mit allen Mitteln der Bewußtseinsmanipulation: Werbung, Reklame, Massenmedien etc. introjiziert. Dies ist um so einfacher, als die Individuen durch die Internalisierung der herrschenden Normen und Werte über die Instanzen der primären und der sekundären Sozialisation (von den Eltern bis zur Schule, vgl. S. 20ff) bereits präformiert sind und die Herrschenden diese verinnerlichte Normentastatur nur noch auf ihre jeweiligen Profitinteressen einzustimmen haben.

So schaffen sich die Eigner der Produktionsmittel ein wachsendes, an ihre Produkte gebundenes Heer von Konsumenten, von denen jeder einzelne – in dem Glauben, es seien seine eigenen – fremdgesetzte Bedürfnisse befriedigt; er konsumiert, wie ihm signalisiert wird. Seine vorgebliche ›Konsumenten-Freiheit‹ besteht darin, »daß er zwischen verschiedenen, in Wirklichkeit aber identischen Markenartikeln je nach Umfang seiner Brieftasche auswählen kann« (Fromm, 1970, S. 135) oder – wie Mitscherlich es ausdrückt – er die Freiheit hat, »zwischen zwanzig Farbnuancen eines Autotyps wählen zu können« (Mitscherlich, 1967, S. 211). »Der Mensch von heute ist fasziniert von der Möglichkeit, immer mehr, immer bessere und vor allem neue Dinge zu kaufen. Er ist verbrauchshungrig. Kaufen und Verbrauchen ist zu einem zwanghaften, irrationalen Ziel geworden, zum Selbstzweck mit nur geringer Beziehung auf die Nützlichkeit oder Erfreulichkeit der gekauften oder verbrauchten Dinge. Das neueste Gerät, das jüngste Modell von irgend etwas auf dem Markt ist jedermanns Traum; die wahre Freude am Gebrauch ist im Vergleich dazu sehr geringfügig. Wenn der moderne Mensch wagte, seine Vorstellung vom Himmel ehrlich auszusprechen, so käme ein Wunschbild heraus, das dem größten Warenhaus der Welt gleichen würde, in dem neue Dinge und Geräte ausgestellt wären und er davor, mit genügend Geld, um sie zu kaufen. Er würde mit offenem Mund in diesem Himmel der neuen Erfindungen und Gebrauchsartikel umherwandern, vorausgesetzt, daß es immerfort noch mehr und noch neuere Dinge zu kaufen gäbe – und vielleicht auch, daß sein Nachbar ein klein bißchen weniger gut gestellt wäre als er« (Fromm, 1960, S. 122 f).

Diese die gesellschaftlichen Verhältnisse stabilisierenden Bedürfnisse sind jedoch nicht nur im Bewußtsein der Mittelschicht verankert, sondern werden tendenziell auch von der Mehrheit der Angehörigen der Arbeiterschaft geteilt. Denn auch sie können sich immer weniger dem ständig wachsenden Einfluß der Bewußtseinsindustrie entziehen; über Reklame, Filme, Fernsehen, Presseerzeugnisse etc. wird heute – zumindest in urbanen Gebieten – auch der letzte Haushalt erreicht.

Eine weitere nicht zu unterschätzende Triebfeder für die Bereitwilligkeit der Konsumenten, sich den Konsumanforderungen zu beugen, liegt in der wachsenden Unmöglichkeit, sich in der Arbeitssphäre als Subjekt, als Träger subjektiver Kräfte zu erkennen. Je weniger der einzelne sich mit seiner ihn tagtäglich für acht Stunden absorbierenden, monotonen und entfremdeten Arbeit identifizieren kann, desto mehr ist er bestrebt, seine Identität außerhalb der Arbeitswelt zu finden. Und so versucht er – wenn auch vergeblich, da nach vorgegebenen Mustern –, in der Freizeitsphäre in der Anschaffung von Waren, die über die bloße Bedarfsdeckung weit hinausgeht, seine Individualität und zu sich selbst zu finden. »Der Erwerb der Güter soll die kreative Mitbestimmung bei der Gestaltung der Bedingungen ihrer Produktion auf magische Weise ersetzen« (Wulff, 1971, S. 78) und gleichzeitig das Identitätsbestreben der Individuen erfüllen.

Und ebenso wie sich die Individuen selber in steigendem Maße in ihren Waren wiedererkennen und durch ihren Konsum – der im übrigen auch Rückschlüsse auf das Einkommen erlaubt – definiert sehen, orientiert sich der ihnen zugewiesene gesellschaftliche Status weitaus mehr an ihren Konsumansprüchen als an den von ihnen ausgeübten Tätigkeiten. »War früher die Zugehörigkeit der einzelnen zur besseren Gesellschaft eine Bedingung dafür, ob sie am

Konsum teilnehmen konnten oder nicht, so entscheidet heute das Maß, in dem der einzelne am Konsum teilnimmt, darüber, ob er zur Gesellschaft sich rechnen darf oder nicht. Materielle Armut bedeutet erzwungene Desintegration« (Brückner, 1972, S. 69).

Und während die Masse der Lohnabhängigen danach strebt, das gesellschaftlich vorgegebene Konsumniveau zu erreichen, perpetuiert sie ihre Abhängigkeit an das ausbeuterische System. »Die Aufwendungen für den Erwerb des Prestige verleihenden Besitzes, für die Statussymbole, sind sehr belastend« (Mitscherlich, 1967, S. 212): psychophysische Überforderung, Hetze, Abhängigkeit von Medikamenten, Unfähigkeit zu wirklicher Entspannung, zusätzliche Schwarzarbeit, langfristige Darlehen, Käufe auf Ratenzahlungsbasis etc. »Im 19. Jahrhundert kaufte man, was man brauchte, wenn man das Geld dafür gespart hatte; heute kauft man, was man braucht – oder nicht braucht – auf Kredit [. . .]. Man lebt im Kreise. Erst kauft man nach einem Abzahlungsplan, und kaum hat man die Zahlungen beendet, dann verkauft man und kauft von neuem – das allerneueste Modell« (Fromm, 1960, S. 148). Der »Hunger nach Dingen und die Unfähigkeit, die Erfüllung von Wünschen zurückzustellen« (ebd.) sind für die Individuen verhaltensbestimmend geworden. Sie sind so konditioniert, daß sie immer·mehr konsumieren müssen und Glück nur dann empfinden können, wenn ihre Wünsche sofort befriedigt werden.

Außerdem intensivieren die den Konsumenten introjizierten künstlichen Bedürfnisse ihre Steuer- und Manipulierbarkeit im Sinne der herrschenden Klasse in zweierlei Hinsicht: einerseits gewähren sie einen reibungslosen Produktionsablauf, da nicht die Produktion den Bedürfnissen der Individuen unterworfen ist, sondern umgekehrt die Individuen den Bedürfnissen und Erfordernissen der Produktion, und andererseits werden die Waren in den Händen der an die Warenform gebundenen und privates Eigentum fetischisierenden Individuen zu einem starken, das System stabilisierenden Kontrollmittel, da ihr Besitz gleichzeitig die Gefahr ihres Entzuges impliziert. »Vielmehr dient gerade das Eigentum der Lohnabhängigen gesellschaftlich dazu, den Eigentümer zu kontrollieren. Mittels seiner Habe, von der Wohnungseinrichtung bis zum Einfamilienhaus, wird er abhängig gemacht. [. . .] Das Privateigentum vermag dies über den Lohnabhängigen, daß er sich zähe jedem Impuls zur Veränderung, zum Protest wird widersetzen müssen, daß er sich bei aufsteigendem Unbehagen an seiner Lage am Besitz festklammert, daß er über seine wahren Bedürfnisse sich täuscht« (Brückner, 1972, S. 110); und in demselben Maße, in dem der Wettkampf um Statussymbole und das Privateigentum seine Vereinzelung und Entfremdung vom Mitmenschen sowie Rivalität und Konkurrenz intensiviert, hebt es solidarisches, an gemeinsamen Zielen orientiertes Verhalten auf.

Aufgrund der ungleichen Verteilung materiell-ökonomischer Ressourcen sowie Bildungs- und Qualifikationschancen wird jedoch der Zugang zu den von den meisten Mitgliedern der Gesellschaft als Normbilder verinnerlichten Statussymbolen und Erfolgszielen – beide Resultat der ökonomischen Voraussetzungen unserer Gesellschaft – mit sinkender Klassenlage schwieriger. Durch diese Diskrepanz zwischen den von der herrschenden Klasse definierten und proklamierten Normen und Zielen, die für alle Mitglieder der Gesellschaft als legitim und erstrebenswert gelten, und den unterschiedlichen sozial strukturierten Möglichkeiten der Gesellschaftsmitglieder, diesen Normen und Zielen entsprechend – d. h. unter Zuhilfenahme der sozial erlaubten, legitimen Mittel – zu handeln (dazu R. K. Merton, in: F. Sack/R. König, 1968, S. 283 ff), sind die Mitglieder bestimmter Gesellschaftsschichten – insbesondere der Unterschicht und des deklassierten Proletariats – auf andere als durch normative Struktur geregelte – d. h. illegitime – Wege zur Erreichung der propagierten Ziele angewiesen. Ob diese benachteiligten Individuen nun tatsächlich den illegalen, kriminellen, ebenfalls sozial vorstrukturierten Weg zur Erreichung dieser Ziele wählen, ist von einer Summe von Variablen abhängig, die an dieser Stelle jedoch nicht weiter erörtert werden können. Für unseren jetzigen Gedankengang erscheint es wichtiger, zu zeigen, »daß bestimmte Arten von Verbrechen und abweichendem Verhalten insgesamt die ›normale‹ Reaktion auf eine Situation darstellen, in der zwar die Betonung des wirtschaftlichen Erfolgs angenommen, aber kein Zugang zu den konventionellen und legitimen Mitteln des Erwerbs gefunden wurde« (R. König, 1967, S. 26) und daß folglich »die Grenze zwischen konformem und abweichendem Verhalten als recht flüssig erscheint; damit ist gesagt, daß abweichendes Verhalten niemals absolut vom konformen Verhalten unterschieden ist, es ist vielmehr nur eine Gradfrage« (S. 27).

Huey P. Newton, der Verteidigungsminister der Black-Panther-Partei, hat die Benutzer illegitimer Wege – Glücksspiel, Betrug, Diebstahl, Raub, Mord – zur Erreichung gesellschaftlich vorgegebener Ziele einmal als Leute bezeichnet, »die die Legitimität der gegebenen Verhältnisse akzeptieren, auf denen die Gesellschaft basiert. Sie möchten dieselben Ziele wie jeder andere erreichen: Geld, Macht, Habgier, auffälliger Konsum. Bei diesem Bestreben wenden sie jedoch Techniken und Methoden an, die die Gesellschaft als unzulässig erklärt hat. Wenn sie entdeckt werden, werden solche Leute ins Gefängnis gesteckt. Man könnte sie vielleicht als ›illegitime Kapitalisten‹ bezeichnen, da es ihr Ziel ist, alles das zu erlangen, was diese kapitalistische Gesellschaft als legitim betrachtet« (Newton, 1972, S. 68), und da sie mit »den Kapitalisten darin identisch (sind), daß beide aneignen, ohne daß diese Aneignung durch Arbeit vermittelt ist« (Gefesselte Jugend, 1971, S. 81). Es wäre jedoch sicherlich falsch, in der Tatsache, »daß die Mehrzahl

der kriminellen Vergehen [. . .] eine direkte Beziehung zum Eigentum in sich (tragen)« (Davis, 1972, S. 38), nur einen mit illegitimen Mitteln geführten Wettkampf um Statussymbole zu sehen (»Nach Clinard hatten Bereicherungsdelikte 1962 in den USA einen Anteil von 91,7% an allen der Polizei bekanntgewordenen Straftaten. Eine Vergleichsuntersuchung von R. Holle zeigte für Westeuropa ähnlich hohe Anteile: England und Wales 95%, Dänemark 92%, Schweden 78%, BRD 78%«; Gefesselte Jugend, 1971, S. 80). Diese Betrachtungsweise negierte nämlich das Vorhandensein jener Personengruppen, die aufgrund ihrer ›Lebenslage‹ – Teile der Arbeiterschaft in Zeiten wirtschaftlicher Rezession, ungelernte Arbeiter, Fürsorgeempfänger, deklassierte Proletarier, rassische Minoritäten in den USA – starken Restriktionen in der Befriedigung ihrer unmittelbarsten materiellen Bedürfnisse ausgesetzt sind. (Es muß jedoch hinzugefügt werden, daß diese nicht statistisch, sondern nur historisch zu fassen sind, da in sie die mit wachsender Produktion neu erzeugten Bedürfnisse mit eingehen.)
»1968/69 verfügten nach Ermittlungen des Statistischen Bundesamtes 21 Prozent aller Haushalte (das sind etwa 14 Millionen Menschen) lediglich über ein monatliches Nettoeinkommen von unter 600 DM. Insgesamt 2,6 Millionen Erwerbstätige (ohne Rentenempfänger, Lehrlinge und Erwerbstätige in der Landwirtschaft, deren materielle Situation noch schlechter ist) müssen sogar mit weniger als 300 DM im Monat auskommen« (S. 101). Armut in diesem Umfang kann jedoch nur als Begleiterscheinung – wenn nicht als Konstituens – der kapitalistischen Wirtschaftsordnung interpretiert werden und »nicht als selbstverschuldete Situation, als Ausdruck von ›Invalidität‹, Arbeitsscheu und als Unfähigkeit, mit dem Einkommen vernünftig hauszuhalten. [. . .].
Das Ausmaß an manifester Armut ist also hinter allen Wohlstandsfassaden beträchtlich. Nun zeigen sich freilich Armut und Verelendung im Kapitalismus weder bloß in der Höhe oder dem Ausbleiben des Lohns oder anderer Einkommen, noch ist Armut zu bestimmen an einem physiologischen Existenzminimum. Armut ist eine soziale Kategorie, zu messen am gesellschaftlichen Reichtum und den potentiellen Mitteln der Bedürfnisbefriedigung, die der Armut gegenüberstehen und die gerade den Produzenten des gesellschaftlichen Reichtums vorenthalten werden« (S. 99ff).
Diesem Verständnis von relativer Armut entspricht auch der von S. Bernfeld mit Bezug auf die Tantaluslegende geprägte Begriff der Tantalussituation, d. h. dem »Erlebnis der ständigen Diskrepanz zwischen eigener Bedürfnislage, der überall repräsentierten Fülle an Waren und der Unmöglichkeit der Befriedigung der eigenen Bedürfnisse« (zit. S. 130).
In Gesellschaftsschichten jedoch, wo unmittelbar materielle Bedürfnisse nur unzureichend befriedigt werden, wo die meisten gezwungen sind, »mitten in der erregendsten Fülle machtlos entbeh-

ren zu müssen« (Bernfeld, 1969, S. 658), wo Ausbeutung, Unterdrückung und psychische Mißhandlung am Arbeitsplatz sowie ein »Chaos in Familie, Mietshaus und Straße« (Hoernle, zit. nach Gefesselte Jugend, 1971, S. 121) den Alltag bestimmen, ist es nur konsequent, Verhaltensweisen zu entwickeln, die – wenn auch im Widerspruch zu den institutionalisierten Normen – einzig und allein die Funktion haben, das eigene Leben erträglicher zu machen, auch wenn dies auf Kosten anderer geschieht. Die gesellschaftlich erfahrene Lieblosigkeit wird zur eigenen Handlungsmaxime gegenüber den Mitmenschen.

John Clutchette, einer der drei ›Soledad-Brothers‹ (bekannt geworden im Zusammenhang mit den Übergriffen rassistischer weißer Wärter im Soledad-Gefängnis in Kalifornien), drückt dies so aus: »Wir sind die Menschen, die aus der untersten Klasse des Systems kommen, wir sind die Menschen, die streng bestraft und von der ertragreichen Arena des gesellschaftlichen Verbrauchs ausgeschlossen werden, den anständigen Wohnungen, der richtigen Erziehung, der angemessenen medizinischen Versorgung etc., [. . .] wir sind die Menschen, denen die Abfälle des Systems übriggelassen werden [. . .], die die Wahl zwischen Überleben oder Untergehen haben. Das erste ist immer, zu überleben« (1972, S. 213).

S. Bernfeld hat deshalb bereits in den 20er Jahren darauf hingewiesen, daß es bei denjenigen »Menschen, die Kindheit und Jugend an dem sozialen Ort der Tantalussituation verbracht haben oder die als Erwachsene sich dauernd in ihr befinden« (Bernfeld, 1969, S. 663), nicht ausreicht, zum Verständnis ihres kriminellen und verwahrlosten Verhaltens bloß »die konstitutionellen Faktoren und die Niederschläge der Kindheitsgeschichte in ihrer gegenseitigen Bedeutung als zwei Faktoren einer Ergänzungsreihe anzusehen« (ebd.). Vielmehr sei es nötig, »die Tatsachen des sozialen Ortes als einen dritten Faktor der ätiologischen Ergänzungsreihe einzuschätzen« (ebd.). Denn die Tatsache, »daß breiteste Schichten des Proletariats und Kleinbürgertums dieses Schicksal (Entbehrungen vitaler, besonders oraler Bedürfnisse, die angesichts ausreichender Befriedigungsmittel ertragen werden müssen, angesichts einer ganzen Bevölkerungsschicht, die von diesen Mitteln für sich reichlichen Gebrauch macht; S. 659) erleiden, ist ein wesentliches Stück der Struktur unserer Gesellschaft. Es ist nicht etwa Anzeichen der persönlichen Unfähigkeit, Faulheit oder Folge zufälligen Unglücks – obzwar dergleichen gewiß vorkommt – sondern bei der heutigen Produktionsweise notwendiges Massenschicksal« (S. 658 f).

Jene aber, die versuchen, dieser ihrer ausweglosen und von Bedürfnisrestriktionen bestimmten Lebens- und damit auch Klassenlage einzeln und ›auf eigene Faust‹ zu entfliehen, sind vor allem auf illegitime Mittel zur Erreichung ihrer Ziele angewiesen. Auf den Umstand, daß diese Ziele keinesfalls statisch, sondern von dem jeweiligen Stand der Produktion und den damit einhergehenden Bedürfnissen und Befriedigungsmöglichkeiten abhängig sind, wurde bereits hingewiesen. Aber auch die Wahl der Mittel, die zu ihrer Realisierung notwendig sind, zeigt eine starke – kaum individuell interpretierbare – Variationsbreite. Ein Beispiel dafür ist die rapide sinkende Schwelle für Gewaltanwendung bei Verbrechen, insbesondere bei Raubüberfällen Jugendlicher – »84 Prozent aller Raubtaten (in der Schweiz – Verf.) werden von Jugendlichen unter 25 Jahren begangen« (*Weltwoche*, 17. 11. 1971) –, die ständig zunehmen. Die steigende Anwendung von Gewalt läßt sich jedoch weder aus der individuellen ›Triebhaftigkeit‹ des Täters noch aus seinen im familiären Erziehungsfeld begründeten Sozialisationsdefiziten allein erklären, sondern kann nur verstanden werden unter gleichzeitiger Berücksichtigung der sozioökonomischen Struktur der Gesellschaft und der daraus resultierenden – vorab skizzierten – sozialadäquaten Verhaltensweisen wie: Egoismus, Rücksichtslosigkeit, Aggressivität, zwischenmenschliche Entfremdung und Fetischisierung von Konsumgütern – d. h. der »Rebarbarisierung der weißen Kultur« (Brückner, 1972, S. 81).

Zusammenfassung

Ziel des auf den letzten Seiten unternommenen Versuchs, den sogenannten Sozial- oder Gesellschaftscharakter in einer spätkapitalistischen Gesellschaft wie der bundesrepublikanischen zu beschreiben und aus bestimmten in der Struktur dieser Gesellschaft begründeten Prinzipien abzuleiten, war es, zu zeigen, daß die kapitalistische Produktionsweise – insbesondere in ihrer entwikkelten Form, in der sich die Menschen als bloße Ware, »als Verkörperung quantitativer Tauschwerte« (Fromm, 1960, S. 106), gegenübertreten – notwendigerweise Grundmuster des Sozialverhaltens mittelbar oder unmittelbar bedingt oder fördert, die von Rivalität, Aggressivität und zunehmender Entfremdung gegenüber dem Mitmenschen gekennzeichnet sind; und daß ferner zwischen diesen für immer weitere Schichten der Bevölkerung geltenden Grundmustern des Sozialverhaltens und solchen Verhaltensmustern, die als kriminelle definiert sind, nur noch graduelle Unterschiede bestehen; daß letztlich kriminelle Handlungen – als krasseste Ausformung der als normal und verbindlich geltenden Verhaltensmuster – ihrem sozialen Wesen nach dem Grundmodell des Sozialverhaltens in eben dieser auf der Ausbeutung des Menschen durch den Menschen basierenden Gesellschaft entsprechen. Damit sollte in Ergänzung zum ersten Kapitel dieses Teils der gesellschaftliche Charakter von Kriminalität bzw. der krimino-

gene Gehalt des Gesellschaftscharakters betont und dem Miß-
verständnis vorgebeugt werden, kriminelle Handlungen ließen
sich aus bestimmten, begrenzten sozialen Erscheinungen dieser Gesellschaft (z. B. familiärem Erziehungsfeld, demoralisie-
rendem Milieu, Großstadtverhältnisse) allein erklären. Der Einfluß dieser Faktoren soll hier keineswegs unterschätzt werden
(vgl. S. 24 ff).
Nur hieße es die Hauptursachen der Kriminalität in den spätkapitalistischen Gesellschaften vollständig negieren, wollten wir
sie bloß aus den *Vermittlungsgliedern* unterschiedlicher Niveaus
zwischen sozio-ökonomischen Verhältnissen und individueller
Genese bestimmter Verhaltensmuster erklären. Versuche dieser
Art lassen sich bei den meisten bürgerlichen Kriminologen finden,
wo – sofern dort nicht noch der biologistische Ansatz der Vererb-
barkeit von Kriminalität vertreten wird – kriminelles Verhalten
zumeist aus dem gesamtgesellschaftlichen Zusammenhang isoliert wird, um es dann psychologisierend oder über milieutheore-
tische Ansätze zu interpretieren. Während die psychologisierende
Theorie den Kriminellen ausschließlich als abnormen Einzelgän-
ger sieht, der infolge gravierender Sozialisationsdefizite gefühlsroh
und brutal ist oder auch nur ab und an zur unkontrollierten Ent-
ladung von Wut, Haß und Feindseligkeit neigt, geht die Milieu-
theorie einen Schritt weiter und bezieht das den Täter umgebende
Milieu in ihre Untersuchungen mit ein. Aber auch in der Milieu-
theorie tragen die Bedingungen des Milieus »den Charakter der
Ausnahme, der je *schlechten* Bedingung. Das Besondere, die Tat,
so scheint man zu denken, verweist auch auf Umstände, die *besondere* sind: beklagbar, anklagbar, durch Zuständige zu ändern, aber
doch nicht das allgemeine gesellschaftliche Wesen selbst« (Brückner, 1972, S. 69).
»Wenn die bürgerliche Kriminologie zum Beweise ihrer Thesen
den ›Gewohnheits-‹ oder ›Berufsverbrecher‹ oder den ›Hangtäter‹ anführt, so übersieht sie dabei geflissentlich, daß auch diese
Menschen nicht aus Lust am Bösen handeln oder begonnen hatten
zu handeln, sondern in ihrer moralischen Degradation nichts anderes sind als der konzentrierteste Ausdruck dessen, wohin ein
Mensch geraten kann, der diesen verheerenden Widersprüchen
(des kapitalistischen Systems – Verf.) hilflos ohne eigenen inneren
Halt ausgeliefert ist. In seiner Existenz ist dieses Heer von asozialen
Gewohnheits-, Berufsverbrechern, Gangstern und Hangtätern
der schlagendste Beweis für die menschlich-negativen Wirkungen
der Widersprüche, die die bürgerliche Gesellschaft zerreißen«
(Sozialistische Kriminologie, 1971, S. 167).
Da sich die bürgerliche Kriminologie der Einsicht verschließt, daß
die Kriminalität in ihrer derzeitigen Form historisch an die gegenwärtige Gesellschaftsordnung gebunden ist und immer nur vor
dem Hintergrund der konkreten Verhältnisse dieser Gesellschaft

erklärt werden kann, meint sie auch, Methoden zur Abschaffung und erfolgreichen Bekämpfung der Kriminalität aufzeigen zu können. Diese Methoden – und hier beziehen wir die *sozialthera-peutische Behandlung* mit ein – können jedoch allenfalls durch intensiven Einsatz konkreter Hilfsmaßnahmen einige einzelne vom Zwang zur Delinquenz befreien. Da sie eine Änderung der ursächlich krankmachenden Verhältnisse nicht mit einbeziehen, ist »das beste, was sie machen können [...], die Leute an Verhältnisse anzupassen, von denen wir wünschen, daß sie verändert werden sollten« (W. Gomberg, zit. nach H.-H. Abholz, 1970, S. 147). Das Verbrechen unterdrücken können sie jedoch nicht, da die Kriminalität mit innerer Notwendigkeit aus der sozio-ökonomischen Grundstruktur des kapitalistischen Systems erwächst und unter der Voraussetzung seines Fortbestehens unaufhebbar bleibt.

Zweiter Teil: **Sozialtherapeutische Anstalt und ›Sozialtherapie‹**

I. Unterbringung in einer sozialtherapeutischen Anstalt – Maßregel der Besserung und Sicherung im Zweiten Gesetz zur Strafrechtsreform
(2. StrRG)

Am 1. Oktober 1973 tritt das vom Deutschen Bundestag im Mai 1969 verabschiedete Zweite Gesetz zur Reform des Strafrechts in Kraft. Dieses Gesetz sieht in § 65 eine für die Bundesrepublik neue Maßregel der Besserung und Sicherung vor: die Unterbringung in einer sozialtherapeutischen Anstalt (*SThA*).

Mit dieser Vorschrift hat der Sonderausschuß des Deutschen Bundestags für die Strafrechtsreform im wesentlichen einen Vorschlag übernommen, den 14 Strafrechtslehrer deutscher und schweizerischer Universitäten in § 69 ihres Alternativ-Entwurfs zum Allgemeinen Teil eines Strafgesetzbuches vorgelegt haben. Absicht der 14 Professoren war es, mit diesem sogenannten Alternativ-Entwurf (*AE*) eine Alternative zu dem von der Großen Strafrechtskommission erarbeiteten Entwurf eines Strafgesetzbuches (*E 1962*) vorzulegen und damit die Diskussion um die Strafrechtsreform erneut in Gang zu bringen.

1. Entwurf 1962

Der *E 1962* ist das Ergebnis einer mehrjährigen Arbeit der Großen Strafrechtskommission, die im Jahre 1954 von dem damaligen Bundesjustizminister Fritz Neumayer in der Absicht berufen worden war, das geltende Strafgesetzbuch generell zu reformieren. Über diese Kommission sagte Max Güde, der spätere Vorsitzende des Sonderausschusses des Deutschen Bundestages zur Strafrechtsreform, anläßlich der ersten Lesung des *E 1962* im Bundestag: »Niemand kann sagen oder auch nur argwöhnen, daß die Auswahl dieser Mitglieder der Großen Strafrechtskommission einseitig gewesen sei« (Verhandlungen des Deutschen Bundestages, 4. Wahlperiode, S. 3190f). In Wirklichkeit war jedoch diese Einseitigkeit kaum zu übersehen, da die Mitglieder der Kommission ausschließlich Juristen waren.

Diese zogen bei ihrer Arbeit der intensiven und ständigen Kooperation mit Vertretern der Sozialwissenschaften und deren Erkenntnissen – deren grundlegende Bedeutung für die Beurteilung kriminalpolitischer Fragen bereits Franz von Liszt betont hatte – abstrakte Prinzipien, juristische Wertungen und irrationale ›Bekenntnisse‹ vor. Als Beispiel mag das den *E 1962* maßgeblich bestimmende Bekenntnis zum ›Schuldstrafrecht‹ dienen, für das die Strafrechtler – ohne allerdings den Begriff Schuld näher definieren zu können – recht eigenwillige Begründungen parat haben. Der Begriff Schuld sei im Volke lebendig, nur die auf strafrechtlicher Schuld beruhende Verantwortlichkeit entspreche der im Grundgesetz garantierten Würde des Menschen, und letztlich sei das Schuldprinzip als leitender Grundsatz des *E 1962* Ausdruck des Prinzips der Gerechtigkeit. Schuld könne »wenn auch nur im Rahmen menschlicher Erkenntnismöglichkeiten« festgestellt und gewogen werden. »Es handelt sich ›bei der Wägung von Schuld‹ nicht um eine kausalwissenschaftliche Feststellung, sondern um einen sittlichen Wertungsvorgang innerhalb der Rechtsgemeinschaft, der gerade das eigentümliche Wesen des Richterspruches ausmacht« (Entwurf eines Strafgesetzbuches 1962, S. 96).

Außerdem bekennt sich der *E 1962* zum Schuldprinzip im Sinne einer Relation von Schuld und Strafe, wobei sich die Reformer der Illusion hingaben, daß »die Schuld einen rationalen Maßstab für das Maß der Strafe liefere – diese Illusion ist der fundamentale Fehler des Entwurfs« (R. Schmid, 1965, S. 79). Auch bei der Frage des Strafzweckes entscheidet sich der *E 1962* für den Vorrang des Schuldstrafrechts. Der Sinn der Strafe wird primär darin gesehen, die Schuld des Täters auszugleichen und die Rechtsordnung zu bewähren. Aus diesem Grunde wird in dem Entwurf auch die Zuchthausstrafe – trotz ihrer schädlichen Folgen für die Resozialisierung – beibehalten.

Die gesellschaftlichen Ursachen der Kriminalität, deren Kenntnis zu ihrer wirksamen Bekämpfung nötig wäre, interessieren die Reformer nicht. Und auch die oft unbewußten Motive der Täter für die Tatbegehung, deren Kenntnis Voraussetzung einer erfolgversprechenden Resozialisierung wäre, stehen nicht im Mittelpunkt ihres Interesses. »Eine Wissenschaft, die Motivationen menschlichen Handelns untersucht«, wird von den Reformern »zu einer für den Richter sinnlosen und für die Rechtssicherheit gefährlichen Wissenschaft gestempelt« (Nedelmann, 1968, S. 48 f). »Die psychologische Methode läßt den Richter auf der Suche nach den Gründen, welche die Willensbildung des Täters beeinflußt haben können, im Stich. Eine solche Methode gefährdet die Rechtssicherheit so erheblich, daß sie nicht verwendbar erscheint« (*E 1962*, S. 138).

In den Augen der Reformer ist – von wenigen rein juristisch bestimmbaren Fällen abgesehen – prinzipiell jeder Mensch frei, seine Taten bei vollem Bewußtsein selber zu setzen. Kraft seines ›freien Willens‹ kann er darüber entscheiden, »ob er die gegebenen, daher verbindlichen Normen hält oder bricht« (Nedelmann, 1968, S. 52). Aus diesem Grunde sind auch »Beeinträchtigungen geringeren Grades, wie sie z. B. bei Kapital-, Trieb- und Hangverbrechern regelmäßig vorliegen, als für die Schuldfähigkeit unwesentlich zu kennzeichnen« (*E 1962*, S. 142). »Der Entwurf geht für die Triebstörungen ebenso wie für die Neurosen und die Psychopathien grundsätzlich davon aus, daß solche Abartigkeiten, die insbesondere bei der Mehrzahl aller Hangtäter und Sittlichkeitsverbrecher vorliegen, in der Regel von dem Betroffenen in dem Umfange, als die Rechtsordnung eine soziale Anpassung fordern muß, beherrscht werden können« (S. 48).

Daß Psychopathien und neurotische Störungen von den Juristen für die Schuldfähigkeit als ›Beeinträchtigungen geringeren Grades‹ verstanden werden, läßt sich vor allem aus dem eingeengten Krankheitsbegriff der repressiven Hilfswissenschaft der Jurisprudenz, der herrschenden Kriminalpsychiatrie, erklären. Diese scheut sich nicht, schwere psychische Störungen einerseits als wenn auch beklagbares, so doch nicht behebbares Erbübel zu bezeichnen, diesen aber andererseits jeglichen Krankheitswert abzusprechen und eine Exkulpierung für psychopathische Straftaten abzulehnen.

Zwar haben die Verfasser des *E 1962* – im Sinne der sogenannten Zweispurigkeit des Strafrechts – neben den ›die Tatschuld ausgleichenden Strafen‹ ein System freiheitsentziehender Maßregeln – als Reaktion auf die Gefährlichkeit bestimmter Täter – zur Besserung und Sicherung des Täters vorgesehen. Doch auch deren Ziel scheint weniger im Bereich der Besserung, d. h. der Resozialisierung bzw. Charakterumbildung des Täters zu liegen als vielmehr in dessen Sicherung und Verwahrung.

Von diesen freiheitsentziehenden Maßregeln interessiert uns im Zusammenhang mit der in § 65 des *2. StrRG* vorgesehenen Maßregel der Unterbringung in einer sozialtherapeutischen Anstalt am meisten die in § 82 *E 1962* genannte Bewahrungsanstalt, da sie im allgemeinen als *der* Vorläufer der *SThA* bezeichnet wird.

§ 82 E 1962, Unterbringung in einer Heil- oder Pflegeanstalt oder in einer Bewahrungsanstalt

(1) Hat jemand eine rechtswidrige Tat im Zustand der Schuldunfähigkeit (§ 24) oder der verminderten Schuldfähigkeit (§ 25) begangen, so ordnet das Gericht die Anstaltsunterbringung an, wenn die Gesamtwürdigung des Täters und seiner Tat ergibt, daß von ihm infolge seines Zustandes erhebliche rechtswidrige Taten zu befürchten sind und er deshalb für die Allgemeinheit oder für einzelne andere gefährlich ist.

(2) Bei der Anordnung bestimmt das Gericht nach der besonderen Behandlungsart, die der Zustand des Täters erfordert, ob er in einer Heil- oder Pflegeanstalt oder in einer Bewahrungsanstalt untergebracht wird.

(3) Das Vollstreckungsgericht kann die Entscheidung des erkennenden Gerichts über die Anstaltsart ändern, wenn der Zustand des Unter-

gebrachten es erfordert. Die Vollzugsbehörde kann darüber vorläu-
fig entscheiden.

Die Bewahrungsanstalt ist allerdings nicht als selbständige Maßregel ausgestaltet, sondern nur als Alternative zur Unterbringung
in einer Heil- und Pflegeanstalt und für nicht ›vollschuldfähige‹ –
d. h. schuldunfähige und vermindert schuldfähige – Täter vorgesehen. Für als vollschuldfähig geltende Täter – nach der oben zitierten ›Beeinträchtigungsdefinition‹ die überwiegende Mehrheit
aller Täter – ist weiterhin die Sicherungsverwahrung oder die
vorbeugende Verwahrung vorgesehen.
In der wissenschaftlichen Diskussion, die auf die Vorlage des
E 1962 folgte, wurde der Ausschluß der ›vollschuldfähigen‹ Täter
aus der Bewahrungsanstalt verschiedentlich von Kritikern als
Indiz dafür gesehen, »daß die Bewahrungsanstalt nicht in erster
Linie und eindeutig zur Resozialisierung gedacht ist, bei ihrer
Planung vielmehr wesentlich der Wunsch beteiligt war, die
psychiatrischen Krankenanstalten und evtl. auch den Vollzug von
›Störern‹ zu entlasten« (Alternativentwurf – *AE*, S. 133). Nach
Ansicht der Kritiker ist der Gesichtspunkt einer gezielten therapeutischen Einwirkung erst später, unter dem Eindruck der Ausführungen Stürups, des Leiters der dänischen ›Psychopathenanstalt‹ Herstedvester, hinzugetreten. Des weiteren wurde auch
darauf verwiesen, daß bereits im Ausdruck ›Bewahrungsanstalt‹
die wahren Intentionen der Urheber dieser Maßregel zum Ausdruck kämen: reine passive Bewahrung anstelle einer gezielten
therapeutischen Behandlung des Straftäters.

2. ›Alternativ-Entwurf‹ (AE) für ein Strafgesetz

Die als veraltet empfundene kriminalpolitische Einstellung des
E 1962 – vor allem sein Festhalten an dem Primat der Vergeltung –
und die in ihm letztlich vorgenommene »Perpetuierung des herrschenden Unrechts« (Nedelmann, 1968, S. 54) stießen bald auf hef-
tige Kritik. Insbesondere die 14 deutschen und schweizer Strafrechtslehrer sahen sich infolge der »Nachteile des *E 1962*« veranlaßt,
»es nicht bei einzelnen Kritiken bewenden zu lassen, sondern dem
E 1962 einen Alternativ-Entwurf gegenüberzustellen, dessen Allgemeiner Teil 1966 im Druck erschienen ist« (Schultz, 1968, S. 9).
Ebenso wie der *E 1962* hält auch der Alternativ-Entwurf am
Schuldstrafrecht fest. Allerdings unternimmt er den Versuch, »auf
der Grundlage des Schuldprinzips Zweck und Funktion der
Strafe zu rationalisieren, vor allem durch Einschränkung der Freiheitsstrafe, die dem rationalen Strafzweck in der Regel entgegen-
wirkt« (R. Schmid, 1968, S. 14).

Die positiven Seiten der verschiedenen Regelungen zur Einschränkung der Freiheitsstrafe hat Max Güde hervorgehoben: »Die so entschieden angestrebte Zurückdrängung der kurzen Freiheitsstrafen wird die Strafanstalten entlasten, die sinnvolle Aufgliederung nach Tätergruppen ermöglichen und der Resozialisierungsarbeit die notwendigen räumlichen Voraussetzungen schaffen« (Güde, 1967, S. 63). An anderer Stelle hat derselbe Max Güde jedoch, wenn auch sicherlich ungewollt, die zweite Seite dieser Regelungen bloßgelegt: »Die Reform will keine Milderung, sondern eine größere Wirksamkeit der Strafe für die Gesellschaft« (ebd.). Diese größere Wirksamkeit heißt jedoch größere Effektivität im doppelten Sinne. Zum einen bezweckt die angestrebte Reform eine wirtschaftliche Reorganisation des Strafvollzugs im eigenen Interesse – neues Geldstrafensystem, starke Reduzierung der Gefängnisinsassen etc. (vgl. Quensel, 1968, S. 50ff); zum anderen dient sie – trotz aller Betonung des Resozialisierungseffekts der Arbeit – mit ihren Neuregelungen zur Arbeit im Strafvollzug, in denen jeder Gefangene zur Ausübung einer Arbeit verpflichtet wird, den Interessen des Kapitals. Denn dieses macht unter dem Zwang nach Verwertung seiner selbst »nicht einmal halt vor denen, die von der strukturierten Gesellschaft zuvor in die Kriminalität getrieben wurden. Mit entlarvender Offenheit spricht es der Sozialbericht 1970 aus: ›auch aus volkswirtschaftlicher und arbeitsmarktpolitischer Sicht ist die völlige Ausgliederung der Strafgefangenen (z. Zt. rd. 60000) aus dem Arbeitsprozeß nicht zu vertreten‹ (S. 18)« (Huffschmid u. a., 1970, S. 47).

Der Zweck der kriminalpolitischen Sanktionen wird in § 2 AE definiert: »Strafen und Maßregeln dienen dem Schutz der Rechtsgüter und der Wiedereingliederung des Täters in die Rechtsgemeinschaft.« Der Charakter der Rechtsgüter, die es derart zu schützen gilt, interessiert die Juristen hierbei nicht. Ebenso scheint sich für sie nicht die Frage zu stellen: »Wer bestimmt, welche Rechtsgüter als gesellschaftlich so notwendig gelten, daß es zu ihrem Schutz allgemeiner Regelung bedarf, und wer bestimmt Art und Umfang dieses Schutzes?« (Nedelmann, 1968, S. 19).

Aber nicht allein die einmal gesetzte Notwendigkeit des Rechtsgüterschutzes, sondern vor allem die ›strafrechtliche Schuld‹ des Täters erfordert nach Auffassung der AE-Verfasser ›die bittere Notwendigkeit der Strafe‹ ›in einer Gemeinschaft unvollkommener Wesen, wie sie die Menschen nun einmal sind« (AE, 1969, S. 29). In der Argumentation der Strafrechtler ist dieses unvollkommene Wesen jedoch auch gleichzeitig der ›auf freie, verantwortliche, sittliche Selbstbestimmtheit‹ angelegte Mensch, der durch seine ›Entscheidung gegen die strafrechtliche Norm‹ ›strafrechtliche Schuld‹ auf sich lädt. Die Widersprüchlichkeit dieser Argumentation bleibt auch den Verfassern des AE nicht ganz verborgen: »Es ist [. . .] zuzugeben, daß in der Beschränkung des *AE* auf die ›Tatschuld‹ eine gewisse Verkürzung liegt« (J. Baumann, 1968, S. 23). Sie können jedoch von dieser ›Tatschuld‹ deshalb nicht abgehen, weil sie sie zur Verteidigung ihres Strafprinzips benötigen. »Man darf nicht sagen, daß die Strafe allein durch die Notwendigkeit des Rechtsgüterschutzes gerechtfertigt sei; denn der nötige Rechtsgüterschutz könnte auch durch ein reines Maßnahmerecht prästiert werden. [...] Wohl aber läßt sich sagen, daß es einzig um der Schuld willen gerechtfertigt ist, den für die Gemeinschaft notwendigen Rechtsgüterschutz durch Strafen zu realisieren« (A. Kaufmann, 1968, S. 68 f).

Wenn auch »das *Ob* der Bestrafung von der Tatschuld des Täters abhängt«, so soll doch das »*Wie* der Einzelbestrafung« nach dem Willen der *AE*-Verfasser »nach spezialpräventiven Gesichtspunkten« bestimmt werden (Baumann, 1968, S. 25). Deshalb ist auch bei der Einzelstrafzumessung – § 59 *AE* – »die Wiedereingliederung des Täters an die erste und der Schutz der Rechtsgüter an die zweite Stelle gerückt« (ebd.). An dieser Stelle wird der angestrebte Unterschied zwischen *AE* und *E 1962* deutlich: Vorrang des Resozialisierungsgedankens und der Spezialprävention vor dem Sühnegedanken und der Generalprävention. H. Schultz, einer der Verfasser des *AE*, führt dazu aus: »Die Aufgabe, die Rechtsordnung und die durch sie geschützten Rechtsgüter zu sichern, erfüllt ein Strafrecht [...] am besten, wenn der Rechtsbrecher dahin geführt wird, nicht wieder gegen das Recht zu verstoßen. Besserung ist die beste Sicherung. [...] Nicht einfach das Zufügen eines Strafübels, sondern Resozialisierung ist das Leitmotiv des *AE*« (Schultz, 1968, S. 10). Dieser Grundsatz kommt auch in § 37 *AE* zum Ausdruck, der in Absatz 1 bestimmt: »Ziel des Vollzugs ist es, die Wiedereingliederung des Verurteilten in die Rechtsgemeinschaft zu fördern.« Ungeklärt bleibt allerdings weiterhin, wie sich dieses immer wieder postulierte Ziel mit dem andererseits eindeutig hinter dem Schuldprinzip verborgenen Strafprinzip verträgt.

Um ihr oben formuliertes Vollzugsziel nicht als bloße Absichtserklärung erscheinen zu lassen, haben die Verfasser des *AE* im Gegensatz zum *E 1962* – der das System des Vikariierens vertritt – vorgesehen, daß Täter, die nicht oder nur unter bestimmten Umständen resoziabel sind, *nicht* in die Vollzugsanstalten eingewiesen werden. Für solche Verurteilte hat der Alternativ-Entwurf mehrere – spezialpräventiv orientierte – freiheitsentziehende Maßregeln vorgesehen, als deren wichtigste die Unterbringung in der sozialtherapeutischen Anstalt gilt.

§ 69 AE, Einweisung in die sozialtherapeutische Anstalt
(1) Wer wegen einer Straftat, die mit einer seelischen Krankheit oder tiefgreifenden Persönlichkeitsstörung zusammenhängt, eine Freiheitsstrafe von mindestens zwei Jahren, im Falle verminderter Schuldfähigkeit von mindestens achtzehn Monaten verwirkt hat,

wird in eine sozialtherapeutische Anstalt eingewiesen, wenn von ihm erhebliche Straftaten zu befürchten sind und Aussicht besteht, daß er durch sozialtherapeutische Behandlung von der Begehung weiterer Straftaten abgehalten werden kann.

(2) Erstmals zu Strafe verurteilte Täter dürfen dieser Maßregel nicht gegen ihren Willen unterworfen werden. Die Einwilligung ist unwiderruflich.

(3) In die sozialtherapeutische Anstalt ist unabhängig von den Voraussetzungen des Absatzes 1 einzuweisen, wer schon früher wegen vorsätzlicher Straftaten dreimal verurteilt worden ist, dafür Freiheitsstrafen von zusammen wenigstens zwei Jahren verbüßt hat und erneut wegen einer vorsätzlichen Straftat zu Freiheitsstrafe verurteilt wird, wenn ihn der Vollzug der Strafe voraussichtlich nicht von weiteren erheblichen Straftaten abhalten würde. Der verbüßten Freiheitsstrafe wird die verbüßte Jugendstrafe voll, die in einem Heim durchgeführte Fürsorgeerziehung nach dem Jugendgerichtsgesetz bis zu höchstens 18 Monaten gleichgestellt. Eine frühere Verurteilung bleibt außer Betracht, wenn zwischen der früheren und der ihr folgenden Tat mehr als fünf Jahre liegen. In die Frist wird die Zeit nicht eingerechnet, welche der Täter nicht in Freiheit verbracht hat.

(4) Die Maßregel dauert erstmalig mindestens zwei und höchstens vier Jahre, im Wiederholungsfalle höchstens acht Jahre.

(5) Täter, die das siebenundzwanzigste Lebensjahr noch nicht vollendet haben, sind in besonderen Anstalten unterzubringen.

(6) In der sozialtherapeutischen Anstalt sollen in dem Eingewiesenen durch besondere psychiatrische, psychologische und pädagogische Hilfen der Wille und die Fähigkeit entwickelt werden, künftig ein straffreies Leben zu führen. Dabei wird auf die aktive Mitwirkung des Eingewiesenen abgestellt. Die Anstalten stehen unter ärztlicher Leitung.

(7) Ärztliche Eingriffe und psychiatrische Behandlung sind als sozialtherapeutische Maßnahmen nur mit Zustimmung des Eingewiesenen zulässig.

Die sozialtherapeutische Anstalt soll nicht nur die in § 82 E 1962 vorgesehene Bewahrungsanstalt für Schuldunfähige und vermindert Schuldfähige ersetzen, sondern ist »als die zentrale, spezialpräventiv gezielte Maßregel für erheblich Rückfällige gedacht, für die der gewöhnliche Strafvollzug (dessen erklärtes Ziel ebenfalls die Resozialisierung des Verurteilten sein soll – Verf.) keinen Resozialisierungserfolg verspricht, die aber auch keiner ärztlichen Hilfe und Pflege bedürfen. Sie soll für diese Täter nicht nur die Heil- und Pflegeanstalt, sondern weitgehend auch die Sicherungsverwahrung und die vorbeugende Verwahrung (die der E 1962 für Jungtäter, beginnende Hangtäter vorgesehen hatte – Verf.) des § 86 E 1962 ersetzen. Voraussetzung der Einweisung ist darum einerseits (Abs. 1) die Persönlichkeitsstörung des Täters, die ihn zu einer erheblichen Straftat geführt hat, andererseits (Abs. 3) der chronische Rückfall. Dies sind denn nach einhelliger kriminologischer Auffassung neben der Erheblichkeit der begangenen Straftaten die untrüglichen Anzeichen dafür, daß eine besonders intensive, nach der Persönlichkeit des Täters ausgerichtete sozialtherapeutische Beeinflussung erforderlich ist, die die psychischen Ursachen der Kriminalität des Täters gezielt zu beseitigen versucht. Die Maßregel will also vor allem die von der klassischen Psychiatrie so genannten ›Psychopathen‹, die den größten Teil der mehrfach rückfälligen Täter ausmachen, resozialisieren, ungeachtet ihrer vollen oder verminderten Schuldfähigkeit« (AE, S. 133).

Praktische Vorbilder für die Konzeption der Verfasser des AE waren die dänische Anstalt in Herstedvester bei Kopenhagen und die ›Van der Hoeven-Klinik‹ in Utrecht; beides Anstalten, die infolge sozial-psychiatrischer Behandlungsmethoden beachtliche Erfolge zu verzeichnen haben. Während die Leiterin der Utrechter Anstalt, Frau Roosenburg, darauf hinweist, daß »von denen, die mit unserem Einverständnis entlassen wurden, [...] 70 Prozent *nicht* rückfällig geworden (sind)« (*Der Nordwestspiegel*, 7. 3. 1972), zeigen die dänischen Untersuchungen, daß »gegenüber einer durchschnittlichen Rückfallquote von 80% (ähnlich wie in der BRD – Verf.) die in Herstedvester behandelten Insassen nur noch zu 50% rückfällig sind. Diese Quote verringert sich insofern, als diejenigen, die zweimal behandelt worden sind, seltener rückfällig werden, so daß schließlich nur noch ein harter Kern von etwa 10 Prozent übrigbleibt, bei dem die Behandlung nichts ausrichtet« (Niederschr. V, S. 2245).

Von der Einrichtung der sozialtherapeutischen Anstalt versprechen sich die Verfasser des AE auch eine Chance, die Anordnung der Sicherungsverwahrung einzuschränken, die im übrigen als ›ultima ratio‹ – d. h. nach einer erfolglos gebliebenen sozialtherapeutischen Behandlung – für ›hochgradig gefährliche Täter‹ auch im AE vorgesehen ist (§ 70: Einweisung in die Sicherungsanstalt).

In ihrer Begründung zum § 69 AE äußern sich die Verfasser auch zur Ausgestaltung des Vollzuges. Sie »entspricht dem dänischen Modell. Die ärztliche Gesamtleitung der Anstalt soll gewährleisten, daß der Vollzug in jeder Einzelheit in den Dienst der Therapie gestellt wird und nicht verwaltungstechnische Gesichtspunkte die therapeutischen verdrängen. Es muß einer Gesetzesänderung überlassen bleiben, ob auch Therapeuten mit anderer Grundausbildung mit der Leitung solcher Anstalten betraut werden sollen. Als rechtsstaatliche Sicherung wird bestimmt, daß sozialtherapeutische Eingriffe medizinischer Art und psychiatrische Behandlung nur mit der Einwilligung des Betroffenen zulässig sind, ohne die eine solche Behandlung ohnehin nicht erfolgreich sein kann« (AE, 1969, S. 135).

Bei diesem von den 14 Strafrechtslehrern vorgeschlagenen Konzept der sozialtherapeutischen Anstalt scheinen bei oberflächlicher Betrachtung die positiven Aspekte zu dominieren. Bei näherem Hinsehen ergibt sich jedoch eine ganze Reihe von Fragen, die von den Juristen offensichtlich kaum berücksichtigt worden sind. Da sich die gleichen Fragen jedoch auch bei der Diskussion des § 65 des Zweiten Gesetzes zur Strafrechtsreform, der im wesentlichen auf dem Vorschlag der 14 Strafrechtslehrer basiert, stellen werden, soll auf ihre Behandlung an dieser Stelle verzichtet werden.

3. Zweites Gesetz zur Reform des Strafrechts

Zur Überarbeitung und Weiterbearbeitung des immer stärker ins Kreuzfeuer der Kritik geratenen Regierungsentwurf *E 1962* wurde zur Zeit der Großen Koalition vom Bundestag ein ›Sonderausschuß für die Strafrechtsreform‹ (*Sa*) gebildet, als dessen Vorsitzender der bereits mehrfach zitierte Generalbundesanwalt a. D. und CDU-Bundestagsabgeordnete Max Güde berufen wurde. Im Laufe der sich über mehrere Jahre erstreckenden Arbeit dieses ›Reformausschusses‹ wurden – nach eigenem Bekunden – »in großem Umfange rechtshistorische, rechtsvergleichende und sonstige rechtswissenschaftliche Materialien ausgewertet sowie die Arbeitsergebnisse von bedeutsamen Kommissionen, Fachgesellschaften, Kongressen und Tagungen berücksichtigt« (Drucksache V/4095, S. 2) und »Vollzugseinrichtungen im In- und Ausland, insbesondere sozialtherapeutische Anstalten in Dänemark und Holland«, besucht. Den wahrscheinlich nachhaltigsten Einfluß auf die Ausschußberatungen hatte jedoch der Alternativ-Entwurf der 14 Strafrechtslehrer.
Da sich im Laufe der Bearbeitung immer deutlicher zeigte, »daß eine Erneuerung des gesamten Strafgesetzbuches während einer Wahlperiode nicht bewältigt werden kann«, entschied sich der Sonderausschuß dafür, »dem Plenum vorerst nur zwei Teilgesetzentwürfe vorzulegen« (ebd.). Während das Erste Gesetz zur Reform des Strafrechts (*1. StrRG*) »die Reformvorschläge aus dem Allgemeinen und dem Besonderen Teil des Strafgesetzbuches« verwirklichen sollte, die »kriminalpolitisch besonders bedeutsam« seien, »vordringlich erledigt werden« müßten und »bereits am 1. September 1969 bzw. am 1. April 1970 in Kraft treten« könnten (ebd.), sollte mit dem Zweiten Gesetz zur Reform des Strafrechts (*2. StrRG*) – das erst am 1. Oktober 1973 in Kraft treten soll – der bisher geltende Allgemeine Teil des *StGB* durch einen völlig neuen Allgemeinen Teil ersetzt werden. Nach Ansicht eines Befürworters des *2. StrRG* läßt sich die Grundeinstellung dieses Allgemeinen Teils »in etwa in die Formel

fassen: so wenig Strafe wie nötig, so viel Hilfe wie durch Strafrecht möglich« (Hohler, 1969, S. 1226). Strafe wird also weiterhin – wie auch im *AE* – für notwendig und als ›unerläßlicher Ausgleich für die Schuld des Rechtsbrechers‹ erachtet.

»Zu den entscheidenden Gesichtspunkten, von denen der Sonderausschuß sich leiten ließ, gehört der wirksame Schutz der Rechtsgüter des einzelnen und der Allgemeinheit, die schuldangemessene und gerechte Beurteilung der Tat des straffällig gewordenen Bürgers und die moderne Ausgestaltung des Sanktionensystems als wirksames Instrument der Kriminalpolitik mit dem Ziel einer Verhütung künftiger Straftaten, vor allem durch Resozialisierung des Straftäters« (S. 3). Die Mitglieder des *Sa* haben jedoch im Gegensatz zu den *AE*-Verfassern davon abgesehen, den Zweck der Strafen und Maßregeln im Strafgesetzbuch zu umschreiben. Ihnen »erschien die gesetzliche Festlegung derartiger Grundsätze problematisch, zumal sich die ihnen zugrunde liegenden Anschauungen im Laufe der Entwicklung ändern können« (ebd.). Weniger problematisch erschien es ihnen jedoch offensichtlich, auch im *2. StrRG* – wie schon im *AE* und *E-1962* – »die Schuld des Täters (als) Grundlage für die Zumessung der Strafe« (§ 46, Abs. 1) im Gesetz zu verankern. Obwohl der Strafrechtslehrer Paul Bockelmann bereits 1959 in den Diskussionen zum *E 1962* erklärt hatte: »Es ist schon fraglich, was eigentlich unter Grundlage zu verstehen ist; fraglich bleibt ferner, wieweit und nach welchen Maßstäben von dem abgewichen werden darf, was der Schuld des Täters entspricht. Ich halte es für ausgeschlossen, daß durch jene Formulierung Klarheit erzielt werden könnte« (Niederschr. 12, S. 471; zit. nach Nedelmann, 1968, S. 33).

Da die Verfasser des *2. StrRG* – obschon dies nicht im Gesetz fixiert ist – Erziehung und Rückgliederung des Rechtsbrechers ebenfalls als Vollzugsziel betrachten, haben auch sie die Freiheitsstrafe zugunsten anderer – weniger sozialen Schaden verursachender – Sanktionsmöglichkeiten eingeschränkt und ein System freiheitsentziehender Maßregeln für bestimmte, unter den Bedingungen des Normalvollzugs nicht resoziable Täter vorgeschlagen. Auswahl und Definition dieser Maßregeln erfolgten dabei in mehr oder weniger starker Anlehnung an den Alternativ-Entwurf der Strafrechtsprofessoren. Ebenso wie dieser verzichtet das *2. StrRG* auf die im *E 1962* vorgesehenen Maßregeln der Unterbringung in einer Bewahrungsanstalt und der vorbeugenden Verwahrung und führt dafür in § 65 die bereits im *AE* genannte Maßregel der Unterbringung in einer sozialtherapeutischen Anstalt ein.

§ 65 2. StrRG, Unterbringung in einer sozialtherapeutischen Anstalt

74

(1) Das Gericht ordnet die Unterbringung in einer sozialtherapeutischen Anstalt neben der Strafe an, wenn

    1. der Täter eine schwere Persönlichkeitsstörung aufweist und wegen einer vorsätzlichen Straftat zu einer zeitigen Freiheitsstrafe von mindestens zwei Jahren verurteilt wird, nachdem er wegen vorsätzlicher Straftaten, die er vor der neuen Tat begangen hat, schon zweimal jeweils zu einer Freiheitsstrafe von mindestens einem Jahr verurteilt worden ist und wegen einer oder mehrerer dieser Taten vor der neuen Tat für die Zeit von mindestens einem Jahr Strafe verbüßt oder sich im Vollzug einer freiheitsentziehenden Maßregel der Besserung und Sicherung befunden hat, und die Gefahr besteht, daß er weiterhin erhebliche rechtswidrige Taten begehen wird, oder

    2. der Täter wegen einer vorsätzlichen Straftat, die auf seinen Geschlechtstrieb zurückzuführen ist, zu einer zeitigen Freiheitsstrafe von mindestens einem Jahr verurteilt wird und die Gefahr besteht, daß er im Zusammenhang mit seinem Geschlechtstrieb weiterhin erhebliche rechtswidrige Taten begehen wird.

    Die Unterbringung wird nur dann angeordnet, wenn nach dem Zustand des Täters die besonderen therapeutischen Mittel und sozialen Hilfen einer ärztlich geleiteten sozialtherapeutischen Anstalt zu seiner Resozialisierung angezeigt sind.

(2) Wird jemand wegen einer vor Vollendung des siebenundzwanzigsten Lebensjahres begangenen vorsätzlichen Straftat zu zeitiger Freiheitsstrafe von mindestens einem Jahr verurteilt, so ordnet das Gericht neben der Strafe die Unterbringung in einer sozialtherapeutischen Anstalt an, wenn

    1. der Täter vor dieser Tat, aber nach Vollendung des sechzehnten Lebensjahres, zwei vorsätzliche mit Freiheitsstrafe bedrohte, erhebliche Straftaten begangen hat, derentwegen Fürsorgeerziehung angeordnet oder Freiheitsstrafe verhängt worden sind,

    2. vor der letzten Tat mindestens für die Zeit von einem Jahr Fürsorgeerziehung in einem Heim durchgeführt oder Freiheitsstrafe vollzogen worden ist und

    3. die Gesamtwürdigung des Täters und seiner Taten die Gefahr erkennen läßt, daß er sich zum Hangtäter entwickeln wird.

(3) Liegen bei einem Täter die Voraussetzungen des § 63 Abs. 1 vor, so ordnet das Gericht statt der Unterbringung in einer psychiatrischen Krankenanstalt die Unterbringung in einer sozialtherapeutischen Anstalt an, wenn nach dem Zustand des Täters die besonderen therapeutischen Mittel und sozialen Hilfen dieser Anstalt zu seiner Resozialisierung besser geeignet sind als die Behandlung in einer psychiatrischen Krankenanstalt.

(4) In den Fällen des Absatzes 1 Nr. 1 und des Absatzes 2 gilt § 48 Abs. 3, 4 sinngemäß. In den Fällen des Absatzes 2 bleibt die Durchführung der Fürsorgeerziehung außer Betracht, wenn zwischen ihrer Aufhebung und der folgenden Tat mehr als zwei Jahre

verstrichen sind; in die Frist wird die Zeit nicht eingerechnet, in welcher der Täter auf behördliche Anordnung in einer Anstalt verwahrt worden ist.

(5) Eine Tat, die außerhalb des räumlichen Geltungsbereichs dieses Gesetzes abgeurteilt worden ist, steht einer innerhalb dieses Bereichs abgeurteilten Tat gleich, wenn sie nach deutschem Strafrecht eine vorsätzliche Tat wäre.

Nicht ohne Mühe lassen sich aus den oft über Kreuz sich bewegenden Kontroversen und Definitionsversuchen des *Sa*, die der Formulierung dieser Maßregel vorausgegangen sind, die für die Abfassung des § 65 wesentlichsten Gesichtspunkte herausschälen.

Nach den Vorstellungen des *Sa* stellt die *SThA* »einen besonderen Vollzugstyp dar mit intensiven Behandlungsprogrammen bei besonders günstiger Personallage«, wobei »die Erfahrungen, die in derartigen Anstalten gemacht werden, [. . .] u. U. richtungweisend für den allgemeinen Vollzug werden (könnten)« (Niederschriften des Unterausschusses). Das Ziel dieser Maßregel ist nach einer Formulierung der Strafvollzugskommission – die sich auch der *Sa* zu eigen gemacht hat – darin zu sehen, »einen besonderen Täterkreis mit besonderen Mitteln in einer besonderen Anstalt zu resozialisieren« (Niederschr. V, S. 2249). Das soll jedoch nicht heißen – wie z. B. im österreichischen Strafvollzug üblich –, »die Betroffenen wieder für den Strafvollzug geeignet zu machen, sondern [. . .] sie für das Leben zu resozialisieren« (ebd.). Aus diesem Grunde soll die Maßregel vor der Strafe vollzogen (vgl. § 67, Abs. 1, *2. StrGR*) und auf deren Vollzug angerechnet werden. Außerdem soll ein nach Beendigung der Maßregel noch eventuell aussstehender Strafrest zur Bewährung ausgesetzt werden, um den Erfolg der Maßregel nicht durch die anschließende ›Verbüßung‹ dieses Strafrests zu gefährden.

Die Abkehr der *Sa*-Mitglieder von dem in § 82 E 1962 verwandten Begriff ›Bewahrungsanstalt‹ war maßgeblich von der Überlegung bestimmt, daß der Begriff ›Bewahrung‹, mag er auch eine Bewahrung vor weiterer Straffälligkeit meinen, vor allem vor eine Verwahrung assoziiert; weshalb auch die »Bezeichnung ›Bewahrungsanstalt‹ [. . .] immer wieder mißverstanden worden (ist)« (S. 2253). Von den im Laufe der Beratungen zur Diskussion stehenden Begriffen: ›Psychiatrische Fürsorgeanstalt‹, ›Resozialisierungsanstalt‹, ›Spezialanstalt‹ – als Latinisierung des etwas dubiosen Wortes Sonderanstalt –, ›Sozial-, Erziehungs- und Behandlungsanstalt‹ und ›Sozialtherapeutische Anstalt‹ entschied sich der Ausschuß schließlich für die letztgenannte, von den *AE*-Verfassern geprägte Bezeichnung – trotz der Befürchtung des Ausschußvorsitzenden Güde (CDU/CSU), »daß der Ausdruck ›sozialtherapeutische Anstalt‹ für die Volksmeinung zu

›mild‹ klinge« (S. 2258). Der *Sa* hat jedoch darauf hingewiesen, daß auch der Ausdruck *SThA* keine scharfe Abgrenzung zwischen den in dieser Anstalt benutzten Behandlungsmethoden und den in anderen Anstalten verwendeten Methoden gewährleistet und deshalb immer nur ›pars pro toto‹ sein könne (vgl. dazu S. 2253).

Vor den größten Schwierigkeiten standen die *Sa*-Mitglieder jedoch, als es um die Definition und die damit zusammenhängende Abgrenzung des in die *SThA* einzuweisenden Personenkreises ging. Insbesondere bei den in § 65, Absatz 1 aufgeführten erwachsenen Rückfalltätern, derentwegen die neue Maßregel vor allem eingeführt werden soll, befürchtete man, daß die im *AE* vorgeschlagenen Voraussetzungen diesen Kreis ›unabsehbar groß‹ lassen und damit die Einrichtung einer Vielzahl von Anstalten – mit unüberwindlichen finanziellen und personellen Problemen – erfordern würden. Hauptsächlich dieser fiskalischen Gründe wegen – d. h., um die Zahl der potentiellen Insassen möglichst niedrig zu halten – ging man daran, eine Reihe von Einweisungskriterien zu formulieren, die man nachträglich in späteren Beratungen durch therapeutische Überlegungen abzusichern versuchte (vgl. dazu Drucksache V/4095, S. 28 f).

Zu den wichtigsten Einschränkungen des § 65 gehört vor allem, daß nicht – wie in § 69 *AE*, Absatz 3 vorgesehen – *alle* schweren Rückfalltäter, die bestimmten formellen Voraussetzungen genügen, in die *SThA* eingewiesen werden, sondern nur *diejenigen* unter ihnen, die ein zusätzliches ›biologisches Element‹, d. h. ›eine schwere Persönlichkeitsstörung‹ aufweisen. Die Mitglieder des *Sa* sahen sich zwar außerstande, diesen Begriff zu definieren, verwandten dafür aber um so mehr Zeit darauf, ihn von anderen in die Diskussion geworfenen Begriffen abzugrenzen – boten sich doch »vielerlei Möglichkeiten an, abgesehen von dem Rückfallsyndrom noch ein zusätzliches Merkmal zu formulieren, das eine gewisse Beschränkung auf einen geeigneten und behandlungsbedürftigen Personenkreis bringt« (S. 2251). Aus diesen ›vielerlei Möglichkeiten‹, von denen hier die wichtigsten genannt seien: ›Charakterinsuffizienz‹, ›seelische Störung‹, ›seelische Krankheit‹, (schwere) ›Abartigkeit‹, ›schwere‹ oder ›tiefgreifende Persönlichkeitsstörung‹ oder allein ›Persönlichkeitsstörung‹ sowie ›Verhaltensauffälligkeiten‹ wählte der *Sa* – vor allem unter dem Eindruck der Ausführungen des Sachverständigen Mauch – schließlich den Ausdruck ›schwere Persönlichkeitsstörung‹. Gleichzeitig war ihm jedoch bekannt, »daß unter den Fachleuten weitgehend Einigkeit darüber (besteht), daß eine präzise Formulierung für den in Betracht kommenden Personenkreis in medizinischer Hinsicht gar nicht möglich ist« (S. 2251). Und der Hinweis der Abgeordneten Diemer-Nicolaus (FDP), daß »eine Entscheidung darüber, ob eine schwere oder eine nicht schwere

Persönlichkeitsstörung vorliege, [...] in der Praxis erhebliche Schwierigkeiten bereiten (könne)« (S. 2296), wurde schnell durch die Bemerkung Drehers entkräftet, »wenn das Adjektiv ›schwere‹ entfalle, könne der Kreis der Unterzubringenden zu sehr erweitert werden« (ebd.).

Auch die strittige Frage nach der für Rückfalltäter erforderlichen Strafschwellenhöhe wurde nach dem Motto gelöst: je höher die für die Einweisung erforderliche Strafschwelle, desto kleiner der Kreis der potentiellen Insassen.

Der zweite für eine Behandlung in der *SThA* vorgesehene Personenkreis, die sogenannten Triebtäter – insbesondere »Pädophile sowie einzelne sexual-aggressive Täter, nicht jedoch die Sexualmörder« (Quensel, 1970, S. 7) – macht nach Erfahrungen holländischer und dänischer *SThAs* selten mehr als ein Fünftel der gesamten Anstaltspopulation aus. Aber nicht nur wegen ihrer relativ geringen Zahl sollen diese Täter im Rahmen des § 65 schon von einer niedrigeren Strafschwelle an erfaßt werden, sondern vor allem, »um den gefährlichen Triebtäter möglichst rechtzeitig einer sozialtherapeutischen Behandlung zuführen zu können« (Drucksache V/4095, S. 28) und um, wie es der Abgeordnete Müller-Emmert formulierte, »der Öffentlichkeit gegenüber, die die strafrechtliche Behandlung der Täter aus Geschlechtstrieb besonders stark diskutiere, zu erkennen zu geben, daß man dieses Problem erkannt habe« (Niederschr. V, S. 2296). Allerdings ist gerade »bei den Sexualdelikten noch recht offen, was der Gesetzgeber hier künftig strafen wird und welche Strafrahmen er vorsieht, weil er insoweit bisher nur gewisse Vorwegmaßnahmen beschlossen hat, die eigentliche Reform der ›Sittlichkeitsdelikte‹ aber noch aussteht« (Hanack, 1970, S. 52).

Zusätzlich zu den eben erwähnten Voraussetzungen hat das Gesetz für beide Personengruppen, Rezidivisten wie Triebtäter, eine sogenannte Indikations- oder Eignungsklausel vorgesehen, nach der eine »Unterbringung nur dann angeordnet (wird), wenn nach dem Zustand des Täters die besonderen therapeutischen Mittel und sozialen Hilfen einer ärztlich geleiteten sozialtherapeutischen Anstalt zu seiner Resozialisierung angezeigt sind« (§ 65, Abs. 1). Diese Eignungsklausel war nach Meinung der *Sa*-Mitglieder notwendig, um – und hier taucht eine bereits bekannte Begründung zum wiederholten Male auf – »die Begrenzung auf einen kleinen, für die Behandlung geeigneten Personenkreis sicherzustellen« (S. 2250). Seine Vorstellungen über die Art dieser Behandlung hat der *Sa* in der Begründung zum Gesetzestext in recht globaler Form geäußert. »In Betracht kommen Einzelhilfe und Einzeltherapie, Gruppenpädagogik und Gruppentherapie, progressive Formen des Vollzugs, selbstverantwortliche Mitwirkung des Eingewiesenen am Resozialisierungsvorgang, Ein- und Ausbau von Formen der Mit- und

Selbstverantwortung, Kontaktpflege nach außen in differenzierten Formen, Arbeitspflicht, Möglichkeit der freiwilligen Kastration und medikamentöse Behandlung von Triebtätern« (Drucksache V/4095, S. 30). Im Gesetzestext ist dieser Behandlungskatalog jedoch auf die beiden Leerformeln ›besondere therapeutische Mittel‹ und ›soziale Hilfen‹ zusammengeschrumpft, die nun von den Richtern und den zu Rate gezogenen psychiatrischen Gutachtern je nach Belieben ausgefüllt und ausgelegt werden können. In den Ausschußsitzungen hat deshalb auch der Vertreter des Bundesjustizministeriums, Horstkotte, auf die Zwiespältigkeit, ja Gefährlichkeit dieser Eignungsklausel hingewiesen, da sie »die Einweisung weitgehend von den Vorstellungen des Richters wie auch des Gutachters darüber, was die Anstalten zu leisten vermögen, abhängig macht« (S. 2250f). Da diese Bedenken natürlich auch für den ebenso ungeklärten Begriff der ›schweren Persönlichkeitsstörung‹ zutreffen, wird die Anwendung des § 65 sicherlich in starkem Maße von den jeweiligen Einstellungen und individuellen Anschauungen der am Strafverfahren Beteiligten abhängen und damit zu recht unterschiedlichen Ergebnissen führen. »Es besteht die große Gefahr, daß Richter, die von ›neuen Methoden‹ nichts oder nur wenig halten, durch zu enge Auslegung der Rechtsvoraussetzungen des § 65 die Anwendung dieser neuen Maßregel weitgehend inhibieren« (J. Baumann, 1971, S. VI).

Um diesem Übelstand vorzubeugen, hatten die *AE*-Verfasser in Anlehnung an ausländische Vorbilder die Einrichtung einer sogenannten Beobachtungsstelle vorgesehen, die, falls sich »der Richter darüber im unklaren (ist), durch welche der freiheitsentziehenden Maßregeln die Gefährlichkeit des Täters am besten abgebaut werden kann« (J. Baumann, 1968, S. 35) – und dies träfe bei der heutigen Ausbildung der Richter wohl in den meisten Fällen zu –, Empfehlungen über die geeignete Behandlungsart aussprechen sollte. Nach dem *2. StrRG* ist eine derartige Beobachtungsstelle jedoch nicht vorgesehen.

In der dritten vom Gesetz erfaßten Personengruppe sind diejenigen Täter zusammengefaßt, für die nach § 86 *E 1962* die ›vorbeugende Verwahrung‹ vorgesehen war. Die *AE*-Verfasser hatten bereits darauf hingewiesen, daß bei diesen Tätern, »jungen Menschen, die schon Hangtäter sind oder sich in der Entwicklung dazu befinden, [...] der Sicherungszweck hinter den Besserungszweck klar zurücktreten (muß)« (*AE*, S. 129). Deshalb sahen sie hier auch »kein (en) Grund für eine besondere Maßregel, da eine wirksame Hilfe auch für diese schwergefährdeten jungen Täter nur von den speziellen sozialtherapeutischen Methoden zu erwarten ist« (ebd.). Da die *Sa*-Mitglieder diese Auffassung teilten, haben sie bei dieser Gruppe, anders als bei den Rezidivisten und Triebtätern, auf eine besondere Eignungsklausel und die Voraussetzung einer noch besonders festzustellenden Persönlichkeitsstörung verzichtet. Erfaßt werden folglich nach dem Gesetz, ohne Rücksicht auf Eignung und Persönlichkeit, alle ›Jungtäter‹, wenn sie aufgrund ihrer bisherigen ›kriminellen Entwicklung‹ gewissen formellen Kriterien – die die Zahl der potentiellen Insassen beschränken sollen – entsprechen und wenn »die Gesamtwürdigung des Täters und seiner Taten die Gefahr erkennen läßt, daß er sich zum Hangtäter entwickeln wird« (§ 65, Abs. 2).

Nach den Vorstellungen des Sachverständigen Mauch sollte der ›Typus der Anstalt‹ für junge Täter allerdings ein anderer sein als für Erwachsene, da bei den jungen Tätern »besonders auf die pädagogische Beeinflussung zu achten (sei)« (Niederschr. V, S. 2292). Gleichzeitig hat Mauch jedoch – unter Bezugnahme auf Erfahrungen von Stürup (Herstedvester) und Roosenburg (Van der Hoeven-Klinik) – darauf hingewiesen, daß sich eine Mischung von jungen und älteren Insassen günstig auf das ›Anstaltsklima‹ auswirken könne. Letztlich müsse also die eigene Erfahrung zeigen, ob ›Jungtäter‹ nun in besonderen Anstalten, wie es die AE-Verfasser vorgeschlagen hatten, oder zusammen mit den erwachsenen Straftätern untergebracht werden sollten.

Die vierte Insassengruppe wird von den Tätern gebildet, bei denen an sich die Voraussetzungen für eine Unterbringung in einer psychiatrischen Krankenanstalt vorliegen (vgl. § 63, Abs. 1), »für die sich aber nach ihrem Zustand die besonderen therapeutischen Mittel und sozialen Hilfen einer sozialtherapeutischen Anstalt zu ihrer Resozialisierung besser eignen als die Behandlung in einer solchen Krankenanstalt« (Drucksache V/4095, S. 30 und § 65, Abs. 3). Der Sa ging in seinen Beratungen allerdings davon aus, daß bei diesen Tätern notwendigerweise, da für eine sozialtherapeutische Behandlung erforderlich, eine gewisse intellektuelle Ansprechbarkeit vorhanden sein müsse. Da der Gesetzestext im übrigen bis auf die je nach Belieben auslegbare Indikationsklausel keine weiteren Voraussetzungen zur Einweisung dieses Täterkreises vorsieht, besteht die Gefahr, daß die psychiatrischen Krankenanstalten die Möglichkeit der Überweisung (vgl. § 67a) vor allem dahingehend nutzen werden, unbequeme kranke Kriminelle abzuschieben. Und da ferner eine präzise Abgrenzung der beiden Anstaltstypen nach dem Gesetz nicht vorhanden ist, wird auch hier die Einweisung in den jeweiligen Anstaltstyp weitgehend von den individuellen Vorstellungen einzelner Richter und Sachverständiger abhängen.

Daß sich die Mitglieder des Sonderausschusses bei der Definition der vier Tätergruppen und der jeweiligen erforderlichen Voraussetzungen bzw. Indikationsklauseln weitgehend von fiskalischen Erwägungen leiten ließen, wird vor allem dann deutlich, wenn es um die therapeutischen Belange dieser Maßregel geht. Wie anders ist es zu erklären, daß die Mitglieder des Sa mit der

SThA zwar »ganz allgemein eine Institution zur Behandlung von Rückfalltätern« (S. 2252) schaffen wollten, es aber offensichtlich nicht für nötig hielten, das Kernstück dieser projektierten Institution – d. h. eben diese Behandlung – näher zu diskutieren?

Denn bis auf die pauschale Absichtserklärung, daß »eine Anstalt, in der Therapie getrieben werde, [. . .] auf dieses Ziel hin organisiert werden« und deshalb »eine therapeuthische Gemeinschaft mit der notwendigen Kommunikation zwischen Personal und Insassen gebildet werden (müsse)« (S. 2274) und den bereits erwähnten Katalog von möglichen Behandlungsmethoden lassen sich in den Ausschußberatungen keine weiteren Aussagen zu diesem Thema finden.

Dabei wären jedoch eingehendere Erörterungen gerade zu diesem Problemkreis unbedingt erforderlich gewesen, da der Erfolg sozialtherapeutischer und damit behandlungsorientierter Anstalten – wie Erfahrungen ausländischer Einrichtungen zeigen – vor allem davon abhängig ist, in welchem Maße die in der Anstalt praktizierten therapeutischen Behandlungsmethoden und die Auswahlkriterien für die zu therapierenden Insassen aufeinander abgestimmt sind. Vom Gesetzgeber wurde diese Interdependenz jedoch an keiner Stelle berücksichtigt, sondern einseitig festgelegt, daß bestimmte Personengruppen nach bestimmten abstrakten Kriterien: z. B. Zahl und Höhe der Vorstrafen, in die *SThA* einzuweisen seien. Die Konsequenz dieser Einweisungsvoraussetzungen, daß weite Tätergruppen höchstwahrscheinlich von der sozialtherapeutischen Behandlung ausgeschlossen bleiben und nur bei denjenigen eine Einweisung erfolgen wird, bei denen die Aussicht auf einen therapeutischen Erfolg relativ gering ist – zumindest mit den derzeit applizierbaren Behandlungsmethoden –, stand nicht zur Debatte. Auch das Problem der Beziehungen und wechselseitigen Abhängigkeiten zwischen dem angestrebten Behandlungsziel, dem postulierten therapeutischen Milieu, der Auswahl der Insassen, der Qualifikation des Behandlungsstabs und der Organisationsstruktur der Anstalt wurde nur peripher behandelt.

Mehr Gewicht wurde, wenn auch isoliert, dem Personalproblem, d. h. der besorgniserregenden Diskrepanz zwischen therapeutisch erforderlichen und tatsächlich verfügbaren Kräften beigemessen; wobei der *Sa* feststellen mußte, daß diese Diskrepanz nicht nur für qualifizierte Mitarbeiter wie Psychiater, Psychologen und Sozialarbeiter gilt, sondern in gleichem Maße auf die Mitglieder des unteren Beamtenstabs zutrifft (vgl. dazu S. 3185 f). Einzig der Ausschußvorsitzende Güde sah dieses Problem als weniger gravierend an und vertrat die Ansicht, »daß die Wirksamkeit einer sozialtherapeutischen Anstalt nicht so sehr von der Perfektion der Einrichtung und der personellen Ausstattung, sondern in erster Linie davon abhänge, ob es gelinge, einen geeigneten

Fachmann als Leiter zu gewinnen« (S. 3186). Seine Vorstellungen von diesem geeigneten Fachmann hat Güde an anderer Stelle bekundet, als er die Meinung vertrat, eine sachgerechte Leitung – was auch immer das sein mag – sei weder durch einen Soziologen noch durch einen Psychologen, sondern nur durch einen Arzt mit psychiatrischer Vorbildung gewährleistet (vgl. dazu S. 2258 f). Dieses Festhalten am ›medizinisch gebildeten Psychotherapeuten‹ zeigt deutlich – vor allem, wenn man die konservative Einstellung der Vertreter der Kriminalpsychiatrie bedenkt –, daß auch für Güde die Ursachen der Kriminalität bzw. die Ursachen bestimmter zu kriminellem Verhalten disponierender psychischer ›Defizite‹ noch immer im organisch-biologischen und nicht im sozialen Bereich (Arbeits-, Wohnungs- und Lebensverhältnisse) zu finden sind. Aufschlußreich für Güdes Verständnis von der Arbeit in einer *SThA* ist auch, welches Gewicht er dem *einzelnen* Leiter einer solchen Einrichtung beimißt; wobei dahingestellt bleiben mag, ob Güde dabei eine charismatische Vaterfigur vom Schlage Stürups oder den autoritären Gefängnisdirektor herkömmlicher Art im Auge hatte. Wesentlich ist nur, daß Güde offensichtlich nicht gewillt ist, für die neue Einrichtung neue, der in ihr zu leistenden Arbeit adäquate Organisationsformen zu diskutieren, sondern ihr von Anfang an das altbewährte hierarchische Organisationsprinzip überstülpen möchte.

Ein weiteres Problem wird von verschiedenen Seiten darin gesehen, daß im Gesetz an keiner Stelle »ein Passus zu finden (sei), wonach die Betroffenen zu fragen sind, ob sie sich einer Therapie unterziehen wollen« (Künzel in: Moser/Künzel, 1969, S. 300), obwohl in Fachkreisen allgemein bekannt sei, daß die Bereitwilligkeit zu einer intensiven Behandlung unbedingte Voraussetzung für die Therapiefähigkeit sei. Die *AE*-Verfasser gingen hier einen Schritt weiter, indem sie festlegten, daß zumindest »erstmals zu Strafe verurteilte Täter [. . .] dieser Maßregel nicht gegen ihren Willen unterworfen werden (dürften)« (§ 69 *AE*, Abs. 2). Diese Vorschrift soll jedoch nicht überbewertet werden, da nach § 65 nur in wenigen Fällen (Abs. 1.2 – Sexualtäter und Abs. 3 – schuldunfähige und vermindert schuldfähige Täter) Ersttäter in die *SThA* eingewiesen werden können.

Obwohl die mit der Maßregel der Unterbringung in einer *SThA* verbundene Problematik in diesem Abschnitt nur angeschnitten und keineswegs erschöpfend behandelt werden konnte, kann bereits jetzt das vorläufige Fazit gezogen werden: die Einrichtung der *SThA*, wie sie § 65 formuliert, ist eine bereits in ihren Ansätzen auf ein eventuelles Scheitern angelegte Institution. Da die für diese Einrichtung notwendigen therapeutischen und organisatorischen Überlegungen immer wieder zugunsten wirtschaftlicher und finanzieller Gesichtspunkte vernachlässigt wurden, entstand ein Konstrukt, von dem Roland Mauch in einem

Interview mit Recht sagte: »Wie es im Augenblick ist, sieht die *SThA* ganz nach einem Alibi aus [...]. Diese Halbherzigkeit des Reformwillens [...] halte ich für undiskutabel; dann soll man es lieber ganz bleiben lassen. Es kommt eine pervertierte Sache heraus, die nachher nur den Gegnern der Sozialtherapie Recht gibt« (Tonbandinterview, Oktober 1970).

War die bisherige Auseinandersetzung mit dem § 65 primär darauf angelegt, den Gesetzgeber mit seinen eigenen Ansprüchen zu konfrontieren, so wollen wir jetzt die Ebene der immanenten Diskussion verlassen und uns mit dem wesentlichsten dieser Ansprüche – dem Ziel der *SThA*, die Straftäter ›für das Leben zu resozialisieren‹ – auseinandersetzen.

Diese ›Resozialisierung für das Leben‹ oder ›Wiedereingliederung in die Rechtsgemeinschaft‹ war für die *AE*-Verfasser wie für die Mitglieder des *Sa* erklärtes Ziel der von ihnen formulierten Maßregeln (§ 69 *AE* und § 65 2. *StrRG*). Dabei hielten sie es jedoch offensichtlich nicht für nötig – bei aller Betonung des Resozialisierungsgedankens –, ihr Augenmerk auch auf das sogenannte ›Leben‹ zu lenken. Die Realität des kapitalistischen Systems – Klassengesellschaft mit gravierenden ökonomischen und sozialen Unterschieden, Ausbeutung der Mehrheit durch eine kleine Minderheit, Subsumtion aller Lebensbereiche unter die Verwertungsinteressen des Kapitals, Degradierung des Menschen zu einem berechen- und austauschbaren Faktor im Interesse des ökonomischen Kalküls – interessierte die Väter des Gesetzes wenig. Nicht umsonst waren die hinzugezogenen Sachverständigen keine Soziologen oder Ökonomen, sondern den gesellschaftlichen Verhältnissen verschlossene Psychiater. So konnte unschwer Einigkeit darüber erzielt werden, daß die Ursachen kriminellen Verhaltens vor allem psychischer Natur und nicht Resultat systembedingter ökonomischer und sozialer Mißstände sind – wobei der Psyche nur Vermittlungsfunktion zukommt. Und so meinten auch alle am Zustandekommen der neuen Maßregel Beteiligten, obwohl sie dauernd von Sozialtherapie sprachen, letztlich nichts anderes als auf das einzelne Individuum beschränkte Psychotherapie.

Stellenwert von Recht und Justiz im kapitalistischen System und deren Zusammenhang mit den sozio-ökonomischen Verhältnissen, die Parteilichkeit des Rechts also – »die Gesetze werden von und für die Herrschenden gemacht« (S. Freud, zit. nach Gottschalch u. a., 1971, S. 165) – und die subjektive Parteilichkeit in der Rechtsanwendung und in der Interpretation der Rechtsnormen, standen gleichfalls nicht zur Diskussion. Dem in sich stimmigen und intakten System steht nach Ansicht des Gesetzgebers der nicht intakte, unangepaßte und gestörte Kriminelle gegenüber, der für seine Tat bestraft werden soll und – als pragmatische Konsequenz aus den schlechten Erfahrungen mit den

Methoden des herkömmlichen Strafvollzugs – gleichzeitig auch der ›Hilfe und Unterstützung‹ zur Erlangung eines systemadäquaten Verhaltens bedarf. Obwohl Hilfe und Unterstützung in den meisten Fällen Ausbildung, Beschaffung eines Arbeitsplatzes oder einer Wohnung heißen sollte, werden sie noch immer als Verwahrung und Erziehung zur ›Lebenstauglichkeit‹ innerhalb lebensuntauglich machenden Gefängnismauern verstanden.

Wissenschaftlichen Untersuchungen zufolge (dazu Bernfeld, 1969, S. 263 f) bedarf jedoch eine Minderheit von Straftätern aufgrund bestimmter – wie auch immer gesellschaftlich bedingter – psychischer ›Fehlentwicklungen‹ tatsächlich der Hilfe und Unterstützung in Form von Erziehung und Behandlung. Und es wäre alles andere als human, wollte man in diesen Fällen therapeutische Hilfe verweigern, solange nicht gesamtgesellschaftliche Veränderungen durchgesetzt und verwirklicht worden sind. Aber selbst wenn es gelingen sollte, gerade diese Individuen in die *SThA* einzuweisen, muß deren Behandlung so lange fragwürdig bleiben, als nicht geklärt ist, was konkret mit Resozialisierung gemeint ist und auf welches Ziel hin eigentlich resozialisiert werden soll. Eine bloße Über-Anpassung an abstrakte rechtliche Normen würde im Extrem dazu führen, daß sich die Therapierten nach erfolgreicher Behandlung »mit einer gewissen Wahrscheinlichkeit mustergültiger als die Mehrheit der Bevölkerung verhalten (würden)« (Wetter/Böckelmann, 1972, S. 212). Erfolgversprechender – vor allem im Sinne der für diese Maßregel in Frage kommenden Straftäter – wäre eine auf die Schicht- und Klassenzugehörigkeit des einzelnen Individuums abgestimmte Behandlung, die ihm die Möglichkeit eröffnet, die Ursachen seines bisherigen Verhaltens zu verstehen, und es befähigt, seiner Schicht adäquate Verhaltensformen zu lernen und bewußt anzuwenden. Dies kann jedoch nur dann gelingen, wenn die Therapeuten nicht das einzelne Individuum zum ausschließlichen Objekt der Behandlung machen, sondern auch die gesellschaftlichen Verhältnisse in den Behandlungsprozeß mit einbeziehen. Aber auch die günstigsten Voraussetzungen und die vielversprechendsten Behandlungserfolge in den künftigen *SThA*s werden nicht dazu beitragen, Verbrechen und Kriminalität zu überwinden, denn die gesellschaftlichen Verhältnisse, die die Verbrecher zu Verbrechern werden ließen, bleiben dieselben. Die Kriminalität geht weiter.

II. ›Sozialtherapie‹

Viktor von Weizsäcker prägte 1947 den Begriff ›*Soziale Therapie*‹. Er verstand darunter eine psychotherapeutische Methode, die soziale Umwelt des Patienten zu dessen Hilfe gezielt zu beeinflussen (Schraml, 1969, S. 122). Stürup, Leiter der Anstalt Herstedvester, sprach vor der ›Großen Strafrechtskommission‹ von ›*sozialer Unterstützungstherapie*‹ (Niederschr. IV, 1958, S. 186). Segers spricht von ›*Sozio-Therapie*‹, als deren wichtigste Grundlage er Beschäftigungs- und Arbeitstherapie bezeichnet (1961, S. 18; siehe auch Carp, ›Sociotherapie‹, Lochem, 1954). Hoeck-Gradenwitz, Chefpsychologe von Herstedvester, gebraucht den Begriff ›*sozialpsychologische Behandlung*‹ und meint damit einen Fächer therapeutischer Maßnahmen, die nicht nur auf den Klienten beschränkt bleiben (1966, S. 61). Dilger versteht unter ›*Sozialtherapie*‹ eine Therapie, die sozial macht (1969, S. 255).

Die Unschärfe all dieser und ähnlicher Begriffe resultiert aus einer Vielzahl von Assoziationen, die sich an die Zusammenziehung von ›sozial‹ und ›Therapie‹ knüpfen können. Dies wiederum macht sie für viele, oft abweichende Inhalte zugänglich, die sich hinter Assoziationen an ›Soziales‹ verschanzen, obwohl sie häufig alles andere als sozial sind.

Bevor aufgezeigt wird, was man in der BRD unter ›Sozialtherapie‹ in geschlossenen Institutionen versteht, soll anhand einiger Behandlungsmodelle versucht werden, den Begriff ›soziale‹ Therapie mit Inhalt zu füllen, um von dorther ›Sozialtherapie‹ in Theorie und Praxis hinsichtlich ihres emanzipatorischen Gehaltes bestimmen zu können.

Aus der zu erwartenden Verschmelzung des Vollzuges mit Formen der Psychiatrie, Pädagogik, Sozialarbeit u. a. in den sozialtherapeutischen Anstalten erwuchs die Notwendigkeit, auch Ansätze aufzuzeigen, die nicht immer unmittelbar mit dem Regelvollzug in Verbindung stehen; sie dienen zunächst der inhaltlichen Erläuterung von ›sozialer‹ Therapie und zeigen (im Rückblick), in welchen Aspekten und in welchem Maße sie sich von dieser abgrenzen bzw. ihr nähern.

1. ›Individual-therapeutische‹ Ansätze

a) Biologisch-somatischer Ansatz (Kriminalpsychiatrie)

»Er (der Pfleger) führt mich nach dem Mittagessen an das Bett eines körperlich völlig abgebauten Mannes, den ein langes Dasein als Alkoholiker schließlich hierher nach Haus 34 gebracht hat. ›Der hier‹, erklärt Schubert, ›ißt meistens sein Essen nicht, sondern versteckt es unter der Bettdecke.‹ Triumphierend holt er eine Handvoll Fleisch und Kartoffeln unter der Decke hervor, zeigt es mir wie zum Beweis und – klatscht den schmierigen Brei dem schlaff in seinen Kissen hängenden Alten mitten ins Gesicht. Nur mit Mühe gelingt es mir, meine Stimme einigermaßen zu beherrschen, als ich Schubert frage, ob er sich über sein Tun auch im klaren sei. ›Och, das machen alle hier‹, ist seine harmlose Antwort« (Fischer, 1969, S. 137 f).

Frank Fischer, der in fünf verschiedenen psychiatrischen Anstalten in der BRD als Hilfspfleger arbeitete, kommt in seinem Dokument ›Irrenhäuser‹ zu dem Schluß, daß dort »die Nähe zum KZ häufig deutlich genug erkennbar sei« (S. 139). Es wundert danach nicht mehr, daß die meisten Insassen das Gefängnis der geschlossenen psychiatrischen Anstalt vorziehen. Der 14jährige mißhandelte Lutz: »Wenn ich groß bin, werde ich Zigeuner. Dann mache ich einen Mord und komme ins Zuchthaus. Dort habe ich Ruhe vor euch« (S. 88). Diese Ruhe wird Lutz in den neuen sozialtherapeutischen Anstalten kaum haben, wenn Ideologie und Methoden der Kriminalpsychiatrie die neuen Formen des Vollzuges durchdringen sollten.

Ein wesentlicher Grund des dürftigen Beitrages der Kriminalpsychiatrie zum Problem ›abweichenden Verhaltens‹ ist das Festhalten der meisten Kriminalpsychiater am biologisch-somatischen Krankheitsbegriff: »Krankheit *selbst* gibt es nur im Leiblichen, und ›krankhaft‹ heißen wir seelisch Abnormes dann, wenn es auf krankhafte Organprozesse zurückzuführen ist« (Schneider, 1950, S. 12/13). Wo körperliche Erkrankungen nicht nachweisbar sind, kann es sich nach der Schneiderschen Lehre, der herrschenden Lehre der Kriminalpsychiatrie, nur um seelische Abnormitäten als Spielarten seelischen Wesens handeln (S. 7). ›Abnormitäten‹ – die Stigmatisierung beginnt bereits beim diskriminierenden Vokabular – sind angeboren; dennoch kommt ihnen im Unterschied zur ›Krankheit‹ keine Entlastungsfunktion zu. Nur, wo sich letztere im somatischen Bereich als Ursache von ›Abnormitäten‹ nachweisen läßt, gilt ihr Träger als exkulpiert (frei von Schuld). Paradebeispiel für die Eliminierung der wesentlichsten Sozialisationsfaktoren von ökonomischen Bedingungen bis zu schichtspezifischen Familienkonstellationen bleibt neben der Schizophrenie die sogenannte ›kriminelle Psychopathie‹, die »wie jede Anlage entweder ererbt oder eine Neuschöpfung sein kann. Eine erworbene Psychopathie gibt es nicht« (Gruhle, zit. n. Moser, 1971, S. 79). »Man kann die psychopathische Anlage sehr früh – ich möchte fast sagen: schon beim Säugling – erkennen. Das spricht dafür, daß es sich hier wirklich um eine angeborene Anlage handelt« (Würfler, Niederschr. IV, S. 192). Von der Anlagebedingtheit wird auf die Unverbesserlichkeit der ›Psychopathen‹ geschlossen, und die Unverbesserlichkeit ist in diesem Zirkelschluß wiederum Beleg für die Anlagebedingtheit. Mißerfolge in der ›Psychopathenbehandlung‹ werden für die Kriminalpsychiatrie zu zynischen Belegen der ›Richtigkeit‹ (Wissenschaftlichkeit) ihrer These von der weitgehenden Unverbesserlichkeit der Psychopathen.

»Die Schwierigkeit für die Kriminalpsychiater war die, die Psychopathen für so weit schuldfähig zu erklären, daß sie in die Gefängnisse kamen (und nicht in die psychiatrischen Anstalten – Verf.); sie für so vollzugstauglich zu erklären, daß das Vollzugssystem nicht wesentlich verändert werden mußte; sie ferner so weit als strafempfindlich zu erklären, daß die Strafe als Maßnahme überhaupt gerechtfertigt war; zugleich aber zu zeigen, daß Psychotherapie und Pädagogik nicht viel helfen könnten« (S. 209). Sinn dieses verblüffenden Balanceaktes: die Aufrechterhaltung der ›Einzelschuld‹ und des Schuldstrafrechtes zur Entlastung der Gesellschaft von jeder Mitschuld an der Genese ›abweichenden Verhaltens‹; Verdrängung unangenehmer Erkenntnisse, die aus der Hinterfragung der eigentlichen Ursachen dieses Verhaltens entstehen könnten, sowie Entlastung der Psychiatrie von einer unerwünschten Klientel, die lebender Beweis für die Unfähigkeit konventioneller psychiatrischer Behandlungsmethoden war und ist. Angesichts vererbter und angeborener Anlagen, das heißt biologischer Fakten, werden gesellschaftliche Bezüge lächerlich: gegen die Natur ist schließlich jeder machtlos. Nur Krankheit von nachweislich körperlicher Ursache exkulpiert, weil man dafür den Betroffenen nicht zur Rechenschaft ziehen kann.

Getreu ihres biologistischen Weltbildes sehen Kriminalpsychiater ihre Hauptaufgabe in der Attestierung der Zurechnungsfähigkeit für Psychopathen – »Psychopath ist im Zweifelsfalle jeder Zweite« (Ehrhardt, zit. n. Moser, 1971, S. 7). –, was in den meisten Fällen Sicherungsverwahrung für den Betreffenden bedeutet. Wo dies ausnahmsweise nicht der Fall ist, beschränkt sich die Empfehlung auf rein medikamentöse Behandlung (d. h. ohne Psychotherapie) oder Kastration. Wie man damit »den Rechtsbrechern wenigstens eine *Ahnung* von der Existenz solcher Grundtugenden wie Armut, Gehorsam und Keuschheit zu geben (gedenkt), denen wir die Blüte unserer abendländisch-christlichen Kultur verdanken« (de Boor, zit. n. Moser, 1971, S. 171), bleibt schleierhaft. Gegen

Widerstände aus den eigenen Reihen haben sich die deutschen Kriminalpsychiater schließlich zu den im Entwurf 1962 vorgesehenen ›Bewahrungsanstalten‹ durchgerungen, die für sie das vorstellbare Maximum an ›Reform‹ darstellen. »Man kann die Bewahrungsanstalten als den gesetzlich institutionalisierten Zweckpessimismus der Kriminalpsychiatrie hinsichtlich der abnormen Täter bezeichnen« (S. 220).

Eine ›Wissenschaft‹, die soziale Bedingungen bei der Genese ›abweichenden Verhaltens‹ ignoriert und auf Naturkategorien wie ›Anlage‹ und ›Krankheit‹ reduziert und für ihre Adressaten nichts anderes als ›Bewahrungsanstalten‹ zu empfehlen vermag, kann keine Therapie hervorbringen, die das Attribut ›human‹ oder ›sozial‹ verdient hätte. Dafür ist die herrschende Praxis psychiatrischer Anstalten ›schlagender‹ Beweis. Der Kriminalpsychiatrie verdanken wir den beträchtlichen Rückstand in der Erforschung sozialer und psychischer Kriminalitätsursachen sowie die Notwendigkeit, ›fortschrittliche‹ Behandlungsformen im Ausland suchen zu müssen.

b) ›INDIVIDUAL–PATHOLOGISCHER‹ ANSATZ (KRIMINALITÄT ALS KRANKHEIT)

»Während die deutschen Psychiater weitgehend sich nichts von einer intensiven Behandlung der Psychopathen versprechen, gehen Stürup und andere Psychiater im Ausland andere Wege« (Sieverts, Niederschr. IV, S. 200). Die offensichtlichen Schwächen des biologisch-somatischen Ansatzes sowie Behandlungserfolge ausländischer ›Modellanstalten‹ in der ›Psychopathenbehandlung‹ waren für einige deutsche Psychiater Anlaß zu neuen Überlegungen und Ansätzen.

In Anlehnung an allmählich wieder zur Geltung gelangende psychoanalytische Klassiker, die das Phänomen ›Kriminalität‹ bereits in den 20er Jahren untersucht hatten (Aichorn, 1923; Alexander und Staub, 1929; Reich, 1925, u. a.), verlagerte man den Schwerpunkt der vermuteten Ursachen ›abweichenden Verhaltens‹ vom somatischen in den psychischen Bereich. Mit dieser Schwerpunktverschiebung wurde einem wesentlich breiteren Spektrum ›abweichenden Verhaltens‹ das Attribut ›Krankheit‹ zuerkannt. ›Heilen statt Strafen‹ (Bitter, 1957) und ›Kriminalität ist eine Krankheit‹ (Brink, 1964) kennzeichnen die neue Betrachtungsweise. Anstelle der Verwahrung tritt die ›Behandlung‹; der ›Delinquent‹ wird ›Patient‹. ›Resozialisierung‹, die Wiedereingliederung in die Gesellschaft, ist das erklärte Ziel. Aus dieser Sicht »ergeben sich ganz überwiegend psychische Faktoren als Ursachen der Störung« (Bitter, 1957, S. 5) und liegt eine der »Ursachen kriminellen Verhaltens [...] meist in einer irgendwie gearteten Persönlichkeitsstörung« (Mauch, 1971, S. 27).

Die Reduzierung kriminogener Faktoren auf Symptome als Ausdruck ungelöster Konflikte der individuellen Psyche ersparen nicht nur Betrachtungen des Phänomens Kriminalität im komplexen gesellschaftlichen Kontext – sie beläßt das komplizierte Problem dort, wo es schon war: im scheinbar unverdächtigen naturwüchsigen Bereich von ›Gesundheit‹ und ›Krankheit‹. Wo ›Kriminalität‹ als ›Krankheit‹ definiert wird, erscheint normkonformes, den Strafgesetzen entsprechendes Verhalten zwangsläufig als ›gesund‹ und ›natürlich‹.

»Die Gesundung eines Kranken anzustreben, entzieht sich jeder Kritik. Die Definition von Kriminalität und Kriminellen im Bedeutungskontext von Krankheit hat [...] solche Überzeugungskraft, daß Resozialisierungsziele nicht zur Diskussion gestellt werden. Vielmehr treten an die Stelle der Normen, an denen sich der ›Geheilte‹ zu orientieren hätte, Werte, die wie der Wert Gesundheit auf allgemeinen Konsens rechnen können und denen der Herrschaftscharakter geltender Strafrechtsnormen eben gerade nicht anhaftet. [...] Das Normkonforme wird unter der Hand zum Normativen, das von der Norm abweichende wird diskreditiert« (D. u. H. Peters, 1970, S. 117). Was ursprünglich als Fortschritt gegenüber dem biologisch-somatischen Ansatz erschien, stellt sich durch die Verschmelzung der Institution Gefängnis mit der Institution Psychiatrische Anstalt ungewollt als erneute Diskriminierung der Adressaten heraus: nun haftet ihnen das Stigma der ›psychisch Kranken‹, der gesellschaftlich Ausgegrenzten, an (vgl. Ackermann, 1971, S. 370). Als solche müssen sie zwangsläufig mit dem ganzen Spektrum psychotherapeutischer Maßnahmen der großen Gemeinschaft der ›Gesunden‹ angepaßt werden. Dies kann unbedenklich geschehen, wo die Ideologie eines ›normal entwickelten Überich‹ (Bitter, 1957, S. 26), einer ›normalen Aggressivität‹ (S. 21) und die Überzeugung herrscht, daß »bei der Gesellschaft Verbrechen und Prostitution als Widersacher-Archetyp unabdingbar (sind), sie bilden einen Teil des kollektiven Unbewußten« (Bitter, 1969, S. 21).

Vor solch verklärtem Hintergrund können therapeutische Interventionen, gleich welcher Etikettierung, nur individuelle Maßnahmen bleiben. Statt die Symptomursachen mindestens im unmittelbaren sozialen Bezugsfeld mit einzubeziehen, wird ein ›ursachenverschleiernder Methodenpluralismus‹ gepflegt, der für jedes Symptom die entsprechende Therapie bereithält (siehe S. 105 ff). Der Ausgleich gesellschaftlicher Widersprüche wird einseitig der Psyche des Individuums zugemutet. Soziale Strukturen bleiben unangetastet; an diese wird mit Hilfe der Überich-Instanz angepaßt.

Ähnliches gilt für eine Sozialpsychiatrie, die sich im Rahmen der Medizin der Sozialwissenschaft bedient, »ebenso, wie sich die innere Medizin der Chemie bedient« (Strotzka, 1972, S. 19). Die dürftige ›sozialpsychiatrische‹ Bilanz in der BRD zeigt, daß sozialwissenschaftliche Implikationen die Psychiatrie keineswegs ›sozial‹ machen müssen (vgl. Wolff, Hartung, 1972, S. 63 ff, und Wulff, 1972, S. 137 ff). Zunehmende theoretische Einsichten in gesellschaftliche Ursachen ›abweichenden Verhaltens‹ hat die Sozialpsychiatrie in der BRD bisher nicht daran gehindert, in der Praxis genau wie die klinische Psychiatrie vom einzelnen Individuum auszugehen und ausschließlich in diesem ihr Objekt zu sehen.

»Ökonomische, soziale, kulturelle und administrative Prozesse werden von ihr dann konsequenterweise nur hinsichtlich des Einflusses auf die Einzelbiografien der schon Kranken betrachtet [...]. Diese Einflüsse werden aber nicht – oder nur sehr selten – als eventuell pathogene Strukturen ins Auge gefaßt [...]« (Wulff, 1972, S. 140). Auch hier wird nur im gesellschaftlichen Kontext zu begreifendes Verhalten »durch Transformation in Individualpathologie seiner historischen und politischen Dimension beraubt [...]« (Bauer, Richartz, S. 153).

Schon die Abgrenzung zwischen Psychiatrie und Sozialpsychiatrie ist unsinnig: »Psychiatrie ist soziale Psychiatrie oder sie ist keine Psychiatrie. So ist der Begriff Sozialpsychiatrie nur als kritischer Begriff sinnvoll, als Protest gegen eine Psychiatrie, die ihrem Anspruch nicht entspricht, dem Anspruch, den Bedürfnissen der psychisch Leidenden gerecht zu werden. An diesem Anspruch aber orientiert sich diejenige Sozialpsychiatrie, die diesen Namen verdient« (Dörner, 1972, S. 8).

2. ›Sozio-therapeutische‹ Ansätze

a) ›Kommunikationstheoretischer‹ Ansatz

Als wesentlich fruchtbarer für das Verständnis und die Behandlung ›abweichenden Verhaltens‹ erwiesen sich kommunikationstheoretische Konzepte auf systemtheoretischer Grundlage (Watzlawick, 1969). Gesellschaften, Institutionen sowie Menschen und deren wechselseitige Beziehungen werden als kommunizierende Systeme begriffen, die nach bestimmten angebbaren Axiomen funktionieren. Menschliches Verhalten ist danach immer auch Kommunikation, selbst wenn nicht kommuniziert wird (S. 50). Verständlich kann die Komplexität dieses Verhaltens nur werden, wenn die ›Ganzheit‹ der Beziehungen (S. 119), ihre wechselseitige Bedingtheit, d. h. ihre Dialektik begriffen wird. »Psychiatrische Symptome müssen in monadisch isolierter Sicht abnormal erscheinen; im weiteren Kontext der zwischenmenschlichen Beziehungen des Patienten gesehen, erweisen sie sich jedoch als adäquate Verhaltensweisen, die in diesem Kontext sogar die bestmöglichen sein können« (S. 49). ›Beziehungsblindheit‹ wird auch der Psychoanalyse zum Vorwurf gemacht: sie kenne zwar in ihrer Theorie das Ich, das Überich und das Es, aber kein ›Du‹ (S. 89).

Beispiele für die konsequente Anwendung des ›Beziehungsaspektes‹ in Theorie und Praxis ambulanter und klinischer Sozialarbeit liefert Feldman, der jahrelang in der Anstalt Herstedvester tätig war: »Soll die Persönlichkeit verändert werden, müssen auch die sozialen Verhältnisse geändert werden. Das bedeutet, daß mit der Gesamtsituation des Menschen gearbeitet werden muß, mit dem Menschen in seinem Wechselspiel mit seiner Umwelt« (1971, S. 1), wobei der Klient »nur ein einziger Faktor und vielleicht nicht immer derjenige (ist), mit dem man [...] am meisten arbeiten muß« (S. 8). Die herkömmliche Etikettierung (›Psychopath‹ u. ä.) wird zugunsten einer ›dynamischen Diagnose‹ aufgegeben, die »als ein ständig revisionsbedürftiges Arbeitsprogramm aufgefaßt wird« (S. 61). Wesentlicher Bestandteil der institutionellen Behandlung ist die Arbeit mit Bezugsgruppen innerhalb (S. 12) und außerhalb (S. 148) der Anstalt. Begleitende Familienarbeit (S. 148), ›Therapeutische Gemeinschaften‹ (S. 157) und intensive Nachbetreuung (S. 161) sind Bestandteile einer Therapie, die weite Ähnlichkeit mit dem Behandlungsprogramm der Van der Hoeven-Klinik in Utrecht besitzt (s. S. 139ff), ohne daß letztere auch den theoretischen Standort Feldmans explizit bezieht.

›Kommunikationstheoretische‹ Ansätze haben für ihre Adressaten den Vorteil, daß ihnen nicht die gesamte Last der ›Resozialisierung‹ aufgebürdet wird. Durch aktive Hilfen auch nach der Entlassung wird der ›Teufelskreis der Rückfälligkeit‹ durchbrochen, soziale Aussperrung und Stigmatisierung werden – zumindest in Holland und Dänemark – weitgehend aufgehoben.

Diese Beispiele von Anpassung an Gesellschaften, die ihre Ausgegrenzten nicht diskriminieren, sondern an deren Integration aktiv mitarbeiten, deuten auf die Relativität des Begriffes ›Sozialtherapie‹ hin. ›Soziale‹ Therapie in Holland, Dänemark und Schweden ist eben eine qualitativ andere als in den USA oder in der BRD. Damit ist gleichzeitig die Schwäche des kommunikationstheoretischen Ansatzes angesprochen. Ohne Erfolge in Schizophrenieforschung und Verdienste um die Betonung des ›Beziehungsaspektes‹ menschlichen Verhaltens schmälern zu wollen, kann dieser Theorie der Vorwurf nicht erspart bleiben,

ahistorische, von der konkreten Gesellschaft losgelöste Kategorien zu benutzen: Ziel ist der Gleichgewichtszustand des jeweiligen
Systems (Familie, Institution etc.), ohne daß der Gleichgewichtszustand selbst als ideologisch durchschaut wird. Aufgrund dieser
Prämissen lautet die zu stellende Kernfrage nicht: »*Warum* funktioniert das System?, sondern: *Wie* funktioniert das System?«
(Watzlawick, S. 125). Das Interesse richtet sich demnach nicht
auf die Frage: »Warum sind Beziehungen zwischen Menschen
verkrüppelt?«, sondern »Wie funktionieren diese (verkrüppelten)
Beziehungen?« Mit dem vermeintlich ›wissenschaftlichen‹ Verzicht auf »die Erforschung von Ursachen im Vorleben eines
Menschen, (die) bekanntlich höchst unzuverlässig (sind)« (S. 46)
(vgl. auch Feldman, 1971, S. 132f), begibt man sich der Ursachen-
erforschung menschlicher Beschädigungen schlechthin – sowohl
auf der gesellschaftlichen als auch der individuellen Ebene. Der
›Beziehungsaspekt der Kommunikation‹ (S. 106) kann nur als
Ansatz gewertet werden, der zunächst Probleme offenlegt,
eingefahrene ›Spiele‹ und Konfliktlösungsstrategien entlarvt,
um sie der Behandlung zugänglich zu machen (vgl. Berne,
1967). Aber auch das ›Beziehungstrauma‹ (S. 123) hat seine Entstehungsgeschichte nicht bloß im Bereich der Beziehungen: es hin-
terließ im Individuum spezifische ›Brechungen‹ und ›Spuren‹
(spezielle Abwehrmechanismen), die nicht einfach durch ›Neu-
kalibrierung‹ (= ›Neueinstellung des Systems‹, S. 135) zu beheben sind. Wie zwischen den Handlungen der Individuen in
einem Interaktionssystem ein dialektisches Verhältnis besteht,
so besteht ein ebensolches zwischen der Psyche des Individuums
und dessen spezifischen Interaktionen. Ohne letzteres zu berücksichtigen, können Verhaltensursachen nur partiell erklärt werden.
Mit der nachdrücklichen Betonung, daß »unsere Aufgabe, vor
allem als Psychotherapeuten, [...] nicht in der Beantwortung
der Frage (liegt), *wann* und wie eine bestimmte Beziehungs-
struktur entstand, sondern *ob* und wie sie jetzt beeinflußt werden
kann« (S. 149), verzichten die ›Kommunikationstheoretiker‹ auf
die Beschreibung »der Zerstörung, die inmitten des zerstörenden
Allgemeinen im Besonderen wuchern« (Adorno, 1970, S. 52).
In der Konsequenz bedeutet dies Verzicht auf Psychoanalyse
und, wo dies der Fall ist, auf »die Erfahrung der Emanzipation
durch kritische Einsicht in Gewaltverhältnisse, deren Objektivität allein daher rührt, daß sie nicht durchschaut sind« (Habermas,
1963, S. 231). Mit dem Ziel, das System im Gleichgewicht zu
halten, und dem Verzicht, die ›unvermittelten‹ Bedürfnisse der
Individuen stets neu zu artikulieren, verliert jede ›soziale‹ Therapie
ihren wesentlichen emanzipatorischen Aspekt.

b) ›Dynamische Psychiatrie‹ (Ammon)

Zur Wahrung eben dieses Aspektes verläßt Ammons ›dynamisches Gruppenkonzept‹ (1971a, S. 69) nicht die Basis psychoanalytischer Theorie, obwohl er die klassische Standardmethode für einen bestimmten Adressatenkreis erweitert. In Abwandlung der psychoanalytischen Standardsituation, die relativ ich-starker Patienten bedarf, um den regressiven Prozessen der unbewältigten Ödipalsituation gewachsen zu sein, handelt es sich bei der sogenannten ›psychoanalytischen Gruppenpsychotherapie‹ um schwer ›ich-gestörte‹ Patienten (z. B. ›Psychopathen‹, S. 134), d. h. »Menschen, deren Störungen früh, vor der ödipalen Situation mit der Mutter stattgefunden haben« (S. 28). »Die Gruppenpsychotherapie bietet eine Art Modellgesellschaft [...]. Von der Psychoanalyse über die Gruppenpsychotherapie bis zur Milieupsychotherapie erweitert sich, bei jeweils schwächerer Ich-Stärke des Patienten, die therapeutische Situation, bis sie schließlich bei der Milieupsychotherapie mit der Lebenssituation zusammenfällt« (S. 29).

Ähnlich wie Friedman, Watzlawick u. a. versteht auch Ammon psychische Konflikte als Störung der Ich-Entwicklung in einer gestörten Gruppe (vgl. Richter, 1970 u. 1972); von dieser Position her wird einerseits die pathogene Gruppe zum Untersuchungsziel (S. 69), andererseits die Gruppensituation als Vehikel zur Beseitigung psychischer Störungen benutzt (S. 72f). Im Unterschied zum Ziel des dubiosen ›Systemgleichgewichtes‹ der ›kommunikationstheoretischen‹ Ansätze ist das Ziel des ›dynamischen Gruppenkonzeptes‹ Ich-Stärkung, Befreiung von Wiederholungszwängen, Emanzipation von irrationalen, infantilen Ängsten sowie »von den Fetischen unserer Gesellschaft wie Autorität und Eigentum«, und Befreiung von der Überanpassung nach innen (S. 21f) ebenso wie von der Überanpassung nach außen (S. 73). Psychoanalytische Therapie im Sinne Ammons wird als ›emanzipatorischer Prozeß‹ verstanden. »Indem sie ihm (dem Menschen) zu angstfreier Identität verhilft, schafft sie die unumgängliche Voraussetzung für eine konstruktive Veränderung der krankmachenden Gesellschaft« (S. 74). Diese ›Strategie der befreiten Gebiete‹ kann nur in Organisationen wie der ›dynamischen Gruppe‹ Erfolg haben, die die allmähliche ›Befreiung‹ weiterer, immer größerer Gebiete zum Ziel hat.

Die Gesellschaft und die in ihr wirkenden Kräfte gehören nach Ammon zu den Faktoren der therapeutischen Situation (S. 69); er scheint sich aber nicht im klaren darüber zu sein, welches Gewicht diesen Faktoren beizumessen ist. Der einseitig psychoanalytische Blickwinkel gibt keine Auskünfte darüber, wie gesellschaftliche Bedingungen mit dem Therapieprozeß verknüpft werden. Allein, daß Ammon unkritisch über die Tatsache

hinweggeht, daß 92% seiner Patienten aus dem ›kleinbürger-
lichen Mittelschichtmilieu‹ stammen (S. 148), zeigt, daß bei ihm
ungeklärt bleibt, in welchem Maße die therapeutische Situation
und ihre Prämissen selbst nicht schon ideologisch durchsetzt
sind.
Ohne Klärung dieses Sachverhaltes warnt Ammon davor, die
therapeutische Situation zu soziologisieren; dies hieße, »ihre
unbewußte Dynamik vernachlässigen und damit die Basis der
psychoanalytischen Arbeit aufgeben« (S. 69). Diese Abgrenzung
ist trotz der oben angedeuteten Unklarheiten notwendig: einerseits, um psychologische Einsichten, vor allem die Unterschei-
dung von ›bewußt‹ und ›unbewußt‹, nicht zu verwässern, und
um andererseits gesellschaftliche Triebkräfte nicht zu psycholo-
gisieren. »Gesellschaftliche und psychologische Einsichten sind
um so eingreifender und können füreinander um so mehr bedeuten, je weniger die eine unmittelbare Anleihen bei der anderen
macht« (Adorno, 1970, S. 58). Diese Abgrenzung bedeutet nicht
Verzicht auf soziale Verantwortung; ihre Übernahme ist Voraussetzung, um «das emanzipatorische Programm der Psychoanalyse zu verwirklichen« (Ammon, 1971 a, S. 76).
»Indem die Psychoanalyse gezeigt hat, ›daß die Vergesellschaftung
der Menschen nicht gleichbedeutend ist mit der Vermenschli-
chung der Gesellschaft‹ (Horn, 1970, S. 172), muß sie als ständige
Herausforderung überall dort wirken, wo die Bedürfnisse der
einzelnen unkritisch den Bedürfnissen der Gesellschaft unterworfen werden« (Gottschalch u. a., 1971, S. 14). Die bei uns
weitverbreitete Behauptung, Psychoanalyse sei überholt, bezeichnet Adorno als ›Ausdruck des Obskurantismus‹; erst wäre sie
einmal einzuholen (1970, S. 59). Solange nicht mindestens dies
geschieht, wird kaum festzustellen sein, welche Beiträge eine
revidierte Psychoanalyse arbeitsfeldspezifisch zu leisten vermag.
Auch wenn Freud den politischen Implikationen seiner Lehre
skeptisch gegenüberstand, so war er doch der Meinung, daß in
der Psychoanalyse genug revolutionäre Momente vorhanden
seien, »um zu versichern, daß der von ihr Erzogene im späteren
Leben sich nicht auf die Seite des Rückschritts und der Unterdrückung stellen wird« (Freund, G. W. XV, S. 162). Er hat die
Überzeugung vertreten, daß sich die Aufgabe ergeben werde,
die psychoanalytische Technik »den neuen Bedingungen anzupassen« (G. W. XII, S. 193).

c) ANTI-PSYCHIATRIE

»[. . .] ich bin zu dem Schluß gekommen, daß vielleicht die auf-
fallendste Form von Gewalt in der Psychiatrie nichts anderes ist
als die Gewalt *der* Psychiatrie, insofern diese Disziplin es sich

angelegen sein läßt, auf ihre abgestempelten Patienten die subtile Gewalt der Gesellschaft abzulenken und zu konzentrieren, die sie nur allzuoft für und gegen diese Patienten repräsentiert« (Cooper, 1971, S. 11). Das im Verhältnis zu vorhandenen psychiatrischen Einrichtungen fortschrittliche Experiment ›Villa 21‹ in London (S. 100ff) bestätigte Cooper, daß die Struktur der psychiatrischen Anstalten an ›institutioneller Sklerose‹ leidet und Veränderungen in diesem Rahmen trotz ›Therapeutischer Gemeinschaft‹ und sonstigen ›fortschrittlichen‹ Methoden sehr begrenzt möglich sind. Der Erkenntnis der in den Anstalten und im Arzt-Patienten-Verhältnis reproduzierten Gewalt des Gesellschaftssystems folgte die Ablehnung jeglichen verschleiernden Reformismus' und der Kampf gegen die psychiatrischen Institutionen als Agenturen dieser Gewalt. So bedeutet ein Schritt nach vorn »letztlich ein Schritt heraus aus der psychiatrischen Anstalt und hinein in die Gemeinschaft« (S. 124). Experimente wie ›Network‹, über ganz London verteilte anti-psychiatrische Gemeinschaften, sind die praktische Konsequenz. Dort werden die Betreffenden als sie selbst, als Leidende akzeptiert und können ohne Furcht vor einer ›Behandlung‹ leben, »die sie in einer psychiatrischen Klinik über sich hätten ergehen lassen müssen« (F. u. F. Basaglia, 1972, S. 102). Der Widerspruch, daß es sich dabei um eine neue Institution handelt, »die sich dagegen wehrt, eine Institution zu werden« (S. 111), verdeutlicht, daß die bloße Negation des Bestehenden nicht vor neuem ›Reformismus‹ schützt.

Mit ähnlichen Widersprüchen haben sich Basaglia und seine Mitarbeiter während ihrer siebenjährigen Tätigkeit in der vorher traditionell geleiteten ›Irrenanstalt‹ Görz (Italien) auseinandergesetzt. Vorweggenommen sei das ›praktische‹ Resultat ihrer Arbeit: eine offene Anstalt, in der geschlossene Abteilungen, Beruhigungszellen, Zwangsjacken und Streckbetten fehlen. Selbstmord- und Fluchtversuche gibt es nicht mehr. Gefühle von Lebensbefriedigung und Verantwortung wurden den bis dahin als unheilbar geltenden ›Kranken‹ zurückgegeben.

Wie bei Cooper wurzelt auch für Basaglia ›Krankheit‹ im Gewaltmechanismus dieser Gesellschaft, der sich in den Anstalten bis in die ›therapeutische Beziehung‹ verfolgen läßt (Basaglia, 1971, S. 134f). Um der Verdinglichung von Ausgeschlossenen und Ausschließenden (Therapeuten) zu entrinnen, »kann unsere gegenwärtige Aktion nur in einer *Negation* bestehen, die, ausgehend von der Umwälzung einer Institution und ihrer Wissenschaft bis zur Negation des therapeutischen Aktes als Lösungsmittel für die sozialen Konflikte reicht [. . .]« (S. 135). So fordert Basaglia ›Auflehnung gegen die Macht‹, ›radikale Stellungnahmen‹, ›persönliches Risiko‹, das Durchbrechen festgefahrener Situationen, »ohne zu warten, bis die Gesetze allein unser Handeln sanktionieren« (S. 142/43). Er erwartet das alles nicht von einer

»›Soziotherapie‹, mit der sich die Psychiatrie für den Weg der Integration entschieden hat [. . .]« (S. 149); auch nicht von der ›therapeutischen Gemeinschaft‹, die man als vermeintlich ›neues Produkt‹ entdeckt zu haben glaubt: »Sie heilt besser, so wie Dash weißer wäscht« (S. 158). Um nicht wie die ›Therapeutische Gemeinschaft‹ von gesellschaftlichen Interessen absorbiert und integriert zu werden, muß sich die Arbeit weiterhin in einer negativen Dimension abspielen, um sich schließlich über den Anstaltsbereich hinaus auf das sozio-politische System auszudehnen (S. 159).

Hier überschätzt Basaglia die Möglichkeiten einer emanzipatorischen Psychiatrie und die Macht der Negation, denn er ist sich andererseits bewußt, daß das Gesellschaftssystem auch Systeme zu integrieren vermag, die dieses verneinen, sobald sie neue interne Lösungen aufzeigen, »mit der es die eigenen Widersprüche [. . .] beseitigen könnte [. . .]« (S. 364). Realitätsferne zeigen deshalb auch seine Forderungen nach einer neuen Wissenschaft (S. 364), nach Bekämpfung der ›Krankheit‹ außerhalb der Institutionen (S. 365) oder danach, Entlassene als Störelemente in andere Institutionen zu schicken, um »die eigentlichen Widersprüche im Bereich der sogenannten ›Norm‹ zu demaskieren« (S. 367). Ohne auf der Basis polit-ökonomischer Analysen zu stehen und von dort die Alternativen zu entwickeln, bleibt der Prozeß der Negation ein reiner Willensakt. Diesem Prozeß gelingt die Umkehrung der Begriffe von gesund und krank, von Wahnsinn und Vernunft: die Verhältnisse werden aber nur auf den Kopf gestellt und kehren spiegelverkehrt wieder, so daß Anti-Psychiatrie auf dieser Ebene nur ›Reflex‹ eben dieser Verhältnisse bleiben kann. »Die negative Vernunft geht antinomisch und nicht dialektisch vor [. . .] nach einer von der Antithese und nicht von der Synthese bestimmten Logik« (Scalia in F. u. F. Basaglia, 1972, S. 164). So gerät die Situation der Negation widersprüchlich: »die Institution wird von uns gleichzeitig negiert und verwaltet; die Krankheit wird von uns gleichzeitig in Paranthese gesetzt und behandelt; der therapeutische Akt wird von uns gleichzeitig abgelehnt und durchgeführt« (S. 365). Diese Position ist verfahren, solange die Negation ein idealler Akt bleibt und die Analyse der materiellen Basis ausgeschlossen wird. »Der nicht nur vorgeschobene, sondern tatsächlich angewandte materialistische Ansatz könnte nicht zur totalen Ablehnung der Anpassung an die bestehende Wirklichkeit und damit auch nicht zur abstrakten Negation führen. Er verweist den Psychiater vielmehr gerade auf jene Verhältnisse in der Gesellschaft, die die psychische Gesundheit der Individuen ausschließen. Ihre Veränderung vorantreiben heißt, sich mit ihnen vorab einlassen und nicht als Zuschauer abseits stehen« (Abholz, Gleiss, S. 85). Die Möglichkeiten der Psychiatrie, soziale Umwälzungen in

Gang zu setzen, werden von Basaglia überbewertet; er übersieht, daß »die Anleitung zu politischer Arbeit nicht primär in den Händen des Therapeuten, sondern in den Händen der entsprechenden politischen Organisationen (liegt)« (S. 84). Emanzipatorischer Wert der Anti-Psychiatrie bleibt, neben ihren praktischen Erfolgen, den politischen Aspekt der psychiatrischen Arbeit ins Bewußtsein gerückt zu haben.

d) ›POLITISCHER‹ ANSATZ (SPK)

Die Theorie des SPK (Sozialistisches Patientenkollektiv, Heidelberg)

»Das äußere Gefängnis der Gummizelle und Zwangsjacke wird durch das innere Gefängnis der Psychopharmaka ersetzt. [...] ein solches System macht aus einem unfreiwilligen Untertan – sprich Neurotiker und Psychotiker – einen freiwilligen Untertan. Der Erfolg der Therapie besteht darin, daß der Patient schließlich in seine Unterdrückung einwilligt« (SPK II, S. 19/20).
Gegen eine solche Form der Therapie richtete sich die theoretische und praktische Arbeit des am 21. Juli 1971 von der Polizei zerschlagenen Heidelberger Patientenkollektivs. Dieses definierte Krankheit und Kriminalität als Reaktionen und Proteste des Individuums auf unerträgliche Verhältnisse, deren Ursachen im Gewaltmechanismus der Konkurrenz- und Konsumgesellschaft liegen, d. h. letztlich im Grundwiderspruch von Lohnarbeit und Kapital. Als Folge dieses Widerspruchs wird Krankheit (Kriminalität) zur politischen Kategorie mit einem reaktionären (= Unterwerfung unter die Produktionsverhältnisse) und einem progressiven Anteil (= gehemmter Protest gegen diese Verhältnisse im Krankheitssymptom). Symptombeseitigung bedeutet Abwürgung des Protestes zwecks reibungsloser Wiedereingliederung in den Produktionsprozeß; Therapie dagegen die Aufdeckung dieses Widerspruchs in der Krankheit, um über die Erkenntnis ihrer Hintergründe zum revolutionären Kampf gegen das Kapital (= Krankheitserreger) zu schreiten (S. 143).
Einwenden läßt sich gegen diesen Krankheitsbegriff, daß die unmittelbare Zurückführung von Krankheit auf den Grundwiderspruch eine unzulässige Vereinfachung darstellt, die verschiedene komplizierte Entstehungsmöglichkeiten psychischer Störungen und ›abweichenden Verhaltens‹ außer acht läßt, indem sie sie ›ökonomisiert‹ und ›soziologisiert‹. Noch angreifbarer ist die vom SPK postulierte Einheitsfront aller Kranken – ob Arbeiter, Angestellte oder Kapitalisten – über die Klassengegensätze hinweg, weil diese als politische Gruppe »entweder zum Scheitern verurteilt oder ineffektiv (ist), da sie sich immer mit den in ihr selbst bestehenden Antagonismen auseinander-

setzen muß« (S. 178). Trotz dieser Verkürzungen in der Theorie enthält das ursprüngliche therapeutische Konzept des Patientenkollektivs im Gegensatz zu dem der unpolitischen ›Therapeutischen Gemeinschaften‹ wesentliche emanzipatorische Impulse.

Die ›therapeutische‹ Praxis des SPK

Nach einer psychiatrisch-neurologischen Untersuchung werden dem neuen Patienten anhand seiner Biografie die gesellschaftlichen Anteile und Ursachen seiner ›Krankheit‹ bewußt gemacht. Tiefenpsychologisches Material wie Träume, Einfälle und Ausdrucksverhalten werden dazu herangezogen. Mit Hineinrücken der Einzelbiografie in den politischen Kontext wird aus der Therapie Agitation, »d. h. Vorantreiben der eigenen Widersprüche, die sich in der Krankheit manifestieren, ist identisch mit dem Vorantreiben der gesellschaftlichen Widersprüche. Aus der Einzelagitation [. . .] entwickelt sich der Wunsch nach Gruppenagitation als progressive Wendung und Aufhebung der Vereinzelung« (S. 24). Durch die Krankheit der anderen erfährt der ›Patient‹ »die Gleichheit des Wesens, das den unterschiedenen Symptomen zugrunde liegt, und ist selbst Objekt für die anderen in diesem Prozeß. [. . .] Besondere Bedeutung kommt jetzt dem Verhältnis von Einzel- und Gruppenagitationen zu hinsichtlich der Dialektik von Form und Inhalt. Die Form der Gruppe, Integration in einem objektiven Zusammenhang, wird Inhalt der Einzelagitation, die kapitalistische Vereinzelung und daraus folgende Ängste Inhalt der Gruppenagitation. Oder: Gruppen- und Einzelagitation entsprechen Gesellschaft und Individuum, die genauso wenig mechanisch zu trennen sind« (S. 24/25).
Ziel der SPK-Arbeit waren Solidarität, Kooperation und Emanzipation, um Veränderungen zu erzeugen, »die das ganze System, innerhalb dessen sich der Prozeß der Agitation vollzieht, betreffen und mitgestalten« (S. 25) – eine ›Therapie‹ also, die das soziale System zu therapieren gedachte. Mit diesem Konzept lag das SPK auf Kollisionskurs mit den Interessen der etablierten Psychiatrie. Daß diese keine Emanzipations- sondern Integrationswissenschaft ist, zeigen die heftigen Reaktionen ihrer Vertreter auf den SPK-Versuch, die Bedürfnisse der Vielen vor die Interessen weniger zu stellen. Die Zerschlagung des SPK's demonstriert noch einmal die unerbittliche Gewalt dieser Interessen und zugleich die Notwendigkeit ihrer Aufhebung.

ZUSAMMENFASSUNG

›Individual-therapeutische‹ Ansätze können, auch wenn sie das Etikett ›sozial‹ im Namen führen, bei der Therapie ›abweichenden

Verhaltens‹ nur auf Beseitigung monadisch verstandener Symptome fixiert bleiben. Manchmal philantropisch, meist aber herrschaftsblind, muten ihre Vertreter dem Individuum jene Balance der Kräfte zu, die in der bestehenden Gesellschaft nicht besteht.

Im Unterschied zur vereinzelnden ›Individualtherapie‹ liegt der Schwerpunkt ›sozio-therapeutischer‹ Ansätze »auf den Beziehungen zwischen Menschen und der Organisation dieser Beziehungen [...] eine eventuell indizierte Individualbehandlung (bezieht) von dort ihren Stellenwert [...]« (Rehn, 1972, S. 77/78). Mit Hereinnahme der unmittelbaren Bezugsgruppen in die ›Behandlung‹ muß der ›Kraftakt der Anpassung‹ nicht allein vom Individuum vollbracht werden. Die Verschiebung vom Individualbereich auf den der zwischenmenschlichen Beziehungen bedeutet nicht notwendigerweise auch eine des ideologischen Standortes:

Ob es sich um ›soziale‹ Therapie handelt, ist abhängig von der Qualität der spezifischen Struktur, an die angepaßt wird. Ist dieses Bezugsfeld selbst pathogen, werden ›sozio-therapeutische‹ Ansätze nur dort emanzipatorischen Gehalt haben, wo soziale ›Nahstrukturen‹ nicht als bloße ›Integrationskatalysatoren‹, sondern selbst als wesentliches Ziel der Therapie aufgefaßt werden. Dabei ist nicht nur das ›Gleichgewicht des Systems‹ im Auge zu behalten, sondern ebenso sind es die ›archaischen‹ Bedürfnisse der Individuen. Ohne diese Bedürfnisse stets aufs neue zu prüfen und zu artikulieren, wird eine wie immer geartete ›soziale Therapie‹ zur Aufrechterhaltung des ›Systemgleichgewichtes‹, gesellschaftliche Widersprüche, gegen die sich die Psyche in Form der Symptome als Signale der Überforderung wehrte, ›symptomfrei‹ im Individuum zu verankern versuchen, statt es davon zu emanzipieren.

Ziel einer emanzipatorischen ›Sozial-Therapie‹ kann somit nur die Aufdeckung gesellschaftlicher Widersprüche in der individuellen Psyche sowie deren Behebung durch Beseitigung der pathogenen Ursachen sein. Da letztere jenseits der unmittelbaren sozialen Bezugsfelder angesiedelt sind und sich somit direkter therapeutischer Interventionen entziehen, muß effektive ›Sozial-Therapie‹, will sie nicht in die Nähe simplifizierender ›Totalansätze‹ rücken, für das anvisierte Ziel mittelbare, d. h. *vorbereitende* Arbeit leisten. Von daher kommt emanzipatorischer Gehalt all jenen Ansätzen zu, die ihre Adressaten von eingrenzenden Wiederholungszwängen befreien und Handlungsspielräume zur Verfügung stellen, in denen Erfahrungen kollektiven Handelns und praktischer Solidarität als Voraussetzung für weitergehende politische Arbeit in den entsprechenden Organisationen zumindest möglich werden. Hier erreicht eine ›soziale‹ Therapie ihre eigentliche inhaltliche Dimension; – daran sind alle begrifflichen Abkömmlinge (›Sozialtherapie‹, ›Soziotherapie‹ u. a.) zu messen.

3. ›Sozialtherapie‹ in der BRD

a) JURISTISCHE SICHT

Auf der Suche nach der Bedeutung des Begriffs ›Sozialtherapie‹ in den einschlägigen Entwürfen, Tagungsberichten und Gesetzestexten stößt man auf ein merkwürdiges Phänomen: ›Sozialtherapie‹ wird von juristischer Seite nirgendwo definiert; dafür ist um so ausführlicher die Rede von ihrem Arbeitsfeld, der sozialtherapeutischen Anstalt (*SthA*). Verfolgt man die Diskussion um ihre Entstehung und Einführung in das Gesetz, so erfährt man am Rande auch etwas von den Vorstellungen, die Juristen mit dem Begriff ›Sozialtherapie‹ verbinden.

Der erste Hinweis findet sich 1966 im Alternativ-Entwurf (*AE*) § 69 Abs. 6: »In der sozialtherapeutischen Anstalt sollen in dem Eingewiesenen durch besondere psychiatrische, psychologische und pädagogische Hilfen der Wille und die Fähigkeit entwickelt werden, künftig ein straffreies Leben zu führen [...]« (*AE*, 2. Aufl., 1969, S. 132). Die nach der Persönlichkeit des Täters ausgerichtete sozialtherapeutische Beeinflussung versucht, »die psychischen Ursachen der Kriminalität des Täters gezielt zu beseitigen [...]« (S. 133). Die Definition ›psychische Ursachen der Kriminalität‹ (was ist darunter zu verstehen?) ist wesentlich vorsichtiger als die vom Mitverfasser des Alternativ-Entwurfes Hans Schultz benutzte; er glaubte, »durch besondere sozialtherapeutische Einwirkung die Gründe der Delinquenz zu beseitigen« (Baumann, 1968, S. 12); dennoch steckt hinter beidem dasselbe: die Ursachen der Kriminalität werden in der Psyche gesucht, um sie dort zu ›kurieren‹.

»Besserung ist die beste Sicherung« (Schultz, 1960, S. 10) darf nicht etwa so verstanden werden, als sei hier das Wohl des ›Delinquenten‹ vorrangig »[...], denn Umerziehung dieser Täter ist die beste Sicherheitsgarantie für die Gesellschaft« (S. 138). Unterstrichen wird dies, wenn von der *SthA* als von einer »im Ausland bereits bewährten ›Waffe‹« und von einem ›sehr scharfen (!) Mittel‹ die Rede ist, deren »Einsatz gegen (!) Rückfalltäter zeigt, daß der *AE* sich bemüht, die Sicherheit der Gesellschaft mit allen heute einsetzbaren Mitteln herzustellen« (S. 137/138). So schlagen sich liberale *AE*-Professoren eindeutig auf die Seite ›gesellschaftlicher‹ Interessen: die Umerziehung des ›Täters‹ ist allemal leichter und bequemer als die der Gesellschaft und lenkt zudem davon ab, daß auch jene zu verändern sei, wenn tatsächlich ›die beste Sicherheitsgarantie‹ gemeint wäre.

Nun hätte man daraufhin glauben können, daß der *AE* die ungeteilte Zustimmung der Justiz fände. Weit gefehlt! Gegenüber den folgenden Reaktionen entpuppte sich der *AE* als durchaus progressiv, was unter diesen Umständen jedoch nichts heißen will. In seinem Vortrag vom 27. 2. 1967 (Tübinger Juristisches Seminar) sprach sich der Generalbundesanwalt a. D. Max Güde gegen die von den *AE*-Professoren vorgeschlagene *SthA* aus, weil dort, anders als in dänischen Anstalten, auf die sich der *AE* bezieht, auch Psychologen mit einbezogen werden sollten (zit. n. Baumann, 1968, S. 140). Dieses Argument verblüfft, wenn man berücksichtigt, daß bis zu diesem Zeitpunkt mindestens sechs deutschsprachige Veröffentlichungen des Chefpsychologen der dänischen Anstalt Herstedvester, Hoeck-Gradenwitz, vorlagen (1963a, b; 1964a, b; 1965, 1966), in denen Güde sich ausführlich über die wichtigen Funktionen der Psychologen hätte unterrichten können. Neben einer Portion Unkenntnis des Themenbereiches ›*SthA*‹ und ›Sozialtherapie‹ steckte hinter Güdes Abwehr die alte Angst der Juristen, es könnten sich auf diese Weise anstelle der Ärzte und Psychiater auch Psychologen und Psychoanalytiker in die *SthAs* einschleichen, die vielleicht nicht so folgsam auf der Linie der Justizideologie lägen wie das Gros der Kriminalpsychiater (vgl. Niederschr. V, S. 2258/9). In ihrem Brief vom 13. 3. 1967 versuchte Frau Brauneck Güdes Bedenken mit dem Hinweis zu beruhigen, daß der *AE* ausdrücklich »eine ärztliche Leitung« der *SthA* vorsehe, womit die Besorgnis ausgeschlossen wäre, »daß die Psychologen Sonderwege gehen könnten« (Baumann, 1968, S. 141). Es bleibt die Frage, auf wen eigentlich Güdes Feststellung gemünzt ist, wir seien in Deutschland dreißig Jahre hinter der internationalen Entwicklung im Strafvollzug zurück? (S. 116)

Auf der 2. Arbeitstagung der Strafvollzugskommission, 1968 in Hamburg, befürwortete der Vertreter des Landes Hessen (Chudoba) die Einrichtung sozialtherapeutischer Anstalten *im Sinne* des § 69 Abs. 6 *AE*. »Durch Herausnahme von ›Störern‹ aus dem Regelvollzug könnte dieser wesentlich intensiver sozialpädagogisch ausgestaltet werden, denn diese Personengruppe bindet zu einem nicht unerheblichen Teil die Arbeitskraft aller Bedienstetengruppen des Strafvollzuges« (Tagungsberichte, Bd. 2, S. 39). *Im Gegensatz* zum *AE* sollten die *SthAs* jedoch nicht als ›Maßregel der Besserung und Sicherung‹ institutionalisiert werden, sondern »eine besondere Form des Vollzugs der Freiheitsstrafe darstellen« (S. 39). Andernfalls bestünde die Gefahr, »daß die weiter notwendige Mitwirkung von Psychologen, Psychiatern und Pädagogen im Regelvollzug stark eingeschränkt wird« (S. 39). Ähnliche Befürchtungen wurden schon auf der 1. Arbeitstagung mit dem Hinweis vorgebracht, daß jede Vollzugsanstalt einen ›sozialtherapeutischen Auftrag‹ zu erfüllen habe (Tagungsberichte, Bd. 1, S. 24). Die vorgebrachten Bedenken waren einerseits Rationalisierungen der Angst, etwas anderes als Regelvollzug betreiben zu müssen, andererseits aber auch Befürchtungen, gutausgestattete *SthAs* könnten die Misere des Normalvollzuges erst recht verdeutlichen. Von daher verwundert es nicht, wenn Strafvollzugspraktiker, die *SthAs* auf ›wissenschaftlich‹ rationalisierten Umwegen als Entlastungsanstalten des Regelvollzuges ausstaffieren wollten: bei reibungsloserem Vollzug hätte man sich nebenher noch das Mäntelchen der ›Progressivität‹ umhängen können.

Letztlich ausschlaggebend für die Überlegung, *SthAs* nur als besondere Form des Regelvollzuges auszugestalten, war die Absicht der Länder, möglichst billig um das schwierige Personalproblem herumzukommen; auf diese Weise hätte es keines eigenständigen Personals für die *SthAs* bedurft, sondern nur einer ohnehin längst fälligen Aufstockung des Fachpersonals im Regelvollzug, das dann je nach Bedarf abwechselnd einsetzbar gewesen wäre. Beim damaligen und derzeitigen dürftigen Bestand an qualifizierten Fachkräften wirkt die bis heute vorgeschobene Angst, die *SthAs* könnten diesen merklich abbauen, geradezu erheiternd (vgl. Sturm in Niederschr. V, S. 2276).

Wie sehr sich die Länder insbesondere aus wirtschaftlichen Überlegungen gegen den vom *AE* vorgesehenen Personenkreis sträubten, wird in den Berichten des Sonderausschusses offen ausgesprochen. Für die nach dem *AE* notwendigen 25 *SthAs* in der BRD ergäbe sich ein Gesamtaufwand von DM 162 Millionen jährlich. »Eine solche finanzielle Belastung wäre jedoch nicht tragbar. Hinzu kommt das Personalproblem [...]. Schon aus diesen Gründen war es notwendig, den persönlichen Anwendungsbereich für die Maßregel wesentlich einzuschränken« (Drucks. V/4095, S. 28). Angesichts der DM 20 Milliarden, die Staat und Gesellschaft jährlich durch ›white-collar-Kriminalität‹ verloren gehen (*FAZ*, 26. 7. 1972) – z. T. gesetzlich legalisiert –, sind solche Argumente geradezu lächerlich. Diese Zahlen zeigen aber auch, wie einseitig man den Schwerpunkt der ›Kriminalitätsbekämpfung‹ gelagert hat; dennoch ist die Justiz überzeugt, mit dem ›Schrumpfprogramm *SthA*‹ die »Ursachen für dieses psychisch abweige und krankhafte Verhalten festzustellen« (Tagungsberichte Bd. 1, S. 133) und »echte Kriminalitätsprophylaxe« zu leisten (Bd. 2, S. 43).

Wirft man einen Blick auf die Bezeichnungen der künftigen Klientel, so erkennt man erst die Absurdität solcher Ansprüche; es ist die Rede von ›psychisch Abwegigen‹, ›psychisch Minderwertigen‹, ›charakterlich Abartigen‹ sowie ›psychopathisch und kriminell weitgehend fixierten Rechtsbrechern‹ (Tagungsberichte Bd. 1, S. 133–142). Abgesehen davon, daß hier wieder das bewährte, diskriminierende Vokabular der Kriminalpsychiatrie durchschlägt, muß man sich ernstlich fragen, woher die Vertreter der Justiz ihren Glauben beziehen, die Ursachen der Kriminalität am äußersten Ende der ›kriminellen Karrieren‹ mit *SthAs* und diffusen Vorstellungen von Sozialtherapie beheben zu können.

»Die Sozialtherapie im engeren Sinne«, so Horstkotte vom Bundesministerium der Justiz, »sei eben nur ein besonderes kennzeichnendes Element des Behandlungsprogramms, das in dieser Anstalt verwirklicht werde. Die Behandlung von Exhibitionisten werde aber vorwiegend anderer als sozialtherapeutischer Art sein müssen. Auch die freiwillige Kastration von Sittlichkeitsverbrechern und deren Nachbehandlung und die medikamentöse Hormonbehandlung würden mit dem Ausdruck ›sozialtherapeutisch‹ kaum gekennzeichnet« (Niederschr. V, S. 2258). Damit hatte Horstkotte zwar erläutert, was unter ›Sozialtherapie‹ *nicht* zu verstehen sei; eine Definition blieb aber auch er schuldig. Frau Diemer-Nicolaus (FDP) wollte ›Sozialtherapie‹ nicht in einem ›engeren Sinne‹ verstanden wissen, obwohl an keiner Stelle ausgesprochen wurde, was damit gemeint war; ›Sozialtherapie‹ umfasse nach ihrer Meinung die Behandlung, »die es den Verurteilten ermögliche, nachher im sozialen Leben besser zurechtzukommen« (ebd.). Der Abgeordnete Schlee (CDU/CSU) vertrat den Standpunkt, daß die Psychiatrie nicht genau den Aufgabenbereich treffe: »Die Sozialtherapie liege mehr in Richtung des Seelsorgerischen« (S. 2259). Mit diesen verschwommenen Definitionsversuchen waren die Vorstellungen über ›Sozialtherapie‹ auf juristischer Seite erschöpft. Was später an besonderen therapeutischen Mitteln in der Begründung zum Gesetz seinen Niederschlag fand (Drucks. V/4095, S. 30), sind beziehungslos nebeneinandergestellte Behandlungsformen aus Mauchs Vorstellungen über Sozialtherapie, die er als Sachverständiger vor dem Sonderausschuß vorgetragen hatte (Niederschr. V, S. 2289 ff). »Der therapeutische Aspekt ist im Gesetz praktisch nicht vorhanden« (Bechtel, Interview).

Dem Umstand, daß in den neuen Anstalten ›Therapie‹ betrieben werden soll, wurde, wie bereits erwähnt, an keiner Stelle Rechnung getragen; auch die sich daraus ergebenden organisatorischen und therapeutischen Konsequenzen wurden weder mit den zuständigen Fachleuten diskutiert noch abgestimmt (vgl. Künzel, 1969, S. 300 ff). Die Tatsache, daß nirgendwo im Gesetz ein Passus zu finden ist, »wonach die Betroffenen zu fragen sind, ob sie sich einer Therapie unterziehen wollen«, veranlaßt Künzel zu der Vermutung, daß dahinter nur die Zielvorstellung stehen kann, geschädigte Menschen zur Unterwerfung zu zwingen (ebd.). Daß dies der Fall ist, zeigt die Art der Behandlung dieses Themenbereiches vor dem Sonderausschuß. Dort vertrat Mauch, damaliger Leiter der ›Sozialtherapeutischen Abteilung‹ Hohenasperg, den Standpunkt, daß Leidensdruck (= Wunsch nach Hilfe und Behandlung) bei den meisten Delinquenten erst erzeugt werden müsse, weil Straftaten häufig Ersatzbefriedigungen seien und selbst keinen Leidensdruck erzeugten (Niederschr. V, S. 2291). Unter diesem Gesichtspunkt hielt er es für wichtig, »daß der Betreffende erstens den Regelvollzug kennenlerne und daß er zweitens der sozialtherapeutischen Maßregel kumulativ ausgesetzt werde« (S. 2293).

Es widerspricht ausdrücklich den Erfahrungen von Goudsmit (1963/64, S. 675 ff), Heigl (1964, S. 108 ff), Künzel (1971, S. 79 ff) u. a., daß eine aufgezwungene Psychotherapie in der Regel Erfolgsaussichten haben kann. »Unter welchen Voraussetzungen es möglich ist, echten inneren Leidensdruck durch äußeren Druck herbeizuführen, wissen wir nicht« (Künzel, 1971, S. 80). Grundsätzlich bejaht auch Mauch die Freiwilligkeit als unbedingtes Erfordernis für eine erfolgreiche Behandlung (1971, S. 17). Er glaubt aber auf die Freiwilligkeit als Einweisungsvoraussetzung in eine *SthA* verzichten zu können, indem er ›Freiwilligkeit‹ auf die sogenannte ›Behandlungsbereitschaft‹ reduziert und es der ›sozialtherapeutischen‹ Behandlung überläßt, ihre eigenen Vorbedingungen zu schaffen (S. 20). Im Gegensatz dazu fordert Rasch Behandlungsbereitschaft und Leidensbewußtsein als Einweisungsvoraussetzungen; wo diese in der Initialphase der Behandlung nicht zu wecken seien, sollte nach seiner Meinung auf eine Fortführung verzichtet werden: »Ärztlicher Auftrag kann nicht sein, Maßnahmen zu vollstrecken, die lediglich als Strafe empfunden werden« (1970, S. 42).

Mauchs Vorstellungen bleiben weitgehend spekulativ: er selbst hatte in der ›Sozialtherapeutischen Abteilung‹ Hohenasperg, wie in den Einweisungsvorschriften nachzulesen, mit ›Freiwilligen‹ gearbeitet (s. S. 153). Die Erzeugung eines Leidensdruckes war schon bei diesen ›Freiwilligen‹ nicht einfach; immerhin betrachtete Mauch ein Drittel der behandelten Rückfalltäter als resozialisiert und ein Drittel als gebessert (Niederschr. V, S. 2291). Mit welchem Optimismus und mit welcher Berechtigung er eine solche ›Zwangsmaßnahme‹ auf den vom Gesetz vorgesehenen (›unfreiwilligen‹) Täterkreis überträgt, bleibt unerfindlich. Seine vorgeschlagene Maßnahme, den Betreffenden vor der ›Sozialtherapie‹ dem Regelvollzug auszusetzen, kommt den Befürchtungen der Ländervertreter vor einer ›Aushöhlung des Schuldstrafrechtes‹ durch *SthAs* entgegen (S. 2023); ebenso den Bedenken, daß »gerade besonders gefährliche Täter, für die man eine Unterbringung in der sozialtherapeutischen Anstalt für erforderlich gehalten habe, besser behandelt würden als weniger gefährliche [. . .]« (S. 2293).

Die Feststellung der Strafvollzugskommission, der Vorschlag, *SthAs* einzurichten, knüpfe nicht an die bisherige Entwicklung in der BRD an, ist durchaus richtig (Tagungsberichte Bd. 1, S. 24), bleibt aber ohne Konsequenzen: in der Praxis wird die *SthA* nahtlos an die bisherige Entwicklung im Strafvollzug angepaßt werden, weil ›Sozialtherapie‹ in der BRD ein Begriff ist, hinter dem sich andere Inhalte verbergen, als das Etikett es glauben

machen will. Güdes Befürchtung, daß der Ausdruck ›sozialtherapeutische Anstalt‹ für die Volksmeinung zu mild klinge
(Niederschr. V, S. 2258), ist durchaus verständlich. Wo der Gesetzgeber sich nicht einmal durchringen konnte, den von ihm
propagierten Resozialisierungsgedanken obenanzustellen (vgl.
§ 46 2. StrRG und § 37 AE), muß er auf der Hut sein, mit ›fortschrittlich‹ klingenden Bezeichnungen allzu ›progressive‹ Assoziationen auszulösen, die mit der Realität nichts mehr gemein
haben. So wie sich die Begriffe ›sozialtherapeutische Anstalt‹ und
›Sozialtherapie‹ aus juristischer Sicht darstellen, handelt es sich
bei beiden lediglich um auswechselbare inhaltsleere Bezeichnungen: von juristischer Seite sah man in der SthA nie etwas
anderes als besonders effektiven Regelvollzug (vgl. Niederschr. V,
S. 2253); an keiner Stelle ihrer Geschichte läßt sich erkennen,
wodurch die Bestandteile ›sozial‹ und ›Therapie‹ in ihrem
Namen gerechtfertigt sind.

b) Therapeutische Sicht

Mauch, Leiter des Vollzugskrankenhauses Hohenasperg, hat
seine Vorstellungen von ›Sozialtherapie‹ mehrmals definiert:
»Der Sache nach ist Sozialtherapie eine Kombination medizi-
nisch- psychologischer Verfahren, die auf Nachreifung, Umstruk-
turierung, Symptombeseitigung und Verhaltensänderung abzielt in Verbindung mit Führung, Lebensberatung, Erziehung,
fürsorgerischer Betreuung« (Tagungsberichte Bd. 8, S. 103).
»Sozialtherapie meint also die Behandlung des in sozialschädlichem
Maße Auffälligen. Hieraus folgt ein weiteres Element der Definition. Die Behandlung muß nämlich auf die Verhinderung der
potentiellen Schädlichkeit und damit auch die Herbeiführung der
sozialen Unauffälligkeit abzielen. Die soziale Eingliederung ist
Zweck der Sozialtherapie« (1971, S. 27). An Behandlungsmethoden
werden genannt: Arbeitstherapie, Kontakttherapie, Milieutherapie, Psychotherapie, Gruppenbehandlung, Verhaltenstherapie
sowie medikamentöse und chirurgische Maßnahmen (Erläute-
rungen s. S. 115). »Die Sozialtherapie vereint alle aufgeführten
Verfahren in einem integrierten Sinn. Sie ist Einzelfallbehand-
lung« (Tagungsberichte Bd. 8, S. 113). Dies bezieht sich nicht
nur auf die Intensität der Behandlung. Eine der Ursachen kriminellen Verhaltens liegt für ihn »in einer irgendwie gearteten Persönlichkeitsstörung« (1971, S. 27). Diese Störung »ist Haupt-
gegenstand der Sozialtherapie, da diese gerade durch ›Heilung‹
der Persönlichkeit die Kriminalität beseitigen will« (S. 9). Kein
Zweifel, welchen Standort der Therapeut hier einnimmt: »Dem
Therapeuten ist die Störung Ursache der Kriminalität« (S. 9),
denn eine Vielzahl von Kriminellen kann »nur durch eine indivi-

duelle Behandlung, die ebenso individuell wie ihre Störung ist, von weiteren Delikten abgehalten werden« (S. 5).

An anderer Stelle sieht Mauch durchaus, daß solche Störungen gar nicht so individuell sind, wie er es oben formuliert: »Wir wissen, daß die meisten Straftäter aus schlechtem Milieu stammen. Wir erfahren aus der Lebensgeschichte solcher Menschen, daß sie als Kind unerwünscht waren, ohne Vater aufwuchsen, in Kinderheimen und Fürsorgeheimen groß wurden« (Niederschr. V, S. 2290). Aus diesen ›modernen‹ Erkenntnissen, die auch andere Autoren ihren Überlegungen gerne voranstellen, werden gewöhnlich keine praktischen Konsequenzen gezogen: mit Hilfe der analytisch orientierten Psychotherapie, »dem Kernstück aller sozialtherapeutischer Anstrengung«, soll dem Therapieteilnehmer zur Schuldanerkenntnis, zur Erkenntnis des eigenen Versagens verholfen werden (1971, S. 40/42). Wohin die Fixierung auf ›individuelle Schuld‹ treiben kann, zeigt der von Brink geschilderte Fall Leo (1964, S. 153): In der Nachkriegszeit groß geworden, beging Leo, unter Anleitung und Lob des Stiefvaters, mit bestem Gewissen jahrelang Diebstähle und Einbrüche. Die ›Therapie‹ hat zwar nichts geändert, aber in Zukunft wird Leo »nur noch mit schlechtem Gewissen stehlen können« (S. 153). Hier bleibt Kriminalität »die rätselhafte Krankheit« (S. 150).

Mauchs praktische ›Resozialisierungsarbeit‹ verdient, gemessen an dem, was sonst in der BRD in den letzten 25 Jahren geleistet wurde, durchaus Anerkennung. Die Schwäche seiner ›Theorie‹ liegt darin, daß sie unmittelbarer Ausfluß aus seiner praktischen, d. h. unter außerordentlich restringierten Verhältnissen verrichteten Tätigkeit ist. Eine solche ›enge‹ Theorie läuft stets Gefahr, die über Jahre erfahrenen Sachzwänge als gegeben und unvermeidlich hinzunehmen, da sie diese als unverkennbare Bestandteile in sich integriert hat. Wie sonst sind z. B. Mauchs Bemerkungen vor dem Sonderausschuß zu verstehen (Niederschr. V, S. 2290), die alten starren Vollzugsregeln müßten elastischer gestaltet werden? Sie zeigen nur, wie sehr der jahrelang im Vollzug tätige Therapeut unbewußt von dessen Ideologie durchdrungen werden kann; nicht die elastischere Gestaltung der ›alten starren Vollzugsregeln‹ würde er sonst fordern, sondern deren Aufhebung.

In der Gleichsetzung von ›resozialisiert‹ und ›rückfallfrei‹ ist ähnliches zu beobachten; weil das besonders Kastrierte betrifft, die zu 97% rückfallfrei sind, gelten sie obiger Prämisse gemäß als ›resozialisiert‹ (Niederschr. V, S. 2291, und Mauch, 1971, S. 66). Dies hat seine eigene Logik, wo eine der Grundlagen menschlichen Glücks und menschlicher Selbstverwirklichung – Sexualität nämlich – aus Rentabilitätsgründen und gesellschaftlichen Forderungen nach Ruhe und Sicherheit geopfert werden; Psychopharmaka kombiniert mit Psychotherapie sind bei intensiver Behandlung nahezu gleich wirksam (90%) – aber eben teurer. Im Zusammenhang mit der Kastration wird noch einmal deutlich, was Mauch unter ›Sozialtherapie‹ versteht: »Die Entmannung ist eine Maßnahme, die sich zwar zunächst gegen (!) den einzelnen Täter richtet, in ihrer Auswirkung aber sowohl diesem selbst als auch der Allgemeinheit dient. *Sie ist damit eine Individual- und Sozialtherapeutische Maßnahme* (hervorgeh. v. Verf.). [...]« (Mauch, Bechtel, 1968, S. 200). ›Sozialtherapeutisch‹ ist der ›gesellschaftlich‹ erwünschte Effekt (Rückfall, Freiheit) – die Maßnahme *gegen* den Delinquenten bleibt ›individualtherapeutisch‹.

Einen anderen Ansatz als Mauch scheint Dilger zu wählen: »Unter ›Sozialtherapie‹ ist eine Heilbehandlung zu verstehen, die sich auf die psychischen Verhaltensweisen hinsichtlich Gesellung bzw. Zusammenleben in sozialen Gruppen, Klassen, Schichten in der Bevölkerung bezieht. [...] Diese auf die sozialen Gruppen (Familie, Freundschaft, Schule, Beruf) bezogenen Verhaltensweisen zu normalisieren, ist die Aufgabe der Sozialtherapie. Durch den Heilungsprozeß *im sozialen Bereich* (hervorgeh. v. Verf.) kommt es zu einer (Re-)Sozialisierung des Behandelten. Sozialtherapie ist also eine Therapie, die sozial macht« (1969, S. 255). In solch uneingeschränkter Form kann dies nur jemand sagen, dem sich soziale Strukturen und Normen als absolute verdinglicht haben; weil es mit ihnen anscheinend zum besten steht, »ist auch Sozialtherapie die beste Form der Kriminaltherapie« (S. 257). Von hier aus wird verständlich, daß es der ›Sozialtherapie‹ im Sinne Dilgers lediglich darum geht, dem einzelnen zu einer Verhaltensform zu verhelfen, »die für ihn selbst und andere erträglich ist, und die ihm insbesondere ermöglicht, ein äußerlich akzeptables Verhalten zu erreichen« (S. 256). Im Unterschied zur ›Individualtherapie‹ bezieht sich Sozialtherapie nicht »auf die Person in ihrer Gesamtheit«; es werden »nur die Aspekte des Seelischen betont, die für ein soziales Verhalten [...] von Bedeutung sind« (ebd.). Damit steht er scheinbar in direktem Widerspruch zu Mauch, der mit Sozialtherapie die Gesamtpersönlichkeit erfassen will (Mauch, 1971, S. 34).

Sieht man von den ideologischen Implikationen bei den Dilgerschen Definitionen ab, dann könnte man zunächst glauben, es handele sich hier um einen ›kommunikationstheoretischen‹ Ansatz. Ein Blick auf die vorgeschlagenen Mittel klärt diesen Irrtum schnell auf. Die bereits von Mauch angeführten Methoden weitet Dilger um einige weitere aus der Rumpelkammer der Psychiatrie auf: Elektroschocks und Gehirnoperationen (Leukotomie).

Von ›Heilungsprozeß im sozialen Bereich‹, von einem Unterschied zur Individualtherapie kann keine Rede sein. Dilger muß sich über seine eigenen ›Definitionen‹ im unklaren bleiben, weil er ›Sozialtherapie‹ nicht inhaltlich als etwas Eigenständiges zu definieren sucht, sondern sie lediglich vom Begriff der Individualtherapie abgrenzt; vom Standort der letzteren kommt er nicht los, weil sich diese wie auch die ›Sozialtherapie‹ für ihn als absoluter Begriff von ihrem konkreten gesellschaftlichen Bezug gelöst hat. So kann er allen Ernstes der Ansicht sein, daß die *SthA* »das Problem an der Wurzel angeht und sich nicht darauf beschränkt, nur an den Symptomen herumzukurieren« (S. 270). Mauchs nochmalige Abgrenzung »Sozialtherapie unterscheidet sich daher nicht, wie Dilger meint, von einer ›Individualtherapie‹, sondern sie *ist* Individualtherapie« (1971, S. 28), ist nicht notwendig: beide liegen auf der Linie des ›Methodenpluralismus‹. Der Unterschied ist, daß Mauch ›Sozialtherapie‹ psychoanalytisch orientiert und in ihr die Integration der Einzelverfahren sehen möchte, während Dilger nicht einmal dies mehr betont. Am ideologischen Standort des ›individual-pathologischen‹ Ansatzes ändert dies freilich nichts; der hier unter ›Sozialtherapie‹ gemeinte Fächer therapeutischer Maßnahmen darf auch in integrativer Form nicht darüber hinwegtäuschen, daß es sich keineswegs um einen mehrdimensionalen Ansatz handelt, Kriminalität in ihren vielfältigen Ursachen anzugehen. Behandlungsobjekt bleibt ausschließlich die Psyche des Individuums; das soziale Bezugsfeld wird ausgeklammert.

Zudem bedeutet ein ›integriertes‹ Behandlungskonzept in diesem Rahmen nichts anderes als eine möglichst perfekte, rationelle Abstimmung von Einzelverfahren im Hinblick auf die anzustrebende Rückfallfreiheit; dies aber ist etwas anderes als die ›innere Differenzierung‹ eines übergeordneten Behandlungskonzeptes, das den Bedürfnissen der Adressaten entspräche und noch zu entwickeln wäre. So behalten selbst ›Therapeutische Gemeinschaft‹ und Gruppenbehandlungen im vorliegenden Zusammenhang ihren adäquaten Stellenwert: ›Solidarität‹, die dort geübt wird, bleibt rein funktional; als solche hat sie keine anderen Konsequenzen, als die Anpassung an die verhärteten Verhältnisse reibungsloser zu gestalten.

Von solchen Absichten scheint Rasch weit entfernt zu sein: »Ziel der Behandlung in der Sozialtherapie ist die Resozialisierung, die jedoch nicht als Erzwingung von Sozialanpassung um jeden Preis mißverstanden werden darf. [...] Richtig verstanden bedeutet sozialtherapeutisches Bemühen nicht lediglich, Rückfallfreiheit im Sinne von Legalbewährung zu erreichen, sondern eine Persönlichkeit zu befähigen, selbst verantwortlich über ihr Tun zu entscheiden, anstatt ihren Impulsen und Trieben ausgeliefert zu sein« (1971, S. 124). Was auf den ersten Blick als durchaus fortschrittlich bezeichnet werden kann – die Abkehr von der Erzwingung von Sozialanpassung um jeden Preis –, enthüllt sich bei näherer Betrachtung als eine nur graduelle Verschiebung gegenüber den oben gezeigten Standorten. »Wenn es um den Einsatz ärztlicher Behandlungsmaßnahmen gegenüber Personen geht, die zu eben dieser Behandlung kraft Gesetzes verurteilt werden können, ist jeder mit dieser Behandlung verquickte weltanschauliche oder moralische Anspruch abzulehnen. [...] Ärztliche Aufgabe ist, Hilfe zu gewähren, wo sie benötigt wird, aber nicht Staatsbürger in der jeweils von der Regierung gewünschten Form zurechtzustutzen« (1970, S. 35). Vom ›neutralen‹ Standort ›spontaner‹ ärztlicher Hilfe wird die Frage nach der ›Behandlungsfähigkeit‹ zwangsläufig wesentlich effektiver als die nach der ›Schuldfähigkeit‹ (S. 38/39). »So wird der Eindruck vermittelt, daß hier akute Not die Hilfeleistung provoziere. Ihr Erfolg allein wird zum Problem, nicht aber der ärztliche Eingriff als solcher« (D. u. H. Peters, 1970, S. 115). Wo dieser scheinbar neutral bleibt, werden Kontrollbehandlungen gegenüber den Abweichenden von vornherein als den Bedürfnissen der Adressaten entsprechend definiert, womit die Legitimation der Handlungsziele solcher Therapie gekoppelt ist (S. 117). Was sich hier als Verharren auf der Position ärztlicher Abstinenz ausgibt und somit noch den Anschein von Widerstand erweckt, ist das uneingestandene Bekenntnis zur Aufrechterhaltung bestehender Verhältnisse; es zeugt davon, wie sehr die herrschenden Normen längst als absolute und ›natürliche‹ verinnerlicht wurden. Mit der Verkennung ihres gesellschaftlichen Charakters geht auch der Verzicht einher, die Ursachen der Kriminalität zu analysieren (S. 119).

Tendenziell ist Rasch somit nicht über die Position von Mauch und Dilger hinausgekommen. Deshalb kann auch Wolffs Ansicht nicht gefolgt werden, daß Rasch (u. a.) die überkommene Moralität des Schuldstrafrechtes zugunsten einer ›neuen Moralität‹ bekämpft (!), die Wolff mit ›Sachlichkeit‹ bezeichnet; Raschs Vorschläge seien »›middle-range-theories‹ zur Veränderung der Bedingungen und der Form unserer Gesellschaft auf einem für alle akzeptablen Weg« (1970, S. 199). Daß die ›neue‹ mit ›Sachlichkeit‹ bezeichnete Moralität von sich aus Innovationsprozesse in Gang zu setzen vermag, ist Wolffs gute Absicht, bleibt aber voluntaristisch, solange ihr vermuteter Stellenwert in einem mittelfristigen Emanzipationsprozeß, der sich zunächst als solcher noch auszuweisen hätte, nicht angegeben werden kann. Bis diese Nachweise nicht erbracht sind, kann das jeweils isolierte Tun, bloß weil es vom Bestehenden sich abhebt, nicht schon als innovativ oder gar emanzipatorisch klassifiziert werden. Wenn Basaglia erfahren mußte, daß die ›Macht der Negation‹ von der Gesellschaft integriert wurde, sobald sie neue, interne Lösungen zur Beseitigung sozialer Widersprüche aufzeigte, dann gilt dies allemal für die Position der ›Neutralität‹. Hier löst sich aus politischer Abstinenz und Resignation die Handlungsabsicht vom

emanzipatorischen Motiv und wird »zur ungerichteten Handlungs-
verpflichtung [...], die dem diffusen Druck der Forderung
nachgibt, es müsse etwas getan werden« (D. u. H. Peters, 1970,
S. 119).

c) Exkurs: Der Mangel an Theorie

Mit den obigen Ausführungen sind die wesentlichsten theoretischen Stellungnahmen zur ›Sozialtherapie‹ in der BRD genannt;
es handelt sich jedoch bei dem von den Autoren bezogenen
›individual-therapeutischen‹ Standort keineswegs um einen zufälligen. Ähnliche ideologische Positionen – obwohl nicht immer
unmittelbar im Zusammenhang mit ›Sozialtherapie‹ – beziehen
eine Reihe weiterer Theoretiker und Praktiker des Strafvollzugs
zum verwandten Thema ›Psychotherapie in Vollzugsanstalten‹.
Da der künftige Vollzug in *SthAs* wesentlich von diesem Ge-
dankengut beeinflußt werden dürfte, soll dies kurz belegt
werden:
Engel z. B. spricht von einer ›sozialen Therapie‹ (1967, S. 1085),
vertritt aber an anderer Stelle anscheinend weitverbreitete Ansichten zum Wesen der Kriminalität: »Das Einzige, was den
Rechtsbrecher vom Durchschnitt unterscheidet [...], ist das
Destruktive«; dieses ist »ein Teil unseres Wesens« (1966, S. 155).
Den Rechtsbrecher »trifft Züchtigung [...] offenbar, weil der
Straftrieb tief eingewurzelt und übermächtig in uns ist [...]«
(S. 151). Auch Wendt, der gerne und oft zitiert wird, bemüht
in bewährter kriminalpsychiatrischer Manier ›menschliche Natur‹ und Anlage: »Wir werden häufig finden, daß die Unaus-
gewogenheit der Persönlichkeit schon anlagemäßig so deutlich
gegeben ist, daß die natürlichen Begegnungen des Lebens, die
normalen Erlebnismöglichkeiten abnorm verarbeitet werden.«
Dem liegt »letzten Endes doch zugrunde, daß nicht die Persönlichkeit durch ihre Erlebnisse verformt wurde, sondern daß sie
selbst mit der abwegigen Eigentümlichkeit ihrer Resonanz und
Gestaltungsweise ihr Leben verformte« (1957, S. 204). Auf gleicher
›Frequenz‹ schwingend scheitert für Hirschmann jede Psychotherapie, »wenn es sich um von Haus aus (!) schwer abartige
Menschen handelt« (1961, S. 76).
Weil der Psychotherapeut in kriminalpsychiatrischer Sicht »Verständnis für die Belange der Strafjustiz besitzen (muß)« (Thomann, 1961, S. 331), fordert auch Nass, daß Psychotherapie den
Gerichten nicht mehr Arbeit bereiten sollte (1968, S. 67). Krause,
ärztlicher Leiter der Sonderanstalt Hamburg-Bergedorf, warnt,
die Rechtssicherheit nicht durch Psychoanalyse zu gefährden:
»Auch in dieser Hinsicht hat heutzutage die forensische Psychiatrie
die Bedeutung eines sehr notwendigen rechtstaatlichen Regu-

lativs« (1964, S. 13). Zumindest sorgt sie bei der Abwehr von Soziologie und Tiefenpsychologie für eine dem ›gesunden Menschenverstand‹ zugängliche ›Wissenschaft‹: Spiel z. B. operiert mit eigenen diagnostischen Gruppen, die nach seiner Ansicht »durch ihre Einfachheit bestechen«, weil sie »jenseits der komplizierten psychodynamischen Systeme« stehen (1965, S. 274). Nass steht dieser Verwässerung kaum nach, wenn er von einer ›seelischen Schicht‹ spricht, »die unterhalb des wachen Bewußtseins liegt, und zwar in der Trieb- und Gefühlssphäre« (1968, S. 70).

Ähnliche Tendenzen zur Verflachung sind bei Göppinger in dessen Empfehlungen an Vollzugspraktiker zu beobachten; auf ihre Erfahrung gestützt, sollen sie sich dem Häftling unvoreingenommen nähern und »nach den Zusammenhängen des Verbrechens [...] ohne Tiefenanalyse und weltfremde Konstruktionen forschen« (1964, S. 261); dabei unterliegt er der Fiktion, Ursachen der Kriminalität ›phänomenologisch-deskriptiv‹ ohne bestimmte ›Leitideen‹ von deren Zusammenhängen erforschen zu können (S. 248/253). Weil *eine* Theorie den Menschen »wegen seiner Einmaligkeit empirisch niemals vollständig und allgemeingültig darstellen kann« (S. 248), solle man sich vor allen Theorien mit ›Leitideen‹ über Kriminalitätsursachen hüten. Auf diese Weise wird jede ›ursacheninterpretierende‹ Theorienbildung ad absurdum geführt, um andererseits mit scheinwissenschaftlicher ›Neutralität‹ der subtileren Festschreibung herrschender Verhältnisse Vorschub zu leisten.

Strafe, Erziehung, Behandlung und Bekehrung sind für Engel die wesentlichen Methoden, um einen Delinquenten zu ändern (1966, S. 158). »Bei der Strafe wird Destruktives direkt bekämpft [...]. Im günstigen Fall boxt das Zerstörerische der Strafe das Destruktive im Rechtsbrecher auf die unerbittliche Weise hinaus.« Erziehung geht »genau umgekehrt vor wie Strafe, weil sie von vornherein am positiven Pol des Menschen ansetzt. Die Psychotherapie sucht die Ursachen zum Destruktiven wegzuräumen. [...] Die Religion geht am radikalsten vor. Sie sucht den Menschen nicht aus sich heraus, sondern von Gott her zu ändern. [...] Hier wird die Persönlichkeit in ihrem metaphysischen Kern getroffen« (S. 158). Mit ähnlicher ›Wissenschaftlichkeit‹ versucht auch Pietsch, ehemaliger Leiter der psychiatrisch-psychotherapeutischen Abteilung des Gefängnisses Kassel-Wehlheiden, das Therapieproblem im ›metaphysischen Kern‹ zu treffen: »Der stärkste Widersacher war der kriminelle Teufel im Patienten selbst, der immer wieder sein Haupt erhob und ihn zu Fehlhandlungen hinriß, die dann ausgebadet werden mußten [...]. Es ist wirklich der Geist aller Unwerte, der hier unter der massierten Gesellschaft von Kriminellen seine unsauberen Orgien feiert. Dieser ›Knastgeist‹ [...] ist das schäbigste und niedrigste Phä-

nomen innerhalb der menschlichen Gesellschaft« (1969, S. 353).
Hierzu erübrigen sich weitere Kommentare.

Die vor allem in den Theorien der Vollzugspraktiker zu beob-
achtende Diffusität ist keine zufällige, sondern das Resultat einer
allgemein festzustellenden Theorielosigkeit, die einen erheblichen
Teil der deutschen Kriminologie kennzeichnet. D. u. H. Peters
haben dies belegt (1972, S. 241 ff): Zwar sind sich die meisten
Kriminologen einig in der Kritik am monokausalen Vorgehen
bei Aussagen über Entstehungszusammenhänge von Verbrechen
(S. 242), aber diese Kritik hat nicht die Funktion, »eine bestimmte
Richtung in der Kriminologie zu behaupten. Ihre Funktion besteht vielmehr in der Legitimation des eigenen Vorgehens, das
die Kriminologen als multifaktoriell, interdisziplinär oder mehr-
dimensional bezeichnen« (S. 243). Dabei handelt es sich im Grunde
um dasselbe Verfahren, bei dem »in erklärender Absicht Verbrechen und Verbrecherverhalten mit Hunderten von Faktoren in
Beziehung gesetzt werden« (ebd.). Diese Mehr-Faktoren-Ansätze
täuschen leicht darüber hinweg, daß letztlich auf Theorie überhaupt verzichtet wird (vgl. A. K. Cohen, 1968, S. 219 ff). »Für
eine Theorie kommt es nämlich nicht darauf an, immer neue
Faktoren zu sammeln, die in einem ursächlichen Verhältnis zu dem
erklärenden Ereignis stehen. Wichtiger ist [...], Kategorien
und Variable zu formulieren, mit deren Hilfe dann die ›enorme
Zahl von Einzelfaktoren‹ geordnet – genauer gesagt – auf eine
oder mehrere Dimensionen gebracht werden können [...]«
(S. 244).

Die ›wortreiche Kargheit‹ deutscher Kriminologen bezeichnen
die Autoren als *Essentialismus* (S. 246). Dabei wird das Phänomen
Kriminalität mit einer eigenen Wesenheit ausgestattet, das somit
»zu einer unableitbaren Größe (wird), deren ›Natur‹ letztlich
nur von einer besonderen Wissenschaft, eben der Kriminologie,
erfaßt werden kann« (ebd.). So ist bei Göppinger die Rede von
›eigener, nur kriminologischer Sicht‹ (S. 245), von ›kriminologisch relevanten Faktoren‹ (S. 246), ohne zu erklären, worin die
›kriminologische Sicht‹ besteht bzw. was ›kriminologisch rele-
vante Faktoren‹ sind. Wenn Leferenz den ermittelten Faktoren
den ›richtigen Stellenwert‹ beizumessen gedenkt, dann läßt er
im dunkeln, was mit ›richtig‹ gemeint ist; »es scheint sich aus der
Natur der Sache zu ergeben« (S. 247). Mergen spricht von der
Kriminalität als von einem ›im Wesenskern gleichbleibenden
Phänomen‹, von sogenannten ›Urdelikten‹ und davon, daß das
»Phänomen Kriminalität im Leben der Gemeinschaft und Verbrechen im Leben des Individuums [...] als solche bestehen
bleiben, denn sie gehören [...] zum Menschen und seiner Gemeinschaft [...]« (ebd.).

»Die Behauptung der Unmöglichkeit, Verbrechen mit anderen
Wissenschaften letztlich erfassen zu können, die Behauptung,

daß nur eine unerklärte kriminologische Sichtweise dazu in der Lage sei, und die zumindest implizierte, gelegentlich auch ausgesprochene Behauptung des eigenen, unableitbaren Wesens der Kriminalität immunisieren gegen wissenschaftliche Analyse [. . .]. Wer nur mit unerklärten ›kriminologischen Sichtweisen‹ operiert, wer offen läßt, was der ›richtige Stellenwert‹ ist, bleibt politisch beweglich. Wer das Wesen der Kriminalität den Zeitläufen entrückt und die je gegenwärtige Kriminalität als dessen Erscheinungsform deutet, stellt einen Zusammenhang her, der stets diejenigen legitimiert, die das, was Erscheinungsform heißt, als Kriminalität definiert haben. Es zeigt sich: die essentialistische Kriminologie produziert Leerformeln. Einer um Legitimation bemühten Kriminalpolitik kommt das gelegen. Es ist anzunehmen, daß sie sich erkenntlich zeigt« (ebd.).

Wo Kriminologie zur ›Legitimationswissenschaft‹ wird, kann es um ihre theoretischen Ausläufer und praktischen Abkömmlinge wie ›Sozialtherapie‹ und Regelvollzug nicht viel besser bestellt sein. So darf nach diesem Exkurs nicht verwundern, daß das ›ideologische Mosaik‹ der Theoretiker und Praktiker im heutigen Strafvollzug sich aus recht seltsamen Ansichten über Ursachen und Therapie von delinquentem Verhalten zusammensetzt: kriminalpsychiatrische, pastorale, scheinneutrale, quasiwissenschaftliche und kritisch nicht hinterfragte Aspekte beherrschen das Bild.

Kaiser ist einer der wenigen, die einen realistischeren Standort einnehmen: »Der Strafvollzug hat nun einmal primär keine menschenbildnerische oder psychotherapeutische Aufgabe an sich, so großartig diese Ziele auch sein mögen, sondern ist nach seiner gesellschaftlichen Funktion dem übergeordneten Ziel der Verbrechensbekämpfung zugeordnet. In diesem Rahmen [. . .] wird daher alle Behandlung und Resozialisierung im Strafvollzug legitimiert« (Kaiser, 1968, S. 175). Sieht man hier von der gängigen Fiktion ab, daß der Strafvollzug der Verbrechensbekämpfung diene, dann läßt sich Kaisers Feststellung gleichermaßen auf ›Sozialtherapie‹ übertragen, wie sie sich augenblicklich in der Diskussion abzeichnet.

Gerne möchte man Hohmeiers und Quensels Hoffnungen teilen, die *SthA* könnte »sowohl den Zielen des Systems – geringere Rückfallquote – als auch der Freiheit und Emanzipation des Individuums in weit größerem Maße gerecht werden [. . .] als der jetzige Strafvollzug« (1970, S. 44) – spekulativ bleibt die Prämisse, die gegenwärtigen Ziele des Systems seien mit Freiheit und Emanzipation des Individuums vereinbar. Es wäre begrüßenswert, wenn die *SthA* als Mittel eingesetzt werden könnte, »um das klassische Strafdenken zu unterlaufen« und »Ansätze für eine rationale Veränderungsstrategie« böte (S. 44); das von Ideologien geprägte Bewußtsein der ›Fachleute‹ lähmt die Hoffnung, daß aus der Not der ›sozialtherapeutischen tabula rasa‹ vielleicht doch noch die Tugend des Experimentes werden könnte. Absprachen der Länder, z. B. die Chance des Experimentalstadiums dadurch zu nutzen, daß man unterschiedliche Therapieansätze zentral abspricht, in den verschiedenen Anstalten variiert erprobt und wissenschaftlich kontrolliert, existieren nicht; der oft getane Hinweis aufs Experiment entpuppt sich als verlegene Ausrede, wo es weder konkrete Vorstellungen noch Absprachen über die Inhalte gibt, mit denen angeblich experimentiert werden soll. Daß z. B. das Land Hessen seine erste *SthA* aus Gründen der Rentabilität an das bestehende Gefängnis Kassel-Wehlheiden anbaut, Baden-Württemberg ähnlich wie Hamburg eine solche in unmittelbarer Nachbarschaft einer Vollzugsanstalt errichtet, zeigt, daß für die Assoziation ›*SthA* = Knast‹ schon äußerlich vorgesorgt wird.

Die ›Sozialtherapie‹ in der BRD zeichnet sich immer mehr als ›moderne‹ Variante des Regelvollzugs ab, bei der einseitig gesellschaftliche Forderungen nach Sicherheit dominieren. Auch in der ›Theorie‹ wird unter ›Sozialtherapie‹ nichts anderes als eindimensionaler ›Methodeneklektizismus‹ verstanden: über ›individual-therapeutische‹ Ansätze ist man nirgendwo hinausgekommen. Die Praxis der besuchten Modellanstalten bestätigt dies leider (siehe Dritten Teil dieses Bandes). Wenn aber nur noch Integration im Sinne eines ›unauffälligen Verhaltens‹ in Frage kommt – was ja als Therapieziel von offizieller Seite propagiert wird –, dann ist der vorwiegend in der BRD vertretene ›individual-therapeutische‹ Standort schon immanent ein Widerspruch; gerade unter der Prämisse der ›sozialen Integration‹ muß das soziale Bezugsfeld nicht nur als integratives Moment in die Behandlung mit einbezogen werden, wenn Rückfälle verhindert werden sollen. Mit zunehmender Hinwendung zu Formen der Gruppentherapie und pseudo-therapeutischen Gemeinschaften (siehe nächsten Abschnitt) versucht man dem zwar innerhalb der Anstaltsmauern Rechnung zu tragen, aber nur, um andererseits den notwendigen Schritt in die Gemeinschaft (Einbezug von Familie, Freunden, Arbeitskollegen) nicht wagen zu müssen. Dieses Vorgehen setzt sich dem Verdacht aus, die Isolierung, die aus therapeutisch notwendigen Gründen hinter Anstaltsmauern begann, ganz im Sinne der herrschenden Ideologie in den Insassen selbst hineinzutragen.

4. ›Sozialtherapeutische‹ Behandlungsmethoden

a) Psychotherapie

In weiterem Sinne versteht man unter Psychotherapie jede Methode zur Behandlung psychischer, psychosomatischer und körperlicher Störungen, die psychologische Mittel verwendet. Der einfache menschliche Zuspruch, das Gespräch mit dem Seelsorger oder Arzt, kann unter den Oberbegriff Psychotherapie ebenso subsumiert werden wie die psychoanalytische Behandlung. In engerem Sinne versteht man unter Psychotherapie die gezielte, d. h. methodische und wissenschaftlich fundierte seelische Beeinflussung eines Menschen durch den Therapeuten. Psychotherapie wird gelegentlich als synonymer Ausdruck für Psychoanalyse benutzt; darunter ist oft eine ›analytisch orientierte Psychotherapie‹ gemeint, die sich auf theoretische Prinzipien der Psychoanalyse stützt, ohne deren Bedingungen streng zu erfüllen.

Die psychotherapeutischen Methoden lassen sich einteilen nach ihrem *Objekt* (direkte und indirekte Psychotherapie), ihrem *Ziel* (symptomatische und kausale Psychotherapie), ihren *Mitteln* (Suggestivmethoden, Trainingsmethoden und Tiefenpsychologische Methoden) und dem *Vorgehen* (Individual- oder Gruppenpsychotherapie) (zit. n. Haesler, 1970, S. 186).

Die Übersicht beginnt mit der Psychoanalyse als *Behandlungstechnik*, weil die Psychoanalyse als *Konzeption* im Gegensatz zu anderen psychotherapeutischen Richtungen »zerstreute Einzelbefunde über die menschliche Welt in einer bestimmten relevanten Hinsicht zu umfassenden Verständniszusammenhängen« zu integrieren vermag (Fürstenau, 1972, S. 38).

b) Psychoanalyse

Einzeltherapie

Grundlagen und Technik: Nach der psychoanalytischen Theorie sind neurotische Symptome Ausdruck eines dahinterliegenden Grundkonfliktes, dessen Ursachen in Entwicklungsstörungen der frühen Kindheit angenommen werden. Behandlungsgegenstände der Psychoanalyse sind daher in erster Linie die in der präödipalen und ödipalen Phase durch Einschränkung narzißtischer und inzestuöser Wünsche entstandenen Schuldgefühle und Ängste. In der Analyse wird dem Patienten zu einem Schritt-für-Schritt-Nacherleben der determinierenden Situationen und Konstellationen verholfen (Schraml, 1969, S. 93).

Weil ein bloß rationales Erkennen der die Störungen determinierenden Faktoren dem Patienten nichts nützt – der verdrängte

Affekt bleibt von der Assoziation getrennt –, entsteht die Notwendigkeit, daß er erlebnismäßig zurückschreitet (regrediert), »und der Therapeut muß, um ihn zu verstehen, ihn in dieser Regression begleiten« (ebd.). Erschwert wird dieser erstrebte Prozeß durch jahrelang zum Schutze des psychischen Gleichgewichtes eingeschliffene Abwehrmechanismen, die während der Analyse als sogenannter *Widerstand* auftreten; es handelt sich hierbei um das (unbewußte) Widerstreben gegen das Bewußtmachen verdrängter infantiler Wünsche und Schuldgefühle und damit gegen die psychoanalytische Grundregel der *freien Assoziation*, bei der der Analysand ausnahmslos alle Einfälle, affektiven Regungen und Empfindungen dem Analytiker mitzuteilen hat. In anderer Form tritt dieses (unbewußte) Widerstreben als sog. Übertragungswiderstand auf, wobei die *Übertragung* sowohl zärtlicher als auch aggressiver Regungen, die ursprünglich den Eltern (Geschwistern) galten, auf den Analytiker erschwert oder verhindert wird. Gelingt die ›Überwindung der Verdrängungswiderstände‹ (Freud, G. W. X, S. 127) durch deren Aufdeckung und Bewußtmachung (Analyse, Traumdeutung etc.), dann werden in der sich anschließenden Übertragung oft unbewußte oder längst vergessene Gefühle und Affekte, positive und negative, nicht bloß verbal mitgeteilt, sondern vom Analysanden und Therapeuten in ihrem wahren Ausmaß erlebnismäßig erfahren und der Bearbeitung zugänglich gemacht. Wesentlich ist, daß der Analytiker neben der Übertragung auch das Phänomen der *Gegenübertragung* zu handhaben wissen muß, worunter die Übertragung des Therapeuten auf den Analysanden und dessen Übertragung verstanden wird. Entgleitet dem Analytiker die Kontrolle der Gegenübertragung, dann besteht die Gefahr des unkontrollierten *Agierens*, d. h. es kann auf seiner Seite zu Handlungen kommen, die nicht mit der analytischen Situation zusammenhängen, bzw. auf seiten des Patienten anstelle des Verbalisierens zum unbewußten Ausleben (= ›Agieren‹ oder ›acting out‹) von Konflikten führen, die der analytischen Bearbeitung entgehen können.

Ziel der psychoanalytischen Behandlung ist Symptombeseitigung durch Strukturveränderung (Heigl, 1964, S. 104); dies ist erreicht, wenn mit der Offenlegung verborgener Handlungsmotive, die das Verhalten des Patienten gegenüber der Umwelt ungünstig beeinflußten (Wiederholungszwänge etc.), Schuld- und Angstgefühle abgebaut sind, das Ich gestärkt ist, die befreiten Triebe beherrscht werden sowie die Realität ohne Verleugnung erkannt und kritisch beurteilt werden kann.

Indikation: Um den regressiven Prozessen der analytischen Situation gewachsen zu sein, bedarf der Patient relativer Ich-Stärke. »Soll das Ich des Kranken ein wertvoller Bundesgenosse bei unserer gemeinsamen Arbeit (›gegen die Triebansprüche des Es und die Gewissensansprüche des Überichs‹ – Verf.) sein, so muß es [...] ein gewisses Maß von Zusammenhalt, ein Stück Einsicht für die Anforderungen der Wirklichkeit bewahrt haben« (Freud, G. W. XVIII, S. 98). Weil die Neurose das Ergebnis des Konfliktes zwischen dem Ich und dem Es, »die Psychose aber der analoge Ausgang einer solchen Störung in den Beziehungen zwischen Ich und Außenwelt (ist)« (G. W. XVIII, S. 387), zeigt sich das Ich des Neurotikers als widerstandsfähiger, ›realitätsgerechter‹ und weniger desorganisiert als das des Psychotikers oder des ›Psychopathen‹. Zudem ist die Analyse bei folgenden Faktoren kontraindiziert (Schraml, 1969, S. 132f): Starke und komplizierte Abwehrmechanismen; geringe Übertragungsfähigkeit; geringer Leidensdruck (besonders beim ›sekundären Krankheitsgewinn‹ aus den Symptomen); unterdurchschnittliche Intelligenz; konstitutionell überstarke Triebausprägung; hohes Lebensalter (wahrscheinliche Chronifizierung der Symptomatik und Verhärtung der Abwehr); mangelnde Introspektions- und Verbalisierungsfähigkeit.

Alle diese Faktoren treten (wie im Ersten Teil näher ausgeführt) besonders bei den alloplastisch reagierenden Angehörigen der Unterschicht auf. Zudem erschwert der restringierte Code die Anwendung psychoanalytischer Behandlungstechniken. Da bei den meisten Delinquenten ›psychopathische‹ Anteile vor neurotischen überwiegen, der Konflikt sich also an der (fiktiven) Grenze zwischen Ich und Außenwelt abspielt, wird es notwendig, die klassische Methode abzuändern und »die Außenwelt in viel stärkerem Maße [...] mit in das Behandlungsschema einzubeziehen« (Goudsmit, 1962, S. 520). In solchen Fällen sind neben psychotherapeutischen (psychoanalytischen) Maßnahmen heilpädagogische und soziale Behandlungsformen unerläßlich.

Gruppentherapie

Arten: Foulkes unterscheidet drei Grundarten psychoanalytisch orientierter Gruppentherapie (zit. n. Soz. statt Strafe, 1971, S. 73):
1. *Psychoanalyse in der Gruppe:* Der einzelne wird in der Gruppe psychoanalytisch behandelt. Bei der analytischen Durcharbeitung der Konflikte des einzelnen wird die Dynamik der Gruppe nicht eigens beachtet, wenngleich der therapeutische Einfluß der Gruppe auf den einzelnen hoch eingeschätzt wird. Vertreter dieser Richtung sind Wolf, Schwartz und Locke.
2. *Psychoanalyse der Gruppe als eines Ganzen:* Die Gruppe wird als ein ›Individuum‹ betrachtet, sie tritt als Ganzes dem Therapeuten gegenüber (einheitliches Überich). Vertreter dieser Richtung sind Bion, Grinberg u. a. und Argelander.
3. *Analytische Gruppentherapie:* Die analytische Interpretation bezieht sich sowohl auf die Interaktionen zwischen dem einzelnen

und der Gruppe als auch der einzelnen innerhalb der Gruppe und rollt daran in erster Linie die Konflikte des einzelnen, wie er sie aus seiner Vergangenheit in die Gruppe hineinträgt, auf. Vertreter dieser Richtung sind Foulkes, Schindler und Heigl-Evers.

Technik: Die optimale Gruppengröße bei psychoanalytischen Gruppentherapien liegt bei 6–8 Teilnehmern. Als ›aufdeckendes Verfahren‹ arbeiten sie ebenso wie die Einzelanalyse mit den Techniken der ›freien Assoziation‹, des ›Widerstandes‹, der ›Übertragung‹, der ›Gegenübertragung‹ usw. Anstelle der ›klassischen‹ Übertragung entstehen in der Gruppe ›multilaterale‹ Übertragungen; anstelle der einzelnen Gegenübertragung ein Netz von Gegenübertragungen, da die Gruppenmitglieder untereinander zeitweise als ›Hilfstherapeuten‹ fungieren (Schraml, 1969, S. 119f).

Vorteile gegenüber der Einzeltherapie (Indikation): Da in Gruppensituationen immer auch die infantil-familiäre Situation des Individuums mitschwingt, fällt es ihm hier oft leichter zu regredieren als in der klassischen Standardsituation. Die Gruppe ermöglicht eine Vielzahl von Kontakten, Identifikationen, Projektionen und Übertragungen. Durch den Mechanismus der Projektion wird es den Teilnehmern ermöglicht, ihre eigene unbewußte Problematik auf denjenigen zu übertragen, der gerade im Gesprächsmittelpunkt steht, bis durch das Prinzip der Gruppendynamik das besprochene Problem auch als eigenes erkannt wird; damit kann die folgende, schrittweise erarbeitete Problemlösung schließlich als eigene Lösung akzeptiert und introjiziert werden. Durch den ›horizontalen‹ Druck der Gruppe, der in der Regel effektiver ist als ein von der Autorität des Therapeuten ausgeübter ›vertikaler‹, können gesellschaftliche Normen – dies kann auch die Gefahr dieser Methode sein – leichter introjiziert werden als in der Einzelanalyse. Die Gruppensituation kommt vorhandenen Kontaktwünschen und Informationsbedürfnissen besonders gut entgegen: Verbesserung mangelhafter Menschenkenntnisse, das Auffüllen von Wissenslücken sowie Entfaltung der Kritikfähigkeit werden in ihr ermöglicht (Künzel, 1971, S. 117f). Weil sie gegenüber der Einzeltherapie eine größere ›Wendung zur Realität‹ bedeutet, ist diese Therapieform bei Delinquenten oft eher angezeigt als Einzeltherapie. Nachteilig ist, daß persönliche Mitteilungen außerhalb der Therapiestunden von den Teilnehmern gegeneinander ausgespielt und mißbraucht werden können (S. 145). Empfehlenswert ist daher die Kombination von Einzel- und Gruppentherapie. »Gruppentherapie muß immer mit Einzeltherapie verknüpft sein. In der Gruppe allein kann die spezifisch individuelle Problematik nicht genügend durchgearbeitet werden« (Mitscherlich, 1958, S. 110). Wo Gruppentherapie ohne parallele Einzeltherapie durchgeführt wird – in den Sonderanstalten der BRD ist dies fast ausnahmslos der Fall –, bleiben eingeübte Konfliktlösungsmuster häufig auf reibungsloses, oberflächliches und rollenhaftes Interagieren beschränkt; rationale Einsichten in die eigene Konfliktstruktur können allenfalls aufgesetzte sein.

Psychodrama

Grundlagen: Nach Moreno beginnt das Psychodrama dort, wo die Gruppentherapie endet; weil in der Gruppentherapie das wichtige psychomotorische Element des Organismus unberücksichtigt bleibt, wird freies spontanes Handeln und volles Ausleben der Konflikte (Acting out = Agieren) zur fundamentalen Regel im Psychodrama (Moreno, 1959, S. 316). Ursprünglich liegt dem Psychodrama nur die Beobachtung Morenos zugrunde, daß schauspielerische Spontaneität starke therapeutische (kathartische) Wirkungen hat. Da es auf keinem weiteren theoretischen Konzept aufbaut, kann das Psychodrama in den Dienst verschiedener psychotherapeutischer Theorien gestellt werden (vgl. Soz. statt Strafe, 1971, S. 78).

Moreno unterscheidet fünf Formen des Psychodramas, von denen hier nur das analytische Psychodrama erwähnt werden soll (Moreno, 1959, S. 317). Dabei ist nicht gemeint, daß »eine analytische Hypothese, z. B. ein Ödipuskonflikt« psychodramatisch dargestellt wird (S. 318), sondern die psychoanalytische Ausrichtung, d. h. analytische Kontrolle der auftretenden Widerstände, des komplizierten Übertragungs- und Gegenübertragungsnetzes, der regressiven Tendenzen usw. (Held, 1969, S. 290f). Nicht jeder Psychoanalytiker ist für die Handhabung psychodramatischer Techniken geeignet, »aber erst unter psychoanalytischer Kontrolle entfaltet sich die ganze Dynamik des psychodramatischen Spiels und wird dem Bewußtsein und der Deutung zugänglich« (Lebovici, 1971, S. 327).

Technik: Hauptteilnehmer des Psychodramas sind der ›Protagonist‹, der Cheftherapeut, die Hilfstherapeuten (auxiliary egos) und die Gruppe (das Psychodrama kann auch als Einzeltherapie durchgeführt werden). »Der Protagonist stellt entweder ein privates (protagonist-zentriertes Psychodrama) oder ein Problem der Gruppe dar (gruppen-zentriertes Psychodrama = Soziodrama)« (Moreno, 1959, S. 316). Die Hilfstherapeuten soufflieren dem ›Protagonisten‹, falls dieser ins Stocken gerät.

Die wesentlichsten Techniken sind *Rollentausch, Spiegelbild* und *Doppelgänger-Verfahren.* »Im Rollentausch, also der Identifikation mit seinem Gegenpart, erlebt er (›Protagonist‹) die Situation aus der Sicht des Gegenübers. Schon dies allein kann den Patienten von starren Affekthaltungen befreien und über sich selbst erheben« (Ploeger, 1965, S. 204). Im ›Spiegelbild‹ erlebt er als Zuschauer bei der Darstellung seines eigenen Konfliktes durch andere, abweichende Verhaltensweisen und Lösungsmöglichkeiten der gleichen Situation; damit werden gleichzeitig rationales und emotionales Verständnis für den Partner gewonnen. »Im Doppelgänger-Verfahren, wenn also der Arzt mit dem Patienten zusammen eine Rolle spielt, können unbewußte Regungen unmittelbar angesprochen werden« (S. 204).

Indikation: Die psychodramatische Technik ist nur in Extremfällen des Kontaktverhaltens kontraindiziert (starke Geltungssucht und extreme Hemmung). Alter, Persönlichkeitsstruktur und Symptomatik sind für die Auswahl unbedeutend; das Intelligenzniveau kann durchschnittlich sein (Ploeger, 1965, S. 203). Die Möglichkeiten des psychoanalytischen Psychodramas, das vor allem bei Patienten mit geringem Verbalisierungsvermögen indiziert ist, werden in den besuchten Modellanstalten kaum genutzt (Ausnahme: Van der Hoeven-Klinik in Utrecht).

c) Verhaltenstherapie

Grundlagen: In der Lernpsychologie zeichnen sich drei voneinander verschiedene Ansätze ab: »1. Die Erklärung der *Genese* von Verhaltensstörungen durch Schwierigkeiten im Lernprozeß, 2. die *Übersetzung* von Begriffen, wie sie in der klassischen Psychotherapie üblich sind, in lernpsychologische Termini und 3. die Heranziehung lernpsychologischer Gesetzmäßigkeiten beim *Verlernen* von unangepaßten Verhaltensweisen bzw. beim *Erlernen* angepaßter Verhaltensweisen. Als Verhaltenstherapie im engeren Sinn des Wortes sind nur die Methoden der dritten Gruppe aufzufassen, die sich mit der Modifikation von einzelnen Verhaltensweisen, von Symptomen, beschäftigen« (Blöschl, 1972, S. 13).

Die Vertreter der Verhaltenstherapie (Dunlap, Wolpe, Eisenck, Skinner u. a.) bezeichnen ihr Verfahren als die einzige ›rationale‹ Therapieform, weil jeder therapeutische Schritt aus der Experimentalsituation des Labors abgeleitet wird und ›wissenschaftlich‹ nachvollziehbar ist. Weil ihren Prämissen gemäß nur Symptome als registrierbare Fakten therapiert werden können, ist die grundlegende Hypothese, daß das Symptom die Krankheit ist; »es wird nicht auf etwas, das dahinterliegt – unbewußte oder nicht klar bewußte Konflikte usw. – Bezug genommen. Die Symptome werden als prinzipiell nach denselben Gesetzmäßigkeiten wie andere Verhaltensweisen erworben betrachtet. Sie müssen daher auch durch Lernvorgänge modifiziert werden, und zwar in ganz gezielter Weise durch Anwendung der Regeln, die die experimentelle Lernpsychologie erarbeitet hat« (S. 15).

Technik: Skinner unterscheidet zwei grundverschiedene Lernprozesse, auf denen verhaltenstherapeutische Maßnahmen aufbauen: 1. das ›klassische Konditionieren‹, bei dem das Subjekt passiv einem von außen kommenden Reiz ausgeliefert ist und auf diesen reagiert (z. B. Pawlows Konditionierungsexperimente mit Hunden). 2. das ›instrumentale‹ oder ›operante Konditionieren‹, bei dem die Verstärkung der Lernvorgänge nicht mit dem Reiz, sondern lediglich mit der Reaktion des Subjektes verbunden ist (Belohnung und Bestrafung eines bestimmten Verhaltens) (Blöschl, 1972, S. 101). Eine geraffte Übersicht über die Vielzahl der oft unterschiedlich bezeichneten Methoden findet sich bei Schraml, Selg (1966) und G. Schmitt (1971). (Als Gruppentherapie unterscheidet sich Verhaltenstherapie nicht wesentlich von ihren Einzelverfahren; vgl. Blöschl, 1972, S. 84.)

Indikation: Der Psychologe Günter Schmitt ist der Ansicht, mit verhaltenstherapeutischen Methoden »eine größere Effektivität in der Psychotherapie und Resozialisierung« von Delinquenten erzielen zu können (1971, S. 10). Dem widerspricht jedoch die Indikation zur Verhaltenstherapie: »Je isolierter, je autonomer ein Symptom, desto größer ist die Wahrscheinlichkeit, daß man es mit Verhaltenstherapie kurzfristig und erfolgreich angehen kann« (R. Cohen, 1972, S. 151). Schmitts Ansicht wäre also nur dann richtig, wenn man gegen alle Erkenntnisse voraussetzte, daß es sich bei delinquentem Verhalten um isolierte, monosymptomatische Störungen handelte.

Kritische Anmerkung: Neben der ›Effektivität‹ ihrer Methoden rechtfertigt Schmitt den Einsatz von Verhaltenstherapie bei Delinquenten wegen einer spezifischen ›Qualität‹ des Verfahrens: »Die geringe verbale Interaktion zwischen Patient und Therapeut ermöglicht es, unterdurchschnittlich begabte oder aus niederen sozialen Schichten stammende Patienten zu behandeln« (1971, S. 25). Diese Aufweitung der therapeutischen Möglichkeiten würde man begrüßen, wenn die Verhaltenstherapie ihre ›Symptom-Orientiertheit‹ (S. 26) nicht von den vorliegenden ›Erfolgsquoten‹, sondern von einem wissenschaftlich nachvollziehbaren Sozialisationskonzept her gerechtfertigt hätte – allein vom inhaltlich nicht näher definierten ›Erfolg‹ lassen sich schließlich auch inhumane Methoden rechtfertigen. Die Verhaltenstherapie »erreicht unter Verzicht auf alle historisch-hermeneutischen Einsichten, befreit vom ›ideologischen Ballast‹ und blind gegen die gesellschaftlichen Implikate der Methode dank der Überwältigung von ehedem im Labor eine unbezweifelte Effizienz. Das Subjekt wird *theoretisch* liquidiert, um es *praktisch* besser manipulieren zu können« (Bauer, Richartz, S. 158).

Voraussetzung der Anwendung verhaltenstherapeutischer Behandlungsverfahren wäre deren Einbettung in ein umfassendes psychopathologisches System, von dem her sich die Anwendung der spezifischen Methode rechtfertigen ließe. Wo reine Anpassung das Ziel von Resozialisierungsmaßnahmen ist, wird Verhaltenstherapie auch ohne diesen ›theoretischen Ballast‹ zur Methode der Wahl werden.

a) NICHT-DIREKTIVE THERAPIE (CLIENT-CENTERED THERAPIE)

Grundlagen: Die ›Nicht-direktive Psychotherapie‹ von Carl Rogers ist die erste therapeutische Methode, die von Psychologen entwickelt wurde und von ihnen ohne zusätzliche psychoanalytische Ausbildung praktiziert werden kann. Rogers hatte in seiner klinischen Arbeit die Erkenntnis gewonnen, »daß der innerste Kern der menschlichen Natur, die zentrale Schicht der Persönlichkeit, die Basis seines animalischen Wesens einen positiven Kern besitzt; sie ist prinzipiell sozial, vorwärtsstrebend, vernünftig und realistisch« (zit. n. Hofstätter, 1959, S. 525). Seine Therapie basiert auf der anthropologisch-optimistischen Annahme, daß dem Menschen ein natürlicher, vitaler Impuls zur Selbstgestaltung innewohne.

Technik: In der therapeutischen Praxis geht es darum, dem Klienten optimale Möglichkeiten zur Selbstgestaltung und Selbstentfaltung zu geben.»Zu diesem Zweck sieht Rogers sein Vorgehen allein an der Persönlichkeit des Klienten orientiert (client-centered-therapy)« (Schraml, 1969, S. 87). Dieser inneren Haltung des Therapeuten – der Versuch, die Welt mit den Augen des Patienten zu sehen (client-centered) – steht das äußere, nicht-direktive Verhalten gegenüber, das allein die postulierte Selbstentfaltungstendenz reiten lassen kann. »Die Grundhaltung des Beraters ist das unbedingte Akzeptieren: die ganze Person des Patienten und jedes von ihm geoffenbarte Gefühl wird ausnahmslos angenommen« (Uleyn, 1957/58, S. 257). In einer Atmosphäre des verständnisvollen Wohlwollens bemüht sich der Therapeut nur, »den Prozeß der Selbstklärung und des Sich-Aussprechens auf seiten des Klienten auszulösen und in Gang zu halten« (Hofstätter, 1959, S. 526). Er übernimmt dabei die Rolle des ›klugen Echos‹, des ›Resonanzbodens‹ oder ›Spiegels‹, indem er sämtliche Äußerungen und Gefühle des Klienten möglichst treffend verbalisiert, um sie zu objektivieren und damit dem Klienten ins Bewußtsein zu rücken. Lob, Tadel oder Deutungen sind streng verpönt, »ebenso alle direkten Versuche, den Klienten Einsicht in die Natur seines Konfliktes gewinnen zu lassen« (S. 526). Gesprächsinhalte sind nicht in erster Linie die Vergangenheit, sondern vor allem die gegenwärtige Situation des Patienten und dessen in die Zukunft weisendes Planen (S. 527). Zwischen Einzel- und Gruppentherapie bestehen keine wesentlichen Unterschiede, da Übertragungs- und Gegenübertragungsbeziehungen bei der nicht-direktiven Therapie angeblich nicht auftauchen; diese werden, so Rogers, in der Psychoanalyse durch das Interpretieren des Analytikers erzeugt (vgl. Swildens, 1967, S. 203).

Ziele der Therapie sind: differenziertere Wahrnehmung der eigenen Person und Umwelt – Fähigkeit, mehr die Person zu sein, die der Klient sein möchte, und sich entsprechend zu verhalten = Anstreben realistischerer Ziele – reiferes Verhalten – vermehrte Akzeptierung anderer Menschen – verminderte Diskrepanz zwischen Ideal- und Selbstkonzept durch Änderung des Selbstkonzeptes (Tausch, 1970, S. 76). Anhand einer siebenstufigen Prozeßskala wird der seelische Zustand des Klienten am Beginn mit dem am Ende der client-centered Psychotherapie verglichen, wobei behandelnder und kontrollierender Therapeut wegen der zu wahrenden wissenschaftlichen Objektivität nicht identisch sein dürfen. »Die nicht-direktive Therapie sieht ihr erstes Ziel ausdrücklich nicht in einer Beseitigung des Symptoms. Auch bei unveränderter Symptomatik kann eine Therapie als erfolgreich angesehen werden, wenn etwa das Symptom vom Patienten neu eingeordnet und bewältigt werden kann, wenn es einen anderen, nämlich geringeren Stellenwert bekommt und weniger belastet« (Soz. statt Strafe, 1971, S. 72).

Indikation: Die Indikation ist beim therapeutischen Optimismus der nicht-direktiven Psychotherapeuten nahezu unbegrenzt (Tausch, 1970, S. 210/285). Ausgenommen sind nur Patienten, die unablässig auf Entscheidungen von seiten des Arztes drängen, sowie solche mit schweren Neurosen und psychosomatischen Störungen.

Kritische Anmerkung: Rogers Hauptverdienst liegt zweifellos in seinem Bemühen und seinen Erfolgen, die Geschehnisse im psychotherapeutischen Prozeß wissenschaftlich aufzuklären. Im krassen Gegensatz dazu steht seine anthropologisch-optimistische ›Pflänzchenideologie‹, die den Therapeuten durch ›Wärme auf Kommando‹ (Adorno, 1962, S. 109) zum Gehilfen der Natur macht; der Organismus weiß aus sich heraus immer den Weg zur Gesundheit zu finden, wenn ihm nur ›nicht-direktiv‹ geholfen wird. Über den unaufhebbaren Gegensatz von wissenschaftlichem Anspruch und philosophischem Bekenntnis kommt auch Tausch, der deutsche ›Protagonist‹ der client-centered Therapie, nicht hinweg, indem er Rogers Prämissen übergeht und sich im Bemühen um empirische ›Wissenschaftlichkeit‹ auf Gemeinsamkeiten mit der Verhaltenstherapie beruft (Tausch, 1970, S. 8). Mit oder ohne Einbezug der Philosophie von Rogers besitzt die nicht-direktive Therapie keine umfassende wissenschaftliche Theorie vom Menschen, die in der Lage wäre, die Gründe der Störungen anzugeben, deren Folgen sie so fleißig behandelt.

Grundlagen und Technik: ›Group counselling‹ läßt sich mit Gruppengespräch oder Gruppenberatung umschreiben (Wahl, 1963, S. 112). Es ist eine Methode, die in kalifornischen Gefängnissen entwickelt und von vornherein auf die restringierten Verhältnisse der Strafanstalten – extreme Klientenauslese, Mangel an ausgebildeten Therapeuten – ausgerichtet wurde; sie kommt der von McCorkle als ›guided-group-interaction‹ (gelenkte Gruppenbegegnung) beschriebenen Technik am nächsten (E. Quensel, 1970, S. 30). Beim Group counselling handelt es sich um die Zusammenfassung von Anstaltsinsassen zu kleinen Gesprächsgruppen mit je einem für diese Aufgabe ausgebildeten Gruppenleiter aus dem Kreis des Gefängnispersonals (Feige, 1962, S. 317). Durch freie Aussprachen über alle Fragen, die die Gefangenen bewegen, wird das Verbalisieren von Gefühlen und Erkennen von Haltungen geübt, womit sowohl Einblicke in die ›Gründe‹ des eigenen als auch des Verhaltens anderer ermöglicht werden sollen. »Das Ziel von ›Group counselling‹ ist die Entwicklung latenter Kräfte im Rechtsbrecher durch gesunde, konstruktive menschliche Beziehungen« (S. 318). Neben der »Hilfe zum Erkennen der eigenen seelischen Störungen« sieht Fenton (Kalifornien) Sinn und Zweck des Group counselling in der Absicht, dem Gefangenen beizustehen, »sich mit den Unannehmlichkeiten des Anstaltslebens innerlich abzufinden« (zit. n. Wahl, 1963, S. 114). Als Ergebnisse nennen Fenton und andere Vollzugspraktiker eine spürbare Besserung des Anstaltsklimas, das Nachlassen von Spannungen, weniger Vorfälle und eine bessere Anstaltsmoral (S. 115).

Kritische Anmerkung: Germain bezeichnet das Group counselling als ›vulgarisierte Form‹ der Gruppenpsychotherapie, bei der jeder Anspruch auf tiefergehende Aktion aufgegeben wurde (1964, S. 3). So kann z. B. Fenton nicht beschreiben, was bei der von ihm praktizierten Methode in der Gruppe eigentlich vorgeht, außer, daß der ›verborgene gute Wille in der Menschennatur‹ sich auswirkt (Feige, 1962, S. 318). Die Nähe zu Rogers ›Philosophie‹ ist nicht zu überhören. Weil diese ›Methode‹ ähnlich wie jede einfache Gesprächstherapie keine theoretische Grundlage besitzt und sich in keinem Aspekt von anderen Formen der Gruppenarbeit positiv abgrenzen läßt, kann man sie je nach Qualifikation des Gruppenleiters nach jeder oder keiner psychotherapeutischen Schule ausrichten und auf beliebigem Niveau betreiben; in der Regel geschieht dies auf der Grundlage der nichtdirektiven Psychotherapie (vgl. Steiner u. a., 1966, S. 160).

f) Gestaltungstherapie
(Arbeits- und Beschäftigungstherapie)

Definition: Unter Gestaltungstherapie (›Expressive Tätigkeiten‹) sind solche psychotherapeutischen Methoden zu verstehen, »bei denen der Körper direkt oder indirekt in Ausdruck oder Leistung, zum Mittel der Behandlung wird« (Soz. statt Strafe, 1971, S. 77). Clauser unterscheidet im einzelnen (1963, S. 201):
1. *die Gebärde* (Pantomimik, Tier-Mensch-Vergleich, Ausdruckstanz);
2. *das Gespräch* (freigestalteter Erlebnisbericht, erfundene Geschichten usw.);
3. *das Gespiel* (Puppen-, Märchen-, Maskenspiel, Psychodrama, Musiktherapie);
4. *das Gebild* (Zeichnen, Malen, Plastizieren u. a.).
Ebenfalls unter Punkt 4 lassen sich *Arbeits- und Beschäftigungstherapie* einordnen; letztere kann auch als Oberbegriff für einige gestaltungstherapeutische Maßnahmen verstanden werden. Nur die beiden letztgenannten Begriffe sollen wegen ihrer besonderen Bedeutung in der ›Sozialtherapie‹ im folgenden näher erläutert werden; alle genannten Methoden können sowohl in Einzel- als auch Gruppenbehandlung angewandt werden.

Arbeitstherapie und Beschäftigungstherapie

Bereits im ausgehenden 18. Jahrhundert empfahl Pinel eine Arbeitstherapie als seelische Behandlung, durch die »sehr oft Heilungen eintreten, während die Geisteskrankheiten bei *vornehmen Leuten, die bei Handarbeit erröten,* fast immer unheilbar sind« (zit. n. Janz, 1971, S. 98). In der Arbeitstherapie als einer *nützlichen* und *produktiven* Tätigkeit sah man schon sehr früh das beste Mittel, psychotischen und ›psychopathischen‹ Patienten die Spielregeln der Realität zu vermitteln. Über die ›Heilwirkungen‹ der Arbeits- und Beschäftigungstherapie, auf deren Unterschiede weiter unten eingegangen wird, ist man sich allerdings bis heute nicht ganz im klaren. Den meisten Autoren geht es darum, die »noch gesunden seelischen Regungen der von der Krankheit nicht berührten seelischen Funktionen« anzusprechen (Segers, 1961, S. 10). In beiden Therapiearten sieht man Möglichkeiten »der Kanalisierung von psychischen und emotionalen Energien, zum Wiedereinrenken und Sublimieren von falsch gerichteten Trieben [...], Aggressivität abzureagieren, sich von Schuldgefühlen zu befreien (?), Konflikte zu verarbeiten« (S. 13). In der Theorie ist man sich weitgehend einig, daß ökonomische Gesichtspunkte hinter therapeutische zu treten haben (S. 15/16).

Im Unterschied zu Mauch, der in seinem Behandlungskonzept Beschäftigungstherapie als Vorstufe der Arbeitstherapie betrachtet (1971, S. 68), sieht Janz eine wechselseitige Beziehung zwischen beiden Therapieformen: während Arbeitstherapie durch Arbeit in der Gemeinschaft besonders die ›Re-Sozialisierung‹ durch Überwindung des ›gemeinschaftswidrigen‹ (z. B. autistischen, negativistischen, aggressiven) Verhaltens anstrebt, aktiviert Beschäftigungstherapie die ›Re-Individualisierung‹ durch Überwindung des persönlichkeitswidrigen (indifferenten, stumpfen, schablonenhaften) Verhaltens (Janz, 1971, S. 106). Beschäftigungstherapie ergänzt also »die re-sozialisierende Aufgabe der Arbeitstherapie in der Richtung auf die Re-Individualisierung« (S. 108).

Kritische Anmerkung: Auch mit der einen oder anderen Abgrenzung zwischen Arbeitstherapie und Beschäftigungstherapie wird die grundsätzliche Frage nach der beiderseitigen theoretischen Fundierung nicht beantwortet. Versuche, ihre ›Heilwirkungen‹ zu erklären, bleiben im wesentlichen Vermutungen, Willenserklärungen und Zielabsichten. Bei der offensichtlichen Nähe der Arbeitstherapie zum ›Realitätsprinzip‹ besteht immer die Gefahr, ökonomische Vorteile durch therapeutische Gesichtspunkte zu rationalisieren. Arbeitstherapie und Beschäftigungstherapie sind daher nur als ergänzende Methoden sinnvoll einsetzbar (vgl. Künzel, 1971, S. 114).

g) Kontakttherapie, Milieutherapie, Therapeutische Gemeinschaft

Milieu- und Kontakttherapie sind keine eigenständigen Therapieverfahren; es handelt sich um zwei ähnliche therapeutische Teilmaßnahmen, deren Anwendung erst im Rahmen einer therapeutischen Gemeinschaft bzw. im ›therapeutischen Klima‹ eines übergeordneten Behandlungskonzeptes sinnvoll wird. Obwohl inhaltlich nicht streng voneinander zu trennen, werden die Begriffe im folgenden, zum besseren Verständnis, einzeln definiert.

Kontakttherapie: »Kontaktfähigkeit ist das Vermögen, sich mit einem anderen Menschen zu verbinden und sich mit ihm verbunden zu halten. Diese Fähigkeit ist gleichbedeutend mit dem, was als Liebesfähigkeit zu bezeichnen ist. [...] Daher ist die Behandlung der Kontaktschwierigkeiten jedesmal eine Beschäftigung mit dem Kernproblem einer jeden Psychotherapie« (Kihn, 1959, S. 413). Die durch soziale Isolierung entstandene ›Kontaktunfähigkeit‹ vieler Delinquenten, worunter auch alle Arten von Scheinkontakten zu rechnen sind, wird als eines der größten

Hindernisse jeder psychotherapeutischen Behandlung betrachtet
(vgl. Bräutigam, 1966, S. 107f). Die Herstellung echter zwischenmenschlicher Beziehungen soll erreicht werden mit regelmäßigen
zwanglosen Gesprächen über Vorgeschichte und aktuelle Situation des Delinquenten; bei stärker Regredierten zunächst durch
Vorlesen von Märchen- und Kinderbüchern (Mauch, 1971,
S. 61). »Kontakt und anfängliches Mißtrauen des Kriminellen
gewinnen ähnliche Dimensionen wie die Übertragung und der
Widerstand in der analytischen Psychotherapie« (ebd.). Ist das
Mißtrauen überwunden, dann sind Voraussetzungen einer stabilen Übertragung geschaffen. Auch Goudsmit sieht in der ›Kontaktbehandlung‹ eine Basistherapie, die in der Herstellung des
›Ur-Vertrauens‹ die Grundlagen der späteren analytischen Be-
handlung schaffen kann (1963/64, S. 679f).

Milieutherapie: Milieutherapie meint sowohl ›Therapie des An-
staltsmilieus‹ als auch die therapeutischen Einwirkungen dieser
›Umweltbedingungen‹ auf das Verhalten der Anstaltsinsassen.
»Dieses Klima ist unter anderem abhängig vom Umgangston
zwischen Insassen und Mitarbeitern des Sondervollzuges, von der
Möglichkeit der individuellen Gestaltung des eigenen Bereichs,
von der Beseitigung der Angst des Ausgeliefertseins und von der
Verminderung äußerer Reizeinwirkungen in Form schriller
Trillerpfeifen oder lauter Kommandotöne« (Ackermann, 1971,
S. 369). Mauch möchte im Rahmen der Milieutherapie Verhält-
nisse schaffen, die denen außerhalb der Anstalt entsprechen
(1971, S. 49); darunter versteht er Fernseh- und Kaffeekonsum,
spontane Gruppengespräche (S. 50), Eigengestaltung der Zelle
(S. 52) und Öffnen der Zellentüren (S. 57). An diesen Beispielen
wird deutlich, daß die Inhalte der Milieutherapie äußerst dehnbar
sind und diese nur so gut sein kann wie das ihr zugrunde liegende
Therapieprogramm (vgl. Ammon, 1971 b, S. 154).

Therapeutische Gemeinschaft: Die Absichten der Kontakt- und
Milieutherapie sind inhaltlich nicht streng von denen der Therapeutischen Gemeinschaft zu trennen. Als wesentlich für diese gilt,
»daß *alle* zur Verfügung stehenden Kräfte der Institution ohne
Einschränkung für therapeutische Zwecke eingesetzt werden,
wobei die Institution selbst als eine organische Einheit verstanden
wird, in der es keine hierarchische Staffelung (Ärzte-Patienten-
Hilfspersonal) mehr gibt« (Schittar, 1971, S. 166). Ihre wesentlichsten Merkmale sind: freie Kommunikation; Analysierung
all dessen, was sich in der Gemeinschaft an persönlicher und
zwischenmenschlicher Dynamik vollzieht; das Bestreben, tra-
ditionelle Autoritätsverhältnisse abzubauen; spontane Gruppen-
veranstaltungen; und die Möglichkeit, tägliche Vollversamm-
lungen einzuberufen (S. 166–168). Als theoretische Grundlagen
der Therapeutischen Gemeinschaft werden hervorgehoben: De-
mokratisierung, maximale Toleranz, Gemeinsamkeit in Absichten

und Zielsetzung sowie Auseinandersetzung mit der Wirklichkeit, zu der alle Mitglieder der Therapeutischen Gemeinschaft ständig aufgefordert werden sollten (S. 168).

Eine Hauptgefahr der Therapeutischen Gemeinschaft ist, daß sie zwar einerseits die hierarchische Staffelung vordergründig aufhebt, andererseits aber alte Machtverhältnisse aufrechterhält, die von den jeweiligen Adressaten akzeptiert werden sollen (S. 171); nicht zuletzt deshalb gilt sie als ›letzter Schrei‹ der Psychiatrie, »als Organisation, mit der die Widersprüche der institutionellen Psychiatrie angeblich gelöst werden können« (S. 162).

Doch trotz aller Einschränkungen gebührt der ›echten‹ Therapeutischen Gemeinschaft das Verdienst, »daß sie tagtäglich diese Widersprüche bloßlegt und sie aus der problemfreien manichäistischen Schematisierung der traditionellen psychiatrischen Anstalt befreit« (S. 175).

h) Medikamentöse Massnahmen

Psychopharmaka können infolge ihrer triebdämpfenden Wirkung einen Abbau von Aggressionen bewirken und sind besonders bei ›triebstarken‹ Delinquenten – oft als einziges Mittel – geeignet, eine bessere Ansprechbarkeit für psychotherapeutische Maßnahmen zu erzeugen. Ihre triebdämpfende Wirkungsweise prädestiniert die Hormontherapie, die psychotherapeutische Behandlung von Sexualdelinquenten einzuleiten und zu unterstützen. Ein Ersatz für Psychotherapie können medikamentöse Maßnahmen grundsätzlich nicht sein; wo dies dennoch der Fall ist, lassen sich angebliche Besserungserscheinungen testpsychologisch nicht verifizieren (vgl. Schneider-Jonietz, 1970, S. 184 f).

Von der schwer zu steuernden Behandlung mit weiblichen Geschlechtshormonen (Östrogen) ist man wegen der damit verbundenen körperlichen Veränderungen (Verweiblichung, Brüste, Fettpolster, Änderung des Haarwuchses) immer mehr abgekommen (Hoffet, 1968, S. 378). Kaum noch Nebenwirkungen zeigt das neue Antihormon Cyproteronacetat (Androcur), welches die Wirkung des männlichen Geschlechtshormons Testosteron blockiert und damit Geschlechtstrieb, Samenproduktion und sexuelle Potenz vermindert; aber auch das neue Mittel ändert a priori nichts an einer bestehenden ›Sexualdeviation‹ (Laschet, 1970, S. 174). Cyproteronacetat ›objektiviert‹ die sexualpathologischen Neigungen des Patienten und versetzt ihn in die Lage, »in sachlich verbale Kommunikation zu treten« (Schuhmann, 1971, S. 510).

Die Indikation ist ähnlich wie bei jeder Psychotherapie: »Täter, die unter ihrer Abartigkeit nicht leiden [...], sollten auf keinen Fall zu einer Behandlung überredet werden« (Seebandt, 1969,

S. 120). Voraussetzung einer medikamentösen Behandlung ist die begleitende therapeutische Betreuung sowie eine gewisse Zuverlässigkeit auf seiten des Delinquenten, die eine regelmäßige Einnahme des Hormonpräparates garantiert. Langzeitpräparate sind in Vorbereitung.

Von 45 behandelten Fällen hat Mauch lediglich in fünf Fällen Rückfallerscheinungen beobachtet (1971, S. 69). Die Möglichkeiten der psychotherapeutischen Behandlung von Sexualdelinquenten ohne Psychopharmaka haben Langen (1965, S. 80) und Haesler (1970, S. 186) aufgezeigt.

i) Chirurgische Massnahmen (Kastration)

Aus dem Merkblatt über die Entmannung: »Zunächst ist es zweckmäßig, darauf hinzuweisen, daß das Geschlechtsleben des Menschen, seine Triebrichtung und seine Triebstärke, nicht allein von den Hoden, die bei der Entmannung entfernt werden, abhängt. [...] wenn Sie verheiratet sind, müssen Sie damit rechnen (!), daß Sie nicht mehr fähig sind, den ehelichen Verkehr auszuüben [...]. Wenn Sie nicht verheiratet sind [...], (wird es) darauf ankommen, ob Ihre zukünftige Frau in geschlechtlicher Beziehung besondere (!) Anforderungen stellt« (Langelüddeke, 1963, S. 234).

Vom kriminaltherapeutischen Standpunkt aus betrachtet, war die Kastration schon immer die einzig zuverlässige und wirksamste Behandlungsmethode (Hoffet, 1968, S. 387); deshalb werden die hohen statistischen Erfolge gerne als Rechtfertigung für die Anwendung dieser umstrittenen Maßnahme ins Feld geführt. »Von 1036 Entmannten wurden 24 = rd. 2,3% rückfällig und wieder verurteilt« (Langelüddeke, 1963, S. 61). Die Folgen des Eingriffs stehen allerdings nicht im rechten Verhältnis zum zahlenmäßigen Erfolg; nur etwa die Hälfte der ›Entmannten‹ war mit dem Eingriff ›zufrieden‹ (S. 104). »Ein ›Kastratengesicht‹, d. h. ein eigenartig runzeliges Gesicht mit etwas fahler Farbe, fand sich in etwa 25% der Fälle« (S. 107). Körperliche Beschwerden traten in rd. 60% der Fälle auf (ebd.). Auch Hoffet stellt in 57% der Fälle unangenehme Störungen auf körperlichem und psychischem Gebiet fest: vorzeitiges Altern, Knochenveränderungen, Abnahme der Muskelkraft und Depressionen; er betont ausdrücklich, »das die Kastration einen schweren Eingriff in das psychophysische Geschehen eines jeden Menschen darstellt, und daß sie eine verstümmelnde Operation ist« (1968, S. 389).

Dessen ungeachtet behauptet Krause: »Bei uns hat sich bisher noch niemand beklagt, den wir unter Zugrundelegung entsprechender Maßstäbe der Kastration zugeführt haben« (1964, S. 35); ohne katamnestische Belege vorzuweisen, wirkt diese Feststellung zynisch. Krause ist übrigens der Meinung, daß man gegen die Freigabe der freiwilligen *Sterilisation* u. a. einwenden mag, »daß es nicht mit der menschlichen Würde vereinbar ist, sich auf so billige Art der Verantwortung zu begeben, nur um dem geschlechtlichen Verlangen nach Fortfall der Fertilität ungestörter, wenn man so will hemmungsloser, nachgeben zu können. Solche ›lockenden Ziele‹ können dem Kastrationswilligen niemals vorschweben [...]« (S. 31) – die Lustfeindlichkeit ist hierbei nicht zu überhören.

Nach Bleuler kommt die Kastration bei jenen ›Sexualperversionen‹ in Frage, »die a) jede glückbringende Erotik verunmöglichen, b) den Kranken so quälen, daß demgegenüber die schlimmsten Kastrationsfolgen unbedeutend sind, c) psychotherapeutisch nicht mehr zu beeinflussen sind und d) sich auf eine weitgehend gesunde Persönlichkeit aufpfropfen« (Langelüddeke, 1963, S. 123). (Siehe hierzu auch das ›Gesetz über die freiwillige Kastration und andere Behandlungsmethoden‹ vom 15. Aug. 1969; BGBl. I, S. 1143.) Nicht geeignet sind »schwer Schwachsinnige (Idioten), Geisteskranke und schwerste Psychopathen« (Langelüddeke, 1963, S. 126). Im Gegensatz dazu halten Mauch und Bechtel auch ›schwere Psychopathen‹ für die Kastration geeignet (1964, S. 207), da sie, wie an anderer Stelle bereits erwähnt, der Ansicht sind, daß es sich bei der Kastration, weil die Öffentlichkeit vor weiteren Straftaten geschützt wird (S. 200), um eine ›sozialtherapeutische‹ Maßnahme handelt. Frau Roosenburg, Leiterin der Utrechter Van der Hoeven-Klinik, lehnt die Kastration ab: »Die betreffenden Täter seien an sich schon ›defekt‹. Deshalb sollte man ihnen nicht noch einen weiteren Defekt zufügen, sondern erst einmal alle anderen Möglichkeiten erproben« (Niederschr. V, S. 2273).

Eine ›Sozialtherapie‹, an deren Ende die ›freiwillige‹ Kastration steht und deren Maßnahmen dazu dienen, den Delinquenten auf seine ›Freiwilligkeit‹ vorzubereiten, sollte diesen Namen besser nicht tragen. Sexualdelinquenten, die sich freiwillig kastrieren lassen wollen, bedürfen keiner vorbereitenden ›Sozialtherapie‹ – viel eher einer intensiven Nachbetreuung. Für alle übrigen sollte Psychotherapie in Kombination mit Psychopharmaka alle Möglichkeiten der Selbstverwirklichung bewahren, die mit einer ›intakten‹ Sexualität verbunden sind.

k) Dreiphasen-Behandlung

Zum Abschluß sei noch darauf hingewiesen, daß auf ›delinquentes Verhalten‹ gerichtete psychotherapeutische (psychoanalytische) Verfahren am häufigsten nach der Methode der ›Phasenbehandlung‹ vorgehen (Goudsmit, 1963/64, S. 677 ff; Künzel, 1971, S. 46 ff; Mauch, 1971, S. 36 ff).

Erste Phase (Kontaktbehandlung): Wesentlich ist hierbei der Abbau des gegenüber dem Therapeuten tiefsitzenden Mißtrauens durch Gespräche bei gleichzeitigem Aufbau eines grundlegenden Vertrauens (›basic trust‹). Ziel ist es, mehr Sicherheit im Kontakt zum Therapeuten zu gewinnen und den für die Behandlung ›unabdingbaren Leidensdruck‹ und ›Änderungswunsch‹ einzuleiten (Milieu-, Kontakt- und Beschäftigungstherapie).

Zweite Phase (›Ich-Stärkung‹): Hier kommt die größte Bedeutung der ›sozialen Behandlung‹ zu (Goudsmit, 1963/64, S. 681). In der Konfrontation mit der Realität soll der Patient sein Ich stärken und die Normen der Außenwelt zunehmend anerkennen und akzeptieren. Gleichzeitig soll sich das Leistungsdefizit verringern und ein ›echter Bezug zur Arbeit‹ gewonnen werden (Mauch, 1971, S. 37). Während es sich bei Mauchs Konzept hier bereits um die zentrale Behandlungsphase handelt, bei der »durch gezielten Einsatz sämtlicher sozialtherapeutischer Mittel« der hauptsächliche Beitrag zur Sozialisation geleistet wird (S. 37), sieht Goudsmit in dieser Phase mehr die Vorbereitung auf die eigentliche Neurosenbehandlung.

Dritte Phase (Neurosenbehandlung): Sie ist indiziert, wenn in den beiden ersten Phasen die ›Psychopathie‹ des Delinquenten zur Neurose transformiert werden konnte, oder bei solchen Insassen, die hauptsächlich aufgrund neurotischer Mechanismen delinquent wurden. Wesentlich ist die Fähigkeit zur stabilen Übertragung und eine erträgliche Anpassung an die Um- und Außenwelt. Als Methode der Wahl empfiehlt Goudsmit die verschiedenen Spielarten der psychoanalytischen Technik; gewisse Abweichungen von der klassischen Standardmethode sind bei den meisten Delinquenten unerläßlich (Goudsmit, 1963/64, S. 682 ff, und Mauch, 1971, S. 43 ff).

Mit fortschreitender (Re-)Sozialisierung werden die sozialen Außenkontakte verstärkt; parallel dazu wird stufenweise die Entlassung vorbereitet.

Kritische Anmerkung: Die Notwendigkeit, eine ›Psychopathie‹ zuerst in eine Neurose umzuwandeln, um diese dann zu ›heilen‹, zeigt, wie sehr Teile dieses Behandlungskonzeptes an neurotischen Reaktionsmustern der Mittelschicht orientiert sind. Von den Adressaten wird gefordert, daß sie sich nach den zur Verfügung stehenden Behandlungsverfahren richten, und nicht etwa umgekehrt. Weil alloplastisch reagierende Menschen sich nur in seltenen Fällen für Therapieformen eignen, die auf autoplastisches Verhalten abzielen, wird in einem Kurzschluß gefolgert, Unterschichtangehörige seien für Psychotherapie nur wenig disponiert; dies ist in der Tat der Fall, jedoch liegen die Dinge genau umgekehrt: solche Psychotherapieverfahren sind für die Bedürfnisse der Unterschichtangehörigen meist ungeeignet, weil sie die Ursachen der Delinquenz ausschließlich im ›Patienten‹ suchen und objektive Umweltfaktoren weitgehend ignorieren.

Dritter Teil: **Die Praxis der sozialtherapeutischen Modelleinrichtungen in der BRD**

I. Übersicht

1. Ausländische Vorbilder

Die sozialtherapeutische Anstalt, wie sie das 2. *StrRG* vorsieht, hat zwei wichtige Vorläufer in Europa: in der Begründung zum § 65, der die Voraussetzung zur Unterbringung in einer sozialtherapeutischen Anstalt regelt, werden als Modellanstalten und Vorbilder die dänische Anstalt Herstedvester und die Van der Hoeven-Klinik in Utrecht hervorgehoben (Drucks. V/4095, S. 27; vgl. auch Niederschr. V, S. 2270). Zum besseren Verständnis der sozialtherapeutischen Modelleinrichtungen in der BRD wird im folgenden kurz auf die beiden Anstalten eingegangen, von deren Arbeit wir uns – wie auch von der Arbeit der deutschen Einrichtungen –, in den Jahren 1970 und 1972 an Ort und Stelle unterrichtet haben. Einschränkend muß hinzugefügt werden, daß wir bei unseren Besuchen nicht mit den Insassen gesprochen haben; in den Schilderungen der Anstalten spiegelt sich also in erster Linie die Sicht ihrer jeweiligen Leiter bzw. des Behandlungspersonals wider.

a) HERSTEDVESTER

Gesetzliche Grundlagen

Handlungen von Personen, die wegen Geisteskrankheit oder hochgradigem Schwachsinn begangen werden, sind gemäß § 16 des dänischen Strafgesetzbuches straflos (Widmer, 1963, S. 145); diese Personen werden in Heilanstalten eingewiesen. Befand sich der Täter bei Begehung der strafbaren Handlung in einem auf unzureichender psychischer Entwicklung beruhenden, nicht nur vorübergehenden Zustand, und erscheint er durch ›Einwirkung von Strafe‹ zugänglich, dann kann er nach § 17 entweder in ein normales Gefängnis oder in ein Psychopathengefängnis eingewiesen werden. Ist der Angeklagte nicht der Einwirkung durch Strafe zugänglich, und erscheint eine Internierung dennoch notwendig, dann kann er gemäß § 70 auf eine zeitlich unbestimmte Dauer in eine besondere Verwahrungsanstalt (›Psychopathenverwahrung‹) eingewiesen werden (S. 146): Herstedvester ist eine solche ›Forvaringsanstalt‹.

Die 1935 eingerichtete Anstalt, die seit 1942 von Stürup geleitet wird, liegt etwa 14 Kilometer außerhalb Kopenhagens. Sie besteht aus einer Beobachtungsstation, der Hauptabteilung und der offenen Abteilung. Alle Gebäude sind von einer fünf Meter hohen Ringmauer umgeben. Zwei Beamte mit Maschinenpistolen, in zwei diagonal gegenüberliegenden Ecken postiert, können jede Stelle der Mauer beobachten.

In den drei Wohngebäuden (zweigeschossig) befinden sich acht Abteilungen zu je 10 und vier Abteilungen zu je 15 Personen, die alle in Einzelzellen untergebracht sind (Stürup, 1969, S. 234); innerhalb der Abteilungen dürfen sich die Insassen frei bewegen. Die Übergangsabteilung (›Baracke‹) besitzt im Unterschied zur Hauptabteilung Zwei- und Dreibettzimmer; die Insassen dieser Abteilung können sich frei innerhalb der Anstaltsmauern bewegen. Insgesamt kann Herstedvester ungefähr 170 Personen aufnehmen; etwa 350 sind auf Probe entlassen und stehen unter ständiger Nachbetreuung (Niederschr. IV, S. 196). In der offenen Abteilung Kastanienborg, die einige Kilometer in Richtung Kopenhagen liegt, sind weitere 35 Personen untergebracht (Hoek-Gradenwitz, 1963, S. 101).

Insassen, Personal, Organisation

In Herstedvester sind alle Altersklassen und Deliktarten vertreten: den Hauptanteil stellen die 25- bis 44jährigen (ca. 61 %); bei den Tätergruppen überwiegen Diebe und Einbrecher mit ca. 41 % vor Sexualdelinquenten (21 %) und Betrügern (18,5 %) (ebd.). Den größten Teil der Verwahrten betrachtet Sachs als ›verhältnismäßig unschädliche Gesetzesübertreter‹ (1955, S. 74).

Den ca. 170 Insassen stehen an Personal gegenüber:

  4 Psychotherapeuten
  3 Ärzte
  1 Pfarrer
  1 Oberlehrer
  3 Krankenschwestern
  6 Fürsorger
 10 Arbeitsleiter
 16 Angestellte in der Verwaltung
126 Aufsichtsbedienstete (Hoek-Gradenwitz, 1963, S. 101).

Das Verhältnis Personal zu Insassen beträgt demnach 1:1.

Gearbeitet wird im ›Teamwork-Stil‹. »Zwei Drittel der Facharbeit des Leitungsteams ist der Personalarbeit gewidmet« (Gschwind, 1970, S. 59), weil Stürup den Erfolg therapeutischer Bemühungen in direktem Verhältnis zur Qualifikation des Personals einschätzt. Die Koordination der einzelnen Maßnahmen geschieht mittels täglicher Konferenzen, auf denen Vertreter aller Gruppen Insassen-Probleme und tägliche Vorkommnisse besprechen (Hoek-Gradenwitz, 1963, S. 102).

Therapie und Behandlungsziel

Stürup betrachtet Kriminalität nicht als Krankheit und meidet den Ausdruck ›Heilen‹ für seine Tätigkeit (1969, S. 236f). Die Existenzberechtigung der Anstalt sieht er darin, »daß sie eine notwendige Schutzmaßnahme der Gesellschaft darstellt« (ebd.). Als seine Hauptaufgabe betrachtet er, im bisherigen Verhaltensbild des Delinquenten einen ›Bruch‹ herbeizuführen, »um künftig ohne gleichartige Kriminalität leben zu können. Ob dieses Leben glücklicher ist, ist eine andere Frage« (ebd.).

Sein therapeutisches Konzept basiert auf der Überzeugung, daß Kriminalität kein Phänomen ist, »das ausschließlich der Einzelperson zugehörig ist«, sondern kriminelle Handlungen Erscheinungen zwischenmenschlicher Beziehungen sind (S. 231). Ihre Dynamik gilt es zu erforschen, um sie als Mittel der Therapie (Gruppentherapie) einzusetzen.

Die Behandlung zielt darauf ab, dem Insassen zu verdeutlichen, »inwiefern sein Verhalten innerhalb seiner sozialen Umwelt fehlerhaft war und ist« (Eisenberg, 1969, S. 1554). Als Einstieg werden häufig affektgeladene Konfliktsituationen genutzt, wie sie im täglichen Anstaltsleben vorkommen. Mit dieser Technik des ›Kriseninterviews‹ – dem Binden von Assoziationen an Affekte – wird versucht, dem Insassen »parallele ähnliche und frühere Konflikte emotionell und intellektuell wiedererleben und eine Art Vergleichsanalyse anstellen zu lassen, damit er eine etwaige Linie von sich wiederholendem Fehlverhalten erkennt und sich eingesteht« (ebd.). Bei allen therapeutischen Bemühungen wird der persönlichen Vergangenheit des Insassen weniger Bedeutung beigemessen als seinen aktuellen Schwierigkeiten (Stürup, 1969, S. 232). Die ›integrierende, individualisierende Wachstumstherapie‹ (S. 233) will Erfahrungen vermitteln, die für die aktuelle Planung des künftigen Lebens in Freiheit von Bedeutung sind.

Die Behandlung in Herstedvester besteht aus einem ›generellen‹ und einem ›individuellen‹ Teil (ebd.). Unter den generellen Teil fallen »zweckentsprechende Sicherung und notwendige Regelung des Tagesablaufes« (ebd.). Der individuelle Teil, der in den generellen eingebaut ist, besteht aus individueller Therapie und Gruppenbehandlung. Die Kombination von Individual- und Gruppentherapie hält Stürup für unerläßlich (Niederschr. IV, S. 195). Theateraufführungen, Puppentheater und Situationsspiele mit anschließenden Diskussionen (S. 184) gehören ebenso zu den Behandlungsverfahren wie Milieutherapie, Arbeitstraining (in drei anstaltsinternen Betrieben), ›anamnestische Analyse‹, ›sup-

portative Therapie‹, Kastration und Psychopharmaka (Hoek-
Gradenwitz, 1963, S. 103 ff). Einschränkend muß gesagt werden,
daß Gruppenpsychotherapie und Group counselling aufgrund des
fehlenden Fachpersonals nur in beschränktem Maße durchgeführt
werden (Eisenberg, 1970, S. 100).

Stürup ist »kein Anhänger einer besonderen ›permissiveness‹ –
einer permanent verzeihenden Haltung. Der einzelne muß fühlen,
daß er für seine Handlungen die Verantwortung trägt« (1969,
S. 235). Die Anstaltsführung ist im Vergleich zur holländischen
Van der Hoeven-Klinik recht streng. »Es besteht ein dem Regelvollzug nicht ganz unähnliches Sanktionssystem. Der Tagesablauf
wird weitgehend überwacht« (Eisenberg, 1970, S. 100).

Nachbetreuung und Ergebnisse

Die durchschnittliche Aufenthaltszeit in Herstedvester beträgt
ungefähr drei Jahre (Sachs, 1955, S. 71). Die versuchsweise Entlassung wird als Fortsetzung der Behandlung aufgefaßt. »In der
Probezeit, die niemals kürzer als drei bis vier Jahre und bisweilen
viel länger ist, ist der Verwahrte der Aufsicht der Anstalt unterstellt« (Hoek-Gradenwitz, 1963, S. 111). Die Entlassung erfolgt
unter der Bedingung, daß ein fester Wohnsitz und ein fester
Arbeitsplatz vorhanden sind. Ist der zur Entlassung Anstehende
nicht in der Lage, sich Arbeit und eine Wohnung selbst zu verschaffen, dann hilft ihm die Fürsorge. Nach der Probezeit, während
der sich der Proband ständig an die Anstalt wenden kann, entscheidet das Gericht über die endgültige Entlassung. Wird ihr
stattgegeben, dann besteht für den Entlassenen auch weiterhin
die Möglichkeit, bei der Anstalt in aktuellen Konfliktsituationen
Rat einzuholen (S. 112).

Aus den Angaben von Hoek-Gradenwitz geht hervor, daß von
den 1949 bis 1951 Verwahrten 40,6 % in einer fünfjährigen Periode
rückfällig geworden sind (1963, S. 113). Für nahezu alle statistisch
gemessenen Perioden gilt, daß etwa 50 % der Entlassenen als
Rückfällige wieder eingeliefert werden. Von diesen kehrt nach
der zweiten Verwahrperiode wiederum nur die Hälfte zurück, so
daß nach ca. 10 Jahren nur noch etwa 10 % der ursprünglich Verwahrten sich in der Anstalt befinden (vgl. Stürup, 1968, S. 217 ff).

Kritische Anmerkung: Stürup selbst bezeichnet das Behandlungsprogramm in Herstedvester als ›eklektisch‹ (1969, S. 228). Unter
den Dingen, die nicht durchgeführt wurden, nennt er die wissenschaftliche Kontrolle der geleisteten Arbeit (S. 239). Dieser Mangel mag unter anderem aus seiner eigenen väterlich dominanten
Rolle resultieren, die er seit 30 Jahren in dieser Anstalt einnimmt;
zu einem echten Teamwork ist es nicht gekommen, und ein
Nachfolger für ihn ist nicht in Sicht.

Neben den sichtbaren Erfolgen waren es diese patriarchalische

Auffassung vom Bild eines Anstaltsleiters – »Das Geheimnis der Behandlung liegt in der Persönlichkeit« (Würfler, Niederschr. IV, S. 195) – und die Tatsache, daß Therapie hinter hohen Mauern betrieben wird, die Herstedvester auch für konservative deutsche Strafrechtspolitiker als ›progressives‹ Vorbild annehmbar machten.

b) VAN DER HOEVEN-KLINIK

Gesetzliche Grundlagen

In Holland werden nach dem geltenden ›Psychopathengesetz‹ Straffällige, deren Delikte auf psychische Störungen zurückzuführen sind, nach ihrer Strafverbüßung zur ›Verfügung der Regierung gestellt‹ (Mauch, 1965, S. 181). In der Regel erfolgt dann die Einweisung des ›Psychopathen‹ – der Begriff wird in Holland mehr im Sinne von vermindert zurechnungsfähig gebraucht – in das ›Selektionszentrum‹ in Utrecht. Die Leiter der einzelnen ›Psychopathenanstalten‹ suchen im Selektionszentrum anhand der Akten und persönlicher Gespräche mit den dort Untergebrachten diejenigen aus, die sie für die Behandlung in ihrer Anstalt als geeignet betrachten (S. 182).

Dies gilt auch für Frau Roosenburg, Leiterin der Van der Hoeven-Klinik in Utrecht; jedoch kann man bei dieser Klinik aufgrund ihres systematischen Behandlungsprogramms und der Akzentverschiebung von ›Verwahrung‹ auf ›Resozialisierung‹ nicht mehr von einer ›Psychopathenanstalt‹ im herkömmlichen Sinne sprechen.

Bei der Van der Hoeven-Klinik handelt es sich um eine private Organisation, die vom Justizministerium finanziert wird (Roosenburg, 1969, S. 97). Die Leitung der Klinik ist dennoch selbständig, da das Justizministerium die Verantwortung für die Behandlung der Klinikleitung übertragen hat (Mauch, 1965, S. 183).

Standort, Sicherung, Kapazität

Die 1955 eröffnete Anstalt liegt im Zentrum von Utrecht (Altstadt). Vorbilder bei ihrer Gründung waren vor allem englische Anstalten (Baan, 1958, S. 260). Im Unterschied zu Herstedvester handelt es sich bei dieser Klinik nicht um eine geschlossene Institution: außer einer abgesperrten Haustür gibt es keine weiteren Sicherungsmaßnahmen. Die Klinik betreut insgesamt 110 männliche ›Schwerkriminelle‹, von denen 30 außerhalb der Anstalt wohnen (Roosenburg, 1969, S. 90). Daneben besitzt sie noch eine Frauenabteilung mit ca. 10 Frauen.

Die Klinik beherbergt alle Arten von Delinquenten (S. 91) im Alter von 18 bis 62 Jahren (S. 97); der größte Teil der Insassen ist jünger als 25 Jahre. Eigentumsdelinquenten sind mit weniger als 50% und Gewaltverbrecher mit 25% vertreten (S. 98). Im rechtlichen Sinne handelt es sich bei diesen ›Untergebrachten‹ nicht mehr um Strafgefangene, weil sie ihre Strafe bereits verbüßt haben (Mauch, 1965, S. 182).

Die Einweisung erfolgt auf unbestimmte Zeit, bis die ›Untergebrachten‹ »keine Gefahr mehr für die Öffentlichkeit bedeuten« (Roosenburg, 1969, S. 97). Der Richter entscheidet alle zwei Jahre, ob diese Maßnahme der Verlängerung bedarf (ebd.).

Das Personal setzt sich zusammen aus Verwaltungsstab, Arbeitsleiter, Sportlehrer, Lehrern, Psychotherapeuten (9), Sozialarbeitern, Pflegern, Ärzten, Soziologen, Theologen und administrativen Mitarbeitern. Vollzugsbeamte im Sinne reiner Aufsichtskräfte gibt es nicht. Das Verhältnis von Personal zu Insassen beträgt etwa 1:1 (ebd.).

Die Klinik ist in 8 Patientengruppen eingeteilt, die jeweils von 3 Sozialarbeitern betreut werden. Jeder Gruppenleiter ist verpflichtet, bei der täglichen ›Stabsversammlung‹ teilzunehmen. Roosenburg ist der Meinung, daß die Gruppenleiter zwar die Probleme ihrer jeweiligen Patienten genau kennen, jedoch durch diesen nahen Kontakt zu leicht den Blick für den objektiven Befund verlieren. Um Fehlreaktionen zu verhindern, wird die Kontrolle durch das ferner stehende therapeutische Personal durchgeführt (S. 100). Ein besonderes Punktsystem der Betreuungsgruppe ermöglicht eine objektivierende Bewertung des einzelnen Insassen (Gschwind, 1970, S. 64).

Einmal wöchentlich finden eine Gemeinschaftsversammlung und Sondersitzungen mit ›Patienten‹ statt (Roosenburg, 1969, S. 101). Daneben gibt es an einem Nachmittag in der Woche eine wissenschaftliche und praktische Unterredung über Patienten und alle neuaufgetretenen Probleme (Baan, 1958, S. 261).

Die ›Patienten‹ sind in einem Insassenrat organisiert, in den jede Abteilung des Hauses einen Vertreter für drei Monate entsendet; alle drei Wochen wird, in alphabetischer Reihenfolge, ein zweiter in den Rat geschickt, so daß jeder einmal Verantwortung tragen muß. »Die Insassen erledigen viele der Tätigkeiten, die in anderen Anstalten stets dem Personal vorbehalten sind, und sie beteiligen sich nicht zuletzt durch ihre Vertreter in den verschiedenen, teils von Insassen und Bediensteten gemischt besetzten ›Ausschüssen‹ an der Entwicklung interner Regelungen« (Eisenberg, 1969, S. 1554). Diese Einrichtung und die Tatsache, daß die Leiterin sich ihre Insassen aussuchen kann, haben dazu beigetragen, daß sich die Idee der Therapeutischen Gemeinschaft in Utrecht sehr weit verwirklicht hat (ebd.).

Therapie und Behandlungsziel

»Als wesentliche Aufgabe der Behandlung wird angesehen, durch jene Krustenbildung, die eine Art Gesundheitsmaske schafft und den Delinquenten zu einem scheinbar abgehärteten Verbrecher macht, hindurchzudringen [...]« (Stumpfl, 1959, S. 699), um im Insassen vorhandene, positive soziale Momente zu wecken und zu fördern (Eisenberg, 1969, S. 1554).

Zu Beginn der Behandlung wird mit jedem ›Patienten‹ eine Personen- und Familienanamnese erstellt und sein individueller Behandlungsplan besprochen. Im Vordergrund des Therapieprogrammes, das als ein ›System der kontrollierten gestuften Freiheit‹ bezeichnet wird (Mauch, 1965, S. 185), steht die Realitätskontrolle, d. h. die Art und Weise, wie der Betreffende auf zunehmende Konfrontationen mit der Gesellschaft reagiert. Aus diesem Grund wird Freiheit nur so weit eingeschränkt, wie es unvermeidbar ist. »Die Diskussion über den Freiheitsgrad gehört zur Therapie. [...] Die systematisch betriebene Einführung in die Gesellschaft verlagert einen großen Teil des Betriebes außerhalb der Anstalt. Der Austausch mit der Umwelt wird auf möglichst breiter Ebene in allen Verhaltensbereichen gefördert, und dabei entstehende Probleme werden aufgegriffen und durchgearbeitet« (Gschwind, 1970, S. 65).

Roosenburg faßt Straftaten zum Teil als Überkompensation von Ängstlichkeit im Umgang mit anderen Menschen auf (1969, S. 93). Auch aus diesem Grunde bemüht man sich in Utrecht, eine Verbindung zur Gesellschaft herzustellen. Dies geschieht – wenn die Herkunftsfamilie kriminogen ist – durch ausgesuchte Kontaktfamilien, die mit der Klinik zusammenarbeiten. Noch während seines Aufenthaltes in der Anstalt nimmt der Insasse Kontakt zu einer solchen Familie auf, verbringt dort gegebenenfalls seinen Urlaub und hat so nach seiner Entlassung in den meisten Fällen bereits feste Freundschaften geschlossen. Neuerdings werden die Familien der ›Patienten‹ stärker in die Behandlung mit einbezogen (Eisenberg, 1970, S. 99).

Die Bedeutung der klassischen Individual- und Gruppentherapie ist etwas zurückgegangen. Im Vordergrund der Behandlungsverfahren stehen Gruppengespräche, ›expressive Tätigkeiten‹ wie Malen, Bildhauen, Singen, Musizieren, Theaterspiel, improvisiertes Rollenspiel und Psychodrama sowie die oben erwähnte Familienarbeit. Große Bedeutung wird auch dem Sport als Steuermechanismus des Aggressionshaushaltes beigemessen (Judo, Fechten, Boxen etc.) (Roosenburg, 1969, S. 99). Ebenso spielt der Unterricht in der Utrechter Klinik eine große Rolle. Steht ein

Lehrer für eine bestimmte Interessenrichtung eines lernwilligen Insassen nicht zur Verfügung, dann wird eine Lehrkraft von außerhalb verpflichtet (ebd.).

Arbeit wird eher als Training für Arbeitsdisziplin denn als Therapie betrachtet. In der Klinik werden Gartenmöbel produziert und z. B. auf Gartenmöbelmessen verkauft. Der Lohn, von dem die Anstalt vier Fünftel einbehält, ist etwas niedriger als der Mindestlohn eines freien Arbeiters. Bei Arbeitsverweigerung gibt es aus pädagogischen Gründen ein geringes Taschengeld. »Wenn sie bei der wöchentlichen Auszahlung mit den anderen, die mehr bekommen, anstehen, wirkt sich das als Anreiz positiv aus« (ebd.).

Nachbetreuung und Ergebnisse

Ganz allgemein ist die Nachbetreuung in Holland durch das ›Reclasseringswezen‹, die Entlassenenfürsorge, gut ausgebaut; wesentliches Kennzeichen ihrer erfolgreichen Arbeit ist die vorbildliche Dezentralisierung (Stumpfl, 1959, S. 700). Die Entlassung aus der Van der Hoeven-Klinik erfolgt zunächst probeweise, wobei der Betreffende in Kontakt mit der Klinik bleibt. Er kann wieder stationär in die Anstalt aufgenommen werden, wenn er oder sein Betreuer eine Gefährdung vermuten. Die endgültige Entlassung aus der Probe (Bewährung) wird vom zuständigen Gericht ausgesprochen (Mauch, 1965, S. 185).

Die Behandlungsdauer liegt zwischen 1 und 13 Jahren, im Durchschnitt beträgt sie 560 Tage (Niederschr. V, S. 2272). Von den zwischen 1955 und 1960 Entlassenen sind 60 bis 70% nicht rückfällig geworden – trotz der schwierigen Population, die in Utrecht behandelt wird (ebd.).

Kritische Anmerkung: Obwohl im Mai 1968 eine Delegation des Sonderausschusses für die Strafrechtsreform die Van der Hoeven-Klinik besuchte und sich dort über die erzielten Erfolge unterrichtete (Niederschr. V, S. 2270ff), konnte dies nichts mehr an der Tatsache ändern, daß Herstedvester *das* Modell für die zukünftige sozialtherapeutische Anstalt blieb. Zu sehr hatte sich bei einem früheren Besuch in der ›Forvaringsanstalt‹ das Bild von der autonomen Therapie im gesellschaftlich abgeschirmten Bereich eingeprägt. Gegen diese Vorstellungen, die eher dem Sicherheitsdenken als den kaum vorhandenen therapeutischen Vorstellungen deutscher Strafrechtspolitiker entsprachen, vermochte sich das progressivere und sicherlich auch aufwendigere Modell der Van der Hoeven-Klinik nicht durchzusetzen.

2. Anforderungen an sozialtherapeutische Anstalten

Die einseitige Festlegung der Strafrechtspolitiker auf das Modell Herstedvester hat dazu geführt, daß für die geplanten sozialtherapeutischen Anstalten keine alternativen Konzeptionen zum Zuge kamen. Im folgenden werden die in der Literatur fast gleichlautenden, am dänischen Vorbild orientierten Anforderungen an sozialtherapeutische Anstalten kurz zusammengefaßt.

a) STANDORT

Sozialtherapeutische Anstalten sollten in unmittelbarer Nähe zu Einrichtungen der wissenschaftlichen Forschung angesiedelt werden. Zweck dieser Maßnahme ist, die Zusammenarbeit auf den Gebieten der Psychotherapie, der Psychologie, der Sozialpädagogik und der Kriminologie zu fördern (Niederschr. *UA*, S. 10). Hierzu eignen sich besonders Standorte in Einzugsgebieten von Universitätsstädten, wo die im Rahmen des sozialtherapeutischen Behandlungsvollzuges gewonnenen Erkenntnisse wissenschaftlich ausgewertet werden könnten (Ackermann, 1973, S. 21). Auf diese Weise bestünde die Möglichkeit, neue wissenschaftliche Forschungsergebnisse kurzfristig in den sozialtherapeutischen Vollzug einfließen zu lassen. »Der Personalbedarf der Anstalten, insbesondere an Fachkräften, könne aus dem Personalbestand und -nachwuchs der wissenschaftlichen Einrichtungen, der vorwiegend bereits ortsansässig sei, leichter gedeckt und ergänzt werden als in Orten ohne derartige Einrichtungen. Auch biete für das übrige Vollzugspersonal die Nähe eines größeren Ortes einen stärkeren Anreiz zur Ansiedlung als eine vorwiegend ländliche Gegend. Schließlich seien die Voraussetzungen einer Wiedereingliederung der aus der soz.ther. Anstalten Entlassenen in den Arbeitsprozeß und der nachgehenden Behandlung und Fürsorge in Großstadtnähe unter Berücksichtigung der besseren Verkehrssituation günstiger als in industriearmen Räumen« (Niederschr. *UA*, S. 11).

Sozialtherapeutische Anstalten sollten als selbständige Einrichtungen erstellt werden, die vom übrigen Vollzug räumlich zu trennen sind. In baulicher Hinsicht müssen sie den Zielen und Methoden der sozialtherapeutischen Behandlung entsprechen (Tagungsberichte, 1969, S. 166).

b) SICHERUNG

Die Fixierung aufs Vorbild Herstedvester hatte zur Folge, daß das Problem der Sicherung kaum näher durchdiskutiert wurde.

Allgemein ist man sich heute darin einig, daß die sozialtherapeutische Anstalt, abgesehen von den Einrichtungen für die Freigänger, nach außen generell durch eine hohe Mauer zu sichern sei (vgl. Mauch, 1971, S. 74/77). Die Möglichkeiten abgestufter und differenzierter Sicherungsmaßnahmen sind kaum in Betracht gezogen worden: in dieser Beziehung hätte die im Bau befindliche neue Van der Hoeven-Klinik ein Leitbild sein können.

Gerade im Zusammenhang mit dem Problem der Sicherung wird deutlich, in welchem Maße die Planungsüberlegungen vom jeweiligen Therapiekonzept abhängig sind. Resozialisierungsbemühungen, die diesen Namen verdienen, sollten auf Konfrontationen mit der Gesellschaft angelegt sein und sich nicht falschen ›Sicherungsbedürfnissen‹ unterordnen. Durch undifferenzierte Sicherungsmaßnahmen wird der notwenige therapeutische Spielraum erheblich eingeengt. Behauptungen, die hohe Sicherung diene zunächst den Insassen, die vor äußeren Einflüssen geschützt werden müßten, um eine notwendige Phase der Beruhigung einzuleiten, mögen therapeutisch richtig sein. Doch scheint es sich hier eher um ›wissenschaftlich‹ getarnte Rationalisierungen zu handeln, da 80% aller Insassen dem Sicherheitsgrad unterworfen werden sollen, der nach den Erfahrungen in Utrecht nur für maximal 20% notwendig sein wird.

c) GRÖSSE DER ANSTALT

Stürup, der Leiter von Herstedvester, hält eine sozialtherapeutische Anstalt mit 150 bis 180 Plätzen für optimal (Niederschr. IV, S. 196). In diesem Punkt haben sich die Vorstellungen der Fachleute aus wirtschaftlichen Überlegungen vom dänischen Vorbild entfernt. Allgemein werden 200 Plätze und 20 Reserveplätze empfohlen (Niederschr. *UA*, S. 11; Ackermann, 1973, S. 6; Mauch, 1971, S. 74).

Mauch ist der Ansicht, daß sich bei 200 ›Patienten‹ die Interaktion (›Psychodynamik‹) günstiger gestalte als z. B. bei 80, weil mehr Auswahl und bessere Variabilität bezüglich der Gruppenzusammensetzungen bestünden. Auf der anderen Seite ist, wie die Erfahrungen der Van der Hoeven-Klinik lehren, die Überschaubarkeit der Kontakte bei 80 Insassen wesentlich besser als bei 200. Aus diesem Grunde kann intensiver mit einzelnen Insassen gearbeitet und ihr jeweiliger Entwicklungsstand besser beurteilt werden.

Beide Ansprüche, Wirtschaftlichkeit (200 Insassen) und Überschaubarkeit der Kontakte (70 bis 80 Insassen), schließen einander nicht aus. Denkbar wäre eine Konzeption mit drei addierbaren Einheiten zu je 70 Insassen, die um einen gemeinsamen zentralen

Bereich gruppiert wären. Die Vorteile von kleinen addierbaren Einheiten liegen auf der Hand:

- Sie sind wirtschaftlicher zu errichten als Großeinheiten.
  Nach der Endausbaustufe werden zentrale Einrichtungen von mehreren Einheiten ebenso wirtschaftlich genutzt wie bei einer Großeinheit.
- Sie können je nach finanziellen Mitteln addiert werden.
- Sie kommen dem gegenwärtigen Personalmangel und dem Entwicklungsstand therapeutischer Erkenntnisse flexibler entgegen als eine Großeinheit. Vor der Errichtung der nächsten Einheit kann das notwendige Personal fachgerecht ausgebildet werden.
- Erfahrungen, die in der ersten Einheit gemacht wurden, kommen der nächsten zugute. Auf diese Weise können Fehler in Grenzen gehalten werden, was bei einer Großeinheit wesentlich schwieriger ist.
- Sie kommen den therapeutischen Forderungen nach Überschaubarkeit der Kontakte entgegen.
- Sie lassen sich, da sie ohne oder nur mit wenigen Mauern zu errichten sind, besser in eine bereits bebaute Umgebung integrieren als eine Großeinheit.

Durch die höhere Behandlungsintensität kleinerer Einheiten (Überschaubarkeit der Kontakte) können prozentual mehr Insassen frühzeitiger außerhalb der Anstalt arbeiten als in Großanstalten. Dies kommt sowohl dem wirtschaftlichen Argument entgegen, daß man in kleinen Einheiten kein gefächertes Arbeitsangebot anbieten kann, als auch der therapeutischen Überlegung, frühzeitige Kontakte mit der Gesellschaft anzustreben, um den Übergang der Insassen in die Außenwelt zu erleichtern.
In dieser Richtung sind von offizieller Seite offensichtlich keine Überlegungen angestellt worden.

d) Organisation

Die Leitung der Anstalt soll in den Händen eines Arztes (§ 65 2. StrRG.) mit psychiatrischer Vorbildung liegen (Drucks. V/4095, S. 30). »Durch diese Personalentscheidung soll erreicht werden, daß der Vollzug in jeder Einzelheit in den Dienst der Therapie gestellt wird und nicht verwaltungstechnische Gesichtspunkte die therapeutischen verdrängen« (ebd.).
Unter Berücksichtigung der Prämisse, daß der zukünftige Vollzug konsequent im Dienste der Therapie stehen soll, fordert Ackermann, Leiter der Sonderanstalt Hamburg-Bergedorf, die Leitung einer sozialtherapeutischen Anstalt in die Hand eines therapeutischen Teams zu legen (1973, S. 4). Da ein Team jedoch anders als der einzelne Leiter keine juristische Person darstellt, die

man in bestimmten Fällen für gewisse Vorkommnisse leichter zur Verantwortung ziehen kann, dürfte dieser Gedanke schon im juristischen Vorfeld auf der Strecke bleiben.

Ackermann unterteilt den sozialtherapeutischen Vollzug in den ›Zwangsvollzug‹ (diagnostische Arbeit) mit 40 Plätzen, den ›Behandlungsvollzug‹ mit 140 Plätzen und den ›Übergangsvollzug‹ mit 40 Plätzen. Hinzu kommt die Nachbehandlung der bedingt Entlassenen (S. 11).

Mauch, der Leiter des Vollzugskrankenhauses Hohenasperg, nennt ähnliche Zahlen: für die ›erste Behandlungsphase‹ (Eingangsphase) sind nach seinen Schätzungen 60 Plätze vorzusehen; für die zweite, die zentrale Behandlungsphase, werden 120 Plätze benötigt; in der dritten Behandlungsphase (Endphase) sind etwa 40 Plätze erforderlich (1971, S. 77).

Mauch unterscheidet in der sozialtherapeutischen Anstalt folgende Gruppen (S. 76):

– Wohngruppen
– Arbeitsgruppen
– Lerngruppen
– Freizeitgruppen und
– therapeutische Gruppen.

Die Zusammensetzung dieser Gruppen ist nicht einheitlich und wird nach der jeweiligen Zielsetzung bestimmt. »Im Gegensatz zu allen anderen Gruppen, deren Größe je nach den Zusammensetzungskriterien variabel ist, besteht eine Wohngruppe regelmäßig aus 10 Insassen. Diese Zahl wurde gewählt, um die Übersichtlichkeit in den Wohngemeinschaften zu wahren. [. . .] Jeder müßte einen Raum für sich zur Verfügung haben. Ein Gemeinschaftszimmer soll zur Bildung eines dem familiären vergleichbaren Milieus beitragen. [. . .] Jede Wohngruppe wird von einem Sozialarbeiter betreut, dessen Dienstzimmer sich an Ort und Stelle befindet. Zwei Wohngruppen bilden aus ökonomischen Gründen eine Wohneinheit, so daß sich jeweils 2 Sozialarbeiter in der Betreuung gegenseitig abwechseln können« (ebd.).

Die 40 Plätze der dritten Behandlungsphase (Endphase) sollten in einem gesonderten Gebäude außerhalb der Umgrenzungsmauer der Anstalt liegen. »In der Entlassungsphase der Behandlung sollte der *Gemeinschaftsfähigkeit* der Rehabilitanden besondere Beachtung geschenkt werden. Die Wohngemeinschaft muß deshalb auch bauseits als Wohnung konzipiert sein; sie darf nicht mehr als 5 Insassen beherbergen [. . .], weil sie sich wenigstens zum Teil auch selbst versorgen soll, einschließlich Kochen usw.« (S. 77).

e) PERSONAL

Die 200 Insassen der sozialtherapeutischen Anstalten sollten durch folgende Fachkräfte betreut werden:

12 Ärzte und Psychologen (Psychotherapeuten)
20 Sozialarbeiter (Fürsorger)
 4 Pädagogen (einschließlich eines Sonderschullehrers)
75 Beamte des Aufsichtsdienstes
15 Werkbeamte
15 Verwaltungsfachkräfte und Seelsorger
   (evangelisch und katholisch).

»Die zuvor aufgeführten Zahlen sind Mindestforderungen und sollten dem Grunderfordernis einer Personalausstattung im Verhältnis 1:1 angeglichen werden« (Ackermann, 1973, S. 8; vergl. Niederschr. *UA*, S. 20, und Mauch, 1971, S. 79).
Woher das für die sozialtherapeutischen Anstalten notwendige Personal kommen soll, ist jedoch völlig unklar. »Da heute noch keine Möglichkeit besteht, auf Personal zurückzugreifen, das in dynamischer Gruppenarbeit geschult ist, müssen die erforderlichen Kenntnisse und Fähigkeiten in Form des In-Service-Trainings vermittelt werden, d. h. bei gleichzeitiger Ausbildung und Fortbildung im praktischen Tun« (Künzel, 1969, S. 305). Von dieser Möglichkeit wurde bis heute kaum Gebrauch gemacht.

f) ANHANG: VORAUSSICHTLICHER BEDARF AN SOZIALTHERAPEUTISCHEN ANSTALTEN

Der Unterausschuß der Strafvollzugskommission der Länder schätzt den Gesamtbedarf an Haftplätzen in sozialtherapeutischen Anstalten auf etwa 13 bis 15% der Gesamtzahl der männlichen Strafgefangenen oder auf etwa 0,13 bis 0,15‰, bezogen auf die Gesamtbevölkerung (Niederschr. *UA*, S. 8). Das bedeutet, daß etwa 20 bis 30 Anstalten mit jeweils 200 Plätzen benötigt werden. »In dieser Schätzung des Mindestbedarfs sind noch nicht berücksichtigt weitere Faktoren, die allenfalls zu einem erhöhten Bedarf an Haftplätzen führen können, z. B. allgemeiner Zuwachs der Bevölkerung, insbesondere erhebliche Zunahme der jüngeren Jahrgänge in den nächsten Jahren, ein im Vergleich zur Bevölkerungszunahme schnelleres Ansteigen der Kriminalität« (S. 10).
Aus den Niederschriften des Unterausschusses geht ferner hervor (S. 21 ff), daß, obwohl gesetzlich vorgesehen, in den meisten Ländern am 1. 10. 1973 keine sozialtherapeutischen Anstalten eröffnet werden. In einigen Ländern sind zwar Übergangsregelungen vorgesehen; es wird jedoch noch Jahre dauern, bis in der BRD die erste funktionsfähige Anstalt, wie sie der *UA* in seinen Empfehlungen vorsieht, ihrer Bestimmung übergeben werden wird.

3. Die verschiedenen Ansätze in der BRD

An die Konzeption der ausländischen Vorbilder Utrecht und Herstedvester hat sich in der BRD am stärksten die ›Sozialtherapeutische Abteilung‹ auf dem Hohenasperg angelehnt (vgl. Mauch, 1966, S. 403). Der äußerliche Rahmen – die hohen Sicherheitsbedingungen – und die Arbeitsweise entsprechen jedoch eher dem dänischen als dem holländischen Vorbild.

Mit der 1969 eingerichteten Sonderanstalt Hamburg-Bergedorf wird der erste organisatorisch selbständige Vorläufer der geplanten sozialtherapeutischen Anstalten vorgestellt.

Einen weiteren Schritt in Richtung des zukünftigen sozialtherapeutischen Vollzugs stellt die seit 1971 arbeitende Justizvollzugsanstalt Düren sowohl bezüglich der Population als auch der Behandlungsmethode dar. Die gegen diese Anstalt geführte Pressekampagne zeigt, wie schwer es der Öffentlichkeit fällt, auch nur bescheidenste Reformansätze im Strafvollzug zu akzeptieren.

Eine Ausnahme innerhalb der beschriebenen sozialtherapeutischen Modelleinrichtungen stellt die Konzeption des Jugendheimes Sommerberg dar. Obwohl dort ein anderer als der im § 65, 2. StrRG vorgesehene Täterkreis behandelt wird, glauben die dort tätigen Therapeuten, wesentliche Aspekte ihrer Arbeit auf die Organisation der geplanten sozialtherapeutischen Anstalten übertragen zu können (vgl. Künzel, 1969, S. 296 ff und Klüwer, 1970 f, S. 94 ff).

Weitere sozialtherapeutische Ansätze, auf die jedoch wegen ihres sehr bescheidenen Umfanges hier nicht näher eingegangen wird, finden sich noch in einigen Abteilungen bestehender Vollzugsanstalten wie z. B. in Berlin-Tegel und Kassel-Wehlheiden.

Mit diesen wenigen Beispielen ist der zur Zeit in der BRD vorhandene Bestand an institutioneller ›Sozialtherapie‹ bereits erschöpft und wird es bei realistischer Einschätzung (vgl. ›Anforderungen‹) auch noch längere Zeit bleiben.

II. Die sozialtherapeutischen Anstalten und Abteilungen in der BRD

1. Die Sozialtherapeutische Abteilung Hohenasperg

a) ENTWICKLUNG

Die mittelalterliche Festung Hohenasperg, in der das Vollzugskrankenhaus des baden-württembergischen Strafvollzuges untergebracht ist, liegt auf einem Bergkegel über dem Städtchen Asperg, in der Nähe von Ludwigsburg.

In einigen Abteilungen des Krankenhauses wird seit fast 20 Jahren praktiziert, was heute von offizieller Seite als Vorstufe ›sozialtherapeutischer Maßnahmen‹ betrachtet wird (Drucks. V/4095, S. 27). Es ist die Anstalt mit den längsten Erfahrungen in ›Sozialtherapie‹ in der Bundesrepublik. Die Konzeptionen der vorgesehenen sozialtherapeutischen Anstalten orientieren sich auf die eine oder andere Art am ›Hohenasperger Modell‹.

1947 übernahm die Justizverwaltung des Landes die von den Amerikanern geräumte frühere Zweiganstalt des Zuchthauses Ludwigsburg und eröffnete am 1. April 1948 die selbständige ›Strafanstalt Hohenasperg‹ (Boley, 1972, S. 90). Diese wurde Sitz der Strafvollzugsschule für Württemberg-Baden und gleichzeitig Zentralkrankenhaus des württemberg-badischen Strafvollzuges.

Das Krankenhaus beherbergte zunächst nur eine Tuberkulose-Abteilung; bald kam eine Innere, eine Psychiatrische und eine Chirurgische Abteilung hinzu. Von ca. 350 männlichen Gefangenen waren etwa 50% ›krankenhausbehandlungsbedürftig‹; die übrigen Gefangenen gehörten dem Regelvollzug an. Leiter des Krankenhauses wurde am 1. Juni 1948 Gerhard Mauch.

Am Anfang beschränkte sich die Arbeit in der Psychiatrischen Abteilung auf Gerichtsgutachten und Beobachtungen auf den Geisteszustand. Mit Insulin- und Elektroschocks bei Schizophrenien und Gemütserkrankungen und medikamentösen Behandlungen bei Epilepsien unterschied man sich zunächst nicht von den gängigen Methoden psychiatrischer Kliniken. »1948 wußten wir von Psychotherapie herzlich wenig, und es hat einige Zeit gedauert, bis wir überhaupt auf die Idee gekommen sind, daß man aus psychiatrischer Sicht etwas für die Resozialisierung tun sollte: wir sahen die Patienten oder Strafgefangenen, die immer wieder verurteilt wurden, immer wiederkehren [...]« (Mauch, Tonbandinterview, Dez. 1971).

Das unbehagliche Gefühl der therapeutischen Hilflosigkeit den
›Kriminellen‹ gegenüber initiierte die Suche nach Abhilfemög-
lichkeiten (Engell, 1968, S. 167/68). »Wir stießen auf die Psychologie, denn mit der klassischen Psychiatrie konnten wir sowieso
nichts anfangen. Aber auch hier fanden wir nur Ansatzpunkte.
Dann kamen wir zur Tiefenpsychologie, und als naturwissen-
schaftlich denkende Ärzte haben wir alle Stadien von der Abwehr
bis zur Belächelung mitgemacht« (Mauch, 1963, S. 74). Entgegen
der herrschenden Auffassung stellte Mauch mit einigen Mitarbeitern die Arbeitshypothese auf, »daß Psychotherapie im Gefängnis bei Anwendung analytischer Gesichtspunkte und bei
Erarbeitung dem Gefängnismilieu angepaßter Technik möglich
ist« (Mauch, 1964, S. 112). Der Versuch, Psychoanalyse im Strafvollzug zu praktizieren, bedeutete beim Stand der Dinge im
Jahre 1952 ein risikoreiches Experiment. Zunächst absolvierten
Mauch und seine Mitarbeiter eine dreijährige Ausbildung mit
Lehranalyse in Stuttgart, ehe sie die Einführung psychoanalytischer Techniken in die Behandlung Straffälliger wagten.
Die Arbeit begann zunächst mit der klassischen Einzeltherapie,
die viermal wöchentlich in Sitzungen von je 50 Minuten mit einer
kleinen Anzahl von ›Schwerstkriminellen‹ durchgeführt wurde.
Man hoffte, an ihnen die Wirksamkeit der neuen Methode am
besten demonstrieren zu können. Nach einigen Anfangserfolgen
zeigten sich jedoch bald methodische Komplikationen und nach-
teilige Einflüsse der ›Totalen Institution‹ auf psychotherapeutische
Maßnahmen. Die für den Analytiker notwendige »passagere Identifikation mit dem Patienten, die ihm erst Einblick gewährt in den
inneren Zustand des Täters« (Moser, *FAZ* v. 4. 8. 1972) schadete
nach Engells Ansicht der Therapie mehr als sie ihr nutzte (1968,
S. 168); »die Resonanz beim Anstaltspersonal war zunächst zwiespältig, wenn nicht feindselig, die vorgesetzte Behörde zeigte
sicher sehr berechtigt kritische Skepsis, das Institut für Psychotherapie in Stuttgart, an das wir uns anzulehnen versuchten,
offene Ablehnung« (S. 168).
Als besonders nachteilig für die Psychotherapie erwies sich auch,
daß der Häftling außerhalb der Behandlungsstunden seine Zeit
nur in der Zelle verbrachte. Da man sich der Tatsache bewußt
war, daß zur Einübung der erwünschten sozialadäquaten Verhaltensweisen das Trainingsfeld des Analysanden erweitert werden
mußte, erließ Mauch die Anweisung, die Zellentüren der Behandelten offen zu lassen. Diese Maßnahme, mit der versucht wurde,
dem Patienten ein Stück notwendiges Vertrauen entgegenzu-
bringen, stieß auf Widerstand. »Der Beamte war von der Voll-
zugsleitung angewiesen, die Zellentüren zu schließen. Ich gab als
Arzt die Anweisung, die Zellentüren offen zu lassen, und hier kam
der erste Konflikt zustande. Ich konnte es mir erlauben, groß-
zügiger zu sein, weil es ein Krankenhaus ist und hier Dinge

möglich sind, die im Regelvollzug nicht durchführbar sind« (Interview).

Therapeutische Maßnahmen, die heute für den sozialtherapeutischen Vollzug selbstverständlich zu werden beginnen, mußten in der damaligen Zeit noch unter Umgehung der Dienstvollzugsordnung erprobt werden: 1956 ließ Mauch auf eigene Verantwortung einen Patienten in seinem Garten arbeiten. »Damals konnte ich den nicht ohne Bewachung lassen. Ich nahm also ein Risiko auf mich. Aber so allmählich gewöhnt man sich auch an diese zweite Stufe der Freiheit [...]; dann habe ich ihn im Garten ein Häuschen bauen lassen. Auch das ging mit besonderen Schwierigkeiten vonstatten, weil ich keine andere Arbeitsmöglichkeit hatte« (Interview).

Den ersten Versuch mit Arbeits- und Beschäftigungstherapie stellte eine mit viel Mühe eingerichtete Bastelstube dar; dieser Ansatz wäre am Material- und Geldmangel gescheitert, wenn Mauch nicht die Gefangenenfürsorge eingespannt hätte; »und dann wurde ich Vorsitzender dieses Vereins und konnte leichter z. B. einen Raum ausstatten, in dem gruppentherapeutische Sitzungen abgehalten werden konnten usw.« (Interview).

1958 begann man auf dem Hohenasperg mit Gruppenpsychotherapie (Mauch, 1970, S. 66). Fünf bis zehn ausgewählte Patienten aus verschiedenen Zellen – das Krankenhaus besitzt nur Mehrbettzellen – bildeten eine Gruppe, die ein- bis dreimal in der Woche für 90 Minuten zu einem freien Rundgespräch zusammenkam. Jetzt zeigten sich die Nachteile der Gemeinschaftszellen, in denen Häftlinge der verschiedensten Deliktarten verwahrt wurden: es bildeten sich die sogenannten ›Kriminellen-Gruppen‹ (Brink, 1964, S. 121). »Immerhin findet der Kriminelle in der Kriminellen-›Gruppe‹ ein bißchen von dem, was er in der Familie oder im Verein nicht erreichen konnte, nämlich Solidarität, Sicherheit und Beruhigung, Hilfe in der Not und das Gefühl, einen bestimmten Platz unter anderen zu haben« (S. 121). ›Asoziales‹ Verhalten dieser Gruppen zum Nachteil der Beamten und Mithäftlinge aus anderen Zellen gehören so sehr zum Verhaltens- und Erwartungsschema von Beamten und Gefangenen, daß Änderungen an diesem Schema Verhaltensunsicherheiten auf beiden Seiten hervorrufen.

Die Teilnehmer der ersten Therapiegruppen waren starken Anfeindungen seitens der Mitgefangenen ausgesetzt und wurden als Verräter an der gemeinsamen Sache gebrandmarkt; ›Patienten‹, die diesem Druck nicht gewachsen waren, kehrten deshalb in die ›Kriminellen-Gruppen‹ zurück. »Die Beamten hatten anfangs große Schwierigkeiten, diese Änderungen im Verhaltensschema zu ertragen. Einige versuchten, die Gefangenen in der Kriminellen-Gruppe zu halten; sie machten die Therapie und die Patienten vor den anderen Gefangenen lächerlich und ließen die Patienten nicht zu Gruppenstunden gehen. Die Gruppenarbeit war auf die Dauer nur im Krankenhaus mit seinem therapeutischen Klima möglich« (S. 122).

1959 wurden die ersten Fälle und Ergebnisse anläßlich einer anstaltsärztlichen Tagung auf dem Hohenasperg in Anwesenheit der Vertreter des Justizministeriums vorgestellt. Diese zeigten sich skeptisch: es sei noch verfrüht, konkrete Schlüsse zu ziehen; man müsse noch Erfahrungen sammeln. »Wie die Erfahrungen zu sammeln seien, hat man uns nicht gesagt; und damals waren der Mut und Elan unserer Mitarbeiter nicht gerade hervorragend. Sie sagten: da wird sowieso nichts draus, und die meisten wanderten ab. Ich blieb allein mit einem Kollegen, und wir versuchten, zumindest das Flämmchen nicht ausgehen zu lassen« (Interview).

1963 wurde eine psychotherapeutische Abteilung mit 30 Betten eröffnet, die zunächst als ›Chronisch-Kranke-Station‹ getarnt wurde. Im gleichen Jahr kam die sogenannte Kastratengruppe und 1967 die SH-Gruppe (Hormongruppe) hinzu, die beide nicht der psychotherapeutischen Abteilung angeschlossen wurden. 1968 eröffnete das Krankenhaus eine Psychopathen-Abteilung mit 30 Betten. »Im Sommer des Jahres 1968 wurden [...] die noch auf dem Hohenasperg befindlichen, nicht behandlungsbedürftigen Strafgefangenen in Vollzugsanstalten des ›Normalvollzugs‹ verlegt. Ab 1. Oktober 1968 erhielt das Haus die Bezeichnung ›Vollzugskrankenhaus Hohenasperg‹ [...]« (Boley, 1972, S. 92). Im gleichen Jahr wurde die Psychotherapeutische Abteilung endgültig institutionalisiert und am 15. Juli 1969 in ›Sozialtherapeutische Abteilung‹ umbenannt. Leiter der neuen, auf 60 Betten erweiterten Abteilung wurde Regierungsmedizinaldirektor Engell.

Die Abteilung besitzt nur Mehrbettzellen (4 bis 8 Mann pro Zelle), einen Gruppenraum mit Handbibliothek und einen Fernsehraum. Alle Räume sind nach außen vergittert. Im Gruppenraum werden Insassentreffen, Gruppenstunden, gemischte Sitzungen der Verwaltung, Sitzungen des Gefangenengremiums und des therapeutischen Teams abgehalten. Dieses besteht zur Zeit aus drei hauptamtlichen und einem nebenamtlichen Psychologen, einem analytisch ausgebildeten Arzt, einem Psychiater und Psychoanalytiker, zwei Sozialarbeitern, einer Sozialarbeiterin und zehn Aufsichtsbeamten. Zwischen Pflege- und Aufsichtspersonal, das z. T. als Co-Therapeuten eingesetzt wird, herrscht keine starre Trennung. Von den Therapeuten besitzen zur Zeit nur zwei eine psychoanalytische Vollausbildung. Bei den zweimal wöchentlich stattfindenden Sitzungen des Behandlungsteams werden nur Belange technischer Art besprochen. Interpersonelle Konfliktlösungen können wegen des fehlenden Therapeuten von außen (Supervisor) nicht durchgeführt werden.

Leiter des Krankenhauses ist nach wie vor Mauch, der nur noch die Kastraten-Gruppe und die SH-Gruppe (Hormon-Gruppe) betreut. Seit 1969 untersteht er nicht mehr dem Vollzugsleiter der Anstalt, der Dienstvorgesetzter der Bediensteten und verantwortlich für Sicherheit und Verwaltung ist, sondern unmittelbar dem Justizministerium.

b) Insassen

Aufnahmekriterien

Voraussetzung für die Aufnahme in die ›Sozialtherapeutische Abteilung‹ ist die Freiwilligkeit. Strafgefangene und Sicherungsverwahrte aus allen selbständigen Vollzugsanstalten und Gerichtsgefängnissen des Landes Baden-Württemberg, die eine Behandlung wünschen, können beim Justizministerium in Stuttgart einen Antrag auf Einweisung in die ›Sozialtherapeutische Abteilung‹ stellen. Diese nimmt dann zum Antrag des Behandlungsanwärters, der sich zunächst üblicherweise mit seinem Anstaltsarzt oder Anstaltspsychologen berät, Stellung. Verläuft sie positiv, dann erläßt das Justizministerium die Einweisungsverfügung. »Ist der Antragsteller nicht älter als 40 Jahre, mindestens durchschnittlich begabt und nicht hirnorganisch krank, so wird seine probeweise Aufnahme in die Sozialtherapeutische Abteilung empfohlen und in der Regel angeordnet« (Merkblatt v. 13. 4. 1970, S. 2).
Nach psychodiagnostischen Untersuchungen (Testbatterie einschließlich Graphologie), die in der Regel mehrere Wochen dauern, wird über Verbleib in der ›Sozialtherapeutischen Abteilung‹ oder Rückverlegung in die Stammanstalt entschieden. Bestehen ›erfolgversprechende Aussichten‹, dann »gehört er weitere drei Monate einer Behandlungsgruppe an und hat in dieser Zeit seine Eignung für die Sozialtherapie unter Beweis zu stellen« (S. 2; vgl. Mauch, 1971, S. 11 ff). Nach Abschluß der Probezeit wird er, wenn nicht ›schwerwiegende Eignungsmängel‹ in der Anfangszeit übersehen wurden, endgültig aufgenommen.
Der Gefangene kann vom Beschwerderecht Gebrauch machen, wenn er meint, zu Unrecht wieder in die Vollzugsanstalt verlegt worden zu sein. Die noch zu verbüßende Reststrafe soll unter keinen Umständen weniger als ein Jahr und nicht wesentlich mehr als drei Jahre betragen. Demnach richtet sich die Behandlungsdauer weniger nach therapeutischen Gesichtspunkten – wie lange eine ›sozialtherapeutische Behandlung‹ optimal notwendig wäre –, sondern nach der festgesetzten Haftdauer. Der ›Behandlungskandidat‹ wird noch vor seiner Aufnahme im ›Merkblatt‹ darauf hingewiesen, daß er weder damit rechnen darf, den Freiheitsentzug in der ›Sozialtherapeutischen Abteilung‹ unter erleichterten Bedingungen zu verbringen, noch im Regelfall erwarten

kann, daß sich die Dauer seiner Strafe durch den Aufenthalt im Vollzugskrankenhaus verkürzt. »Es wird ihm vielmehr ein persönliches Maß an persönlichem Einsatz als Gegenleistung für die aufwendige Psychotherapie, die er erhält, zugemutet« (S. 3).

Zusammensetzung

Eigentumsdelinquenten bilden nach Mauchs Beobachtungen den Großteil der Insassen; beim Rest überwiegen Sexualdelinquenten (Interview).

Altersgrenze und Intelligenzquotient der Insassen spielten früher eine untergeordnete Rolle. Obwohl sich bei Jugendlichen die Mitarbeit nicht immer so intensiv gestaltete wie bei Älteren, die die Behandlung ernsthafter betrieben, weil sie in ihr häufig ihre letzte Chance sahen, liegt das Durchschnittsalter heute bei 30 und darunter. Dieses Heranziehen jüngerer Jahrgänge ist mit der Hoffnung verknüpft, weniger eingeschliffene ›kriminelle Verhaltensmuster‹ vorzufinden. Von einem höheren Intelligenzquotienten (früher. ca. 80, heute 100 nach HAWIE), verspricht man sich leichtere Arbeit und günstigere Statistiken. »[...] aber, ob die unter 90 rein von der Prognose schlechter abschneiden als die mit 110, ist nicht erwiesen – ich möchte es sogar bezweifeln« (Mauch, Interview). Allerdings geht Mauch weder im Interview noch in seinem Hauptwerk (1971) auf die Problematik des IQ ein.

Die Insassen werden, je nach Behandlungsfortschritt, einer der vier folgenden Gruppen zugerechnet:

1. den Neulingen, die in der sogenannten Zugangsgruppe erfaßt werden und noch keinem Therapeuten zugeteilt sind;
2. den Therapieteilnehmern, die einem Therapeuten zugeteilt sind und in der Anstalt arbeiten;
3. den Insassen, die außerhalb der Anstalt arbeiten:
   a) im strengen Vollzug: der Beamte überwacht den Insassen ständig,
   b) im gelockerten Vollzug: der Beamte überwacht den Insassen nur stundenweise;
4. den Freigängern, die morgens die Anstalt ohne Aufsicht verlassen und abends zurückkehren.

Etwa die Hälfte der Insassen (zur Zeit ca. 25) arbeitet in drei ›Kommandos‹ (Mauch) zu je 7 bis 8 Mann außerhalb der Anstalt, darunter 3 Freigänger.

Arbeit und Ausbildung

Innerhalb des Krankenhauses arbeiten die Gefangenen, entlohnt wie im Regelvollzug, in einem anstaltseigenen Schreinerei- und Industriebetrieb. Die in alten, notdürftig ausgebauten Gewölben untergebrachten Arbeitsbetriebe sind in baulich schlechtem Zustand und dürftig ausgestattet. Möglichkeiten zur Aus- und Fortbildung bestehen nicht auf dem Hohenasperg. »Die bloße Vermittlung eines Berufes ohne gleichzeitige Einwirkung auf die Struktur des zu Behandelnden ist oft vergebene Liebesmühe« (Mauch, 1966, S. 408). Mauchs Aussage läßt vermuten, daß er die Zusammenhänge verkennt: die bloße Einwirkung auf die Struktur des zu Behandelnden ohne gleichzeitige Vermittlung eines Berufes – nur so kann er später Fuß fassen – ist ebenso vergebliche Mühe wie umgekehrt; – beides muß parallel geschehen.

Arbeit sollte nach Mauchs Ansicht nicht Selbstzweck oder Strafe sein; sie sollte zur Einübung von ›Konzentrationsfähigkeit‹, ›Exaktheit‹ und ›Pünktlichkeit‹ dienen. Sind diese Fähigkeiten entwickelt, dann hat der Insasse bzw. der Entlassene die notwendigen Voraussetzungen, einen Beruf zu erlernen, den er mit hoher Wahrscheinlichkeit ausüben kann. Arbeit wird somit als Bestandteil der ›Therapie‹ verstanden (vgl. Rasch, 1970, S. 35 ff, und G. u. R. Mauch, 1971, S. 67, Fußnote 201).

c) Therapie

Ziel der Therapie

Das therapeutische Ziel wird in der weitestmöglichen Beseitigung der Persönlichkeitsstörung erblickt. Die Beseitigung dieser Störung hat, sozusagen automatisch, »die Eingliederung des Straftäters in seine Umwelt, in die Gesellschaft zur Folge [...]« G. u. R. Mauch, 1971, S. 28). Angesichts der »oft begrenzten Entwicklungsmöglichkeiten vieler Straftäter« (S. 28) sind die Erwartungen bescheidener als die Zielvorstellungen: in vielen Fällen muß man sich mit einer »nur äußerlichen Anpassung des Delinquenten an die Gesellschaftsordnung (begnügen)« (ebd.).

Die analytisch-orientierte Psychotherapie hat sich innerhalb der bekannten psychotherapeutischen Behandlungsmethode als das wirkungsvollste Verfahren erwiesen (S. 29). Mit ihrer Hilfe erhielten viele ›Patienten‹ Einblicke in ihre unbewußten Abwehrmechanismen und wurden dadurch eher in den Stand versetzt, infantile Regungen und Triebanteile zu integrieren (1966, S. 404).

Therapieformen

Zur Zeit werden in der ›Sozialtherapeutischen Abteilung‹ Gruppenbehandlungen durchgeführt, die sich aus allgemeiner Gruppenarbeit, Gruppentherapie und analytisch-orientierter Gruppenpsychotherapie zusammensetzen. Ergänzt wird die Behandlung durch Milieu- und Kontakttherapie. Medikamentöse und chirurgische Maßnahmen betreffen in erster Linie die Sexualdelinquenten.

Auf einige weitere ›sozialtherapeutische‹ Maßnahmen mußte infolge Fehlens bzw. Fortgangs des entsprechend qualifizierten Personals verzichtet werden, darunter auf Arbeits- und Beschäftigungstherapie. »Wir hatten z. B. eine Musikgruppe, die sich sehr gut bewährt hatte. Durch Ausscheiden des Lehrers ist die Gruppe eingeschlafen. Wir hatten eine Theatergruppe; durch Ausscheiden des Fürsorgers, der das gemacht hatte, konnte sie nicht weitergeführt werden. Wir hatten eine Sportgruppe. Ich hatte gehofft, daß jeder Beamte, der als Co-Therapeut eingesetzt war, auch bei dieser Gruppe mitwirkt, sowohl in der Mannschaft als auch beim Ringen oder Boxen. [...] Wir haben aber keinen Sportsaal und konnten das nur während der Sommermonate machen – es schlief mit der Zeit wieder ein« (Mauch, Interview).

Gruppenpsychotherapie: Bis zu seiner Entlassung verbleibt der Insasse in derselben Therapiegruppe (ca. 7 Personen) beim selben Therapeuten. Die Behandlung dauert in der Regel zwei bis drei Jahre. Gruppensitzungen finden zweimal wöchentlich statt und werden nur in Ausnahmefällen durch Einzeltherapie ergänzt.

Homogene Gruppenzusammensetzungen (z. B. Konzentration von Sexualdelinquenten – »es kamen manche Dinge vor, die nicht toleriert werden konnten«; Interview) werden vermieden, da die Erfahrung auf dem Hohenasperg lehrt, daß die Arbeit mit heterogener Gruppenzusammensetzung (verschiedene Deliktarten) bessere Resultate zeitigt; allerdings sollte die Therapiegruppe nicht in einer Zelle leben (Brink, 1964, S. 123).

Hinsichtlich der jeweils angewandten Methoden und Techniken finden zwischen den Analytikern keine gemeinsamen Absprachen statt. Mauch hält diese ›Autonomie des Therapeuten‹ innerhalb einer Abteilung für ungefährlich; sie sei sogar notwendig, weil nicht alle Gruppenleiter der gleichen psychoanalytischen Schule angehörten. Bisher habe dies weder zu Konflikten zwischen den Insassen noch zu solchen zwischen den Therapeuten geführt (Interview). Offen bleibt allerdings, ob es sich nicht doch um die Rationalisierung eines von Sachzwängen (Personalmangel) bestimmten Zustandes handelt.

Milieu- und Kontakttherapie: »Im Vordergrund der milieutherapeutischen Arbeit steht die Verhaltensbeobachtung, die gemeinsam durchgeführte Kritik, die gemeinsame Bewertung der Arbeitsleistung und Arbeitsqualität. Bei den Besprechungen ist der Betroffene stets dabei. Jeder im Team (Psychiater, Psychologe, Werkbeamter, ein gewählter Gefangener) äußert sich, und der Gefangene, der beurteilt wird, nimmt zur Kritik Stellung. Es wird nach Möglichkeit positive Kritik geübt« (Mauch, 1966, S. 408).

Die Insassen können sich innerhalb der ›Sozialtherapeutischen

Abteilung‹ frei bewegen. Während des Tages sind die Zellentüren geöffnet, abends werden sie geschlossen. Die freie Kommunikation innerhalb der Abteilung ist tagsüber gewährleistet, obwohl verschiedene Gruppen von Insassen, einschließlich Freigänger, auf der Abteilung wohnen. Fernsehen, Radio und Zeitungen können auf der Abteilung benutzt werden. Ihre Zellen können die Insassen im bestimmten Rahmen nach eigenen Wünschen gestalten. Nacktfotos an den Wänden werden geduldet, allerdings keine eindeutigen pornographischen Darstellungen. »Das Personal hat Kritik oder Unbotmäßigkeit der Delinquenten nicht mit Strafe (wie im Regelvollzug z. B. mit Arrest) zu unterdrücken, sondern sich in Aussprachen zu stellen« (Mauch, 1970, S. 69). »Diese Aussprachen verursachten (besonders in den ersten Jahren) sowohl bei den Beamten als auch den Gefangenen im wörtlichen Sinne Magenbeschwerden. Manche blieben sogar drei Tage im Bett liegen« (Mauch, 1964, S. 119).

Homosexuelle Kontakte werden nicht toleriert. Erfährt man offiziell davon – bei den vorhandenen Mehrbettzellen gehen die Beschwerden meist von den Mitinsassen aus –, dann legt man die Betreffenden auseinander.

Bei Maßnahmen, die die Abteilung betreffen, haben die Insassen ein Vorschlags-, aber kein Stimmrecht. »Die Gefangenen, die dieses Gremium bilden [...], sind von der Arbeitsgruppe, der sie angehören, auf eine kurze ›Legislaturperiode‹ gewählt. Durch die Wahl werden Cliquenbildungen und Protektionen vorgebeugt. Jeder Gefangene erhält somit die Möglichkeit, Verantwortung zu tragen« (S. 119).

Medikamentöse Maßnahmen (Hormonale Behandlung): Die Experimente rein psychotherapeutischer Art mit Sexualdelinquenten sind auf dem Hohenasperg gescheitert. Seit Einführung des Hormonpräparates ›Cyproteronacetat‹ (Androcur) im Jahre 1967 werden auch in der psychotherapeutischen Behandlung von Sexualdelinquenten Erfolge registriert. Die Anwendung dieses Präparates beschränkt sich nicht nur auf Sexualdelinquenten: »Einige Patienten, die gleichzeitig eine sexuelle Deviation aufweisen – was in den Sitzungen besprochen wird –, wünschen zusätzlich mit dem triebdämpfenden Mittel Androcur behandelt zu werden. Sie erleben es als eine Entlastung, wenn man eine kleine Dosis gibt, die die Spitze der Hypersexualität abschneidet« (Interview).

Der Erfolg der medikamentösen Behandlung hängt von der zuverlässigen und regelmäßigen Einnahme der ›Hormonpille‹ ab. Die SH-Gruppe (Hormongruppe) trifft sich regelmäßig zu Gruppengesprächen; die Gruppenmitglieder informieren sich bei diesen Gelegenheiten gegenseitig über die Wirkung des Medikaments. Kurzzeitbehandlungen von ein- bis mehrmonatiger Dauer sind für Anwärter auf eine chirurgische Kastration zum Kennenlernen des späteren Dauerzustandes geeignet. »So kann die Vorbehandlung mit ›Androcur‹ dazu beitragen, dem Sexualdelinquenten den schwerwiegenden Entschluß für eine vorgesehene operative Kastration zu erleichtern« (Interview).

Chirurgische Maßnahmen (Kastration): Kastration erfolgt nur auf Wunsch. Der Insasse, der eine operative Kastration anstrebt, erhält vom zuständigen Anstaltsarzt das Merkblatt über Kastrationsfolgen (Langelüddeke, 1963, S. 234). Es werden zunächst sämtliche erforderlichen allgemein-medizinischen, neurologischen, psychiatrischen und psychologischen Untersuchungen durchgeführt. Aufgrund des anschließend erstellten Gutachtens entscheidet das Gutachtergremium bei der Ärztekammer über die Zulässigkeit der Kastration.

Der Proband wird zur Vorbereitung in eine Aussprachegruppe eingereiht, der die Anwärter auf Kastration und die bereits kastrierten Patienten angehören. Die Gruppe trifft ein- bis zweimal wöchentlich zusammen, um die aktuellen, mit dem Eingriff in Verbindung stehenden Probleme zu erörtern und vor allem seelische Veränderungen im Zusammenhang mit der Kastration mitzuteilen und zu diskutieren (Mauch, Bechtel, 1968, S. 201). Die Gesprächsgruppe ist für den Neuankömmling eine wichtige Orientierungshilfe im Hinblick auf seine endgültige Entscheidung, sich kastrieren zu lassen oder davon Abstand zu nehmen. Im Augenblick besteht die Gruppe aus zehn Mitgliedern, von denen bereits vier kastriert sind. Mauch: »Der Kastrierte berichtet, wie es ihm nach der Kastration ergangen ist. Ein anderer berichtet, was er getan hatte, als er nur mit der ›Pille‹ entlassen würde und warum er sie nicht eingenommen hat und wieder rückfällig wurde. Der Anwärter stellt bei diesen Gruppengesprächen natürlich die Fragen, die ihn besonders berühren. Auf diese Art kommt der Informationsfluß viel besser zustande, als wenn der Arzt anhand eines Merkblattes auf die und jene Folgen hinweisen würde« (Interview).

In der ARD-Fernsehsendung ›Bilder aus der Wissenschaft‹ (Freitag, 2. 3. 1973) konnte man eine solche Diskussion in Ausschnitten verfolgen:

Erster Insasse: »[...] Ich bin nachts aufgewacht und bin auf der Zelle rauf und runter gegangen: was soll ich machen? Ich hab' mich an den Tisch gesetzt und hab' gesagt: was ist das Beste für dich? Läßt du dich kastrieren, dann bist du von *allem Übel* befreit. Läßt du (!) dich nicht kastrieren, dann werd' ich (!) wieder rückfällig.«

Zweiter Insasse: »[...] Die Gefahr besteht gerad' bei einer medikamentösen Behandlung, daß man, sofern man das Haus hier verlassen hat, sich sagt: ist doch alles schnurz; die (Pille) nimmst du mal heute nicht – man vergißt es praktisch. Also das möcht' ich dir ehrlich sagen: dir passiert's wieder – garantier' ich dir.«

Dritter Insasse: »Na gut, dann stell' ich die Frage: warum überhaupt die Pille? Sie hat doch mir geholfen; das sind doch Tatsachen. Sicher, man kann annehmen – aber man kann nicht sagen: Du wirst wieder rückfällig.«

Vierter Insasse: »Ich möcht' dir darauf antworten, und zwar folgendes: Du bist ein Gewaltverbrecher in der Notzucht –«

Dritter Insasse: »– Sicher –«

Vierter Insasse: »– und du bist wie eine Zeitbombe –«

Dritter Insasse: »– das ist *deine* Meinung –«

Vierter Insasse: »– hier kann nur eine operative Entmannung helfen!«

Unklar bleibt, ob bei solchen Aussprachen sachliche Informationen im Vordergrund stehen und vermittelt werden können, oder ob ein unausgesprochenes Interesse der bereits Kastrierten mitschwingt, dem Neuankömmling möge es ähnlich wie ihnen ergehen. Sachliche Informationen über mögliche Langzeitfolgen der Kastration, wie sie z. B. Langelüddeke beschreibt (1963, S. 82 ff), können allein in Gesprächen dieser Art nicht vermittelt werden; aus diesem Grunde finden auch Einzelgespräche nur mit dem zuständigen Arzt statt.

Nach der Kastration bleiben die Kastrierten etwa sechs Monate zur Beobachtung in der Aussprachegruppe. »Zu einem vom Patienten gestellten Gesuch auf vorzeitige Entlassung aus der Strafvollstreckung oder zur probeweisen Entlassung aus der Sicherungsverwahrung« kann dann fundiert Stellung genommen werden (Mauch, Bechtel, 1968, S. 203).

Von 35 Patienten, die seit 1964 auf dem Hohenasperg kastriert wurden, ist nur einer rückfällig geworden. Innere Spannungen, Unruhe, Unlustgefühle und sexuelle Zwangsvorstellungen seien, übereinstimmenden Mitteilungen der Kastrierten zufolge, nach dem Eingriff abgeklungen. Mauch: »Manche haben sogar geheiratet. Was mir meine Patienten berichten, war immer dasselbe: daß sie nicht mehr so beunruhigt werden durch ihre sexuellen Spannungen, unter denen sie gelebt hatten und daß sie sich viel besser dem Partner zuwenden könnten. Sie sind viel ›liebebedürftiger‹ und ›geben auch mehr Liebe‹ – sagen die Ehefrauen. Es tritt bei den meisten eine Festigung der Familienkontakte ein und auch sonst eine soziale Beruhigung; sie sind häuslicher [. . .]. Die Briefe, die ich bekomme, lauten einhellig in eine Richtung: ›Ich bin frei von Schuld; ich kann endlich erhobenen Hauptes durch mein Dorf (meine Stadt) gehen; ich kann jedem ins Gesicht schauen; ich habe mein Opfer gebracht; ich bin nicht mehr der deklassierte Sexualverbrecher‹« (Interview).

Mauch gibt die Rückfallquote mit ca. 4% an; er geht jedoch an keiner Stelle auf die negativen physischen und psychischen Langzeitfolgen der Kastration ein.

d) NACHBETREUUNG

Das Problem der Nachbetreuung ist nicht gelöst. In Krisensituationen verweisen die Therapeuten meist telefonisch auf die
Adressen der nächsten Fürsorgestellen oder Bewährungshelfer;
eine unmittelbare Kontaktaufnahme ist schon aus Gründen der
mangelnden Unterbringungsmöglichkeiten ausgeschlossen. Zudem ist eine Neuaufnahme in Krisensituationen gesetzlich nicht
geregelt.
Nur die Entlassenen im Raum Stuttgart, einschließlich der mit
Cyproteronacetat Behandelten, können seit einem Jahr vom
›Psychotherapeutischen Zentrum‹ in Stuttgart betreut werden,
wo sie sich zweimal in der Woche mit einem praktizierenden und
einem ehemaligen Psychotherapeuten des Vollzugskrankenhauses
treffen, um die Behandlung fortzusetzen (Interview).

e) BISHERIGE ERGEBNISSE

Die zur Beurteilung eines Behandlungserfolges notwendigen
Katamnesen reichen selten über den Entlassungszeitpunkt des
Betreffenden hinaus. Ist dies hin und wieder dennoch der Fall,
dann hauptsächlich deshalb, weil der Hohenasperg zentrales Vollzugskrankenhaus für das ganze Land Baden-Württemberg ist:
Ehemalige Insassen werden nach Rückfällen neu eingeliefert und
sorgen auf diese Weise dafür, daß ihre Akte auf dem neuesten
Stand bleibt. In anderen Fällen bestehen Briefverbindungen zwischen ehemaligen Analysanden und ihren Therapeuten.
Gradmesser des Behandlungserfolges ist für Mauch weniger die
Tatsache, ob der Entlassene statistisch rückfällig wurde oder
nicht: Wesentlich ist für ihn die Abnahme sowohl der Intensität
als auch der Häufigkeit der Straftaten. Unter diesem Blickwinkel
erweisen sich Statistiken herkömmlicher Art als zu grobmaschige
Kontrollinstrumente (Interview; vgl. Mauch, 1966, S. 410/11).
»Nach bisherigen Erfahrungen ergibt sich – wir überblicken rund
hundert Fälle – etwa folgendes Bild: Ein Drittel der behandelten
chronischen Rückfalltäter erscheint resozialisiert, ein Drittel gebessert und ein Drittel unverändert [. . .]. Unsere anfangs aufge-
stellte Arbeitshypothese hat sich also insoweit bestätigt. Die
Psychotherapie in ihrer ausgedehnten, mit anderen Verfahren
kombinierten und unterstützten Form, kurz die Sozialtherapie
hat bewiesen, daß sie Wege zur Resozialisierung öffnen kann«
(1969, S. 170/174).

Der Architekten-Wettbewerb für die erste sozialtherapeutische Anstalt in Baden-Württemberg wurde 1971 ausgeschrieben und 1972 entschieden. Der erste Spatenstich soll 1974 erfolgen. Mit der Fertigstellung wird 1977/78 gerechnet. Da nach dem 2. Gesetz zur Reform des Strafrechts die Länder verpflichtet sind, sozialtherapeutische Anstalten am 1. 10. 1973 zu eröffnen, plant das Justizministerium Baden-Württemberg als Zwischenlösung eine Abteilung mit ca. 50 Betten, die in einer alten Anstalt untergebracht werden soll. Diese soll selbständig sein und nach dem ›Modell Hohenasperg‹ arbeiten.

Mauch: »Ich glaube, daß die auf dem Hohenasperg geleistete Arbeit fortgesetzt wird, weil das Gesetz die sozialtherapeutische Anstalt vorschreibt; ohne Gesetz wäre alles umsonst gewesen. Ich glaube nicht, daß die Kontinuität dieser Arbeit nach meinem Ausscheiden sonst gewahrt worden wäre« (Interview).

Kritische Anmerkung: Streng genommen gibt es das ›Hohenasperger Modell‹ nicht: Die Abteilung, die heute ›sozialtherapeutisch‹ genannt wird, ist eine psychotherapeutische geblieben – ein wenig aufgeweitet durch Kontakt- und Milieutherapie. Weitere Erfahrungen und Maßnahmen, die nach Mauchs Definition zur ›Sozialtherapie‹ zählen, wurden zum Teil in der psychiatrischen Abteilung sowie bei der Kastraten- und Hormongruppe gewonnen. Selbst wenn man all diese, in verschiedenen Abteilungen und Gruppen praktizierten Maßnahmen zusammenzieht, fehlen noch wesentliche Teile des ›sozialtherapeutischen Fächers‹ (z. B. Arbeits- und Beschäftigungstherapie, Verhaltenstherapie u. a.).

Dieser Mangel ist nicht allein mit den vielen Sachzwängen zu erklären, unter denen die Entwicklung der ›Sozialtherapie‹ auf dem Hohenasperg stand, obwohl diese sicherlich vieles verständlich werden lassen. Wesentlicher ist die Tatsache, daß sich in all den Jahren der praktischen Arbeit keine Ansätze zu einer Theorie herauskristallisierten, die ›Sozialtherapie‹ in einen größeren Kontext als den der Psyche des Delinquenten gestellt hätte (Individualpathologischer Ansatz). Dieser Mangel an Theorie (vgl. G. u. R. Mauch, 1971, S. 27 ff) korreliert mit der fehlenden wissenschaftlichen Forschung; selbst wenn auf dem Hohenasperg die Möglichkeiten günstiger gewesen wären, hätte man kaum gewußt, was eigentlich zu erforschen sei. Diese Vermutung wird durch die Tatsache bestätigt, daß es weder Supervision noch Ansätze zu einer ›neutralen‹ Erforschung der angewandten Methoden gab und gibt. Unter solchen Umständen sind wissenschaftliche Erfolgskontrollen unmöglich; die Standards, an denen die sogenannten Erfolge gemessen werden, bleiben unklar.

Wie in ähnlichen ›Pioniersituationen‹ (Herstedvester), wo nicht auf bereits vorhandene Erfahrungen aufgebaut werden konnte,

hing auch hier der Fortgang des Experiments von der unermüd-
lichen Initiative des Leiters und seiner wenigen Mitarbeiter ab.
Ohne diese Arbeit in irgendeiner Form schmälern zu wollen,
muß man dennoch folgendes ins Kalkül einbeziehen: Der Umstand, daß sich nach dem Kriege jahrzehntelang im Regelvollzug
keine positiven Entwicklungen vollzogen haben, hat sicherlich
dazu beigetragen, daß die ›Pionieransätze‹ auf dem Hohenasperg
eine übermäßig hohe Bewertung erfahren haben. So sind es nicht
in erster Linie die dort erzielten ›Erfolge‹, sondern auch die
andernorts deutlich ablesbaren Mißerfolge im Strafvollzug, die
den Hohenasperg in seinen heutigen Rang erheben. Es handelt
sich hier allenfalls um den Vorläufer einer sozialtherapeutischen
Abteilung, der nicht zuletzt deshalb ein solcher geblieben ist,
weil die restriktiven Bedingungen, unter denen gearbeitet werden
mußte, zu groß waren, die theoretischen Ansätze aber, die über
diese hinauszuweisen hätten, zu ›klein‹ geblieben sind.

2. Haus Sommerberg

Das therapeutisch-pädagogische Jugendheim Sommerberg, eine
Einrichtung der Arbeiterwohlfahrt zur Behandlung ›neurotisch-
dissozialer Jugendlicher‹ im Alter von 15 bis 21 Jahren, liegt ca.
16 Kilometer von Köln entfernt in der Nähe der Gemeinde Rös-
rath-Hoffnungsthal auf dem Gelände des ehemaligen TBC-
Krankenhauses Hoffnungsthal, einem zehn Hektar großen be-
waldeten Grundstück.
Die Beschreibung dieses Fürsorgeheims im Rahmen der Zusam-
menstellung sozialtherapeutischer Abteilungen und Anstalten
erfolgt deshalb, weil in diesem Heim während der praktischen
Arbeit in den neun Jahren seines Bestehens bestimmte Organi-
sations- und Behandlungsformen entwickelt und differenziertere
Überlegungen in baulicher Hinsicht angestellt worden sind, die
für den Aufbau einer sozialtherapeutischen Anstalt – trotz unterschiedlicher Anstaltspopulation – von Bedeutung sein könnten.

a) ENTWICKLUNG

Die ersten Vorüberlegungen für das Jugendheim Sommerberg
gehen bis in das Jahr 1955 zurück und sehen eine Art Jugend-
sanatorium unter der Leitung eines Arztes vor. Dort wären jedoch
nur einseitig ›klinisch-therapeutische Möglichkeiten‹ vorhanden
gewesen, während ›psychosoziale Übungsmöglichkeiten‹ weitgehend gefehlt hätten. Da zudem organisatorische Mängel – u. a.
die Personalunion von Arzt und pädagogischem Direktor – nega-

tive Auswirkungen auf das Behandlungsklima befürchten ließen, wurde die geplante Einrichtung immer mehr in Richtung eines nicht nur therapeutischen, sondern zugleich auch pädagogischen Jugendheims weiterentwickelt.

Trotz anfänglicher starker Widerstände seitens des Trägers (der Arbeiterwohlfahrt) und des Jugendamts gegen diese Form eines therapeutisch-pädagogischen Jugendheims mit einer getrennten Leitung der beiden Bereiche Therapie und Pädagogik wurde das Heim mit dieser Konzeption im Frühjahr 1962 eröffnet.

Da zu jener Zeit weder Vorbilder über den organisatorischen Aufbau eines solchen Heims noch Erfahrungen über die dort intendierten Formen pädagogischer und therapeutischer Gruppenarbeit und die daraus ableitbaren Aufnahmekriterien verfügbar waren, mußten diese Bereiche im Laufe der Jahre von den Mitarbeitern größtenteils selber empirisch erarbeitet werden. Dabei mußten auch anfängliche Vorstellungen über Insassenzahl und erforderliche Gruppengrößen während der praktischen Arbeit revidiert werden. 1962 hatte der therapeutische Leiter des Heims, Klüwer, noch eine Insassenzahl von 60 bis 70 Jugendlichen für die obere tragbare Grenze angesehen; in neueren Publikationen und auch während unseres Interviews vertritt er jedoch die Ansicht, daß »ein Optimum der Heimgröße bei 24 Jugendlichen liegt« (Klüwer, 1970a, S. 224).

Diese Erfahrungen über sinnvolle Gruppengrößen im Hinblick auf das spezielle Behandlungskonzept des Heims waren den Mitarbeitern von Haus Sommerberg nur dadurch möglich, daß sie im Zuge einer stufenweisen Aufstockung der Insassenzahl von 12 im Jahre 1962 auf 48 im Jahre 1967 »im Sinne des Projektforschungsverfahrens durch die jeweilige Auswertung der ablaufenden Prozesse die Voraussetzungen für den nächsten Schritt im Entwicklungsprozeß erarbeiten« (ebd.) und damit die maximale Leistungsfähigkeit des von ihnen praktizierten Konzepts ausloten konnten.

b) Zielsetzung

Die Aufgabe des Heims sieht der Heimtherapeut Künzel darin, neurotisch-dissoziale Jugendliche »im Rahmen einer größeren Institution [...] durch analytisch-therapeutische Einzel- und Gruppentherapie in Verbindung mit Heilpädagogik in differenzierter Weise an die Realität heranzuführen« (Künzel, 1965a, S. 214). In idealisierender Weise bezeichnet Klüwer den Heimaufenthalt als »eine Art Moratorium, eine Art Pause«, die den Jugendlichen die Möglichkeit geben soll, »die aus dem Lebensschicksal entstandenen inneren Konflikte zu verarbeiten, nicht erfahrene Grunderlebnisse nachzuholen und die innere Freiheit wiederzugewinnen, die es ihnen ermöglicht, die psychische Energie von den inneren Problemen zu lösen und wieder für die Bewältigung der realen äußeren Probleme einzusetzen, um den altersentsprechenden Reifestand zu gewinnen« (Klüver, 1965, S. 114).

Dieser allgemeinen, schicht- und klassenunspezifischen Zielsetzung ist auch die relativ isolierte Lage des Heims angemessen. In einem ländlichen, von den ›schädlichen Einflüssen der Großstadt‹ weitgehend abgelösten Schutzraum sollen die Jugendlichen erzogen und behandelt werden, um in der gesellschaftlichen Realität außerhalb des Heims bestehen zu können. Ganz vergessen wird jedoch, daß durch die Insellage des Heims weniger eine Vorbereitung auf die ›soziale Realität der Industriegesellschaft‹ als vielmehr eine Erziehung auf die gesellschaftsferne Realität des Heims gelingen wird (vgl. dazu: Gefesselte Jugend, 1971, S. 183 ff).

Die Arbeit im Heim, die »auf die speziellen Bedingungen neurotisch-dissozialer Jugendlicher eingestellt« ist, »ist in Therapie und Pädagogik gruppenorientiert, weil für den neurotisch Dissozialen die pädagogische Entwicklung durch die psychische Behinderung eingeengt ist und deren Psychotherapie wiederum nur auf der Basis eines tragfähigen sozialen Raumes möglich ist« (Heimprospekt, S. 2).

Diese Zielsetzung kommt auch in der klaren Trennung der Heimarbeit in einen pädagogischen und einen therapeutischen Bereich zum Ausdruck. Die Leiter und Mitarbeiter dieser beiden Bereiche sind zwar organisatorisch voneinander unabhängig, arbeiten aber in ständiger Zusammenarbeit die Probleme des Heims miteinander durch. Dieser Erfahrungsaustausch zwischen den Mitarbeitern der beiden Bereiche ist durch eine Reihe regelmäßiger Besprechungen und Konferenzen gesichert.

c) Insassen

Ein wesentlicher Unterschied zwischen Haus Sommerberg und allen anderen hier behandelten Anstalten und Abteilungen ist in der speziellen Indikation zu sehen, d. h. der Ausrichtung der Behandlung auf einen ganz bestimmten Typ der Dissozialität. In Haus Sommerberg spricht man nicht von Kriminalität, sondern verwendet dafür den Begriff der Dissozialität, »um damit – frei von Wertungen – zu konstatieren, daß Schwierigkeiten im Sozialbezug bestehen« (Klüver, Interview v. 2. 10. 1970) oder aber – wie es Kritiker formulieren – um mit diesem nur scheinbar wertfreien Begriff »soziale Erscheinungen wie Verwahrlosung und Verbrechen [...] aus der Welt zu schaffen« (Gefesselte Jugend, 1971, S. 68).

Die Insassen werden nicht aufgrund bestimmter Delikte, sondern im Hinblick auf ihre ›psychosoziale Struktur‹ – d. h. die Art ihrer Störung und deren Bedingungsweise – im Heim aufgenommen. Zur Differenzierung der Gruppe der Dissozialen bedient sich der Mitarbeiterstab einer Unterteilung von Peter Scott, die vier Formen der Dissozialität – für die jeweils unterschiedliche Hilfen notwendig sind – unterscheidet und die sich »für den praktischen Umgang mit den Behörden als brauchbar erwiesen hat« (Klüwer, Interview).

1. Subkulturelle oder sozialisierte Delinquenz: Erlernen falscher Standards in einem normalen Lernprozeß.
2. Chronischer Infantilismus: ist bei Jugendlichen vorhanden, die keine eindeutige Verhaltensnorm gelernt haben und bei denen die Lernprozesse unentfaltet geblieben sind.
3. Neurotische Dissozialität: durch negative Lehren ist der Lernprozeß deformiert; eine überstrenge Überich-Bildung führt zur Entwicklung eines ›doppelten Gewissens‹.
4. Maladaptives Verhalten: der Lernprozeß ist aufgrund traumatischer Situationen während der frühkindlichen Entwicklung partiell oder total zusammengebrochen. (Vgl. dazu Klüwer, 1969b, S. 185ff).

Die Jugendlichen in Haus Sommerberg rekrutieren sich vorwiegend aus der dritten Gruppe. Sie haben eine ›normale Intelligenz‹ und keine organischen Störungen. Ihre dissozialen Verhaltensweisen sind nicht primär triebbedingt, sondern Folge neurotischer Konflikte: die permanenten Vorwürfe eines sadistisch-grausamen Überichs und die daraus resultierenden Schuldgefühle werden mit der Entwicklung bestimmter Abwehrmechanismen kompensiert (Größen- und Vollkommenheitswahn), wobei diese Vorgänge den Jugendlichen »nicht bewußt sind und [. . .] daher gewissermaßen als Charakterzüge imponieren (narzißtische Charakterneurose)« (Künzel, 1965b, S. 139). »[. . .] wenn er als dissozial auffällt, hat er ja einen Abwehrmechanismus entwickelt, mit dem er seinem inneren Konflikt dadurch entgehen kann, indem er einen äußeren daraus macht« (Klüwer, Interview). Folge dieser affektiv besetzten Abwehrkräfte sind »ein zunehmender Realitätsverlust und (eine) Verkümmerung der Sozialbezüge« (Künzel, 1965b, S. 135). »Für die Behandlung der Jugendlichen ist eine Psychotherapie notwendig, denn nur in dem Maße, in dem sie ihre inneren Konflikte lösen können, können sie im äußeren Verhalten sinnvoll reagieren und auch wieder lernfähig werden« (Klüwer, Interview).

d) Einweisungskriterien

Die in Haus Sommerberg allmählich empirisch entwickelten Aufnahmekriterien leiten sich einerseits aus den speziellen Behandlungsmethoden ab und tragen andererseits dem Umstand Rechnung, daß Haus Sommerberg ein völlig offenes Heim ist.

1. Es werden männliche Jugendliche im Alter von 15 bis 21 Jahren aufgenommen, bei denen die neurotischen Ursachen für die dissozialen Auffälligkeiten überwiegen.

2. Der einzelne Jugendliche muß:

   a) mindestens eine durchschnittliche Intelligenz (IQ 100 nach HAWIE) besitzen, da er sonst die psychischen Vorgänge in der Einzel- und Gruppentherapie, die sich in schnellen und ständig sich wandelnden Prozessen manifestieren, nicht erfassen kann;

   b) die Fähigkeit besitzen, sich in emotionale Objektbeziehungen einzulassen, damit er in der Psychotherapie mitarbeiten kann;

   c) sich mit den Mitarbeitern des Heims in ein Arbeitsbündnis einlassen, d. h. die im Heim gebotenen Möglichkeiten wahrnehmen und sich im Rahmen der gegebenen Grenzen verhalten. Jugendliche, die wiederholt ausweichen und fortlaufen, können in diesem Rahmen auf die Dauer nicht gehalten werden, da das Agieren nach draußen (d. h. über die Heimgrenzen hinweg) leicht zu Verstrickungen führt und die notwendigen Verarbeitungsprozesse im Heim unmöglich macht;

   d) alle Berufs- und Ausbildungswünsche zurückstellen und bereit sein, sich innerhalb des Heims mit seinen eigentlichen Problemen auseinanderzusetzen;

   e) sich klar sein, daß es nicht möglich ist, einen Zeitpunkt festzulegen, an dem z. B. ein bestimmtes Ziel erreicht oder der Heimaufenthalt beendet sein muß (in der Regel vergehen bis zu Wiederaufnahme der Ausbildung ein bis anderthalb Jahre und bis zur Entlassung zwei bis drei Jahre).

3. Leidensdruck und Krankheitseinsicht müssen vorhanden oder zu erwarten sein.

4. Aufnahme und Behandlung suicidgefährdeter Jugendlicher, die verstärkte Beobachtung brauchen, sind in Haus Sommerberg nicht möglich, da das Heim keinen Sanatoriumscharakter hat.

5. Wichtig für die Indikationsbeurteilung ist ferner die Dauer, Schwere und Häufigkeit des dissozialen Verhaltens sowie die Dauer des ›Lernens in der dissozialen Gruppe‹.

6. Schließlich muß von seiten des Heims die jeweilige Tragfähigkeit der Gruppenkonstellationen für den betreffenden Jungen mit berücksichtigt werden.

(Diese Aufnahmekriterien sind aus mehreren Publikationen der Mitarbeiter des Heims zusammengestellt worden; insbesondere aus Künzel, 1965a, S. 214ff, und Heimprospekt).

Es liegt nahe, daß mit dieser Fülle von Einweisungskriterien, die eine ganze Reihe mittelschichtspezifischer Verhaltensweisen voraussetzen, ein großer Prozentsatz ›dissozialer‹ Jugendlicher von der therapeutischen Behandlung in Haus Sommerberg ausgeschlossen bleibt – wahrscheinlich gerade diejenigen, bei denen eine therapeutische Behandlung am notwendigsten wäre.

Die Brauchbarkeit dieser Kriterien versucht Künzel in einem 1965 – drei Jahre nach Eröffnung des Heims – erschienenen Artikel mit einigen Daten zu belegen. Ihre Legitimation erfolgt jedoch vor allem dadurch, daß Künzel sie mit den vorliegenden Behandlungsergebnissen einfach kurzschließt. Die Folgerung aus dieser Argumentation lautet nicht, die Aufnahmekriterien müssen revidiert werden, um mehr Jugendliche behandeln zu können, sondern, der Kreis der Jugendlichen ist zu verringern, um eine möglichst optimale Bestätigung der Richtigkeit der gewählten Aufnahmekriterien zu erlangen. »Insgesamt wurden seit der Eröffnung des Heimes im Jahre 1962 bis zum März 1965 71 Jugendliche aufgenommen. Von diesen kamen 33 aus dem Elternhause und 38 aus Heimen, Kliniken und dergleichen. 13 Jungen hatten vorher in psychiatrischer Überwachung gestanden, 3 waren psychotherapeutisch vorbehandelt worden. – Bei rückschauender Anwendung der inzwischen erarbeiteten Aufnahmekriterien würden wir davon heute 48 Jugendliche ohne Vorbehalt, 10 Jugendliche mit Vorbehalt, 4 Jugendliche mit erheblichen Bedenken und 9 Jugendliche nicht wieder aufnehmen. Diese Überlegungen finden ihre Bestätigung durch das Behandlungsergebnis. Von den 71 Jugendlichen wurden bisher 35 wieder entlassen. Davon waren 6 Durchläufer, die meist nur wenige Tage im Heim blieben. 7 Jugendliche haben sich als ungeeignet erwiesen und mußten teilweise in geschlossene pädagogische Heime verlegt werden. In 8 Fällen ist die Prognose zweifelhaft, während 14 Jungen als sozial angepaßt mit günstiger Prognose aus dem Heim ausscheiden konnten« (Künzel, 1965a, S. 215).

Da im Heim selbst grundsätzlich keine Tests erhoben werden, sind die Mitarbeiter des Heims auf die verfügbaren Unterlagen der einweisenden Stellen (Jugendämter, Kliniken, Erziehungsberatungsstellen u. ä.) angewiesen. Neben einem handgeschriebenen Lebenslauf, den Ergebnissen des HAWIE-Intelligenz-Tests und zwei projektiven Testverfahren (Baumtest, Wartegg-Zeichentest) ist dem Aufnahmeantrag das »Gutachten einer Erziehungsberatungsstelle, jugendpsychiatrischen Klinik o. ä. beizufügen. Dieses muß eine ausführliche biographische Anamnese enthalten, die über die früheren Objektbeziehungen des Jugendlichen sowie seine Erlebnis- und Verhaltensweisen Auskunft gibt«

(Heimprospekt, S. 3). »Nach Vorlage der Aufnahmeunterlagen wird im Team [...] – alle Therapeuten, der Heimleiter und die Leiter der zur Wahl stehenden Wohngruppen –« nach einer mehrtägigen Beratung darüber entschieden, »ob der Jugendliche aufgenommen werden kann oder nicht« (ebd.).

Soweit es möglich ist, wird der Jugendliche vor seiner Aufnahme mit seinen Eltern »zu einem persönlichen Gespräch eingeladen. Dieses Gespräch dient der Kontaktaufnahme, ermöglicht einen ersten Einblick in die Arbeitsweise des Heimes und erleichtert beiden Seiten die Entscheidung« (ebd.).

Die Finanzierung des Heimaufenthalts erfolgt meist im Rahmen der Freiwilligen Erziehungshilfe (FEH) oder der Fürsorgeerziehung (FE) und in einigen Fällen nach dem Bundessozialhilfegesetz (BSHG).

e) Kapazität und therapeutisches Konzept

Mit der Aufnahme in das Haus Sommerberg »treten die Jugendlichen in ein differenziertes Beziehungsfeld verschiedenster Sozialkontakte ein« (Künzel, 1965 b, S. 131). Diese Kontakte, die sich abstrakt als Interdependenzen zwischen einzelnen Individuen, Kleingruppen und Großgruppen beschreiben lassen, manifestieren sich konkret in einer Vielzahl sich überlagernder Wechselbeziehungen zwischen den einzelnen Jugendlichen und den Mitarbeitern, den Mitarbeitern und der Heimleitung, den Wohngruppen untereinander, zwischen den Wohn-, Therapie- und Arbeitsgruppen usw., die in ihrer Summe »die jeweilige Gesamtsituation des Heimes ergeben« (Kappeler, Kaune, 1964, S. 568).

Da die Therapeuten dem Trugschluß unterliegen, »daß die Mechanismen der Großsozietät grundsätzlich den gleichen Regeln folgen, die im Rahmen unserer Arbeit modellhaft erfahren werden können« (Klüwer, 1965, S. 117), versuchen sie – modifiziert durch ihre eigene Wahrnehmung – die ›normale Außenwelt‹ innerhalb der ›Heimsozietät‹ zu kopieren.

Der Belastbarkeit dieses ›soziodynamischen Gefüges‹ sind jedoch – nach Aussagen der Mitarbeiter – von mehreren Seiten her Grenzen gesetzt (vgl. dazu auch die Einweisungskriterien):

1. Ab einer bestimmten Insassenzahl sind ›die sozialdynamischen Prozesse der Gesamteinrichtung‹ nur noch schwer überschau- und kontrollierbar. Klüwer sieht deshalb – wie bereits erwähnt – »ein Optimum der Heimgröße bei 24 Jugendlichen, wenn man beabsichtigt, mit durchschnittlich begabtem und erfahrenem Personal gruppendynamisch orientiert zu arbeiten« (Klüwer, 1970a, S. 224). Bei Hinzunahme zusätzlicher Wohngruppen waren – im Verlauf des Heimwachstums – »spezielle organisatorische Neuanpassungen« notwendig, da die Probleme und damit

auch die auszutauschenden Informationen zwischen den Mitarbeitern in einem überproportionalen Maße wuchsen. »Jede Irritierung (wirkte) sich um so störender aus, je größer das Ganze wurde« (ebd.). Nach Meinung der Mitarbeiter hängt das damit zusammen, daß sich »eine Störung über das ganze Beziehungsfeld der Heimsozietät ausbreitet und damit je nach Intensität eine nahezu unübersehbare Feldwirkung in dieser größeren Sozietät entfaltet« (ebd.).

2. Während eine Mischung von Jugendlichen unterschiedlichen Alters mit unterschiedlichen Delikten innerhalb der einzelnen Gruppen als günstig erscheint – die verschiedenen Gruppen sollten allerdings unter sich wieder einheitlich sein –, würde eine Mischung von Jugendlichen mit unterschiedlicher psychosozialer Struktur, d. h. einem unterschiedlichen Dissozialitätsgrad, »inkompatible Spannungsmomente in die Gruppe bringen, die die Gruppe als Gruppe nicht mehr lösen könnte. [...] Man schafft sich damit eine Situation, die man auch mit dem besten Personal nicht mehr so strukturieren kann, daß konstruktive Lösungen gefunden werden« (Klüwer, Interview). Wobei man auch dem Umstand Rechnung tragen muß, daß sich die Spannungen unter den Jugendlichen mittels des Übertragungsmechanismus auch den Mitarbeitern mitteilen – ›induziertes Spontanphänomen der Gruppe‹ – und dazu führen, »daß auch gut geschulte Mitarbeiter Schwierigkeiten miteinander bekommen« (Lellau, Interview; ein Beispiel dafür findet sich bei Klüwer, 1969a, S. 812ff).

3. In demselben Maße, in dem die im Heim ablaufenden Prozesse bei wachsender Insassenzahl unüberschaubarer werden, werden auch die Außenkontakte, die infolge des offenen Charakters des Heims möglich sind, problematisch. »Je offener eine Einrichtung wird und je größer die möglichen Interaktionen – der Betroffenen untereinander und auch mit der Bevölkerung – werden, desto umfangreicher werden die anfallenden Probleme und desto kleiner müßte die Einrichtung sein« (Klüwer, Interview).

Nach den Worten Klüwers müssen diese Grenzen vor allem im Zusammenhang mit dem speziellen Behandlungskonzept des Heims gesehen werden. Hier geht es nicht darum, auftretende Spannungen »autoritär zu bekämpfen«, sondern sie »im Gegenteil – wie in der Psychotherapie – [...] gerade zum Gegenstand der Verarbeitung zu nehmen und für die Integration des einzelnen und der Gruppe fruchtbar zu machen« (Klüwer, 1965, S. 114). Und deshalb ist es notwendig, daß diese Spannungen im Rahmen des Überschaubaren bleiben:

f) Therapeutisch-pädagogische Arbeitsweise

Nach Überzeugung der Heimtherapeuten sind die drei Hauptbestandteile jeder wirklichen analytischen Psychotherapie: Erinnern – Wiederholen – Durcharbeiten (vgl. Freud, G. W. X, S. 126 ff) in der ›therapeutisch-pädagogischen Arbeit‹ in Haus Sommerberg dadurch verwirklicht, daß sie »mit Schwerpunkten über den Gesamtbereich der Heimarbeit (auseinandergezogen sind)« (S. 115).

Während die Schwerpunkte im therapeutischen Bereich auf dem Erinnern (analytische Gruppen- und Einzeltherapie) und dem Wiederholen (psychagogische Werktherapie) liegen, fällt dem pädagogischen Bereich die Aufgabe des ›Durcharbeitens mit einem praktisch übenden Akzent‹ zu (Wohn- und Arbeitsgruppen).

Trotz der im Sinne des Behandlungskonzepts erforderlichen »klaren Trennung der pädagogischen und therapeutischen Belange in Funktion und Zuständigkeit« (Klüwer, 1970 a, S. 224), sind sich die Mitarbeiter der Notwendigkeit bewußt, »daß Pädagogik und Therapie zugleich [. . .] eine einheitliche und ganzheitliche Orientierung haben müssen« (ebd.).

g) Therapeutischer Bereich

Im therapeutischen Bereich sind zur Zeit drei Analytiker (Dr. Klüwer, leitender Arzt; Dr. Künzel, Psychologe; Dr. Lellau, Facharzt für Psychiatrie), eine Psychagogin und ein Psychagoge tätig. Letzterer ist für die in Haus Sommerberg neben der Einzel- und Gruppentherapie praktizierte Werktherapie zuständig. Je nach Art der Ausbildung bestehen zwischen den Therapeuten hinsichtlich der Verfahrensweisen gewisse Stilunterschiede; sie sind jedoch alle psychoanalytisch orientiert.

Bei Eröffnung des Heims war zunächst geplant, ausschließlich gruppentherapeutisch zu arbeiten. Der damalige und jetzige therapeutische Leiter, Klüwer, machte jedoch bald die Erfahrung, daß die alleinige Anwendung von Gruppentherapie eine Reihe von Nachteilen hatte, worauf die Anzahl der wöchentlichen Gruppenstunden (4) reduziert wurde. »Die Intensität der Gruppentherapie führte [. . .] zu einem solchen Maß von Agieren während der Gruppensitzung, daß für die Interpretation keine ausreichende Wirksamkeit mehr gegeben war. Dazu kam, daß die aggressiven Jugendlichen gewisse persönliche Mitteilungen, die ja nur während der Gruppensitzungen in die Aussprache mit dem Therapeuten gebracht werden konnten, außerhalb der Therapie als Waffe gegeneinander mißbräuchten« (Klüwer, zit. nach Künzel, 1965 b, S. 142).

Man beschränkte sich deshalb auf *eine* gruppentherapeutische

Sitzung pro Woche und führte zusätzliche Einzelstunden ein. Der Versuch, Einzel- und Gruppenstunden von verschiedenen Therapeuten geben zu lassen, scheiterte daran, daß er zu Übertragungsspaltungen bei den Jugendlichen führte. Deshalb werden neuerdings die analytisch orientierte Einzel- und Gruppentherapie jeweils von demselben Therapeuten durchgeführt.

Im Hinblick auf die Methodik der Gruppentherapie wurden verschiedene den Mitarbeitern aus der Literatur bekannte Verfahren ausprobiert (S. R. Slavson, R. Schindler, L. Grinberg, H. Argelander). Im Laufe der Arbeit erwies sich die von Argelander erprobte Methode der ›Behandlung der Gruppe als Ganzes‹ als die am besten geeignete. Bei dieser Methode »wird die Gruppe als eine Ganzheit, als eine ›Gestalt‹ aufgefaßt und unmittelbar als solche angesprochen. Das Verhalten jedes einzelnen Mitgliedes wird durch seine Zugehörigkeit zur Gruppe mit beeinflußt« (Künzel, 1965b, S. 144). »Durch entsprechende Interpretationen (werden) die gemeinsamen unbewußten Gruppenphantasien der bewußten Verarbeitung zugänglich (gemacht)« (S. 152).

Eine Kombination dieser Art der Gruppentherapie mit einzeltherapeutischen Maßnahmen ist nach Aussage der Therapeuten des Hauses Sommerberg »für diese spezielle Form der Gestörtheit (der Jugendlichen) die optimale Methode« (Künzel, Interview), da sie das Hauptziel der Therapie, »die Ängste und Konflikte zu lösen, die die Lernprozesse blockieren und damit die Persönlichkeitsentfaltung behindern« (S. 152), am besten erfüllt. Die Mittel, deren sich der Therapeut in Einzel- und Gruppentherapie bedient, sind im Gegensatz zu der parallel angewandten Werktherapie meist verbaler Art: ›sprachliche Deutung oder Interpretation‹. Abweichend von dieser Therapietechnik wird bei stark regredierten Jugendlichen die sprachliche Ebene der Kommunikation verlassen und werden symbolische Ausdrucksmittel, wie sie auch von den Jugendlichen verwandt werden, angeboten. Ebenso hält es Künzel »bei der Therapie von Jugendlichen manchmal (für) zweckmäßig [...], die rein analytische Position zu verlassen und ein Stück sachlicher Information und Lebenshilfe zu geben« (S. 142). Die neben der Einzel- und Gruppentherapie praktizierte Werktherapie wird als »eigenständiges therapeutisches Feld mit spezifischen Wirkmöglichkeiten (verstanden)« (Klüwer, 1970a, S. 226). Sie bietet den Jugendlichen die Möglichkeit, über die ›völlig freie Arbeit‹ mit Werkstoffen und Werkzeugen auf averbaler, d. h. gestalterischer Ebene Zugang zu ihren »weitgehend unbewußten Konflikten und Triebmotivationen« zu finden, »weil sich bald im Sinne des Wiederholungszwanges ihre Problemsituation wieder konstelliert« (Klüwer, 1969b, S. 194).

Einen wesentlichen Unterschied zwischen der stationären Psychotherapie und der ambulanten Therapie im Analysen-Zimmer sieht Klüwer darin, daß »die Patienten nicht in der Realität ihrer sozialen Umwelt« leben und »ihr Aufenthalt in der Institution [. . .] es mit sich (bringt), daß die meisten Bezugspersonen ihres Heimalltags ebenfalls Patienten sind« (Klüwer, 1970a, S. 225). Womit sie kaum eine Möglichkeit haben, wie draußen »auch auf Menschen und Situationen (zu) treffen, die eine gewisse Entspannung und Beruhigung bringen« (ebd.).

Durch die Bereitstellung eines komplexen Sozialgefüges mit einer Vielzahl von Wechselbeziehungen glaubt man jedoch, den Jugendlichen die für die notwendigen therapeutischen Erfahrungen adäquate Umgebung zu bieten.

Eine weitere Besonderheit bei der therapeutischen Behandlung spielt nach Klüwer das Alter der Jugendlichen. Er ist der Auffassung, daß die Jugendlichen in diesem Alter aufgrund eines ›phasenspezifischen Bedürfnisses nach Gruppenbildung‹ eher dazu neigen, intensivere Zweierbeziehungen zu vermeiden. Diesem Umstand muß auch bei den Gruppengrößen Rechnung getragen werden, denn »von Sonderfällen abgesehen, macht [. . .] eine zu große Nähe in der zu kleinen Gruppe den Jugendlichen zu große Angst« (ebd.).

Während sich die einzelnen Psychotherapiegruppen aus jeweils sieben Jugendlichen der verschiedenen Wohngruppen zusammensetzen, sollten im Bereich der ›kreativen Werktherapie‹ die Gruppen nicht mehr als fünf Jugendliche umfassen, da sonst »die Gruppeninteraktion zu starken Aufforderungscharakter bekommt und den einzelnen hindert, sich in die gestalterische Arbeit zu vertiefen« (ebd.).

»Die Therapiestunden sind nach Stundenplan festgelegt. In der Regel hat der Jugendliche innerhalb von 14 Tagen: 2 Gruppenstunden, 2 Einzelstunden und 9 Werktherapiestunden« (Heimprospekt, S. 2). Sobald der Jugendliche ›genügend gefestigt‹ erscheint und damit seine unterbrochene Berufs- oder Schulausbildung außerhalb der Anstalt wieder aufnehmen kann, hört die Werktherapie für ihn ganz auf. Die Psychotherapie, die bereits während der Heimzeit allmählich auf eine Einzelstunde pro Woche reduziert wurde, wird dann in die Abendstunden verlegt.

Die Aufgabe der Therapie wird – wie bereits mehrfach erwähnt – darin gesehen, den »Jugendlichen Zugang zu ihren unbewußten Konflikten« (ebd.) zu verschaffen und damit die »konflikthaften Spannungen und Verflechtungen von Es-, Überich- und Realitätsängsten« zu lösen. Ziel dieser Behandlung ist es, dem Jugendlichen zu helfen, »zweckmäßigere Methoden im Umgang mit der Realität und den Trieben zu finden« (Künzel, 1965b, S. 138) und ihn damit in die Lage zu versetzen, »zu konkreten Problemsituationen selbständig Lösungen zu finden. [. . .] Wir tun den Jugendlichen einen Bärendienst, wenn wir ihnen unsere Lösungen aufdrängen, [. . .] denn in 20 Jahren werden sie Probleme lösen müssen, die wir heute nicht einmal kennen« (Klüwer, Interview).

Da die Therapeuten von Haus Sommerberg die ›Schwierigkeiten‹ der Jugendlichen jedoch klassenunspezifisch, d. h. ideologisch deuten – bei der Frage nach den Ursachen dieser ›Schwierigkeiten‹ wird zwar elterliches Erziehungsverhalten berücksichtigt, nie aber dessen aus der Klassen- und Schichtzugehörigkeit erklärbare Bedingtheit – wird trotz idealistischer und gut gemeinter Absichten ihr Therapieerfolg im wesentlichen darin bestehen müssen, die Jugendlichen mit denjenigen gesellschaftlichen Verhältnissen versöhnt zu haben, an denen sie gescheitert sind.

h) PÄDAGOGISCHER BEREICH

Der pädagogische Bereich, sowohl organisatorisch wie baulich vom therapeutischen getrennt, unterscheidet zwei Schwerpunkte: den Wohn- und den Arbeitssektor.

Wohnbereich

Von den 48 Jugendlichen, die zur Zeit im Haus Sommerberg untergebracht sind, wohnen jeweils zwölf in einem der vier Gruppenhäuser. Im Normalfall soll jede dieser Gruppen von zwei Sozialpädagogen – einem Sozialarbeiter und einer Sozialarbeiterin – und einem Praktikanten betreut werden. Da sich diese im Dienst abwechseln, steht den Jugendlichen immer ein Betreuer zur Verfügung.

Für die Größe der Wohngruppen war vor allem die Überlegung maßgebend, ab bzw. bis zu welcher Anzahl von Gruppenmitgliedern ein ›pädagogischer Gruppenprozeß‹ gewährleistet ist. Die Gruppe muß nämlich ihren Mitgliedern sowohl eine »ausreichende Anregung in den Wechselbeziehungen« als auch die »Möglichkeit für Einzelkonstellationen, die die Herstellung intensiver Beziehungen ermöglichen, (geben)« (Klüwer, 1970b, S. 225).

Für den Jugendlichen ist die Wohngruppe innerhalb des Heims der ›Kontaktmittelpunkt‹. Von ihr aus besucht er die verschiedenen Arbeits- und Therapiegruppen und nimmt Kontakte zu den anderen Wohngruppen sowie zu Interessengruppen innerhalb (Sport, Spiel, Fernsehen, Theater, Kino) und außerhalb des Heimes (Sportvereine, Jugendgruppen, Berufsschule, Volkshochschule und Familien am Ort) auf (Künzel, 1965b, S. 131). Diese Kontakte nach draußen werden dem Jugendlichen dadurch ermöglicht, daß er »am Wochenende und an einem Abend in der Woche [...] Ausgang in die nähere Umgebung (bekommt)« (Heimprospekt, S. 3). Ob er dabei – wie ansonsten üblich – als Verbrecher und Krimineller stigmatisiert wird, ist uns nicht bekannt. Infolge der bei ländlicher und kleinstädtischer Bevölkerung

meist vorhandenen Rigidität von Wert- und Verhaltensnormen
wäre dies jedoch keinesfalls verwunderlich. In seinem Buch ›Fürsorgeerziehung, Heimterror und Gegenwehr‹ berichtet Peter
Brosch über die Reaktion der Bevölkerung der Gemeinde Staffel-
berg auf die Insassen des dortigen Jugendheims: »Meistens nur
einmal in der Woche [...], sonntagnachmittags von ca. 13 bis
19 Uhr [...], werden also alle Jungen, die Ausgangserlaubnis
haben, auf einmal ins Dorf oder Städtchen losgelassen. Dort
erkennt man sie sofort als Zögling. Widerwillig werden sie in
den Gastwirtschaften geduldet; falls sie zu laut und zu ausgelassen
werden, fliegen sie raus. Die Töchter der Bürger werden um
diese Zeit von ihren Eltern besonders genau überwacht, auf daß
nur keine mit einem Zögling geht. [...] Die Jugendlichen fühlen
sich wie Aussätzige, wie Menschen dritter Klasse, wenn sie endlich
mal raus aus dem Heim dürfen« (Brosch, 1971, S. 58 f).

»Das Zusammenleben in der Wohngruppe ermöglicht dem Jugendlichen, sein Verhalten in der Wirkung auf andere zu erleben
und sich mit daraus entstehenden Konfliktsituationen auseinanderzusetzen« (Heimprospekt, S. 2). Über sogenannte ›Lebensfeldge-
spräche‹ soll der pädagogische Gruppenleiter dem Jugendlichen
bei der Aufarbeitung dieser Konflikte helfen und ihm gleichzeitig
»Hilfen für die Entwicklung neuer und praktischer Lebenstech-
niken (geben)« (Künzel, 1965 b, S. 133).

Arbeitsbereich

Der Arbeitsbereich umfaßt mehrere aufeinander aufbauende
Arbeitsgruppen, die dem Jugendlichen Gelegenheit geben, »in
Zusammenarbeit mit anderen zu üben, arbeitsteilige Aufgaben
zu erfüllen und mit Arbeitsanforderungen fertig zu werden«
(Heimprospekt, S. 2).

Einführungsgruppe. In dieser Gruppe wird den neu ins Heim kommenden Jugendlichen »der für viele Jugendliche noch notwendige
Spielraum angeboten, in dem sich allmählich eine Arbeitsmotivation entwickeln und das Verständnis für die Arbeitsweise des
Heimes erweitern kann« (ebd.). In dieser Zeit beschäftigen sich
die Jugendlichen hauptsächlich entweder in ›Wald und Garten‹
oder mit ›Filmvorführungen und Diskussionen‹.

Außenarbeitsgruppe. Diese Gruppe arbeitet unter der Leitung eines
forstwirtschaftlich ausgebildeten Sozialarbeiters ebenfalls ›im
Gelände‹. Dies geschieht jedoch bereits stärker »unter dem Gesichtspunkt der Aufgabenstellung und Leistungsforderung, die
sich für den einzelnen (dann) stufenweise weiter aufbaut« (ebd.).

Werkstattgruppen. Nachdem der Jugendliche diese beiden Gruppen
durchlaufen hat, wobei sich die Dauer jeweils nach den Fort-
schritten des einzelnen bestimmt, kann er zwischen einer der
beiden heimeigenen Werkstätten – Schlosserei und Schreinerei –

wählen, die von zwei pädagogisch geschulten Handwerksmeistern geleitet werden. Da auch hier der Schwerpunkt »auf der heilpädagogischen Aufgabenstellung« liegt, sind diese Werkstätten keine Produktionsbetriebe. Sie dienen auch »nicht der Berufsausbildung, sondern dem Training, gezielte Leistungen zu erfüllen« (S. 2f). Allerdings gelten für die Arbeitsgruppen ähnliche Bedingungen wie in vergleichbaren Werkstätten außerhalb des Heims. Aus diesem Grund gibt es auch ein ›Benotungs- und Prämiensystem‹. »Erst wenn (der Jugendliche) den Anforderungen dieser Arbeitsgruppe gerecht werden kann und sich in seinem Verhalten zeigt, daß er gelernt hat, mit seiner eigenen Problematik besser umzugehen, wird er in eine Lehrstelle außerhalb des Heimes vermittelt oder setzt seinen unterbrochenen Schulbesuch fort. In einigen Fällen wird er auch direkt nach Hause entlassen, um von dort aus seine Arbeit aufzunehmen« (S. 3).

Ob jedoch diese mittels anachronistischer handwerklicher Tätigkeiten erzeugte Arbeitsmotivation die Jugendlichen befähigt, später den Erfordernissen industrieller Produktionsbetriebe gerecht zu werden – wohl nur die wenigsten von ihnen werden nach der Heimentlassung in kleinen Handwerksbetrieben arbeiten –, bleibt zumindest fragwürdig.

Koordinierende Maßnahmen

Im Gegensatz zum therapeutischen Bereich, in dem nur ›bei äußerster Distanz‹ zwischen Jugendlichen und Therapeuten wirksam gearbeitet werden kann, besteht im pädagogischen Bereich ein intensiver Kontakt zwischen den Jugendlichen und den Sozialarbeitern. Daraus resultieren z. T. starke ›Übertragungskonstellationen‹, die von den Pädagogen als solche erkannt werden müssen, um nicht in ›das ständige Agieren der Jungen‹ hineingezogen zu werden. Speziell für diesen Zweck, d. h. das Bewußtmachen, Erklären und Verarbeiten solcher aus dem Gruppenprozeß resultierenden Spannungen, sind in Haus Sommerberg sogenannte Erfahrungsgruppen eingerichtet worden – »Verständnisvermittlung gruppendynamischer Prozesse durch Selbsterfahrung« (Klüwer, 1964/65, S. 304).

Zu diesen in der Form gruppentherapeutischer Gespräche ablaufenden Besprechungen treffen sich alle sozialpädagogischen und psychotherapeutischen Mitarbeiter einmal in der Woche für zwei Stunden. Es werden dabei aktuelle »Probleme aus der Arbeit mit den pädagogischen Gruppen« (Kappeler, Kaune, 1964, S. 568) diskutiert, wodurch sich »die dynamische Konfliktsituation der besprochenen Gruppe [...] in der Erfahrungsgruppe manifestiert« (Klüwer, 1970, S. 224). Dadurch, daß sich die Problemsituation der Gruppe reaktualisiert, erleben die Pädagogen »das Agieren ihrer Jugendlichen im eigenen Verhalten« wieder und können damit »die verschiedenen Gefühlseinstellungen und Abwehrformen« (Klüwer, 1969a, S. 813), die sowohl von den Jugendlichen als auch von ihnen selbst in den Gruppenprozeß eingehen, erfahren. Man verspricht sich, den Pädagogen damit eher zu einem Verständnis für die Probleme und Vorgänge in ihren Gruppen zu verhelfen, als dies durch ausgedehnte theoretische Erörterungen möglich wäre.

In diesen Erfahrungsgruppen fungiert der therapeutische Leiter als Moderator und »deutet [...] die Haltungen und Äußerungen des Mitarbeiterkreises nach tiefenpsychologischen Gesichtspunkten, um die soeben aktivierten psychischen und gruppendynamischen Mechanismen zu erklären« (Kappeler, Kaune, 1964, S. 568). Er kann dabei auch auf seine »eigene Kenntnis der Jungen und der Situation aus der Therapie« (Klüwer, 1969a, S. 814) zurückgreifen, ohne dabei Einzelinhalte aus der Therapie aufdecken zu müssen.

Eine ähnliche Funktion wie dem therapeutischen Heimleiter in der Erfahrungsgruppe kommt dem ›Supervisor‹ oder ›Consultant‹ in bezug auf alle Mitarbeiter – einschließlich der beiden Leiter – zu. Er ist ein auswärtiger Gruppenanalytiker, der einmal im Monat das Heim aufsucht, um in Mitarbeitergruppen die anstehenden Konflikte, die aus der intensiven Arbeit mit den ›konfliktgestörten‹ Jugendlichen zwangsläufig resultieren, aufarbeiten zu helfen.

Neben der Erfahrungsgruppe stehen den pädagogischen und therapeutischen Mitarbeitern noch zwei weitere – ebenfalls einmal wöchentlich stattfindende – Konferenzen zur Verfügung, die jedoch mehr informatorischen Charakter haben. »Wir wissen ja, wie es die Mitarbeiter in einer solchen Anstalt verschleißt und wie es überhaupt nur geht, wenn diese Mitarbeiter ständig miteinander sprechen können« (Lellau, Interview). In der einen Konferenz treffen sich die Gruppenleiter sowie der pädagogische und der therapeutische Heimleiter, um sich gegenseitig über die Situation der einzelnen Wohngruppen zu informieren und »die Probleme und das Verhalten jedes in der Gruppe lebenden Jugendlichen eingehend (zu besprechen)« (Kappeler, Kaune, 1964, S. 567).

An der anderen Besprechung nehmen nur die pädagogischen Mitarbeiter und der pädagogische Leiter des Heimes teil. Sie dient der Erörterung ›spezieller erzieherischer Fragen‹ und der Klärung ›technischer Probleme der Arbeit‹.

Voraussetzung für eine erfolgreiche Arbeit mit den Insassen ist eine ständige Schulung bzw. Fortbildung insbesondere der pädagogischen Mitarbeiter; daher hat man eine Reihe von Seminarveranstaltungen eingerichtet, die der Vermittlung von ›pädagogischem, psychologischem, soziologischem und anthropologischem Wissen‹ dienen sollen. Auf die Beschäftigung mit den ökonomischen Grundlagen des kapitalistischen Systems und der in diesem ablaufenden sozialen Prozesse wird jedoch verzichtet, da man der Ansicht ist, daß »unsere gesellschaftlichen Probleme [...] in erster Linie [...] sozialpsychologischer Art (sind)« (Klüwer, 1970b, S. 97).

Ein starkes Interesse besteht auch an der Ausbildung von Praktikanten. Dies soll in der Form des ›In-service-training‹ geschehen, d. h. der Vermittlung theoretischer Kenntnisse bei gleichzeitiger praktischer Arbeit. Mit dieser Methode glaubt man übrigens auch, die pädagogischen Mitarbeiter der künftigen sozialtherapeutischen Anstalten in Haus Sommerberg ausbilden zu können (vgl. ebd.).

i) Bauliche Organisation

Der locker auf der Straßenseite des großen Waldgrundstücks gruppierte Gebäudekomplex ist vollkommen offen – d. h. mauerlos – und in mehrere Bauten gegliedert: ein Verwaltungsgebäude mit Therapie- und Konferenzräumen, einen Werkstättenbau mit Schlosserei und Schreinerei, eine Sporthalle mit ›Freizeittrakt für die Aktivgruppen‹ und die vier bereits erwähnten ›Wohngruppenhäuser‹. Für die pädagogischen Mitarbeiter, die nicht mit den Jugendlichen in den Gruppenhäusern wohnen, steht ein ›Personalhaus‹ zur Verfügung. Außer den eben genannten Gebäuden ist noch das separat gelegene Haupthaus zu erwähnen, in dem sich neben der Zentralküche, die der Verpflegung des Gesamtheims dient, zwei weitere Einrichtungen der Arbeiter-Wohlfahrt befinden: eine Kinderpflegerinnenschule und »ein Vorseminar zur Erlangung der Fachschulreife für die Ausbildung in sozialen Berufen« (Künzel, 1965b, S. 129).

Die vier Gruppenhäuser, in denen die einzelnen Wohngruppen untergebracht sind, sind alle nach dem gleichen Schema konzipiert: zwei Einzel- und drei Vierbettzimmer für die Jugendlichen, sowie – in einem Seitenflügel der Häuser – eine Wohnung für die Familie des Gruppenleiters und ein Appartement bzw. Einzelzimmer für einen alleinstehenden Mitarbeiter. Allerdings hat sich gezeigt, daß die Mitarbeiter, die mit den Jungen zusammenwohnen, unter enormen Schwierigkeiten zu leiden haben, »weil da ihr ganzes persönliches Leben mit hineinfließt und sie praktisch überhaupt nichts mehr für sich haben und dann weglaufen« (Künzel, Interview). Daraus resultiert die Forderung, für alle Mitarbeiter – zumindest für das Dauerpersonal – Wohnungen außerhalb des Heimbezirks anzuordnen.

Auch die Zimmereinteilung der Jugendlichen sollte nach Ansicht der Mitarbeiter im Falle einer Neuplanung geändert werden. »Wenn wir noch einmal bauen würden, würden wir wahrscheinlich mehr Einzelzimmer vorsehen als wir jetzt haben. [...] Man muß sich irgendwann auch mal auf sich zurückziehen können; Andersstrukturierte brauchen eventuell wieder einen Raum, in dem vier zusammen sind [...], aber überwiegend sollte man Einzelzimmer vorsehen« (Künzel, Interview).

In den Gruppenhäusern stehen außerdem ein großer Eß- und Aufenthaltsraum, ein Zimmer für kleinere Gruppenzusammenkünfte, ein Gruppenleiterbüro, ein Wasch- und Duschraum und mehrere Nebenräume zur Verfügung.

Die räumlichen Beziehungen zwischen den Wohn- und Gruppenräumen sollten jedoch nach Klüwers Aussagen enger sein als dies zur Zeit der Fall ist. »Es wäre gut, die Zimmer direkt um Gruppenmöglichkeiten herum zu orientieren. Wenn man aus dem Zimmer kommt, sollte man direkt in die Gruppe kommen und nicht erst über einen langen Flur und eine Treppe runter« (Klüwer, Interview).

Diese Diskrepanzen zwischen dem therapeutisch-pädagogischen Konzept und den baulichen Gegebenheiten resultieren nicht aus Änderungen in der Einstellung der Mitarbeiter, sondern aus der Tatsache, daß diese an der Planung des Heims nicht beteiligt waren. »Wir haben diese Architektur nicht mitbestimmt; das war schon fertig geplant und vergeben, als wir hinzugezogen wurden« (Klüwer, Interview).

Kritische Anmerkung. Gegenüber anderen Jugendheimen in der BRD hat Haus Sommerberg sicherlich eine Reihe nicht zu unterschätzender Vorteile aufzuweisen: gut ausgebildetes Personal, günstiges zahlenmäßiges Verhältnis von Personal und Insassen infolge niedriger Insassenzahl, ausgearbeitetes Behandlungskonzept, akzeptable bauliche und räumliche Voraussetzungen etc. Alle diese Vorteile können jedoch nicht darüber hinwegtäuschen, daß auch dieses Heim – trotz anderslautender eigener Ansprüche – letztlich nichts anderes zu leisten vermag, als seinen Insassen – wenn auch unter Zuhilfenahme subtilerer und humanerer Methoden als in anderen Heimen – einen Katalog von Einstellungen und Verhaltensweisen zu introjizieren, die diese in die Gesellschaft reintegrieren und an deren Anforderungen anpassen sollen. Den Erziehern und Therapeuten mag diese Konsequenz ihrer Bemühungen u. U. nicht einmal bewußt sein; hierfür spräche u. a. auch ihr gegenläufiges an handwerklichen Vorstellungen orientiertes Arbeitskonzept. Eigenen Aussagen zufolge wollen sie vor allem, »daß die Jugendlichen nach ihrer Entlassung Entscheidungen nicht nach gelernten Mustern, sondern nach eigenen Erkenntnissen treffen« (Künzel, Interview). Da sie sich frei von jedem Versuch der politischen Beeinflussung glauben, bleibt ihnen dabei jedoch verborgen, daß diese ›eigenen‹ Erkenntnisse der Jugendlichen in den meisten Fällen nichts anderes als eine – wenn auch modifizierte – Kopie *ihrer* Erkenntnisse sein können. Aufgrund der bürgerlichen Herkunft und vor allem infolge des illusionären gesellschaftlichen Selbstverständnisses der Erzieher, das von den tatsächlichen sozioökonomischen Verhältnissen und deren Implikationen für den Sozialisationsprozeß abstrahiert, kommen diese Erkenntnisse jedoch einer weitgehenden Affirmation der herrschenden Werte und Normen gleich. Eventuelle Kritik am gesellschaftlichen System hat immer nur begrenzte Teilbereiche zum Ziel – so etwa Familienstruktur und Erziehungsverhältnisse –, nie aber die diese Teilbereiche beeinflussende Struktur des Systems. Reale, aus den gesellschaftlichen Verhältnissen resultierende Konflikte, die sich vor allem am sozialen Ort des Unterschichtkindes kumulieren, werden folglich bei der Behandlung außer acht gelassen. Die den Jugendlichen im Heim vermittelten »Voraussetzungen zur Bewältigung der sozialen Realität in der Industriegesellschaft« (Klüwer, 1965, S. 114) werden diese also sicher nicht zum gemeinsamen und äußeren Widerstand gegen die ›kaputtmachenden‹ Verhältnisse befähigen, sondern ihnen allenfalls ein ›Fließgleichgewicht‹ (S. 117) vermitteln, das sie auftretende Konflikte stets individuell und vor allem *innerlich* verarbeiten läßt.

k) Anhang: Vorschläge zum Aufbau einer Sozialtherapeutischen Anstalt

Die ›Gedanken‹ der Mitarbeiter des Hauses Sommerberg ›zum Aufbau einer Sozialtherapeutischen Anstalt‹ basieren hauptsächlich auf ihren Erfahrungen aus der Arbeit mit dissozialen Jugendlichen; der Problematik, daß sich diese Erfahrungen nicht ohne weiteres auf die Organisation, Arbeitsweise und Insassenstruktur einer sozialtherapeutischen Anstalt übertragen läßt, sind sie sich dabei weitgehend bewußt. Ihre prinzipiellen Vorschläge, die von der speziellen Behandlung bestimmter Insassen abstrahieren und mehr auf die Gesamtproblematik eingehen, lassen sich thesenartig zusammenfassen:

1. Die Arbeitsfähigkeit einer solchen Anstalt hängt von ihrer Größe, ihrer Organisationsform und der Qualifikation der Mitarbeiter sowie deren Kommunikation untereinander ab (Künzel, 1969, S. 305).

2. Ein aus qualifizierten Fachleuten zusammengesetztes Team müßte zunächst die Durchführung vorplanen; dann sollten »unter Mitwirkung dieses Teams die für die vorgesehene Maßnahme zweckmäßigsten Bauten errichtet werden« (S. 302).

3. Die Arbeit sollte zunächst mit einer kleinen Einheit begonnen werden, um dann – den dort gewonnenen Erfahrungen entsprechend – einen schrittweisen weiteren Aufbau vorzunehmen. Allerdings sollte die Gesamtkapazität dieser Einheiten – aus den bei der Beschreibung von Haus Sommerberg ange-

führten Gründen – auf 24 bis 36 Insassen beschränkt bleiben (Klüwer, 1970b, S. 94).

Dies gilt zumindest für »die Abteilung, in der die Neurotiker analytisch therapiert werden müssen. [...] Aber auch für Einrichtungen, die offen sind und wo spontane Wechselbeziehungen der Betroffenen untereinander und auch mit der Bevölkerung eintreten, würde ich bei unserer Größenordnung ein Maximum sehen; wobei wir natürlich von unseren Erfahrungen mit Jugendlichen ausgehen. Ob die konkrete praktische Erfahrung im ›project research‹ ermöglichen wird, nachher mit Erwachsenen andere Größenordnungen zu haben, kann ich nicht vorhersehen« (Klüwer, Interview).

4. »Da heute noch keine Möglichkeit besteht, auf Personal zurückzugreifen, das in dynamischer Gruppenarbeit geschult ist« (Künzel, 1969, S. 305), schlägt Künzel vor, das pädagogische Personal der ersten Einheit (Werk- und Erziehungsbeamte mit sozialpädagogischer Vorbildung) in Form einer dreijährigen Praktikantentätigkeit in Haus Sommerberg im ›In-Service-Training‹ auszubilden.

5. Im Verlauf der allmählichen Aufstockung der Anstalt sollten »dann weitere Fachkräfte (psychoanalytisch und gruppendynamisch ausgebildete Ärzte und Psychologen, Sozialarbeiter, Sozialpädagogen, Arbeitserzieher) eingestellt« und ebenfalls im »In-Service-Training, d. h. einer Verbindung von Spezialausbildung und Fortbildung während der praktischen Arbeit eingeführt (werden)« (S. 302).

6. »Durch die Aufnahme zusätzlicher Praktikanten ließe sich hier in begrenztem Umfange auch eine Ausbildungsstätte angliedern. Eine solche Einrichtung wäre schon deshalb attraktiv, weil hier zugleich Grundlagenforschung betrieben würde. So könnten sicher auch in dieser Hinsicht anspruchsvollere und qualifiziertere Kräfte gewonnen werden, sofern man bereit ist, die Stellen entsprechend ihren Aufgaben zu dotieren« (S. 302 f).

7. Die Leitung der Anstalt sollte nicht von einer Person, sondern, ähnlich wie in Haus Sommerberg, von einem ›gut zusammenarbeitenden Team von Fachleuten‹ wahrgenommen werden.

8. Auch die übrige Arbeit in der Anstalt sollte in Form einer ›differenzierten Teamarbeit‹ ablaufen, »die neben der Wissensvermittlung auch eine Entlastung bei induktiv aufgeheizten persönlichen Konflikten unter den Mitarbeitern bringen kann« (S. 305; vgl. dazu: Erfahrungsgruppen in Haus Sommerberg).

9. »In einer sozialtherapeutischen Anstalt sollte [...] der Therapie eindeutig ein Vorrang vor anderen Verrichtungen eingeräumt werden. Auf der anderen Seite muß man sich darüber im klaren sein, daß diese Therapie nur im Rahmen einer differen-

zierten pädagogischen Arbeit wirklich effektiv werden kann«
(S. 299); deshalb wird auch hier eine Trennung von pädagogischem und therapeutischem Bereich als notwendig erachtet.

10. »Eine weitere, besonders wichtige Voraussetzung für effektive
therapeutische Arbeit ist die Beschränkung auf Behandlungs-
fälle, die mit den zur Verfügung stehenden therapeutischen
Möglichkeiten auch wirklich erreicht werden können« (S.
305 f); jede Anstalt sollte also entsprechend den in ihr angewandten Methoden spezielle Indikationskriterien entwickeln.

11. Inwieweit über das pädagogische und therapeutische Personal
hinaus noch zusätzliche Wachmannschaften notwendig sind,
läßt sich nicht abschätzen. Allerdings kann man davon ausgehen, daß bei zunehmender Unüberschaubarkeit bzw. Un-
kontrollierbarkeit der Insassen und des ›soziodynamischen
Gefüges‹ Wachpersonal erforderlich sein wird (Klüwer, 1970b,
S. 95).

In seinem Nachwort zu Mosers ›Gespräche mit Eingeschlossenen‹
konfrontiert Künzel diese Postulate mit dem Gesetzestext und
dessen Implikationen und kommt dabei zu dem Schluß, daß bei
der Konzeption der *SThA*, wie sie im *2. StrRG* vom 4. 7. 1969 vorgesehen ist, wesentliche Momente außer acht gelassen wurden:

1. Das weitgehende Ignorieren der tatsächlichen Ursachen und
Hintergründe der Dissozialität durch die Verantwortlichen und
die sich daraus ergebende Unkenntnis der zu erwartenden
Schwierigkeiten führt zwangsläufig zu einer völligen Fehl-
einschätzung besonders der personellen, zeitlichen und organisatorischen Voraussetzungen und Möglichkeiten« (S. 297).

2. »Da es sich, wie der Name sagt und wie im Gesetz auch ausdrücklich bestätigt wird, um Anstalten handeln soll, in denen
›Therapie‹ betrieben wird, wäre es m. E. unbedingt erforderlich gewesen, vor Verabschiedung des Gesetzes alle organisatorischen und insbesondere therapeutischen Konsequenzen, die
sich aus der Durchführung der gesetzlichen Bestimmungen
ergeben, mit den zuständigen Fachleuten zu diskutieren und
abzustimmen. Fachleute aber sind in diesem Falle nicht die
Juristen, sondern die Therapeuten, die die Arbeit später auch
tun sollen. Das ist offensichtlich nicht, zumindest nicht in ausreichendem Maße, geschehen« (S. 299).

3. Nur so ist es zu verstehen, daß das Konzept »entscheidende
Voraussetzungen für das Gelingen einer Therapie außer acht
läßt« (S. 300). Man orientiert sich »bei der Feststellung der
Indikation nach wie vor an Tätermerkmalen, wie Rezidivisten,
Triebtäter, frühkriminelle Hangtäter usw., die für die Frage
der Therapie völlig irrelevant sind« (ebd.).

4. ›Das Prinzip der Freiwilligkeit‹, Grundvoraussetzung jeder
erfolgreichen Behandlung, ist im Gesetz nicht vorgesehen.
»Wirkliche Mitarbeit im therapeutischen Prozeß kann immer

nur aufgrund einer freien Entscheidung des Individuums zustandekommen. Wir haben in unserer Arbeit mit dissozialen
Jugendlichen in Haus Sommerberg immer wieder die Erfahrung
gemacht, daß Therapieversuche aufgrund erzwungener Heim-
einweisung scheiterten, so daß wir völlig davon abgekommen
sind« (S. 301).

5. Das Personalproblem ist noch vollkommen ungelöst; ›es ist das
größte Problem und wird als letztes behandelt‹. »Man ist sich
nämlich bis heute weder darüber im klaren, wo man sachkundi-
ges Personal für neue Anstalten hernehmen, noch wie und wo
man es ausbilden soll« (ebd.). »Da ausgebildete Fachkräfte, wie
wir sie uns vorstellen, gar nicht zur Verfügung stehen, werden
schneller auszubildende Fachkräfte zur Verfügung stehen, und
darin sehen wir eine Gefahr für das ganze Konzept, [...] wenn
Sie etwa an Verhaltenstherapie denken, die ein Eldorado für diejenigen Psychologen darstellt, die nicht die psychoanalytische
Ausbildung machen; wenn etwas Manipulation ist, dann ist es
die Verhaltenstherapie« (Lellau, Interview).

3. Hamburg-Bergedorf

Als am 1. 4. 1969 im ehemaligen Bergedorfer Gerichtsgefängnis
die Sonderanstalt Hamburg-Bergedorf eröffnet wurde, sahen
weder die künftigen Mitarbeiter noch die Hamburger Justizbehörde darin einen Grund zu allzu großem Optimismus: beide
Seiten waren sich des Experimentcharakters der Anstalt und der
damit verbundenen Konsequenzen bewußt. Der damalige Hamburger Justizsenator Peter Schulz hatte schon im Juni 1968 vor der
Hamburger Bürgerschaft die Ansicht vertreten, daß es »durchaus
möglich (sei), daß dieses von allen Fraktionen der Bürgerschaft
getragene Versuchsobjekt in Bergedorf scheitert und wir nach
Ablauf von zwei Jahren gezwungen sind, die für schwierige
Häftlinge und Sexualstraftäter eingerichtete Sonderanstalt wieder
zu schließen« (zit. nach: Ackermann, 1971, S. 367).
Zwei Jahre nach der Anstaltseröffnung dachte jedoch niemand
mehr an eine Schließung der Bergedorfer Anstalt. Während der
damalige und heutige Anstaltsleiter Ackermann in seinem ersten
Erfahrungsbericht im Juni 1971 das Experiment bereits als geglückt bezeichnete, gab der Nachfolger von Senator Schulz,
Heinsen, zwar zu bedenken, daß »nach zwei Jahren [...] noch
kein abschließendes Ergebnis möglich (sei)«, unterstrich jedoch
gleichzeitig, daß »sich das Experiment auf jeden Fall insofern bewährt (habe), als die hier gemachten Erfahrungen für die Erpro-
bung von sozialtherapeutischen Anstalten jeder Art von großem
Wert sein werden« (zit. nach: *Die Welt* v. 4. 6. 1971).

Ebenso wie andernorts werden auch in Hamburg-Bergedorf die Anstaltsinsassen als ›krank und lebensuntüchtig‹ begriffen. Deshalb wird auch hier der Versuch unternommen, sie »mit den besonderen therapeutischen Mitteln des Sondervollzuges zu beeinflussen und sie intensiv durch eine lebensnahe Vollzugspraxis auf die Entlassung vorzubereiten« (Ackermann, 1971, S. 367). Bemerkenswert ist allerdings, daß hier zum ersten Mal der stets benutzte ›Krankheitsbegriff‹ nicht ideologisch im Sinne der pauschalen Gleichsetzung von Kriminalität und Krankheit, sondern differenzierter verwandt wird.

Die Vorstellung, daß »Kriminalität eine Krankheit sei oder eine Verhaltensstörung wie Hysterie oder Zwangsneurose«, ist für den Anstaltspsychologen Holzapfel »eine keineswegs bewiesene [...], sogar falsche Vorannahme« (1971, S. 372). Für ihn ist Kriminalität vielmehr »ein Sammelbegriff für eine Fülle verschiedenster Verhaltensweisen, die von der etablierten Gesellschaft im Sinne herkömmlicher Konventionen mit Sanktionen belegt werden, sei es zum Schutz des Individuums oder Eigentums, sei es zum Schutz moralischer oder religiöser Normen« (ebd.). Wenn aber nur die Existenz bestimmter gesellschaftlich definierter Normen die einzige conditio sine qua non krimineller Handlungen ist, so »entfällt auch die Indikation zur Behandlung von Kriminalität, denn Therapie ist nur in Fällen von Krankheit und Leidenszuständen angezeigt« (ebd.). Sind jedoch Kriminalität bzw. Straffälligkeit kein zureichendes Indiz für Krankheit bzw. Behandlungsbedürftigkeit, so stellt sich die Frage, woher überhaupt die Bergedorfer Wissenschaftler die Legitimation für ihr therapeutisches Handeln beziehen. Eine Antwort darauf gibt Holzapfel in dem bereits zitierten Artikel: »Am eigentlich gesunden, straffällig gewordenen Individuum ergibt sich zumindest insofern eine therapeutische Aufgabe, als es durch die Haft krank werden kann. Die Begleiterscheinungen der Haft, so wie sie landauf und landab noch sind, sind etwas völlig Unnatürliches, den menschlichen Bedürfnissen konträr Entgegengesetztes, die freie Entfaltung unmöglich Machendes, die auf die Dauer den betroffenen Menschen schädigen, ihn lebensuntüchtig machen können, so daß er nach der Haftentlassung kaum zu mehr als zu weiteren Straftaten fähig ist« (ebd.). Da also die gegenwärtige Vollzugsform der ›normalen‹ Haftanstalten »über den gesetzlich vorgesehenen Inhalt der Sanktion, nämlich den Verlust der Freiheit weit hinaus (geht)« (Ackermann, 1973, S. 3) – dies jedoch nicht im positiven, sondern im negativen Sinn, indem sie ›den Inhaftierten krankmacht, seelisch sowie körperlich‹ – ergibt sich »das seltsame Paradox [...], daß der Gefangene erst durch großen Aufwand krankgemacht wird und ein nicht minder großer

Aufwand ihn dann wieder heilen soll« (S. 4). Nach Ansicht von Ackermann und Holzapfel löst sich dieses Paradox jedoch auf, »wenn das Heilen mit Verhütung einhergeht. Therapie im Vollzuge ist somit die Förderung, Aufrechterhaltung oder Wiederherstellung derjenigen Fähigkeiten, die für ein selbständiges Leben in der Freiheit ohne Straftaten erforderlich sind. Ob der Strafgefangene diese Fähigkeiten entgegen der Erwartung und Hoffnung für kriminelle Taten einsetzen wird, ist im Einzelfall natürlich kaum vorhersehbar und selten zu beeinflussen. Wegen dieser Ausnahmefälle kann aber nicht darauf verzichtet werden, allen Strafgefangenen ein Training aller Eigenschaften zu ermöglichen, die im zivilen Dasein von Wichtigkeit sind« (ebd.).

Infolge der bisherigen Ausführungen mag leicht der Eindruck entstanden sein, daß die Bergedorfer Behandlungspraxis allein darauf abzielt, bei den Insassen, die bereits in anderen Anstalten erlittenen Haftschäden zu beheben, sowie gleichzeitig die ›krankmachenden‹ Bedingungen‹ innerhalb der eigenen Anstalt soweit wie möglich zu vermindern. Um dem Bergedorfer Behandlungspersonal den Vorwurf der Einseitigkeit zu ersparen, möchten wir deshalb darauf verweisen, daß man natürlich auch in Bergedorf erkannt hat, daß nicht nur ›gesunde‹, sich allein durch ihren Rechtsbruch vom rechtskonformen Menschen unterscheidende Individuen in die Haftanstalten eingewiesen werden, sondern daß viele dieser »Straftäter [...] mit den verschiedensten psychischen und körperlichen Störungen und Leiden (behaftet sind)« (Holzapfel, 1971, S. 374). Nur verweigern sich die Bergedorfer keineswegs der Erkenntnis, daß es »sich im Einzelfall kaum jemals zwingend aufweisen« läßt, »inwieweit diese Defizite [...] kausal mit den Straftaten zusammenhängen: auch rechtskonforme Bürger weisen solche Defizite auf« (ebd.). Aus dieser realistischen Einschätzung heraus stellt man sich in Bergedorf auch nicht die unbewältigbare Aufgabe, mit Hilfe therapeutischer Maßnahmen Delinquenz zu bekämpfen, sondern versucht vielmehr, »die persönlichen Unzulänglichkeiten und Störungen von Straftätern therapeutisch anzugehen: vielleicht wird dadurch die Wahrscheinlichkeit für zukünftige Straftaten entscheidend vermindert« (ebd.). Vielleicht wird dadurch aber auch – und Holzapfel verweist selbst auf dieses Risiko – der früher neurotische Straftäter zu einem ›gesunden‹ Straftäter gemacht.

Alle diese Überlegungen liegen den beiden, von Ackermann summarisch definierten Behandlungszielen zugrunde, die für alle in der Sonderanstalt untergebrachten Häftlinge – ›psychisch Auffällige‹ wie Sexualdelinquenten – gelten:

1. Abbau der mehr haftbezogenen Verhaltensstörungen, mit denen die Insassen in ihrer Stammanstalt aufgefallen sind. Zu solchen Störungen gehören das Demolieren von Zelleninventar, Schlucken von Fremdkörpern, Selbstbeschädigung, Querulanz, verschiedene Formen von Protesten, direkte Aggressionen

gegen Beamte oder Mithäftlinge und haftpsychotische Symptome, Depressionen oder Angst.

2. Abbau kriminogener Faktoren und Förderung solcher Eigenschaften, die für ein straffreies Dasein wichtig sind. Als kriminogene Faktoren sind solche Persönlichkeitsmerkmale und soziale Bindungen zu verstehen, die kriminellem Verhalten meist zugrunde liegen, wie Aggressivität, emotionale Unreife, Kontaktscheu, Minderwertigkeitsgefühle, Geltungsstreben, fehlende Ausbildung, gestörte soziale Bindungen, Angst vor Behörden, Zugehörigkeit zu kriminellen Gruppen, Stigmatisierung durch Vorstrafen.

(Ackermann, 1971, S. 368, und 1973, S. 12)

Parallel zu dem Versuch, diesen Faktoren »entgegenzuwirken oder ihr Gewicht zu vermindern«, ist man in Bergedorf bestrebt, »solche Persönlichkeitsmerkmale und soziale Bindungen zu fördern, die für ein konstantes Leben ohne Konflikte mit dem Strafgesetzbuch von Wichtigkeit sind« (Ackermann, 1973, S. 12).

Spätestens bei der Aufzählung der als notwendig erachteten Persönlichkeitsmerkmale – »Selbstkontrolle, Verzicht, Durchhaltevermögen, Belastungstoleranz, Selbständigkeit (etc.)« (ebd.) – wird jedoch ersichtlich, daß auch in Bergedorf der Adressat der als Sozialtherapie verstandenen Maßnahmen nicht die Gesellschaft, sondern nach wie vor das einzelne Individuum ist. Die Gesellschaft und die zu ihrem Fortbestand erforderlichen ›Tugenden‹ werden zur Richtschnur, nach der der einzelne ausgerichtet wird. Dem Umstand, daß die meisten dieser den einzelnen isolierenden Verhaltensweisen stark schichtspezifische Züge tragen, d. h., daß sie am sozialen Ort der Unterschicht den Interessen der Betroffenen zum Teil entgegenwirken, wird im übrigen an keiner Stelle Rechnung getragen.

b) Insassen

Anzahl und Zusammensetzung

Die derzeit 34 männlichen Insassen der Sonderanstalt lassen sich grob in zwei Gruppen unterteilen:

1. 24 psychisch Auffällige, d. h. solche erwachsenen Insassen aus geschlossenen Haftanstalten, »die während der Haftzeit ein von der Norm abweichendes Verhalten haben erkennen lassen und einer Beeinflussung mit den besonderen Mitteln der Sonderanstalt zugänglich erscheinen« (Ackermann, 1971, S. 367).

2. 10 Sexualstraftäter, »die sich freiwillig zur fachärztlichen Betreuung und Behandlung in bezug auf ihre sexuelle Abartigkeit bereit erklären« (ebd. und Vollstreckungsrichtlinien der Justizbehörde Hamburg).

Zusätzlich zu den bereits oben erwähnten für alle Insassen gültigen Zielsetzungen hat man in Bergedorf für die Sexualdelinquenten als weiteres Behandlungsziel in Aussicht genommen, »durch primär medizinische Methoden (chirurgische oder medikamentöse) die physischen Grundlagen für die Sexualdelinquenz entscheidend zu vermindern« (Ackermann, 1973, S. 11). Zur Vermeidung von Überschneidungen soll ein näheres Eingehen auf diese speziellen Methoden und deren Anwendung erst im Abschnitt über die Bergedorfer Behandlungsmethoden erfolgen.

Aufnahmeverfahren und Einweisungskriterien

Ähnlich wie in Düren werden auch in Hamburg-Bergedorf die Insassen nicht infolge richterlicher Verfügung, sondern – selektiert durch eine Auswahlkommission – aus sämtlichen hamburgischen Regelvollzugsanstalten in die Sonderanstalt eingewiesen. Dabei »haben die Regelvollzugsanstalten die Möglichkeit und die Insassen das Recht, Vorschläge und Anträge auf Übernahme in den Sondervollzug an den Leiter der Sonderanstalt Hamburg-Bergedorf zu richten« (Ackermann, 1973, S. 9). Über diese Vorschläge und Anträge entscheidet sodann eine Auswahlkommission, die sich aus dem Leiter der Sonderanstalt, dem ärztlichen Leiter, den beiden Psychiatern und dem Psychologen der Sonderanstalt zusammensetzt.

Ein Mitglied dieser Kommission wird jeweils als Berichterstatter beauftragt und mit den Voruntersuchungen betraut: Exploration der betreffenden Insassen und Einsichtnahme in die Gefangenen-Personalakten; in besonderen Fällen psycho-diagnostische Verfahren – z. B. bei fraglichen Denkstörungen (S. 8 ff).

Während für die Gruppe der Sexualdelinquenten, für die in Hamburg-Bergedorf zehn Plätze zur Verfügung stehen, es in erster Linie auf den freiwillig gestellten Antrag auf Behandlung ankommt – »ist eine medikamentöse Behandlung oder Kastration aus der Sicht des Facharztes angezeigt, so erfolgt in der Regel die Übernahme des Antragstellers in den Sondervollzug« (S. 9) – sind für die Gruppe der psychisch Auffälligen folgende Kriterien für die Übernahme in den Sondervollzug wichtig:

1. nicht zu hohes Alter (über 50jährige nur in Ausnahmefällen, da diese Insassen erfahrungsgemäß in ihrem Verhalten zu sehr festgelegt sind);
2. verbleibender Strafrest nicht über 3 Jahre, weil eine Therapie über diesen Zeitpunkt hinaus unökonomisch ist und das Risiko in sich birgt, daß eine anfänglich positive Entwicklung bei zu langem Aufenthalt in eine negative Entwicklung umschlägt;
3. Dialogfähigkeit und Kontaktbereitschaft;
4. Möglichst durchschnittliche Intelligenz;

5. akute, behandlungsnotwendige Symptomatik;
6. Leiden unter den Haftbedingungen und/oder unter sich selbst;
7. Vorliegen einer Persönlichkeitsstörung oder eines psychiatrischen relevanten Symptoms;
8. Notwendigkeit der Entlastung der Regelvollzugsanstalten;
9. Wunsch, sich helfen zu lassen und an sich selbst zu arbeiten (ebd.).

Bei der Entscheidung der Kommission, die in der Regel in der Vollzugsanstalt nach eingehender Anhörung des jeweiligen Insassen erfolgt, ist neben diesen Kriterien »ein Mindeststrafrest von 1 Jahr wünschenswert und aufgrund der geringen Plätze in Hamburg-Bergedorf ein Höchststrafrest von etwa 3 Jahren« (S. 8 f).

Neben dem erforderlichen ›Leidensdruck‹, auf dessen Fragwürdigkeit an anderer Stelle dieses Buches bereits näher eingegangen wurde, erscheinen uns zumindest zwei weitere Punkte des oben zitierten Kriterienkatalogs problematisch. Wenn Ackermann einerseits verhindern will, daß »die Sonderanstalt Bergedorf [...] dem Wunsch der Regelvollzugsanstalten entsprechend als ›Ascheimer‹ der hamburgischen Vollzugsanstalten dient« (S. 10), so ist es schlechthin unverständlich, wieso er andererseits die ›Notwendigkeit der Entlastung der Regelvollzugsanstalten‹ als Aufnahmekriterium gelten läßt. Ebenso zwiespältig bleibt seine Argumentationsweise bei dem Kriterium der Behandlungsdauer: einerseits wird die Drei-Jahresfrist mit therapeutischen Erwägungen, andererseits jedoch mit der beschränkten Kapazität der Anstalt begründet. Die Vermutung liegt nahe, daß auch hier – wie bereits in Kapitel I des Zweiten Teils aufgezeigt – therapeutische Überlegungen nur eine Verbrämung von außen gesetzter materieller Bedingungen darstellen.

Ackermann verweist darauf, daß »natürlich [...] für die Aufnahme eines Kandidaten nicht sämtliche dieser Kriterien erfüllt zu sein (brauchen). Es wird von der Auswahlkommission jedoch darauf geachtet, daß möglichst viele dieser [...] Kriterien sichtbar sind« (S. 9 f) – ihre Feststellung geschieht in der bereits erwähnten Voruntersuchung. In der Tatsache, daß die Auswahlkommission ihre Entscheidung der betreffenden Regelvollzugsanstalt schriftlich mitteilt, sieht Ackermann ein in jedem Fall positives Moment für die betreffende Anstalt, da sie »bei positiver Entscheidung durch Übernahme des Antragstellers entlastet (!) wird und bei negativer Entscheidung aus der umfangreichen schriftlichen Begründung zumindest die Hintergründe der Verhaltensweise des betreffenden Insassen erfährt und sich dementsprechend auch darauf einstellen kann« (S. 10). Auch für die Bergedorfer Anstalt hat sich dieses Verfahren bisher als positiv erwiesen, »da auf diese Weise nur Behandlungswillige und durch die besonderen Mittel der Anstalt [...] beeinflußbare Insassen in den Sondervollzug übernommen werden« (ebd.).

Im Hinblick auf die Übernahme von zu lebenslänglicher Freiheitsstrafe Verurteilten in den Sondervollzug hat man in Bergedorf
die Erfahrung gemacht, »daß nur ein konkretes Strafende die
geeignete Basis für erfolgversprechende therapeutische Maßnahmen darstellen kann und daß insofern nur solche Insassen
übernommen werden sollten, deren Umwandlung der lebens-
langen Strafe in eine Zeitstrafe durch verbindliche Erklärung der
Gnadeninstanz in Aussicht steht« (ebd.).

Statistisches Material

Aus einer im Juni 1971 veröffentlichten ›Statistik über 2 Jahre
Sondervollzug‹ geht hervor, daß von der für die Bergedorfer
Anstalt gebildeten Auswahlkommission in der Zeit vom 1. 4. 1969
bis zum 1. 4. 1971 101 Fälle behandelt und entschieden worden
sind.

	Sexual- straftäter	psychisch Auffällige	Summe
nicht aufgenommen:	17	20	37
aufgenommen:	23	41	64
Summe:	40	61	101

Von den 64 für den Sondervollzug Geeigneten haben bis zum
1. 4. 1971 42 Insassen die Sonderanstalt wieder verlassen.

	Sexual- straftäter	psychisch Auffällige	Summe
am 1. 4. 1971 in der Sonderanstalt:	6	16	22
bis zum 1. 4. 1971 entlassen oder verlegt:	17	25	42
Summe:	23	41	64

Von den aus dem Sondervollzug Entlassenen wurden 33 vor
Ablauf der regulären Haftzeit bedingt und mit Auflagen entlassen
und 1 Häftling nach Ablauf der Gesamtstrafzeit.
4 Insassen der Sonderanstalt sind als haftunfähig in die Heil- und
Pflegeanstalt und 4 Inhaftierte als für den Sondervollzug ungeeignet in die Regelvollzugsanstalt verlegt worden.
4 vorzeitig Entlassene haben mit Erfolg einen Übergangsvollzug
von 6 Monaten absolviert.
(Alle Zahlenangaben aus: Ackermann, 1971, S. 371).

Wenn auch diese Statistik einen zahlenmäßigen Überblick über die Bergedorfer Anstalt vermittelt, sagt sie doch wenig über bestimmte, diese Zahlenverhältnisse bedingende Vorgänge aus. So bleibt eine ganze Reihe von Fragen offen, von denen hier nur einige wenige exemplarisch aufgeworfen werden sollen: Aus welchen Gründen wurden 17 Sexualstraftäter und 20 psychisch Auffällige von der Auswahlkommission negativ beschieden? Spielte dabei die Anstaltsgröße und der für jede Tätergruppe unterschiedliche Zahlenschlüssel (10:24) eine wesentliche Rolle? Wieso wurde erst während des Sondervollzugs festgestellt, daß vier Insassen haftunfähig und vier weitere für den Sondervollzug ungeeignet sind? Wie viele davon waren Sexualdelinquenten, wie viele psychisch Auffällige?

Eine weitere Tabelle innerhalb der Ackermannschen Statistik gibt Auskunft über die spezielle ›Behandlung von Triebtätern in der Sonderanstalt in der Zeit vom 1. 4. 1969 bis 1. 4. 1971‹:

	Kastr.	medikam.	Kastr. u. medikam.	keine Behandlg.	Summe
	8	9	3	4	24
davon entlassen bis zum 1.4.1971:	6	4	2	4	16

Die soeben angeführten Relationen haben sich auch in den folgenden Jahren kaum verändert. Aus einem 1973 abgefaßten Bericht Ackermanns über die Bergedorfer Anstalt geht hervor, daß in der Anstalt seit der Eröffnung 77 psychisch Auffällige und 34 Sexualdelinquenten Aufnahme gefunden haben (1971 – 41 : 23) und daß von den letzteren 17 kastriert und 15 medikamentös behandelt wurden, während bei den übrigen zwei nicht näher bezeichnete andere psychotherapeutische Maßnahmen ausreichend waren (1971 – 11 : 9 : 4).

c) BEHANDLUNGSMETHODEN

Da sich die Bergedorfer Therapeuten darin einig sind, daß »bei den ungünstigen, d. h. prinzipiell frustrierenden Bedingungen des Freiheitsentzuges und den oft seit ihrer Kindheit schwer persönlichkeitsgestörten Insassen« (Holzapfel, 1972, S. 287) die obengenannten Behandlungsziele – d. h. vor allem Verminderung der Rückfallwahrscheinlichkeit – mittels einer einzigen Methode kaum zu erreichen sind, verwenden sie eine ganze Reihe verschiedener, vorgeblich aufeinander abgestimmter therapeutischer

Methoden, von denen die meisten bereits im Abschnitt ›Sozialtherapie‹ ausführlich diskutiert worden sind. Da in Bergedorf
Definition und konkrete Anwendung der einzelnen Methoden
jedoch bisweilen recht unterschiedlich zu deren abstrakten Definitionen ausfallen, sollen diese Methoden noch einmal – nun aber
in der in Bergedorf praktizierten Form – beschrieben werden.
Nach Ackermann sind die wesentlichsten Bestandteile dieser Behandlungsmethoden:
Milieutherapie,
Gesprächstherapie,
Gruppenarbeit,
Kontaktförderung zur Außenwelt,
direkte soziale Integrationsmaßnahmen,
operative und medikamentöse Behandlung und
Betreuung nach der Entlassung (Ackermann, 1971, S. 369).
Bis auf die operative und medikamentöse Behandlung, die nur
bei den Sexualdelinquenten zur Anwendung kommt, gelten alle
weiteren Methoden interner und externer Behandlung für beide
Insassengruppen gleichermaßen.

Milieutherapie

Im Rahmen dieser Therapie kommt es »entscheidend darauf an,
in der Anstalt ein Klima zu schaffen, welches als Voraussetzung
dient für den Erfolg weiterer therapeutischer Maßnahmen« (Ackermann, 1973, S. 13). Milieutherapie meint also in diesem Fall
nichts weiter als ›Verhaltenstherapie‹ mittels eines günstigen
Anstaltsmilieus. Letzteres ist nach Ackermanns Ansicht unter
anderem abhängig »vom Umgangston zwischen Insassen und
Mitarbeitern, von der Möglichkeit der individuellen Gestaltung
des eigenen Bereichs (Intimsphäre), von der Beseitigung der
Angst des Ausgeliefertseins und von der Verminderung äußerer
Reizeinwirkungen in Form schriller Trillerpfeifen oder lauter
Kommandotöne (Flüsteratmosphäre)« (ebd.).
Da dieser Form der Therapie in Bergedorf besondere Bedeutung
beigemessen wird, hat man noch einige zusätzliche Schritte zur
Förderung eines menschenwürdigen – und damit therapeutisch er-
folgversprechenden – Anstaltsklimas unternommen. »Der tradi-
tionelle ›Spion‹ in den Zellentüren ist verschwunden. Nicht nur
die Türen, auch die Gitter zwischen den einzelnen Fluren stehen
Tag und Nacht offen. In Gemeinschaftsräumen können die
Männer fernsehen und diskutieren. Bevor die Vollzugsbeamten
eine Zelle betreten, wird angeklopft« (*Die Welt* v. 4. 6. 1971).
»Der Gefangene soll wissen, daß er als Mensch angesehen wird«
(Ackermann, zit. nach *Hamburger Abendblatt* v. 4. 6. 1971) –
deshalb sind auch Worte wie ›Häftling‹ oder ›Gefangener‹ in der
Anstalt verpönt; die Anrede lautet für alle Insassen ›Herr‹.

Gesprächstherapie

»Das therapeutische Gespräch wird als wichtiges Mittel angesehen, den Gefangenen zu stabilisieren und ihm wesentliche Impulse für seine Entwicklung zu geben« (Holzapfel, 1972, S. 287). Der Insasse hat bei dieser Therapie – die nach Ansicht der Bergedorfer Therapeuten den Charakter des von Stürup beschriebenen Krisen-interviews hat – die Möglichkeit, sich mit einer Vertrauensperson eigener Wahl auszusprechen und dabei alle privaten und zwischen-menschlichen Probleme und Sorgen zu erörtern (Holzapfel, 1971, S. 376). Aufgabe der Mitarbeiter bei dieser unter Gesprächsthera-pie firmierenden Einzeltherapie ist es, einerseits »durch Verständnis und Zuhören die Kontaktbereitschaft und Vertrauen zu wecken, damit der Gefangene den Gesprächspartner als Vorbild für sein eigenes Verhalten akzeptieren kann« (Holzapfel, 1972, S. 288) – für diesen Teil der Therapie kommen auch Aufsichtsbeamte in Frage –, andererseits das Gespräch so zu lenken, »daß die Einsicht in persönliche Schwierigkeiten gefördert wird, Lösungsmöglich-keiten selbst gefunden werden, psychische Spannungen und Ängste sich vermindern und sich Selbstvertrauen und Eigeninitiative ent-falten« (Ackermann, 1971, S. 369).

Diese von Holzapfel auch als ›individuum-zentrierte Psycho-therapie‹ bezeichnete Therapieform sollte jedoch seines Erachtens »nicht oder nur in Ansätzen analytisch verlaufen [...], wegen der haftbedingten Zwangssituation, der Gefahr der Abhängigkeit vom Therapeuten und der damit verbundenen Blickwendung in die Vergangenheit« (Holzapfel, 1971, S. 376).

Gruppenarbeit

Während der einzelne Insasse bei der Gesprächstherapie mit dem Therapeuten bzw. Aufsichtsbeamten allein ist, treffen sich bei der Gruppenarbeit mehrere Insassen in Anwesenheit des Psychologen oder Psychiaters einmal wöchentlich zu einer gemeinsamen Aus-sprache. Diese Gespräche verlaufen ebenso wie die Einzeltherapie nicht-direktiv, da »der Therapeut sich möglichst zurückhält und nur reflektiert, die ›Spielregeln‹ festlegt, sachlich und kurz infor-miert, die Teilnehmer aktiviert und konsequent auf Vorschläge, Wertungen, Vorwürfe und Ermahnungen verzichtet« (Holzapfel, 1971, S. 376).

Ziel dieser Therapieform ist es, »im freien Spiel der entstehenden Äußerungen *die* (Hervorhebung v. Verf.) sozialen Verhaltens-weisen [...]« zu trainieren, »die das Zusammenleben der Inhaf-tierten unter sich erleichtern und für die soziale Anpassung im Zivilleben wichtig sind« (Ackermann, 1971, S. 369); nach Mei-nung der Bergedorfer »also Kooperation, Durchsetzungsvermö-gen, Verständnis für andere, Initiative, Kontaktfähigkeit, Selbstwerterleben« (Holzapfel, 1971, S. 376). Auf die Fragwürdigkeit einzelner dieser Verhaltensweisen in bezug auf die soziale Herkunft der meisten Inhaftierten haben wir bereits an anderer Stelle hingewiesen; diese Fragwürdigkeit wird noch verstärkt durch Ackermanns Begriff der ›sozialen Anpassung im Zivilleben‹, die – setzen wir einmal ihre therapeutisch begründbare Notwendigkeit voraus – doch nur gelingen kann, wenn das soziale Herkunfts- wie auch Zielmilieu des betreffenden Insassen in die Therapie mit einbezogen wird – gerade dies geschieht in Bergedorf jedoch nicht.

Neben der oben angeführten mehr therapeutisch orientierten Gruppensitzung mit bisher 6 bis 14 freiwilligen Teilnehmern finden in der Anstalt einige weitere Gruppenzusammenkünfte von mehr informellem Charakter statt, wie »pädagogische Kurse, themenorientierte Gespräche und ›Betriebsversammlungen‹ der Arbeiter im Unternehmerbetrieb« (Holzapfel, 1972, S. 288).

Ein wesentliches Ergebnis der bisherigen Gruppenarbeit ist nach Ackermann, daß dabei viele überhaupt erst lernten, »miteinander zu reden, Probleme zu sehen und zu durchdenken, die über subjektive Bedürfnisse und den Häftlingsalltag nicht selten hinwegweisen und den Blick für den Mitmenschen öffnen« (Ackermann, 1971, S. 369).

Kontaktförderung zur Außenwelt

Aus der Einsicht heraus, daß »die Entwicklung und Stabilisierung von Kontakten zu allen Personen, die dem einzelnen Gefangenen beim Wiederfußfassen in der Freiheit nützlich sein können, als ein Weg zur Überwindung der sozialen Isolierung während des Freiheitsentzuges« (Ackermann, 1973, S. 15) gelten, mißt man in Bergedorf allen diesbezüglichen Maßnahmen große Bedeutung bei. Dazu zählen vor allem: ›ungehinderte‹, wenn auch stichprobenweise kontrollierte Korrespondenz, Telefonate und eine großzügige Besuchsregelung – beide unbewacht (ebd.).

Die Bergedorfer Besuchsregelung sieht vor, daß der Insasse einmal wöchentlich für eine Stunde Besuch empfangen kann – »Insassen, die keinen Kontakt zu Angehörigen haben, suchen mit Hilfe der Anstalt Verbindung zu Betreuern und Vollzugshelfern« (S. 16). In diesem Zusammenhang, aber auch im Rahmen der Öffentlichkeitsarbeit, kommt den Besuchen ›interessierter Gruppen‹ eine besondere Bedeutung zu. »Hierbei handelt es sich um Juristen, Sozialpädagogen, Firmeninhaber, Betriebsräte, Studenten und Schüler. Die sicherlich belastenden und daher unbeliebten sogenannten Besichtigungen sind von Anbeginn in der Sonderanstalt Bergedorf umfunktioniert worden, indem nach einführender Information durch die Anstaltsleitung zur Vermittlung eines optischen Eindrucks ein Rundgang erfolgt, bei dem bereits Kontaktgespräche mit Insassen geführt werden können und der mit einer Aussprache endet, an der sowohl die Mitarbeiter als auch alle Insassen des Hauses teilnehmen können. Aus derartigen Aktionen haben bisher stets beide Seiten, Besucher sowohl als auch Anstaltspersonal und Insassen profitiert. Mehrere Besucher haben sich anschließend als Betreuer und Vollzugshelfer zur Verfügung gestellt« (S. 17).

Zu diesen Kontakten mit der Außenwelt gehören außerdem Ausführungen in Begleitung einer Vertrauensperson und Beurlaubungen aus besonderem Anlaß: Familienurlaub oder Urlaub im Rahmen entlassungsvorbereitender Maßnahmen. »Mit dem häufig gewährten Familienurlaub sind bisher [...] gute Erfahrungen gemacht worden. Von den in den vergangenen Jahren ausgesprochenen zahlreichen Beurlaubungen zu Familienangehörigen, zu Betreuern, zum Zahnarzt, zum Blutspenden, zwecks Beschaffung von Papieren und aus anderen Anlässen sind insgesamt (bis Ende 1972 – Verf.) nur 4 Fälle negativ verlaufen« (S. 16).

Zur Beurlaubung im Rahmen entlassungsvorbereitender Maßnahmen führt Ackermann aus: »Unter dem Gesichtswinkel, daß die Mitarbeiter der Sonderanstalt weder Kindermädchen noch Laufburschen der Insassen sein sollen, wird der zur Entlassung kommende Insasse rechtzeitig zur Beschaffung von Personal- und Arbeitspapieren, zur Beschaffung einer Wohnmöglichkeit und einer Arbeitsstelle und ähnlicher Vorbereitungen stundenweise aus der Anstalt beurlaubt« (ebd.).

Eine weitere Möglichkeit der ›Kontaktförderung zur Außenwelt‹ ist »die Befriedigung der Bedürfnisse vieler Insassen, als selbst Hilfsbedürftige anderen Hilfe leisten zu können und so unter Beweis zu stellen, daß sie noch zu einem Handeln fähig sind, welches Achtung und Anerkennung in der Öffentlichkeit zur Folge hat« (S. 17). Insgesamt 84 Insassen haben seit der Anstaltseröffnung mit Erfolg an einem Erste-Hilfe-Kurs teilgenommen; acht haben »beim Schwimmen, welches dreimal wöchentlich (während der allgemeinen Öffnungszeiten – Verf.) in der Schwimmhalle Bergedorf durchgeführt wird, ihren DLRG-Grundschein und -Leistungsschein abgelegt und [...] 80% der jeweiligen Belegschaft der Anstalt (haben) an Blutspenden teilgenommen« (ebd.). Besondere Aufmerksamkeit seitens der Hamburger Presse wurde der Bergedorfer Anstalt zuteil, als sechs Anstaltsinsassen drei Monate lang beim Spielplatzbau für ein DRK-Kindertagesheim halfen (›Freiwilliger Einsatz eines Arbeitskommandos‹, *Die Welt* v. 5. 5. 1972; ›Häftlinge bauten Spielplatz‹, *Hamburger Morgenpost* v. 5. 7. 1972).

Direkte soziale Integrationsmaßnahmen

Eine scharfe Abgrenzung dieser sozialer Isolierung entgegen-
wirkenden Maßnahmen von denen der ›Kontaktförderung zur
Außenwelt‹ erscheint schwierig; auch hier wird verwiesen auf:
mehrtägigen Familienurlaub und Ausgänge in Begleitung in die
Stadt »bei akuten Stimmungskrisen, für Entlassungsvorbereitun-
gen oder als ›Test‹ vor dem Urlaub« (Holzapfel, 1972, S. 289).
Wichtigste und auch neue Maßnahme ist jedoch der sogenannte
›Übergangsvollzug für langfristig Inhaftierte‹, der die letzten
sechs Monate der Haft umfaßt. Während dieser Zeit, in der auch
häufiger Wochenendurlaub erteilt wird, soll der langeinsitzende
Häftling lernen, sich »außerhalb der Anstalt [...] im Alltagsleben
zurechtzufinden, die in einem Arbeitsbetrieb der freien Wirtschaft
geforderte Arbeit zu leisten, mit Geld umzugehen, die richtigen
Verkehrsmittel zu benutzen und pünktlich sowohl als auch nüch-
tern in die Anstalt zurückzukehren, die in dieser Phase dem Insassen als Beratungsinstitut zur Seite steht« (Ackermann, 1971,
S. 369). Der zeitliche Freiraum des betreffenden Insassen erfährt
während dieser sechs Monate eine progressive Erweiterung: in der
ersten Phase muß der Häftling unmittelbar nach Arbeitsschluß
in die Anstalt zurückkehren, in der zweiten Phase kann er sich eine
Stunde nach Arbeitsschluß und in der letzten Phase bis um 19.30 h
außerhalb der Anstalt aufhalten. (Art und Entlohnung dieser Arbeit, Anzahl der in Frage kommenden Insassen und ähnliche
Aspekte werden in dem Abschnitt ›Arbeit‹ näher behandelt.)
Während die bisher aufgeführten Maßnahmen im wesentlichen
bei beiden Insassengruppen der Bergedorfer Anstalt angewandt
werden, ist die nun folgende Maßnahme primär auf die Behandlung der Sexualdelinquenten zugeschnitten.

Operative und medikamentöse Behandlungsmethode

Zusätzlich zu den psychotherapeutischen Hilfen sollen die Ver-
gabe gegengeschlechtlicher Hormonpräparate und die chirurgische Kastration den Insassen befähigen, nach der Entlassung »seine
sexuellen Triebe zu beherrschen und so zu steuern, daß eine
Kollision mit den bestehenden Gesetzen soweit wie möglich ausgeschlossen wird« (Ackermann, 1971, S. 370).
Medikamentös wird im übrigen auch ein Teil der ›psychisch
Auffälligen‹ behandelt, »die ja nicht selten auch körperliche Störungen aufweisen, abgesehen von pathologischen Affektstörun-
gen, denen die Ärzte durch Psychopharmaka zu begegnen suchen,
als Ergänzung zu den anderen Methoden« (Holzapfel, 1972,
S. 289).
Während die medikamentöse Behandlung sowie die Kontroll-
untersuchungen und Anfertigungen von Spermiogrammen inner-

halb der Anstalt erfolgen, werden die »Kastrationen der Bergedorfer Insassen [...] entweder im Zentralkrankenhaus des
Strafvollzugsamtes in Hamburg oder in der Universitätsklinik
Hamburg-Eppendorf (von dem ärztlichen Leiter der Anstalt,
Krause – Verf.) durchgeführt« (Ackermann, 1973, S. 14). Da die
Problematik der Kastration bereits an anderer Stelle (Vgl. S. 129 f)
ausführlich diskutiert worden ist, soll hier nur kurz auf die dies-
bezügliche Bergedorfer Praxis eingegangen werden. Nach Ackermann hat sich »in Übereinstimmung mit den Fachärzten und den
entscheidenden Gerichten [...] die Praxis bewährt, daß Kastraten
(in Bergedorf immerhin mehr als zwei Drittel der Sexualdelinquenten – Verf.) etwa 6 Monate nach erfolgter Operation bedingt
entlassen und medikamentös behandelte Sexualdelinquenten nach
etwa 1jähriger Behandlungsdauer auf freien Fuß gesetzt werden,
mit der Auflage, die im Sondervollzug begonnene Behandlung
in der Universitätsklinik Eppendorf fortzusetzen« (S. 14).

Betreuung nach der Entlassung

Die Sonderanstalt Bergedorf sieht diese Betreuung »nicht nur als
eine Aufgabe des Bewährungshelfers, der Arbeits- und Sozial-
behörde und des Hamburger Fürsorgevereins an, sondern vor-
nehmlich als eigene Aufgabe« (Ackermann, 1971, S. 370). Die
Praxis in den dänischen Sonderanstalten, Vorbild der Bergedorfer
Anstalt, hat nämlich gezeigt, daß einerseits »eine Situation, die
ohne Kontakte mit dem [...] Therapeuten kriminelle Reaktionen
nach sich ziehen könnte, [...] nach einer Besprechung sehr viel
harmloser (wird)« (Hoek-Gradenwitz, zit. nach Holzapfel, 1972,
S. 289) und daß es andererseits auch notwendig ist, »mit Entlassenen
zu arbeiten, um Erfahrungsmaterial für eine realistische Behandlung von Anstaltsinsassen [...] zu erhalten« (ebd.). Aus diesem
Grunde werden alle Insassen vor ihrer Entlassung auf die Möglichkeit verwiesen, »sich auch nach der Haft jederzeit an die Sonderanstalt und ihre Mitarbeiter wenden zu können, um sich Rat zu
holen oder über ihr Schicksal nach Entlassung zu berichten«
(Ackermann, 1971, S. 370). Bisher haben von dieser Möglichkeit
nach den Worten Ackermanns ungefähr 80% der Insassen Gebrauch gemacht.
Die entlassenen Sexualdelinquenten können zusätzlich die in der
Universitätsklinik für Psychiatrie in Hamburg-Eppendorf eingerichtete Sprechstunde in Anspruch nehmen.
Da therapeutische Maßnahmen jeglicher Art solange erfolglos bleiben müssen als den Insassen – von denen eine ganze Reihe keine
oder nur eine mangelhafte Ausbildung hat – nicht die Möglichkeit
gegeben wird, auch arbeitsmäßig wieder Fuß zu fassen, d. h. sich
beruflich zu betätigen bzw. weiterzubilden, versucht man in Bergedorf, die Insassen auch in dieser Hinsicht zu unterstützen.

Zwar besteht in Hamburg-Bergedorf für jeden Insassen die
Arbeitspflicht, aber Ackermann zufolge »sind Schwierigkeiten,
die von den Insassen auf diesem Gebiet bereitet werden, niemals
zum Anlaß genommen worden, eine Rückverlegung in den Regelvollzug zu beschließen« (1973, S. 19). Ähnlich wie in Düren sind
auch hier die anstaltsinternen Arbeitsbedingungen recht beschränkt. »Es bestand seit Eröffnung der Sonderanstalt lediglich
die Möglichkeit, die Insassen mit einfachen Arbeiten von Unter-
nehmerbetrieben (Sortierarbeiten, Montagearbeiten, Schleifarbei-
ten, Verpackungsarbeiten) zu beschäftigen« (S. 18). Daß sich diese
ungünstige Arbeitssituation für die Insassen im Laufe der Zeit
dennoch verbessern ließ, ist vor allem dem Umstand zu verdanken, daß ab 1971 »mit Zustimmung der Justizbehörde Hamburg
bis zu 10 Insassen = 30% im entlassungsvorbereitenden Übergangsvollzug« (ebd.) außerhalb der Anstalt arbeiten können; bis
1971 durften maximal 3 Insassen = 10% außerhalb der Anstalt
beschäftigt werden (ebd.).

Jeder der im Rahmen dieses Übergangsvollzuges außerhalb der
Anstalt arbeitenden Insassen »erhält einen Dauerurlaubsschein, der
jeweils für die Arbeitszeit plus Zeit des Arbeitsweges ausgestellt
ist. Der Insasse arbeitet nach Tarif, erhält seinen Arbeitslohn auf
ein Sperrkonto einer Bank überwiesen, bekommt vom Arbeitsamt Überbrückungsgeld und Gutscheine für Arbeitsbekleidung,
empfängt für Fahrgeld, Wegzehrung u. ä. ein Taschengeld von
monatlich etwa 100 DM und kann bei nachgewiesenem Bedarf
unter Mitzeichnung eines Verwaltungsbeamten über seinen bei
der Bank deponierten Arbeitsverdienst verfügen« (S. 16).

Da neben diesen zehn im Übergangsvollzug arbeitenden Insassen
»seit Ende 1971 ein aus 3 bis 4 Insassen bestehendes Außenkom-
mando (existiert), welches bei einer Bergedorfer Firma Polier-
und Verpackungsarbeiten verrichtet« (S. 19), waren Ende 1972
insgesamt 14 Insassen außerhalb der Anstalt beschäftigt und wurden
nach Tarif entlohnt. Vier weitere Insassen haben ständige anstaltsinterne ›Vertrauensfunktionen‹ (Haus- und Kammerarbeiter,
Träger) inne, so daß »innerhalb der Anstalt lediglich etwa die
Hälfte der Belegschaft zu beschäftigen (ist)« (ebd.). Mit der »Tatsache, daß die außerhalb der Anstalt beschäftigten Insassen nach
Tarif entlohnt werden, die innerhalb der Anstalt arbeitenden
Insassen—aber nur Gefangenenarbeitslohn erhalten« (ebd.), ist
Ackermann keineswegs zufrieden, da dies zu gewissen Spannungen
führt.

Aber nicht nur diese Einsicht, sondern auch die Erkenntnis, »daß
es auf Grund der Platzverhältnisse innerhalb der Sonderanstalt
(die Anstalt verfügt nur über wenige Arbeits-, Lager- und Nebenräume – Verf.) unmöglich ist, eine für den sozialtherapeutischen

Vollzug geeignete und sinnvolle Arbeit zu beschaffen und durchführen zu lassen« (ebd.), veranlaßten die Anstaltsleitung, ab Anfang 1973 einen Arbeitseinsatz größeren Umfangs als bisher außerhalb der Sonderanstalt zu erproben; für diesen Entschluß sprachen auch die guten Erfahrungen mit den im Rahmen des Übergangsvollzuges bereits außerhalb der Anstalt arbeitenden Insassen.

Gleichzeitig hat die Sonderanstalt im Hinblick auf die im künftigen Strafvollzugsgesetz angestrebte Regelung einer einheitlichen Tarifentlohnung für sämtliche Insassen »bei der Justizbehörde in Hamburg die Zustimmung erwirkt, daß künftig jeder außerhalb der Sonderanstalt arbeitende Insasse des Sondervollzuges einen Arbeitsvertrag mit Tariflohn abzuschließen berechtigt ist« (S. 19f).

Im Zuge des nunmehr vergrößerten anstaltsexternen Arbeitseinsatzes trifft diese Regelung ab 1. 2. 1973 – mit Ausnahme der vier ›Hausarbeiter‹ – auf alle Insassen des Sondervollzuges zu. »Die seit dem 15. 1. und 1. 2. 1973 sich im Arbeitseinsatz außerhalb der Anstalt befindlichen Insassen bilden ein Arbeitskommando von 12–14 Insassen, welche von 2–3 Mitarbeitern der Sonderanstalt begleitet werden. Der Arbeitseinsatz beschränkt sich auf 5 Stunden am Vormittag, so daß die Insassen in der Lage sind, ihre Mahlzeiten in der Sonderanstalt einzunehmen und zum anderen gewährleistet ist, daß am Nachmittag die therapeutische Arbeit durch das Fachpersonal nicht zu kurz kommt« (S. 20).

Zur Fortbildung, dem bisherigen ›Stiefkind‹ der Anstalt, zählen vor allem: Fernlehrgänge, über die jedoch keine genaueren Angaben vorliegen, und ein Schreibmaschinen- und Stenokurs, der durch einen Fachlehrer in der Anstalt durchgeführt wird. Zwei weitere Insassen besuchen außerdem einen Abendkurs außerhalb der Anstalt, und ein Insasse wird ab Frühjahr 1973 sein Studium an der Ingenieurschule Hamburg-Bergedorf wieder aufnehmen (S. 17).

e) PERSONAL

Anzahl und Zusammensetzung

Für das oben skizzierte Behandlungsprogramm der 34 Insassen der Bergedorfer Anstalt steht eine ebenso große Zahl an Mitarbeitern – 30 Vollzugspraktiker und vier Therapeuten – zur Verfügung: 1 Anstaltsleiter, 1 Sozialpädagoge, 2 Abteilungsleiter des gehobenen Dienstes, 2 Verwaltungskräfte (einschließlich Schreibkraft), 24 Mitarbeiter des Aufsichts-, Werk- und Sanitätsdienstes (Aufsichtsbeamte uniformiert), 1 ärztlicher Leiter (Psychiater), 2 weitere Psychiater in wöchentlichem Wechsel und 1 Psychologe

– die letztgenannten vier therapeutischen Mitarbeiter gehören der Universitätsklinik Hamburg an (Ackermann, 1973, S. 8 und Holzapfel, 1972, S. 285).

Die Vollzugsbeamten der Bergedorfer Anstalt sind sämtlich ›vollzugserfahrene‹ Beamte, die – nach freiwilliger Meldung – in einem sechswöchigen Kurs auf den Umgang mit psychisch auffälligen Gefangenen vorbereitet wurden. Für den Einsatz ›vollzugserfahrener‹ Beamter spricht nach Ackermann, daß dieser »Beamte Vergleichsmöglichkeiten hat zwischen dem bisher praktizierten Regelvollzug und den neuen Methoden eines therapeutischen Sondervollzuges. [. . .] (und) dadurch sehr schnell von selbst die Vorzüge der Vollzugskonzeption einer Sonderanstalt erkennen und anerkennen (wird)« (1973, S. 20f). Er weist jedoch gleichzeitig darauf hin, daß ›mit neuen Erkenntnissen ausgebildete und ausgestattete Vollzugsanfänger‹ gegenüber den ›vollzugserfahrenen‹ Beamten den Vorteil haben, nicht erst durch veraltete Methoden des Regelvollzuges ›verbogen‹ worden zu sein (S. 21). Eine Einstellung von Vollzugsanfängern ist jedoch zur Zeit auch aus finanziellen Gründen nicht möglich, da »die Justizbehörde Hamburg sämtliche Dienstposten des Aufsichtsdienstes in der Sonderanstalt so hoch bewertet hat, daß der Aufsichtsdienst mindestens in die Besoldungsgruppe A 7 (Verwalter) eingestuft wird« (ebd.).

Aufgrund der bisherigen Erfahrungen in der Bergedorfer Anstalt schlägt Ackermann, ähnlich wie Klüwer für Haus Sommerberg In-Service-Training, vor »das Personal des Aufsichts- und Werkdienstes für die künftige sozialtherapeutische Anstalt in Hamburg-Fuhlsbüttel (die nach Fertigstellung der Umbauarbeiten in der jetzigen Jugendstrafanstalt 1976 eröffnet werden soll – Verf.) in der Sonderanstalt Hamburg-Bergedorf auszubilden und gegebenenfalls den Vertragsländern der Norddeutschen Ländergemeinschaft, Hamburg, Schleswig-Holstein, Bremen und Niedersachsen ein ähnliches Angebot zu machen« (S. 6f). Den vermutlich aus Rentabilitätsgründen vorgesehenen Standort der künftigen SThA in unmittelbarer Nähe der größten hamburgischen Regelvollzugsanstalten versucht Ackermann – obwohl selber Vertreter der These, daß »sozialtherapeutische Anstalten von den übrigen Vollzugseinrichtungen getrennt zu erstellen (sind)« (S. 6) – mit der Behauptung zu rationalisieren sowie zu legitimieren, daß »wir [. . .] bis dahin ausreichend positive Erfahrungen im sozialtherapeutischen Behandlungsvollzug gesammelt [. . .] haben und sodann in unmittelbarer Nähe des Regelvollzuges bessere Einflußmöglichkeiten [. . .] besitzen« (S. 5).

Die Tätigkeit des wissenschaftlichen Personals in der Anstalt geht mit ständiger Forschungsarbeit einher, in der die im Rahmen des Sondervollzuges gewonnenen Erkenntnisse wissenschaftlich ausgewertet werden. Um diese Arbeit jedoch in vollem Umfang bewerkstelligen zu können, müßte laut Ackermann ein zusätzlicher Psychologe eingestellt werden – der auch im Stellenplan für 1974 bereits vorgesehen ist. Während es den beiden neben dem ärztlichen Leiter tätigen Psychiatern möglich ist, »im Wechsel jeweils eine Woche durchgehend in Bergedorf und danach eine Woche durchgehend in der Universitätsklinik Hamburg-Eppendorf (zu) arbeiten« (S. 21), ist der *eine* Psychologe »völlig überfordert [...], wenn er neben der therapeutischen Arbeit in der Sonderanstalt Bergedorf seine Erkenntnisse noch wissenschaftlich auswerten und Forschung im Interesse künftiger Sozialtherapie betreiben will« (ebd.).

Therapeutische Gemeinschaft

Für die in Bergedorf angestrebte Schaffung eines ›therapeutischen Klimas‹ spielt jedoch nicht nur die zahlenmäßige Verteilung der Mitarbeiter eine Rolle, sondern vor allem die Bereitschaft aller Mitarbeiter, aktiv an der therapeutischen Gestaltung des Vollzuges mitzuarbeiten. Wichtigste Voraussetzung hierfür ist nach Holzapfel »die möglichst häufige und intensive Kooperation des Personals innerhalb der Haftanstalt, in Form von Konferenzen und Besprechungen, an denen möglichst alle Berufsvertreter teilnehmen« (1971, S. 375). Um es nicht bei bloßen Absichtserklärungen bewenden zu lassen, finden in Bergedorf »zu diesem Zweck – und für gegenseitige Informationen und gemeinsame Entscheidungen – [...] pro Woche drei Dienstbesprechungen statt, an denen alle anwesenden Bediensteten teilnehmen. Außerdem trifft sich einmal pro Woche das gesamte therapeutische Personal zusammen mit den Verwaltungsbeamten zur Erörterung von Spezialfragen, die sich auf Behandlung, Entlassung, Aufnahmeanträge und Grundsatzfragen beziehen« (Holzapfel, 1972, S. 286). »Diejenigen, die ›von Haus aus‹ den therapeutischen Aspekt vertreten: Ärzte, Psychologen, Sozialarbeiter, Lehrer, müssen in diesen Besprechungen den therapeutischen Aspekt in alle Erörterungen und Entscheidungen hineinfließen lassen und verständlich machen; sie müssen das übrige Personal von der Effektivität und Notwendigkeit dieses Aspektes überzeugen mit dem Ziel, daß auch jeder Aufsichtsbeamte – vom Anstaltsleiter ganz zu schweigen – therapeutisch denken und handeln kann« (ebd.). Aufgrund der unterschiedlichen Ausbildung und der damit nahezu ›zwangsläufig bestehenden Meinungsverschiedenheiten und Widersprüche zwischen den verschiedenen Personalgruppen‹ – Verwaltungsbeamte, Aufsichtsbeamte, Therapeuten – verlaufen diese Gespräche zwar kurzfristig keineswegs konfliktlos, aber langfristig doch im Sinne einer immer stärkeren Durchsetzung des therapeutischen Aspekts in der Anstalt.

Aus der Einsicht heraus, daß sich das für die Entwicklung der Insassen als notwendig erachtete therapeutische Klima einerseits und rigide Sicherungs- und Ordnungsmaßnahmen andererseits diametral gegenüberstehen, versucht man in der Bergedorfer Anstalt, wenn auch unter Beibehaltung der vollen Sicherung nach außen, den anstaltsinternen Sicherheits- und Ordnungsaspekt soweit wie möglich zu reduzieren und Verstößen anders zu begegnen »als durch Strafen wie Arrest und Kostschmälerung: die beiden Arrestzellen der Anstalt stehen vom Beginn an leer. Die Einweisung in die Isolierzellen erfolgte bisher (mit Ausnahme eines Einzelfalles; Ackermann, 1971, S. 370) nie gegen den Willen des Betreffenden und nur dann, wenn dieser in einer akuten Stimmungskrise einmal völlige Ruhe haben wollte. Verstöße werden in der Regel im Gespräch mit allen Beteiligten erörtert, oft im Rahmen der Dienstbesprechung, mit Überlegungen über Ursachen und Wirkungen solcher Verstöße. Es ergeben sich auf diese Weise Lernimpulse für adäquateres Verhalten in ähnlichen Situationen« (Holzapfel, 1972, S. 291). »Durch den möglichst weitgehenden Verzicht auf Sanktionen, die große Zahl der Gespräche [...] und das menschliche Engagement sämtlicher Mitarbeiter der Sonderanstalt sind die sonst im Strafvollzug üblichen Spannungen zwischen Insassen und Personal in der Sonderanstalt Bergedorf kaum noch vorhanden. [...] Es ist im Gegenteil so etwas wie eine therapeutische Gemeinschaft entstanden, in der viele der im Hause Tätigen und Inhaftierten füreinander Verständnis, Verantwortung und Hilfe aufbringen« (Ackermann, 1971, S. 370). In diesem Zusammenhang kommt eine besondere Funktion der monatlich stattfindenden Versammlung aller Insassen und gerade anwesenden Beamten zu, in der neben allgemeinen Informationen organisatorische Fragen und Probleme im Verhältnis zueinander diskutiert werden (Holzapfel, 1972, S. 288).

Daß Ackermann mit seinen obigen Äußerungen nicht allein steht, läßt sich vor allem durch einen 1971 an den damaligen Hamburger Justizsenator adressierten Brief der Insassen belegen: »Ohne Zweifel sind die jederzeit möglichen Gespräche mit den Wissenschaftlern des Hauses die wohl beste Möglichkeit, über das Erkennen des bisherigen Fehlverhaltens zu einer wirklich neuen Einstellung zum Leben zu kommen. Bedingt durch die in diesem Haus praktizierte menschliche und verständnisvolle Behandlung, wird bei uns allen mehr oder weniger die Eigenverantwortung geweckt bzw. das allgemeine Verantwortungsbewußtsein gestärkt.

Uns wird im Rahmen des Möglichen sehr viel Vertrauen entgegengebracht. Diese Tatsache führt in der Regel dazu, daß wir die in den sogenannten therapeutischen Gesprächen theoretisch erlernten Verhaltensweisen z. B. während eines Urlaubs oder einer Ausführung und auch im Hause selbst praktisch anwenden können.

Wenn wir von Kritik sprechen, dann gilt sie den Strafvollzugsbestimmungen, die der Anstaltsleitung oft die Hände binden. Man sollte dem Herrn Anstaltsleiter und dem wissenschaftlichen Gremium mehr Entscheidungsfreiheit geben« (zit. nach: *Die Welt*, v. 4. 6. 1971).

Doch nicht alle Insassen äußern sich derart positiv über die Bergedorfer Anstaltsbedingungen. Viele fühlen sich »von außen her [...] belastet durch den Ruf der Sonderanstalt, eine ›Klapsmühle‹, Psychopathenanstalt oder Anstalt für Sexualverbrecher zu sein, der keine lange Lebensdauer prophezeit wird. Dazu kommen die Belastungen innerhalb des Hauses durch Stimmungskrisen und die Persönlichkeitsstörungen der einzelnen Mithäftlinge. Viele finden es auch störend, daß immer ein Beamter in der Nähe ist und sie sich ständig stellen und rechtfertigen müssen. So ist es auch zu erklären, daß trotz mancher äußerer Vorzüge (Fernsehen, Rundfunk, unverschlossene Haftsräume, vermehrter Ausgang und Urlaub, Übergangsvollzug pp.) der Aufenthalt in der Sonderanstalt nicht nur für das Personal, sondern auch für die Insassen als außerordentlich belastend empfunden wird. Etwa ein Drittel der Insassen hat aus diesem Grunde bereits ein- oder mehrmals den Antrag auf Rückverlegung in die Regelvollzugsanstalt gestellt« (Ackermann, 1971, S. 370).

g) Bisherige Ergebnisse

Sowohl Ackermann als auch Holzapfel verweisen darauf, daß es zum jetzigen Zeitpunkt noch verfrüht wäre, endgültige Aussagen über Erfolg oder Mißerfolg des bisherigen Behandlungsprogramms zu machen; insbesondere im Hinblick auf dasjenige Behandlungsziel, das den ›Abbau kriminogener Faktoren und Förderung solcher Eigenschaften, die für ein straffreies Dasein wichtig sind‹ vorsieht. »Fest steht allerdings, daß sich die Verhaltensweise derjenigen Insassen, die im Regelvollzug ausschließlich Schwierigkeiten bereitet haben, im Sondervollzug umgehend und absolut geändert hat« (Ackermann, 1971, S. 371). Und fest steht ferner, daß bisher von den 34 bis zum 1. 4. 1971 bedingt entlassenen Insassen nur zwei rückfällig geworden sind und sich wieder in Haft befinden – der eine wegen eines Zechbetrugs, der andere wegen eines Diebstahls (*Die Welt* v. 4. 6. 1971). Rückfälle entlassener Sexualdelinquenten sind bisher nicht bekannt geworden.

Aus dem vorliegenden Zahlenmaterial »endgültige Folgerungen für eine Rückfallquote der Sonderanstalt zu ziehen, wäre sicherlich verfrüht« (S. 371); aber angesichts der sonst üblichen Rückfallquote von etwa 80 % scheinen diese Ergebnisse deutlich auf einen Erfolg des Bergedorfer Behandlungskonzepts hinzuweisen. Und deshalb kann Ackermann zufolge, »selbst wenn ein paar weitere Rückfälle zu verzeichnen sein sollten, [. . .] bereits heute behauptet werden, daß sich die Resozialisierung mit den besonderen Mitteln des Sondervollzuges bezahlt gemacht hat und insofern die teuerste Vollzugsform auch die beste ist« (ebd.).

h) Standort und bauliche Organisation

Die Sonderanstalt liegt mitten im Ortskern von Hamburg-Bergedorf. Diese Lage ist nicht nur von Vorteil für bestimmte therapeutische Maßnahmen wie: Kontakt zur Außenwelt, Übergangsvollzug, Nachbetreuung etc., sondern auch im Hinblick auf Arbeits- und Freizeitaktivitäten (erinnert sei nur an die wöchentlichen Schwimmstunden im Bergedorfer Schwimmbad) äußerst günstig. Außerdem sollen »die Insassen das Gefühl haben, rein lokal, in der Bevölkerung drinnen zu sein. Weiter draußen haben sie doch ganz automatisch das Gefühl, daß sie isoliert sind, daß die Gesellschaft sie an den Rand verlegt« (Holzapfel, Interview v. 29. 9. 1970).

Wie in Düren ist auch in Bergedorf die Anstalt in einem umgebauten ehemaligen Gerichtsgefängnis aus dem Jahre 1926 untergebracht. In dem nach außen wie ein Gefängnis alten Stils wirkenden Gebäude stehen seit dem Umbau für die Unterbringung der 34 Insassen 27 Einbetträume sowie ein Dreibett- und ein Vierbettraum zur Verfügung. Sämtliche Räume – alle mit fließendem Wasser und WC versehen – sind von 6 Uhr morgens bis 20 Uhr abends geöffnet. Das die einzelnen Wohnflure verbindende Treppenhaus ist abschließbar und mit Wachkabinen versehen. Neben den Wohnräumen verfügt die insgesamt dreigeschossige Anstalt über Räume für Freizeit und Arbeit: einen Versammlungsraum mit Fernsehen (bis 22 Uhr geöffnet), einen Sportraum, einen Bastelraum, einen Gruppenraum und zwei Werkräume mit insgesamt zwölf Arbeitsplätzen, über eine Isolierstation: zwei Arrestzellen und zwei Beruhigungszellen und über eine Krankenstation sowie zwei Besucherräume und einen kleinen Verwaltungsbereich (Holzapfel, 1972, S. 285). Auf die räumliche Enge im Arbeitsbereich – sofern von einem solchen überhaupt die Rede sein kann – wurde bereits hingewiesen; aber auch im Freizeitbereich sieht es nicht viel anders aus: neben den beiden erwähnten Räumen (Sport- und Gruppenraum) stehen den Insassen nur zwei dunkle, kleine, von 5,50 m hohen Mauern umgebene Höfe zur Verfügung. Einen gewissen Ausgleich für diese unbefriedigenden räumlichen Verhältnisse versucht man zu erreichen durch den wöchentlichen Besuch des nahegelegenen Bergedorfer Hallenbades und der Sporthalle einer benachbarten Jugendstrafanstalt. Trotz aller räumlichen Unzulänglichkeiten soll die Bergedorfer Anstalt jedoch auch nach der Einrichtung einer sozialtherapeutischen Anstalt in Hamburg bestehen bleiben – als sozialtherapeutische Spezialanstalt für die Behandlung von Sexualdelinquenten.

4. Die Sozialtherapeutische Anstalt Düren oder Das langsame Scheitern eines Experiments

Obwohl die Sozialtherapeutische Anstalt Düren kaum länger als ein Jahr besteht, ist sie bereits für einen großen Teil der Bundesbürger zu einem Begriff geworden. Ursache dieser unfreiwilligen Publizität ist weniger das große Interesse der Bevölkerung an derartigen Reformversuchen im Strafvollzug als vielmehr eine – wenige Monate nach Eröffnung dieser Anstalt einsetzende – massive Pressekampagne, in der mit wenigen Argumenten, dafür aber mit um so zahlreicheren teils halbwahren, teils falschen Behauptungen gegen dieses Experiment polemisiert wurde. Das Schlagwort vom ›fidelen Gefängnis‹ machte die Runde, und selbst beim unvoreingenommenen Beobachter mußte die Mehrzahl der aufsehenerregenden Meldungen den Eindruck erwecken, als würde in Düren tatsächlich »den Ganoven unter Aufsicht [...] die Möglichkeit zu alkoholischen Exzessen und Sexualorgien geboten«, wie es der rechtsaußen orientierte *Bayernkurier* seinen Lesern zu berichten wußte.
Diese Pressekampagne und das ihr folgende parlamentarische Nachspiel, inszeniert durch die wie stets um Recht und Ordnung besorgte nordrhein-westfälische CDU, sind nur ein Beleg mehr dafür, daß selbst zaghafte Reformversuche auf dem Gebiet des Strafvollzugs – und Düren ist kaum mehr als ein zaghafter Versuch – in der BRD keine allzu große Chance haben; und dies wohl auch nicht haben werden, solange die sogenannte öffentliche Meinung weitaus mehr von herrschaftssichernden und die eigene Unwissenheit verwegenden Irrationalismen als von rationalen Argumenten bestimmt wird und solange bestimmte Parteien mehr daran interessiert sind, derartige Experimente zu ihrem eigenen Vorteil auszuschlachten – d. h. mit dem ›besorgten‹ Ruf nach Ruhe und Ordnung daraus Wahlkapital zu schlagen –, als den oft getanen Beteuerungen gemäß für tatsächliche Veränderungen im Strafvollzug einzutreten.
Um nun nicht selber in bloßen Behauptungen steckenzubleiben, wollen wir – mehr oder weniger chronologisch – den bisherigen Verlauf des Dürener Experiments beschreiben, um dann vor

diesem Hintergrund Stellenwert und Wahrheitsgehalt der von Presse und CDU vorgebrachten Vorwürfe etwas genauer beurteilen zu können.

a) Das Dürener Modell

Das Experiment Düren begann offiziell damit, daß am 29. 4. 1971, nach fast zwei Jahre dauernden Umbauarbeiten, das ehemalige Amtsgerichtsgefängnis der Stadt Düren vom nordrhein-westfälischen Justizminister Neuberger seiner neuen Bestimmung als ›sozialtherapeutische Modellanstalt‹ übergeben wurde. Diese ›Mustereinrichtung‹ mit der offiziellen Bezeichnung ›Justizvollzugsanstalt Düren‹ ist die erste Modellanstalt im Strafvollzug des Landes Nordrhein-Westfalen und ein Vorläufer der beiden geplanten großen Anstalten in Köln und Bochum (vgl. dazu auch: Neuberger, 1971, S. 122). Gleichzeitig ist sie auch eine Vorstufe für die vom Bundestag im Zuge der Strafrechtsreform beschlossene und ab 1. 10. 1973 für alle Bundesländer obligatorische Einrichtung sozialtherapeutischer Anstalten. Ebenso wie in den wenigen anderen Einrichtungen dieser Art in der BRD sollen auch in Düren »Erfahrungen für die künftigen Anstalten gesammelt werden« (*FR* v. 21. 3. 1972), denn obwohl das Gesetz erst 1973 in Kraft tritt, wollen »manche vorsorgenden Praktiker an diesem Tag nicht mit leeren Händen dastehen« (*FR* v. 11. 5. 1971). Den Versuchscharakter der Dürener Anstalt hob der wissenschaftliche Berater der Planungsgruppe, der Berliner Professor für Psychiatrie, Wilfried Rasch, bei der Eröffnung hervor: »Der Begriff ›Modellanstalt‹ besagt nicht, daß ein Anstaltstyp geschaffen wird, der für die künftigen Anstalten als verbindliches Vorbild gelten soll, sondern daß ein bestimmtes Organisations- und Behandlungskonzept modellhaft verwirklicht und von den praktischen Erfahrungen her korrigiert und weiterentwickelt werden soll« (Rasch, 1971, S. 124).

Das Modell Düren ist zwar nicht, wie die bereits dargestellten Beispiele ›Vollzugskrankenhaus Hohenasperg‹ und ›Sonderanstalt Hamburg-Bergedorf‹ zeigen, der allererste Versuch, neue Wege im Strafvollzug zu beschreiten, aber sicherlich »der bislang entschiedenste Entschluß, eine sozialtherapeutische Anstalt zu verwirklichen« (*Der Spiegel*, 12/1972).

Die Voruntersuchungen für die künftigen Insassen: »Persönlichkeitsdiagnostik, ausführliche kriminalbiologische, psychiatrische und soziologische Erhebungen und psychologische Tests für psychiatrische Untersuchungen, körperliche Untersuchungen usw.« (Tonbandinterview mit dem ärztlichen Leiter der Anstalt, Dr. Bechtel, v. 4. 2. 1972) dauerten, da sie nicht – wie von der CDU unterstellt – in unbedachter Hast, sondern mit großer Sorgfalt vorgenommen, deshalb auch länger als erwartet und waren zum Zeitpunkt der Anstaltseröffnung ›noch keineswegs abgeschlossen‹. Das führte dazu, daß die Dürener Anstalt erst vier Monate nach ihrer Eröffnung (also Anfang September) ›in Betrieb‹ genommen werden konnte.

Ob die Anstalt nach dem 1. 10. 1973, dem Zeitpunkt des Inkrafttretens des Zweiten Gesetzes zur Strafrechtsreform, weiterbestehen oder aufgelöst werden soll, scheint – zumindest zum jetzigen Zeitpunkt – noch fraglich zu sein. »Darüber sind zwar mal Gedanken gefaßt worden, aber es gibt noch keinerlei Konzeptionen. [. . .] Es ist jedoch anzunehmen, daß die Anstalt wesentlich über 1973 hinaus bestehen wird, da es effektiv unmöglich ist, in der Frist von der Verkündung des Gesetzes bis zum 1. 10. 1973 – und das gilt für jedes andere Bundesland in gleicher Weise – diese Anstalten für die erforderliche Zahl und mit dem nötigen Platzumfang aus dem Boden zu stampfen. Das ist sowohl von seiten der Architekten und der Planung als auch von den Finanzen und der Personalfrage her unlösbar. Wo soll man das erforderliche Personal denn herbekommen? Düren wird deshalb mindestens solange bestehen bleiben, bis wir noch andere Anstalten im Lande in Betrieb haben« (Interview).

b) ZIELSETZUNG

Sinn und Ziel der Arbeit in der Anstalt sieht der ärztliche Leiter, Dr. Bechtel, primär darin, »die Patienten bzw. die Insassen des Hauses durch die gebündelten therapeutischen Maßnahmen dahin zu bringen, daß sie später in der Freiheit in anderer – u. U. in sozial positiverer – Weise als bisher mit den Anforderungen des sozialen Lebens fertig werden können und nicht mehr nur ihren Trieben, Verstimmungen, Depressionen, Aggressionen usw. unterworfen sind, sondern diese Dinge auch rational erfassen, durchschauen und beherrschen können« (Interview).

Auch Professor Rasch, einer der ›Väter‹ des Dürener Modells, greift zu ähnlichen Formulierungen, wenn es um die Definition therapeutischer Zielsetzungen geht. »Richtig verstanden bedeutet sozialtherapeutisches Bemühen nicht lediglich, Rückfallfreiheit im Sinne von Legalbewährung zu erreichen, sondern eine Persönlichkeit zu befähigen, selbstverantwortlich über ihr Tun zu entscheiden, anstatt ihren Impulsen und Trieben ausgeliefert zu sein« (Rasch, 1971, S. 124).

Eine solche Zielsetzung bedeutet natürlich eine eindeutige Abkehr von den herkömmlichen Vollzugsmethoden, deren Grundpfeiler nach wie vor ›Sicherheit, Ordnung, Strafe und Verwahrung‹ heißen. Die Konsequenzen dieser Zielsetzung: ›Primat der therapeutischen Belange‹ und damit ›Subsumtion aller Anstaltsaktivitäten unter diese Belange‹ etc. sind keineswegs neu, sondern schon oft formuliert und postuliert worden. Neu erscheint uns allerdings, daß in Düren zum erstenmal in der BRD – wenn auch nur ansatzweise und im Vergleich mit Ländern wie Dänemark und Holland um Jahre zu spät – der Versuch unternommen wurde, diese Postulate´ in einem praktischen Konzept zu realisieren.

c) INSASSEN

Über die Insassen der Dürener Anstalt liegen z. T. die widersprüchlichsten Meldungen vor. Gerüchteschmiede wollten anfangs davon wissen, daß dort vor allem Sexualtäter »mit enormem Geschlechtstrieb und schweren Persönlichkeitsstörungen« (*Rheinische Post* v. 19. 1. 1972) und auch Jürgen Bartsch untergebracht seien – eine vermutlich bewußte Stimmungsmache per Falschmeldung mit dem Ziel, die sowieso recht hohe emotionale Sperre des Bundesbürgers gegenüber derartigen Experimenten im Strafvollzug noch weiter zu verstärken.

Nach den Aussagen Bechtels sind die meisten der 26 ausschließlich männlichen Insassen – ursprünglich waren es 33 – »wegen Eigentumsdelikten sämtlicher Streuung« bereits mehrfach zu längeren Freiheitsstrafen verurteilt worden. Einige wenige wurden auch wegen ›Körperverletzungsdelikten‹ eingeliefert, »und einer ist noch da wegen einem Sexualdelikt« (Interview).

Aufnahmeverfahren

Diese Insassen sind im Zuge einer längeren Untersuchungsreihe aus den verschiedenen Vollzugsanstalten des Landes Nordrhein-Westfalen für das Dürener Modell ausgesucht worden (dazu auch: Padberg, 1971, S. 123).

»Wir – d. h. eine aus den Mitarbeitern unserer Anstalt gebildete Kommission: Psychologen, Sozialarbeiter und ich – sind durch die Anstalten NRWs gereist und haben rein karteimäßig diejenigen Leute herausgesucht, die die formalen, sich aus § 65 des 2. *StrRG* ergebenden Voraussetzungen erfüllten. Zu beachtende Kriterien waren dabei Lebensalter, Maß und Zahl der Vorstrafen, voraussichtliches Strafende etc. [. . .] Wir haben die diesen Kriterien genügenden Leute zunächst befragt, ob sie mit den Untersuchungen und einer eventuellen Verlegung nach Düren einverstanden wären. Diejenigen, die dazu bereit waren – und das waren keineswegs alle –, haben wir dann im vorigen Jahr grüppchenweise in die Kölner Vollzugsanstalt geholt und dort untersucht. Nach Abschluß der Untersuchungen haben wir dann unter den in Frage kommenden Kandidaten – es waren ca. 70 bei 33 in unserer Anstalt zur Verfügung stehenden Plätzen – nach einem reinen Zufallsystem ausgewählt« (Interview).

Alter

Das Alter der Insassen liegt – von wenigen Ausnahmen abgesehen – zwischen 25 und 35 Jahren. Nach seinen bisherigen therapeutischen Erfahrungen hält Bechtel diese beiden Altersgrenzen für notwendig. »Eine der vier im Bundesgesetz angesprochenen und für die Sozialtherapie in Frage kommenden Personengruppen ist die der jungen Kriminellen, die zu Hangtätern abzuleiten drohen – also Personen bis zum Alter von 27 Jahren. [...] Man geht davon aus, daß die Leute bis 27 bzw. sogar schon etwas früher – deswegen unsere Grenze von 25 – einerseits noch so wenig in ihrem Verhalten kriminell oder durch Prisonisationsschäden geprägt sind, daß man noch mit ihnen arbeiten kann – d. h. sie sind noch prägbar, formbar, flexibel, aufnahmefähig etc., weniger erstarrt, weniger rigide, weniger hart – andererseits aber doch schon so deutlich im kriminellen Bereich und in ihrer Persönlichkeitsartung fixiert sind, daß man von einigermaßen umrissenen Tatbeständen ausgehen [...] und in etwa übersehen kann, was drin liegt und was nicht.

Bei 35 hingegen ist sowohl hinsichtlich der Vorgeschichte, insbesondere der Kriminalanamnese als auch hinsichtlich der Persönlichkeitsausdifferenzierung ein gewisses Endstadium erreicht, an dem die Therapie außerordentlich viel diffiziler und prognostisch dubios wird. [...]

Leute über 45 bzw. 50 Jahre wird man überall ablehnen, ja ablehnen müssen – jedenfalls unter den gegenwärtigen gesetzlichen Voraussetzungen. [...] Die Untergrenze wird sich mit einer Differenzierung im Rahmen der verschiedenen sozialtherapeutischen Anstalten sicher ändern. Ob man allerdings die obere Grenze später bei 35, 45 oder 55 ansetzt, wird sich nach den bis dahin gemachten Erfahrungen und den vorhandenen therapeutischen Möglichkeiten richten müssen« (Interview).

Intelligenzquotient

»Hinsichtlich des Intelligenzquotienten der Insassen hatten wir uns ursprünglich vorgenommen, eine untere Grenze des IQ von 90 anzusetzen. Aber das Angebot, das dabei herauskam, war tatsächlich so gering, daß wir überhaupt keine Auswahlmöglichkeit mehr gehabt hätten. [...] Deswegen sind wir langsam heruntergegangen, bis wir schließlich bei 80 anlangten. Man kann mit sehr vielen Leuten, die einen IQ von 80 haben, durchaus noch arbeiten; nur muß die Arbeit dann eben anders aufgezogen

werden als bei Leuten mit einer Intelligenz von höheren Graden.
[...]
Wie sich das auf die Dauer entwickeln wird, wird Ihnen wahrscheinlich niemand konkret und definitiv sagen können, denn alles, was bisher an sozialtherapeutischen Bemühungen gemacht worden ist, war Bastelei, war Experimentieren und Durchprobieren. Wir machen zwar Ähnliches auch, aber wir haben von Anfang an unsere Begleitforschungen – deshalb auch diese Voruntersuchungen, die alle computergerecht festgehalten worden sind, damit wir auch den Verlauf und den Gang der Beobachtung hinterher festhalten können. Das alles mit der Hoffnung, daß man in einem größeren Zeitraum – m. E. erstreckt sich das über Beobachtungs- und Behandlungszeiträume von 20 bis 30 Jahren – und mit einem größeren Behandlungsmaterial zu konkreteren Aussagen bezüglich der Behandlungsfähigkeit kommt, als man sie heute machen kann« (Interview).
Krankheitseinsicht, Leidensdruck und die Fähigkeit zu Objektbeziehungen spielten als Auswahlkriterien keine Rolle.
»Wir haben diese Kriterien ganz bewußt außer acht gelassen, da ansonsten der ganze Aufbau unseres Auswahlverfahrens praktisch ins Uferlose geraten wäre. Man hätte dann auch andere Altersjahrgänge sowie einen anderen Strafrahmen mit hereinnehmen müssen und eine ganze Reihe von Dingen mehr« (Interview).
Fünf der ursprünglich 33 Insassen sind jedoch nach einigen Wochen z. T. wegen ›mangelnder Therapiebereitschaft‹, ›fehlendem Einordnungs- bzw. Mitarbeitswillen‹, z. T. wegen ›mangelnder Therapierbarkeit infolge allzu geringer Intelligenz‹ in ihre ›Herkunftsgefängnisse‹ zurückverlegt worden.
»Ich kann schließlich niemanden zwangsweise zur Psychotherapie heranziehen und ihm seine Therapie wie ein Kopfschmerzmittel oder wie eine Spritze gegen Tobsucht eingeben. Das geht eben nur mit bewußter und gewollter und sehr aktiver Mitarbeit der Patienten oder der Klienten« (Interview).

Dauer des Anstaltsaufenthaltes

Ein weiteres Kriterium für die Auswahl der Insassen war, »daß wir uns Leute heraussuchen wollten, die noch mindestens 12 und höchstens 18 Monate – vom Tag ihrer Einweisung an gerechnet – bis zum Zeitpunkt ihrer bewährungsmäßigen Entlassung zu verbüßen hatten« (Interview). In einem kürzeren Zeitraum läßt sich nach Ansicht der Dürener Therapeuten eine therapeutische Behandlung erfolgversprechend nicht verwirklichen.
Im Hinblick auf den ganzen Komplex erforderlicher Voraussetzungen für die Einweisung in eine sozialtherapeutische Anstalt ist es allerdings verwunderlich, daß Bechtel kaum eine Diskrepanz zwischen den einerseits im Gesetz fixierten juristischen Voraus-

setzungen und den andererseits aus therapeutischen Erwägungen notwendigen Einweisungskriterien zu erkennen vermag. Vielmehr scheint für ihn das Primat der Justiz unbedingte Gültigkeit zu besitzen. Auf unsere Frage, ob nicht bestimmte juristische Vorschriften, vom Standpunkt des Therapeuten her gesehen, sich als unzureichend oder falsch erwiesen, meinte Bechtel: »Ich halte mich an die Vorschrift; aber ich tue es aus Notwendigkeit. Ob der Mann nun wegen Sexualdelinquenz oder wegen Mordes oder wegen Raubes verurteilt ist, ist letzten Endes für die Aufnahme in eine derartige Anstalt nach meiner Überzeugung egal [...].

Ich halte es einfach für widersinnig zu sagen, der ist so kriminell, daß er in den Normalvollzug gehört, aber nicht so kriminell, als daß er in die Sozialtherapie gehörte. [...] Die Leute leiden ja zum großen Teil selber unter ihren Eigenheiten oder unter ihren Triebzwängen. Und warum soll ich mich nicht ärztlich darum kümmern?« (Interview).

Für Bechtel spielt es also keine Rolle, ob in seine Anstalt Eigentumsdelinquenten oder Lustmörder eingewiesen werden. Und warum sollte es auch? Therapiebedürftig sind sie seiner Ansicht nach schließlich alle, denn jeder Verstoß gegen die Paragraphen des StGB ist letztlich nur ein Zeichen für eine tieferliegende Persönlichkeitsstörung. Diese Einstellung ist jedoch nur dann möglich, wenn man sich hartnäckig der Einsicht verwehrt, daß für manche Menschen Verstöße gegen das StGB aus Gründen des Überlebens als einziger Ausweg erscheinen, daß die den einzelnen Individuen in unserer Klassengesellschaft zur Verfügung stehenden Mittel zur Erreichung gesellschaftlich postulierter Ziele gravierende Unterschiede aufweisen und daß außerdem die justizielle Sanktionierung von Straftaten sich oft nicht so sehr vom Tatbestand, sondern vielmehr von der Persönlichkeit des Täters her bemißt. Daß für Bechtel Normverletzung und damit Kriminalität sowie ›Einsitzen‹ im Normalvollzug bereits zureichende Indizien für Krankheit bzw. Behandlungsbedürftigkeit sind, wird auch durch die Tatsache unterstrichen, daß in Düren vorwiegend rückfällige Eigentumsdelinquenten untergebracht sind. »Delinquenten also, deren harte Bestrafung gerade auf der Bewußtheit der Handlungen, der Verstehbarkeit der Motivationen beruht« (Peters u. Peters, 1970, S. 116).

d) PERSONAL

Nach Bechtel ist in der Dürener Anstalt die im Normalvollzug vorherrschende Trennung des Personals in Aufsichts-, Arbeits-, Lehr- und Verwaltungspersonal weitgehend aufgehoben (dazu auch: Rasch, 1971, S. 124). »Das ganze Personal arbeitet in der

Therapie. Wir sind darauf aus, sowohl den Aufsichtsdienst als auch den Verwaltungsdienst – bis hin zum Büropersonal – in den therapeutischen Gesamtcharakter des Hauses einzubeziehen« (Interview).

Um auch rein äußerlich »die Unterschiede zwischen Ärzten, Psychologen und Sozialarbeitern einerseits sowie den Aufsichtsbeamten andererseits einzuebnen, verwendet man in Düren weder Titel noch Uniformen und verzichtet auf quasi-militärische Umgangsformen« (*FR* v. 11. 5. 1971).

Anfang 1972 waren mit der Betreuung und Behandlung der 26 Insassen 30 Ganztagskräfte beschäftigt: der Leiter Dr. Bechtel (Psychiater und Arzt), zwei Diplompsychologen – »nur ein einziger dieser drei besitzt jedoch eine psychotherapeutische Vollausbildung sowie die nötige therapeutische Erfahrung« (Interview) –, drei Sozialarbeiterinnen, ein Sozialarbeiter, 18 Aufsichts- und Werkbeamte, drei Verwaltungsbeamte und zwei Schreibkräfte. Eine weitere Mitarbeiterin, eine Pädagogin, schied nach kurzer Zeit aus persönlichen Gründen (Heirat) aus dem Mitarbeiterstab aus.

Die Mitarbeiter der Dürener Anstalt sind zum größten Teil »keine neuen Vollzugskräfte, sondern aus den umliegenden Vollzugsanstalten auf eigene Meldung hin nach Düren abgeordnet worden« (Interview).

Speziell zur Vorbereitung der 18 Aufsichts- und Werkbeamten, die sich sämtlich aus dem normalen Aufsichtsdienst rekrutieren, ist noch vor Eröffnung der Anstalt im Winter 1970/71 von Professor Rasch in Köln eine Art Seminar durchgeführt worden. Fruchtbarer als dieses Seminar, »das zwar gut und richtig gemeint, aber das *allein* für die Ausbildung insuffizient war« (Interview), waren zwei »jeweils einwöchige Fortbildungsveranstaltungen, die das Justizministerium im selben Winter organisiert hatte. An diesen Veranstaltungen haben sämtliche Mitarbeiter des Hauses – soweit bereits eingestellt – teilgenommen. Dort sind dann gruppendynamische und soziologische Übungen gemacht worden, soziometrische Angelegenheiten u. ä. Und vor allem haben wir dort sehr viel und sehr eingehend diskutiert – vom therapeutischen Konzept bis zum Funktionsplan und zum Dienstplan des Aufsichtsdienstes usw.« (Interview).

Abgesehen von seiner Teilnahme an diesen Fortbildungsveranstaltungen war Bechtel, der zu jener Zeit noch auf dem Hohenasperg tätig war, weder bei der Auswahl noch bei der Schulung und Vorbereitung des Personals beteiligt. Zuständigkeit und Federführung dafür lagen beim nordrhein-westfälischen Justizministerium. Wahrgenommen wurde diese Aufgabe insbesondere vom Justizvollzugsamt Köln als der zuständigen Mittelbehörde der Aufsicht und dem bereits erwähnten von Justizminister Neuberger beauftragten Professor für Psychiatrie, W. Rasch.

Die Einarbeitung – insbesondere des Aufsichtspersonals – in therapeutische Fragen und Probleme hörte mit der Eröffnung der Anstalt jedoch keineswegs auf, sondern wird jetzt anstaltsintern über eine Reihe von Konferenzen, in denen auch aktuelle Probleme behandelt werden, fortgeführt. »An unserer täglich stattfindenden Personalkonferenz nehmen – soweit abkömmlich – alle Bediensteten des Hauses, also auch Aufsichts- und Verwaltungsdienst sowie die beiden Schreibkräfte teil. Hier werden aktuelle Tagesfragen und u. U. auch therapeutische Probleme sowie Einzelfragen des Behandlungsplans u. ä. besprochen. Außerdem haben wir an einem Nachmittag in der Woche eine Art In-Service-Training, bei dem sich entweder ein Therapeut oder ein Sozialarbeiter mit den Aufsichtsbeamten zusammensetzt, um mit ihnen entweder anstehende Fragen in dieser speziellen Richtung oder ausgewählte Kapitel in therapeutischer Sicht durchzusprechen.

Als geradezu maximales Training sehen wir es an, daß wir ferner in jeder unserer vier Therapiegruppen jeweils einen Aufsichtsbeamten für die Zeit von drei Monaten als Co-Therapeuten mitarbeiten lassen. [. . .] Dieser wird zunächst einmal zuhören müssen, sich einarbeiten müssen. Bald jedoch wird er bei spezialisierten Fragestellungen von der Therapiegruppe aufgefordert werden, von seiner Warte her – seiner persönlichen Einstellung, seinem beruflichen Aspekt – zu diesem oder jenem Problem Stellung zu nehmen und wird damit einfach ins Gruppengespräch mit einbezogen« (Interview).

Die Hauptaufgabe der Aufsichtsbeamten liegt Bechtel zufolge darin, »Kontakt zu den Insassen aufzunehmen und diesen Kontakt aufrechtzuerhalten, indem sie sich im Wohntrakt aufhalten, in den Gemeinschaftsraum und auch in die Zellen gehen, mit den Leuten sprechen, ›mal eine Runde Tischtennis mitspielen‹, ›mal eine Tasse Kaffee mittrinken‹ etc. Außerdem ist es ihre Aufgabe, die notwendigen Ausführungen zu machen: zum Zahnarzt, zum Facharzt, zum Röntgen oder auch zu speziellen Einkäufen und dergl.« (Interview).

Besondere Auslesekriterien gab es bei der Einstellung der Aufsichtsbeamten nicht, »da das Angebot an Bewerbern aus dem hiesigen Raum zu gering war. Wir haben deshalb – bis auf wenige Ausnahmen – genommen, was da war« (Interview). Diejenigen aber, die sich meldeten, taten dies nach Bechtels Ansicht zum größten Teil »aus einem gewissen Engagement heraus. Einige haben sich natürlich auch ein bißchen was in puncto Aufstiegsmöglichkeiten versprochen; bei anderen wieder spielte die Entfernung Wohnort–Arbeitsplatz eine Rolle, z. B. bei denen, die aus dem Dürener oder Euskirchener Raum immer nach Köln zum Dienst fahren mußten und die es nun nach Düren einfach näher haben. Aber auch bei diesen bin

ich mit der Mitarbeit durchaus zufrieden, auch diese sind engagiert. [. . .]
Im Normalvollzug haben die Aufsichtsbeamten bloße Schließerfunktion und keine Möglichkeit, in Eigenverantwortung eigene Entscheidungen zu treffen; auch die Möglichkeit zur persönlichen Kontaktaufnahme mit den Gefangenen ist ihnen verwehrt. Die meisten unserer Beamten wollten aus diesem Routinebetrieb heraus und sind deswegen zu uns gekommen, wo sie diesen Dingen durchaus gerecht werden können und dies ja auch sollen« (Interview).

e) UNTERBRINGUNG – BAULICHE ASPEKTE

Standort

Die Lage der Dürener Anstalt – in der Nähe des Amtsgerichts, 500 bis 1000 Meter vom Stadtkern entfernt – »erscheint nicht ungünstig. Man ist zwar schon etwas am Rande, aber doch noch so weit in der Stadt, daß Geschäfte, Behörden, etc. leicht erreichbar sind« (Interview). Aber auch Bechtel ist sich der Tatsache bewußt, daß der Standort einer solchen Anstalt zu einem wesentlichen Teil durch ihre jeweilige Größe bestimmt wird. »Es würde wahrscheinlich zu einigen Komplikationen führen, wenn unsere Anstalt die vom Gesetzgeber vorgesehene Größe von 200 Plätzen – mit den dazugehörigen Funktions-, Wirtschafts- und Werkräumen sowie den erforderlichen Hofflächen – hätte. Das wäre hier in dieser Situation der Stadt Düren vermutlich zu nahe. Andererseits hat es m. E. sicher keinen Zweck, eine solche Anstalt wie einen Möbelsupermarkt auf der grünen Wiese zu errichten, wo sie nicht nur von Behörden und Geschäften, sondern auch von Produktionsstätten zu weit entfernt ist. Denn, wenn man mal von draußen Arbeit reinholen oder – in einem späteren Stadium – Insassen als Freigänger zur Arbeit rausschicken will, dann sollte die Anstalt natürlich nicht so ewig weit weg liegen. [. . .] Sollten wir hier in Düren mal Freigänger haben, so wäre es für diese sicher nicht sehr schwierig, in der Stadt genügend Arbeitsmöglichkeiten zu finden« (Interview).

Sicherung

Die Mauern, die die Anstalt auf allen Seiten umgeben, sind zwar ein Relikt des ehemaligen Gerichtsgefängnisses, aber offenbar hatte man auch keinerlei Ambitionen, diese ganz oder zumindest in Teilbereichen einzureißen. »Auf die Mauer können wir nicht verzichten, weil wir hier – wie auch in allen anderen Anstalten – Leute haben werden, die schon mehr oder weniger lange in

Behandlung stehen, denen ich deshalb auch mehr oder weniger zutrauen kann und die ich auch mehr oder weniger stark mit der Verantwortung der Freiheit, der Freizügigkeit und der freiheitlichen Lebensgestaltung belasten kann« (Interview).

Bechtels Rechtfertigung eines für alle gleichen äußeren Sicherungssystems basiert jedoch nicht nur auf seinem Bild des Straftäters, das diesen als qua Normverletzung kranken und behandlungsbedürftigen Menschen zeichnet und damit als unfähig denunziert, den ›Anforderungen des Alltags‹ gerecht zu werden – also letztlich als unfähig, ein Leben außerhalb der Anstaltsmauern zu führen. »Sie sehen in mir einen Anhänger des geschlossenen Vollzuges für die Sozialtherapie, denn erst die Tatsache des geschlossenen Vollzuges macht mir die Behandlung möglich. Denjenigen, der nicht im geschlossenen Vollzug ist, bekomme ich gar nicht zur Behandlung, auch wenn er sie nötig hätte. Den kriege ich nur in die Behandlung und unter den nötigen seelischen Druck unter den Bedingungen des geschlossenen Vollzuges« (Interview); ein Grund mehr für Bechtel, auch im Falle einer größeren Insassenzahl ein differenziertes äußeres Sicherungssystem abzulehnen. »Auch bei einer Anstalt mit 200 Insassen wird das Außensicherungssystem zweifellos für die ganze Anstalt einheitlich sein und zwar sein müssen. Innerhalb der Anstalt wird man natürlich differenzieren müssen, je nachdem, wie sich der einzelne einordnet, wie er mitmacht, wie er mitarbeitet, etc.« (Interview).

Alternative Möglichkeiten bei der äußeren Sicherung kann sich Bechtel allenfalls im Hinblick auf die Gestaltung der Mauer vorstellen. »Das wird sich danach richten, wo die Anstalt steht. Außerhalb der Stadt erscheint es mir möglich, Anstaltsgebäude als Mauer zu verwenden; innerhalb ist dies jedoch nicht denkbar, da dadurch unkontrollierte und unerlaubte Sichtbeziehungen (und damit eventuell Exhibitionismus und Voyeurismus) ermöglicht würden [. . .]. Das stört die therapeutischen Maßnahmen u. U. überhaupt nicht, aber das stört die Öffentlichkeit und provoziert Gegenaktionen« (Interview).

Im Gegensatz zur starken Sicherung nach außen zieht Bechtel innerhalb der Anstalt eine gelockerte Sicherung vor. Seine Vorstellung, »im Innern einen größeren Liberalitätsspielraum zu schaffen – und dies möglichst frühzeitig«, mußte jedoch vorerst aufgegeben werden. Denn das Justizministerium hat, als Reaktion auf die Vorwürfe von Presse und CDU, »uns da – einstweilen jedenfalls – einen Strich durch die Rechnung gemacht« (Interview).

Anfang 1972, zum Zeitpunkt unseres Anstaltsbesuchs, skizzierte Bechtel die innere Sicherung der Anstalt noch folgendermaßen: »Die Haustüren sind und bleiben zu, ebenso die Zwischengitter zwischen Zellentrakt und Funktionstrakt (Therapie-, Unterrichts-, Verwaltungsräume etc. – Verf.). Dafür sind die Zellen selber vom morgendlichen Aufschluß um 6.30 h bis abends gegen 22.00 h geöffnet. Auch das Treppenhaus, das die drei Wohngeschosse miteinander verbindet, bleibt während dieser Zeit unverschlossen, so daß sich die Insassen tagsüber ungehindert innerhalb des gesamten Wohnbereichs bewegen können« (Interview).

Anstaltsbereiche

Da die Dürener Anstalt nicht in einem Neubau, sondern nur in einem umgebauten alten Gerichtsgefängnis untergebracht ist, »ist sie – zumindest von der Architektur oder vom Baulichen überhaupt – eine Notlösung. [...] Z. B. ermöglicht uns die bauliche Konzeption, soweit wir sie übernommen und auch soweit wir dann daran gebastelt haben, keine Differenzierung innerhalb des Vollzuges und innerhalb des Hauses« (Interview). Grob skizziert lassen sich in der Anstalt drei verschiedene Bereiche aufzeigen:

1. die Arbeits- oder Werkhalle – »schön groß, aber ohne Differenzierungsmöglichkeiten« (Interview);
2. der dreigeschossige Hauptbau mit Wohn- und Funktionstrakt – in letzterem sind alle anstaltsinternen Funktionen außer Arbeiten und Wohnen untergebracht;
3. der zwischen diesen beiden Gebäuden gelegene Anstaltshof, den Mitarbeiter und Insassen in gemeinsamer Arbeit in einen ›verhältnismäßig brauchbaren Sportplatz‹ umgebaut haben.

»Von der Größe her ist das Modell ganz gut brauchbar, allerdings könnten wir noch ein paar zusätzliche Räume benötigen; z. B. für einen weiteren Psychologen sowie einen Sozialarbeiter; auch wäre es nicht schlecht, wenn wir noch einen Sportraum extra hätten« (Interview).

Wohnbereich

Während im alten Dürener Gerichtsgefängnis noch 75 bis 80 Männer in Untersuchungshaft saßen oder kurze Freiheitsstrafen verbüßten, ist nach dem Umbau in der Anstalt nur noch Platz für 33 Insassen (davon sind zur Zeit 26 Plätze belegt). Diese sind in drei Wohngruppen zu jeweils 11 (8 bis 9) Personen auf den drei Geschossen des Wohntrakts untergebracht. Organisatorisch unterliegen dabei alle Geschosse dem gleichen Prinzip: 11 Zellen, alles Einzelzellen; ein Gemeinschaftsraum mit Fernsehapparat, der von den Insassen selber bedient wird; ein Leseraum mit anstaltseigenen sowie von der Ortsbücherei entliehenen Büchern; eine Teeküche, in der sich die Männer ihre Morgen- und Abendmahlzeiten selbst zubereiten müssen und in der abschließbare Fächer in einem gemeinschaftlichen Eisschrank zur Aufbewahrung ihrer Vorräte zur Verfügung stehen. Diese Vorräte werden mehrmals in der Woche angeliefert. Außerdem befindet sich mitten zwischen den Zellen ein Dienstraum für einen Sozialarbeiter bzw. eine Sozialarbeiterin, denen die direkte Betreuung der Wohngruppe obliegt.

Wie bereits erwähnt, können sich die Männer tagsüber vollkommen frei innerhalb des Wohntrakts bewegen und ihren je unterschiedlichen Interessen nachgehen – fernsehen, lesen, Nachbarn besuchen, Essen zubereiten oder auf ihren Zimmern Radio hören. Dadurch will man den Insassen in der Unfreiheit der Anstalt, von der die Gitter vor den Fenstern sowie am Übergang zum Funktionstrakt ein stetes Zeugnis sind, einen gewissen Freibereich einräumen, in dem sie bestimmte Verhaltensweisen entweder erst einüben oder aber nicht wieder verlernen sollen. Aber auch nach 22.00 h, also nach Einschluß in ihre Zellen, haben die Insassen »die Möglichkeit, ›Licht zu machen‹ – was früher nicht möglich war – zu lesen oder Radio zu hören, sofern es den Nachbarn nicht stört« (*Dürener Lokalanzeiger* v. 5. 10. 1971).

Die neuen Einzelzellen, die durch Umbau der früheren großen und kleinen Zellen entstanden sind, haben zwar keineswegs ›Sanatoriumscharakter‹ – ›der verhätschelte Verbrecher im Luxusappartement‹, wie vielleicht die Gegner dieses oder ähnlicher Reformversuche behaupten würden –, aber sie stellen im Vergleich mit normalen Gefängniszellen immerhin einen kleinen Fortschritt dar. »Ein Raum, 3,50 Meter lang, 2,24 Meter breit: rechts an der Wand ein eisernes Klappbett, links ein Schrank. Unter dem hochliegenden und vergitterten Fenster, das von einfachen, grob gewirkten kurzen Gardinen eingerahmt ist, stehen ein Tisch und ein Stuhl. Rechts in der Ecke, am Fuß- oder Kopfende des Bettes, befindet sich ein Wasserklosett, links vorne an der Wand ein Waschbecken mit fließendem Wasser, Zentralheizung« (*FR* v. 11. 5. 1971).

Räume dieser Art, von denen es in Düren 33 gibt, knapp 8 Quadratmeter groß und ›spartanisch‹ eingerichtet, als »schmucke Zellen« (*Medizinstudent*, 3/1972, S. 27) zu bezeichnen, gelingt wohl allerdings nur dem, der mit einer Unterbringung im Strafvollzug noch immer kahle Verliese assoziiert und deshalb meint, mit Gardinen an den Fenstern, Pornobildern an der Zellenwand sowie einigen weiteren Einrichtungen sei bereits »für das körperliche und geistige Wohlbefinden der *Sträflinge* (Hervorhebung v. Verf.) hinlänglich gesorgt« (*Medizinstudent*). Daß Pornobilder an den Zellenwänden für die immerhin zu ca. 50% verheirateten Männer nur ein recht magerer Ersatz für heterosexuelle Beziehungen sind, ist Bechtel durchaus klar. Deshalb macht er auch nicht viel Aufhebens davon; dies bleibt dafür den Presseorganen vorbehalten: »Nackte Mädchen werden hier nicht im Spind versteckt. Sie hängen in vielen Zellen an den Wänden, sind meist ›konkret‹ entnommen, und es geht häufiger Fröhlichkeit als Schwüle von ihnen aus. In einigen

Zellen hängt ein ganzer Harem an der Wand. Nackte Mädchen sind unkontingentiert zugelassen« (*Der Spiegel*, 12/1972) – bleibt zu ergänzen: aber nur auf Bildern.

f) Behandlung

Die Behandlung in der Dürener Anstalt konzentriert sich auf drei Schwerpunkte: Therapie, Arbeit und Unterricht.

Therapie

Obwohl sich Bechtel voll zur »Einhaltung sämtlicher verwaltungsmäßiger Vorschriften der Dienstvollzugsordnung« (Interview) bekennt, ist es ihm – eigenen Aussagen zufolge – ohne weiteres möglich, bereits heute eine Sozialtherapie im Sinne des 2. *StrRG* zu machen, denn »im neuen Gesetz steht nichts darüber, wie die Therapie gemacht werden soll, sondern nur, daß sie gemacht werden soll. Es steht noch nicht mal drin, mit welcher Zielsetzung. [...] Der therapeutische Aspekt ist im Gesetz praktisch nicht vorhanden« (Interview).

Die für die Therapie zur Verfügung stehenden Kräfte: zwei Diplompsychologen und ein Psychiater und Arzt kommen zwar nicht alle aus der gleichen psychoanalytischen Schule, aber »wegen der kleinen Anzahl und der besseren Überschaubarkeit und Verlaufskontrolle der therapeutischen Arbeit« haben sie sich »zunächst mal auf ein einheitliches therapeutisches Konzept geeinigt, und zwar in Richtung der Gesprächspsychotherapie nach Rogers und Tausch« (Interview, dazu auch S. 122 f).

»Wir haben vier Therapiegruppen im Haus mit je 8 bis 9 Teilnehmern; im Augenblick ist die Zahl allerdings etwas geringer, da wir nicht voll besetzt sind. Während die beiden Psychologen jeweils eine Gruppe betreuen, bin ich für zwei Gruppen zuständig. Die Gruppensitzungen finden zweimal in der Woche für je 90 Minuten statt. [...] Im Gegensatz zu den Wohngruppen, deren Zusammensetzung ganz zufällig ist, war für die Bildung der Therapiegruppen das Kriterium der Vollzugsdauer ausschlaggebend. In den beiden ersten Gruppen haben wir die zeitlichen Extreme hinsichtlich der Vollzugsdauer zusammengefaßt: in der einen sind diejenigen, die nur noch kurzfristig hier im Hause sind, in der anderen die mit den längsten Strafen. Die beiden Gruppen aus dem zeitlichen Mittelraum haben wir überschlagsmäßig nach dem Intelligenzniveau unterteilt, um so ein einfacheres Arbeiten zu ermöglichen« (Interview). In Ausnahmefällen werden neben dieser Gruppentherapie auch ein paar Einzelstunden abgehalten.

Auf medikamentöse Maßnahmen – z. B. Beruhigungsmittel -

versucht Bechtel vollkommen zu verzichten, da er der Ansicht ist, daß »die Insassen ihre Unruhe in die Therapiegruppe einbringen und nicht mit Medikamenten erschlagen werden sollen. Die Unruhe soll ja fruchtbar gemacht werden« (Interview). Auftretende Konflikte zwischen dem therapeutischen und dem übrigen Personal werden auf den – bereits erwähnten – Personalkonferenzen aufgearbeitet und besprochen. Für interne Besprechungen zwischen den Therapeuten gibt es eine eigene – je nach Bedarf stattfindende – Fachkonferenz, auf der »Spezialfragen, Testergebnisse etc. diskutiert werden. Zu dieser Konferenz werden auch die Sozialarbeiter mit hinzugezogen« (Interview). Eine Supervision der Mitarbeiter und ihrer Behandlungsmethoden durch einen anstaltsexternen Therapeuten gab es Anfang 1972 noch nicht; nach Aussagen Bechtels war sie zu diesem Zeitpunkt zwar bereits geplant, aber »aus personellen und aus finanziellen Gründen noch nicht drin« (Interview). Neueren Informationen zufolge soll diese Aufgabe mittlerweile von dem Frankfurter Psychoanalytiker Tilmann Moser wahrgenommen werden.

Arbeit

»Wir haben einen normalen Werkbetrieb, der mit Beschäftigungstherapie nichts zu tun hat; hier wird gearbeitet« (Interview). »Auf eine Erziehung zur Arbeit wird nicht so sehr deswegen Wert gelegt, weil unsere Gesellschaft darauf aufgebaut ist, daß jedermann irgendwo in den Arbeitsprozeß eingeschaltet ist, sondern weil die Bindung an eine Aufgabe auch wesentliche Lebenshilfe bietet« (Rasch, zit. nach *FR* v. 11. 5. 1971).
Dieses Ziel, »eine innere Motivierung, ein inneres Verhältnis zur Arbeit zu schaffen, ist natürlich unter den Bedingungen einer stupiden Industriearbeit eine ziemlich schwierige Angelegenheit; zumal bei Leuten, die kriminell oder sozial verwahrlost sind und von sich aus ein Verhältnis zur Arbeit nicht haben oder es ganz bewußt ablehnen« (Interview). Aber die der Anstalt von der Industrie – in sowieso recht bescheidenem Umfang – angebotenen Arbeiten sind eben sehr stupide. Das erfuhr man spätestens im September 1971, als man daran ging, für die Insassen eine geeignete Arbeit zu beschaffen und dabei erhebliche Schwierigkeiten auftraten. Es war nämlich nicht nur schwierig, eine geeignete Arbeit zu finden, sondern es erwies sich als schwierig, überhaupt eine Arbeit in die Anstalt hineinzubekommen.
»Wir hatten anfangs mit einigen Produktionsfirmen hier in Düren Kontakt aufgenommen, aber das ist durchweg geplatzt, da diese Firmen nicht bereit waren, uns mit Arbeit zu versorgen, die entsprechenden Arbeitsplätze einzurichten, Maschinen aufzustellen etc. Einige Wochen lang ließ dann eine Gastfirma ein paar Metallarbeiten bei uns machen, die aber dermaßen primitiv waren, daß

wir sie unseren Leuten auf längere Sicht praktisch nicht zumuten konnten. Sie sollen ja unter ärztlicher Anregung einen Anreiz bekommen, und das war mit diesen Dingen beim besten Willen nicht herzustellen. Außerdem ließ die Arbeitsanlieferung seitens der Firma infolge Absatzschwierigkeiten sehr rasch nach: mal lieferte sie viel zu wenig, mal wieder gar keine Arbeit. Zu alledem war die Arbeit noch relativ schlecht bezahlt, so daß wir dann ganz darauf verzichtet haben« (Interview).

Ein den jeweiligen Fähigkeiten der Insassen entsprechendes Arbeitsangebot ließe sich jedoch auch aus anderen Gründen kaum realisieren. »Es ist natürlich sinnlos, für die wenigen Insassen unserer Anstalt hier zehn Firmen 'reinzubringen, die dann für jeweils 1 bis 3 Mann einen Arbeitsplatz bereitstellen sollen. Außerdem wäre das auch baulich kaum möglich, da unsere Werkhalle keine weiteren Differenzierungsmöglichkeiten zuläßt« (Interview). Da Bechtel als Verfechter des geschlossenen Vollzugs aber weder jetzt noch in naher Zukunft daran denkt, bestimmte Insassen außerhalb der Anstalt arbeiten zu lassen – »vielleicht in ein bis zwei Jahren« – und die Privatindustrie es offensichtlich immer noch als Gnade begreift, eine Vollzugsanstalt mit wenn auch noch so stumpfsinniger Arbeit zu beliefern, ist eine wesentliche Verbesserung der Arbeitsverhältnisse für die Insassen wohl kaum zu erwarten. Auch die derzeitige (Anfang 1972) Arbeit, Schraubenarbeit für einen kleinindustriellen Fertigungsbetrieb, wird »von den Insassen nicht gerne gesehen – verständlicherweise –, da es eine stupide und monotone Arbeit ist« (Interview).

»Ausgegangen sind wir von dem Konzept, daß – wie in der Freiheit auch – Arbeit kein Zwang, wohl aber eine Selbstverständlichkeit und soziale Notwendigkeit sein soll. [...] Dazu gehört natürlich auch, daß man ein hinreichendes und befriedigendes Arbeitsangebot machen kann. Denn solange man das nicht kann, ist es unsinnig zu sagen: Du gehst jetzt runter in die Arbeitshalle, egal ob da Arbeit ist oder nicht« (Interview).

Neben dieser regulären und, ebenso wie im Normalvollzug, äußerst schlecht entlohnten Arbeit (DM 1,10 pro Tag) haben die Insassen die Möglichkeit, einen sechsmonatigen – allerdings nur für 15 Teilnehmer vorgesehenen – Grundkurs in Metallverarbeitung zu besuchen. An diesen Grundkurs, der von zwei Metallarbeitern, einem Facharbeiter und einem Meister, geleitet wird, sollen sich dann weitere Metallausbildungskurse mit Schweißen, Gräten, Bohren und Drehen anschließen.

Unterricht

Neben dem Besuch des normalen Unterrichts (Einzel- und Gruppenunterricht auf freiwilliger Basis in Rechnen, Deutsch und Rechtschreibung), der regelmäßig von einer Oberlehrerin erteilt wird, haben die Insassen die Möglichkeit, eine Reihe von Vorträgen mit anschließenden Diskussionen aufzusuchen, zu denen Fachleute der verschiedensten Gebiete in die Anstalt eingeladen werden. »Allwöchentlich einmal haben wir irgendjemand von draußen hier: aus der Politik, aus der Verwaltung, aus der Justiz etc. Dann kommt mal ein Schriftsteller, dann wieder ein Anwalt, der gezielt eine bestimmte Frage referiert und dann vor allem diskutiert. Mal haben wir einen Gerichtsvollzieher hier gehabt, dann einen ›Geschäftsstellenmann‹ vom Amtsgericht, der zur Frage von Strafzeitberechnung bzw. -anrechnung und Gesamtstrafenbildung Stellung nahm. Des weiteren hatten wir auch jemand von der Zulassungsstelle des Straßenverkehrsamts hier, der über Führerscheinneu- und -wiedererteilung sprach. Demnächst werden wir Erste-Hilfe-Kurse veranstalten u. a. m.« (Interview).

Die Beteiligung an diesen Diskussionsrunden ist den Insassen freigestellt: »Wir laden zu diesen Veranstaltungen ein [. . .], und wer kommen mag, soll kommen. Im Durchschnitt kommen dann etwa 10 bis 15 Leute – in jeweils wechselnder Zusammensetzung« (Interview).

Außer diesen Diskussionsgruppen haben sich auch einige Freizeitgruppen gebildet, die jedoch größtenteils noch »in der Formation begriffen« sind: eine Musikgruppe mit 5, eine Bastelgruppe mit 4 und eine Sportgruppe mit 10 bis 15 Teilnehmern; außerdem eine etwa gleichgroße Tischtennisgruppe, die Kontakt zu einer Tischtennisgruppe in der Stadt aufgenommen und mit dieser schon einige Spiele ausgetragen hat. Daneben gibt es noch ein Tonstudio – zwar noch relativ primitiv eingerichtet –, in dem eine weitere Gruppe die Möglichkeit hat, kleine Sendungen mit Interviews und dergleichen für den anstaltsinternen Gebrauch zusammenzustellen.

Urlaub und Ausführungen

Kontaktpflege nach außen wird in der Anstalt offensichtlich groß geschrieben: man will nämlich nicht nur über Vortragsredner, Tischtennisspieler und »Veranstaltungen mit einer Dürener Diskothek hier im Hause« die außerhalb der Mauern gelegene ›Umwelt‹ in die Anstalt hineinholen und damit die für die Insassen so notwendige Verbindung nach draußen herstellen, sondern gleichzeitig soll den Insassen über Ausführungen und Urlaubstage die Möglichkeit gegeben werden, diese Umwelt selber und unvermittelt zu erfahren. Gleichzeitig will man durch diese wechselweisen Kontakte aber auch versuchen, die in der Bevölkerung gegen die Vollzugsanstalt bestehenden Vorurteile abzubauen. Allerdings sind gerade in der Urlaubsfrage Bechtel durch die bestehenden – für alle Vollzugsanstalten gleichermaßen geltenden

– Verwaltungsvorschriften noch sehr enge Grenzen gesetzt. Danach »darf Urlaub nur unter bestimmten Voraussetzungen gegeben werden, z. B. zur Beschaffung von Arbeit und Wohnraum (in den letzten drei Monaten vor dem voraussichtlichen Entlassungszeitpunkt) oder bei Tod oder lebensgefährlicher Erkrankung naher Angehöriger; außerdem gelegentlich mal zu Ostern, Pfingsten oder Weihnachten. Diese Regelungen sind aber recht eng. [...] Zwar stehen wir mit den Aufsichtsbehörden und dem Ministerium bereits in Verhandlung, um da eine andere Regelung herbeizuführen, aber zur Zeit sind wir noch an die allgemein geltenden Verwaltungsvorschriften gebunden. [...] Wir beabsichtigen, die Urlaubsfrage so zu regeln, daß wir je nach ›therapeutischem Bedarf‹ – und in Abhängigkeit von der therapeutischen Situation – Urlaub gewähren können« (Interview). Eine gelockerte Urlaubsregelung würde Bechtel vor allem auch deshalb begrüßen, weil zwischen 50 und 60% der Insassen verheiratet sind oder eine Familie haben: »Nicht in erster Linie nur wegen der sexuellen Probleme der Insassen, sondern wegen des Familienkontakts überhaupt« (Interview). Aber auch andere Gründe spielen hier eine Rolle: »Ich wäre froh darüber, wenn ich die Leute öfter – und wenn es vielleicht auch nur für zwei bis drei Stunden wäre – beurlauben könnte, um z. B. mal eine Erledigung in der Stadt zu machen, das Arbeitsamt oder das Finanzamt aufzusuchen, Versicherungsangelegenheiten zu regeln oder zum Zahnarzt zu gehen« (Interview).

Alle bisherigen Versuche in der Dürener Anstalt in puncto Urlaub oder Ausführungen waren nach Bechtels Aussagen ein voller Erfolg. »Wir haben eine ganze Fülle von Ausführungen unserer Insassen in die Stadt gemacht und damit die entsprechenden Verwaltungsbestimmungen maximal weit ausgelegt, und es ist hundertprozentig gut gegangen. Auch unsere bisher einzige Urlaubsaktion – wir haben Ende 1971 die Hälfte der Insassen in Weihnachtsurlaub geschickt – ist ohne Panne verlaufen« (Interview).

Ärztliche Versorgung

Für die einfache praktische ärztliche Versorgung in der Anstalt ist Bechtel als Arzt ebenfalls zuständig; während seiner Abwesenheit wird er von einem Dürener Arzt vertreten.

Zahnarzt und andere Fachärzte müssen in der Stadt aufgesucht werden, denn es lohnt sich – Bechtel zufolge – einfach nicht, »für eine kleine Gruppe von 33 Mann in der Anstalt z. B. eine eigene Zahnstation einzurichten«.

Tagesablauf

Jeden Morgen um 6.00h werden die Zellen aufgeschlossen und die Insassen geweckt. Nach dem Frühstück – jeder kann sich dazu je nach Geschmack Kaffee oder Tee kochen – beginnt um 7.30h die Arbeit in der Werkstatt; dafür ist der ganze Vormittag vorgesehen. Um 12.00h wird in den drei Gemeinschaftsräumen zu Mittag gegessen, wozu man das Essen aus der Küche des Landeskrankenhauses bezieht. »Nach einer Freistunde steht Sport auf dem Programm. Der übrige Nachmittag ist im wesentlichen der Therapie vorbehalten: die Hausbewohner treffen sich mit ihren Betreuern, diskutieren persönliche und allgemeine Fragen, führen Gespräche mit den beiden Psychiatern« (*Dürener Zeitung* v. 5. 10. 1971). Der Tag endet für die Insassen des Hauses um 22.00h, wenn sie wieder in ihre Zellen eingeschlossen werden. Bis zu dieser Zeit können sie in den Gemeinschaftsräumen fernsehen – bei besonderen Sendungen auch länger – oder miteinander diskutieren. Nach 22.00h liegt es dann im Belieben des einzelnen, auf der Zelle noch zu lesen, Radio zu hören oder sich schlafen zu legen.

Da man das Verhalten der Insassen in Düren primär mit den Mitteln der Therapie beeinflussen will, hat man von Anfang an auf die – im Normalvollzug meist übliche – rigide Hausordnung verzichtet und begnügt sich mit einer internen Regelung, die Bechtel als eine »pflaumenweiche Angelegenheit« bezeichnet. Bechtel gibt einer solchen Regelung jedoch den Vorzug, da sie auch eher seinen nachstehend genannten Grundsätzen entspricht. »Man soll erstens nichts verbieten, was man nicht durchführen kann. Man soll zweitens nichts verbieten, was man in seiner Durchführung nicht kontrollieren kann, und man soll drittens nichts verbieten, was sich überhaupt erübrigt. Je dichter das Netz von Vorschriften ist, das ich über dieses Haus oder einen Menschen ziehe, desto mehr wird er die Notwendigkeit verspüren, auszubrechen. [. . .] Eine Fülle von dem, was im normalen Vollzug zu Disziplinschwierigkeiten, zu Verstößen gegen die Hausordnung und damit zu disziplinarischen Maßnahmen führt, ist m. E. nur eine Konsequenz eben dieser überstrengen Hausordnung« (Interview).

Insassenmitverwaltung

»Es gibt zunächst die sämtliche Insassen umfassende Insassenkonferenz, in der die Männer ihre Probleme miteinander diskutieren können. Das Ganze läuft noch sehr zögernd an, aber es läuft immerhin an. [. . .] Momentan sind diese Zusammenkünfte noch informell, aber wir haben bereits eine formelle Regelung in Vorbereitung, die in den nächsten Tagen zum Abschluß gebracht werden soll.

Außerdem haben wir eine sogenannte Gesamtkonferenz, in der neben allen Mitarbeitern des Hauses auch drei gewählte Vertreter der Insassen – von jeder Wohngruppe jeweils einer – sitzen, die bei bestimmten, allerdings recht begrenzten Fragen (z. B. Freizeitgestaltung, Freizeitveranstaltungen) mitberaten und auch mitentscheiden können« (Interview).

Abgesehen von der relativen Unwichtigkeit der Fragen, bei denen die Insassen mitentscheiden dürfen, sind diese mit drei Vertretern gegenüber den vollzählig versammelten Betreuern so eindeutig unterrepräsentiert, daß u. E. der Verdacht naheliegt, daß das Stimmrecht der Insassen in diesem Gremium kaum mehr als scheindemokratischen Charakter hat – d. h. zur bloßen Wahrung des demokratischen Scheins institutionalisiert wurde.

Bisherige Ergebnisse

»Der Professor, der durch die Räume geht, wird nicht mit ›Herr Professor‹, sondern mit seinem Namen, also als ›Herr Rasch‹ angeredet. Wer Insasse und wer Betreuer ist, läßt sich nicht immer sofort erkennen. Die Betreuer tragen keine Uniform. Das äußere Bild der Betreuten bestimmen zivile Kleidungsstücke. Die Schwierigkeit, Betreuer und Betreute zu unterscheiden, jene, die ihre Arbeitszeit in diesem Haus verbringen, von denen, die Tag und Nacht hier zu sein haben, ist allerdings noch auf etwas anderes zurückzuführen. Eine knappe Stunde nach Ankunft hat man den Eindruck, daß hier Menschen miteinander arbeiten; daß hier nicht eine Gruppe von Menschen von einer anderen Gruppe von Menschen bearbeitet wird« (*Der Spiegel*, 12/1972).

Als einen wesentlichen Erfolg dieser eher durch Kooperation als durch Subordination bestimmten Beziehungen zwischen Personal und Insassen bezeichnet Bechtel die allmählich geschaffene ›Vertrauensbasis‹, die wiederum positiv auf das ›Anstaltsklima‹ zurückwirkt und eine Reihe von Problemen, die in anderen Anstalten an erster Stelle rangieren, hier gar nicht erst zu Problemen werden läßt. In seiner Auffassung, daß sich in einer ›Atmosphäre des Vertrauens‹ weitaus besser arbeiten läßt als in einer von Zucht und Ordnung bestimmten Gefängnisatmosphäre sieht sich Bechtel »durch den bisherigen Erfolg der Arbeit eigentlich maximal bestätigt und bestärkt. [. . .] Dafür spricht die Tatsache, daß die Ausführungen, die wir gemacht und die Urlaube, die wir gewährt haben, allesamt reibungslos verlaufen sind; das hat nicht eine einzige andere Anstalt aufzuweisen. Dafür spricht weiter, daß wir die ›Alkoholvorkommnisse‹ ohne jegliche Disziplinarmaßnahmen aus dem Haus eliminiert haben. Wir sind dabei absichtlich nicht disziplinarisch, sondern therapeutisch vorgegangen; d. h. wir haben gefragt, warum trinken die Leute, und wie kann man folglich an ihrer inneren Motivation, ihrer ganzen Einstellung zum Alkohol etwas ändern? Und dafür spricht auch, daß wir durch unsere Vertrauenshaltung zwischen Personal und Insassen sowie unsere therapeutischen Maßnahmen die Leute wirklich im Griff haben und dadurch Konfliktsituationen bisher stets vorher spüren und abfangen konnten. [. . .] Wir haben es z. B. schon erlebt, daß einer unserer Insassen, der – bereits fertig angezogen – unten zum Einkaufen bereitstand und auf den Aufsichtsbeamten wartete, plötzlich sagte ›Ich gehe heute nicht, das paßt mir alles nicht‹ und herumbrauste und dann wieder in seine Zelle zurückmarschierte. Und nach acht Tagen erzählte er uns dann ›Ich war damals innerlich derart unruhig und nervös und fertig, daß ich mir selber nicht sicher war, ob ich nicht während der Ausführung an der nächsten Straßenecke oder hinter der nächsten Haustüre verschwinden und nach Hause fahren würde. Das wollte ich auf jeden Fall vermeiden, und deshalb habe ich gesagt, ich gehe erst gar nicht aus der Anstalt raus‹« (Interview).

Nachbetreuung

Dieses Vertrauensverhältnis zwischen den Insassen und ihren Betreuern erleichtert jedoch nicht nur die Arbeit in der Anstalt, sondern ist auch gleichzeitig eine notwendige Voraussetzung für das sogenannte ›Krisenmanagement‹, d. h. für die der Entlassung folgende Betreuung der Insassen im Falle einer Krisensituation; denn nur auf dieser Basis kann man erwarten, daß sich der ehemalige Insasse in einer kritischen Situation, die er nicht oder nur falsch bewältigen zu können glaubt, spontan an seine früheren Betreuer wendet.

Zwar hat sich dieses Problem in Düren bisher noch nicht gestellt, da man noch niemanden entlassen hat, aber für die Zeit, wo dies der Fall sein wird, sieht Bechtel bereits jetzt gewisse Schwierigkeiten voraus, »weil Düren zum einen die einzige Anstalt in ganz Nordrhein-Westfalen, einem Bundesland mit einem sehr großen Areal, ist und zum andern linksrheinisch ziemlich an der Peripherie des Landes liegt, während der größte Teil der Insassen aus rechtsrheinischen Gebieten kommt und dadurch u. U. stundenlange Anmarschwege in Kauf nehmen müßte: von Minden, Herford, Münster etc.« (Interview). Infolge der begrenzten räumlichen Möglichkeiten in der Dürener Anstalt ist nach Bechtel auch nicht daran gedacht, eine derartige Krisenstation in der Anstalt selber einzurichten, sondern es ist – wie auch für die künftigen sozialtherapeutischen Anstalten vorgesehen – der Bau eines offenen, außerhalb der Mauern gelegenen Übergangheimes geplant, das von der Anstalt aus ›betrieben‹ werden soll. Diese Institution, die nichts mit dem ›eigentlichen Übergangsvollzug‹ zu tun hat, soll allerdings nicht nur als Krisenstation fungieren, sondern zum weitaus größeren Teil der ›Krisenprophylaxe‹ dienen. Es ist nämlich vorgesehen, daß dort »diejenigen, die draußen keinen Kontakt, keine stabilisierende Familiensituation haben, für die ersten Monate nach ihrer bewährungsweisen Entlassung aufgenommen werden können, Unterkunft und Verpflegung bekommen und dann von dort aus regulär – und selbstverständlich unüberwacht – ihrer ganz normalen Arbeit nachgehen. [. . .]

Die Bindung an die alte Anstalt soll durch einen unserer Sozialarbeiter aufrecht erhalten werden, der ständig in diesem Übergangsheim stationiert sein und dort eine Art ›Hausvaterfunktion‹ ausüben soll. Erforderliche therapeutische Sitzungen werden entweder in dem Heim selber oder aber in der Anstalt stattfinden« (Interview).

Um den Insassen auch in anderer Hinsicht die bevorstehende ›Rückkehr in die Gesellschaft‹ zu erleichtern, hat die Anstaltsleitung bereits jetzt »Kontakte zum Arbeitsamt aufgenommen. Dieses hat sich bereit erklärt, demnächst – im Rahmen unserer abendlichen Diskussionskreise – hier zwei Diskussionsveranstaltungen durchzuführen, um die Insassen über Förderungsmöglichkeiten, Schulungsmaßnahmen, Überbrückungsbeihilfen, Übergangsgelder etc. zu informieren« (Interview). Auch bei der späteren Wohnungssuche will man – soweit dies trotz der peripheren Lage der Anstalt möglich ist – den Insassen behilflich sein.

Forschung und wissenschaftliche Auswertung der Arbeit

Wie bereits eingangs erwähnt, will man in Düren von den bisherigen ›Basteleien‹ zur gezielten wissenschaftlichen Arbeit übergehen (Neuberger, 1971, S. 121). Deshalb werden die Ergebnisse aller wesentlichen Untersuchungen (Voruntersuchung, parallel zur Behandlung ablaufende Begleitforschungen) verschlüsselt, von einem Computer erfaßt und von diesem nach Abschluß der Behandlung ausgewertet. Die Auswertung dieser Daten soll u. a. auch zur Aufdeckung kriminogener Faktoren beitragen: »Wir haben in unserem großen anamnestischen Programm alle Faktoren berücksichtigt, die uns für die Kriminogenese bedeutsam erscheinen – ob es allerdings die richtigen sind, wird die Zukunft weisen. Wir beabsichtigen, aus dem vorliegenden Untersuchungsmaterial, das sich aus Untersuchungen vor Beginn und nach Beendigung der Behandlung zusammensetzt – vor der Entlassung werden wir alle die Tests, die wir eingangs gemacht haben, auf alle Fälle wiederholen – zunächst einmal etwaige Unterschiede, Divergenzen herauszufiltern und zu sehen, ob diese in irgendeiner Form einen direkten Bezug auf die Entwicklung des Persönlichkeitsbildes haben. Und wir werden diese Dinge – wenn irgend möglich – auch nach der Entlassung der Insassen weiterverfolgen. [. . .] Soweit wir die Leute im Griff behalten können, werden wir Fragebögen aussenden, sie in entsprechenden Abständen aufsuchen, Interviews veranstalten und u. U. erneut bestimmte Tests wiederholen. Wir wollen nämlich versuchen, auf die Dauer hin abzuleiten, was von den variablen und was von den konstanten Faktoren möglicherweise oder bestimmt kriminogen ist. Aber das ist ein derart großes faktorielles Geschehen, für dessen Untersuchung Jahrzehnte vonnöten sind« (Interview). Und dabei kann es, so möchte man hinzufügen, kaum von Vorteil sein, wenn schon zu Beginn der Untersuchungen – infolge zwangsweiser Änderungen der Behandlungsprämissen – wenig brauchbare Daten eingegeben werden, weil die in der Anstalt praktizierten therapeutischen Methoden schlagartig von ministerieller Seite verfügten disziplinarischen Maßnahmen Platz machen müssen.

g) Reaktion der Öffentlichkeit

Pressekampagne

Anlaß der zumindest unter therapeutischen Aspekten unverständlich erscheinenden ministeriellen Reaktion war – wie eingangs bereits erwähnt – eine um die Jahreswende 1971/72 einsetzende – allerdings hauptsächlich auf den nordrhein-westfälischen Raum beschränkte – großangelegte Pressekampagne gegen die Dürener Anstalt, in der mehr oder weniger nichtige Vorkommnisse in der Anstalt bewußt zu aufsehenerregenden Ereignissen aufgebauscht wurden. Auch war kein Gerücht primitiv genug, um nicht sofort und ungeprüft kolportiert zu werden. Das, wenn auch zweifelhafte ›Verdienst‹, als erste auf die ›seltsamen Praktiken‹ in der Dürener Anstalt hingewiesen (am 26. 10. 1971 und 3. 1. 1972) und damit die Pressekampagne maßgeblich ausgelöst zu haben, kam hierbei der *Kölnischen Rundschau* zu, nach deren Ansicht in der Anstalt sowieso »zu viel soziologisiert und psychologisiert« wird, während der Gedanke der Sühne viel zu kurz kommt (3. 1. 1972).

In groß aufgemachten Schlagzeilen wurde die Dürener Anstalt einerseits als öffentliches Ärgernis und Gefahrenherd gebrandmarkt: »Haftanstalt Düren verbreitet Unruhe – Besorgniserregende Entwicklung eines staatlichen Reformwerks« (*Kölnische Rundschau* v. 3. 1. 1972); »Erste Alarmmeldungen aus Düren« (*Düsseldorfer Nachrichten* v. 11. 1. 1972); »Haftexperiment gescheitert« (*Bild* v. 19. 1. 1972), und andererseits zum ›fidelen Gefängnis‹ gestempelt, in dem man lebt ›wie Gott in Frankreich‹: »Fröhliche Feste hinter Gittern« (*Bild* v. 5. 1. 1972); »Schnaps in Strömen, ›Damen‹ und mangelnde Kontrolle in Düren« (*Rheinische Post* v. 17. 1. 1972) oder »Dolce Vita im Mustergefängnis« (*Express* v. 19. 1. 1972). Neben den ›Alkoholexzessen‹, so war zu lesen, sei es ferner zur ›Rottenbildung‹, zu ›Belästigungen von

Aufseherinnen ‹ und zu › Bedrohungen von Aufsehern ‹ gekommen, so daß sowohl das Personal als auch die Anlieger um ihre Sicherheit zu bangen hätten.

Am düstersten malte Straußens *Bayernkurier* die Dürener Verhältnisse, als er die Öffentlichkeit wissen ließ, »wie pervers es in der Dürener Anstalt zugeht. [...] In der ›Modellanstalt‹ der SPD/FDP-Landesregierung [...] sollen Berufs- und Triebverbrecher schlimmster Sorte in ›unkonventioneller Art‹ auf ihre Wiedereingliederung in die bürgerliche Gesellschaft vorbereitet werden. In der Praxis sieht das so aus, daß den Ganoven unter Aufsicht [...] die Möglichkeit zu alkoholischen Exzessen und Sexualorgien geboten wird« (zit. nach *Der Spiegel* 12/1972). Natürlich waren dieser und alle ähnlich lautenden Artikel nicht dazu angetan, die Öffentlichkeit über tatsächliche Vorkommnisse sachlich zu informieren – keiner der öffentlichen Panikmacher hatte es übrigens für nötig gehalten, sich an Ort und Stelle ein Bild zu machen –; vielmehr sollten sie die tiefsitzende Aversion des von Rache- und Sühnegedanken erfüllten Lesers gegen jegliche Reformen im Strafvollzug weiter intensivieren. Die Artikelschreiber folgten dabei vorwiegend dem einfachen Prinzip: möglichst wenige Fakten, dafür um so mehr emotionalisierende Begriffe wie ›Triebverbrecher schlimmster Art‹, ›Ganoven‹, ›Exzesse‹ und ›Sexualorgien‹.

Es erscheint deshalb auch nicht verwunderlich, wenn bei der ›Aktion Gemeinsinn‹, die sich in Zeitungsinseraten für einen besseren Strafvollzug eingesetzt und vor allem an die Bevölkerung appelliert hat, entlassenen Strafgefangenen bei deren Resozialisierung zu helfen, Briefe folgenden Inhalts eingingen: »Berufsverbrecher und Mörder sind in dunklen Einzelzellen bei Wasser und Brot und körperlicher Unterkühlung und sonstigen Belastungen (kein Licht, keine Sonne, keine Bewegung) so lange einzusperren, bis sie eingehen. Ca. 3 Jahre« (zit. nach *pardon*, 3/1972).

Aber nicht nur die Zeitungen stürzten sich gierig auf den von bisher unbekannter Stelle ausgelegten Köder, d. h. die mehr oder weniger gezielten Fehlinformationen über die Dürener Anstalt, sondern auch die nordrhein-westfälische CDU nahm bereitwillig und triefend von Selbstgerechtigkeit die Dürener Situation zum Anlaß, »das Projekt zu denunzieren und Justizminister Neuberger als rechtspolitischen Versager hinzustellen« (*Die Zeit* 10/1972).

Diese Partei, »in deren Regierungszeit es im Lande überfüllte Gefängnisse und so gut wie keinen Resozialisierungsstrafvollzug gegeben hatte« (*FR* v. 19. 1. 1972), beteuerte zwar scheinheilig, »auch sie sei für eine Modernisierung des Strafvollzuges« (*FR* v. 21. 3. 1972), aber – und hier kommt ein geflügeltes Wort ihres damaligen Bundesvorsitzenden Barzel zur Anwendung – *so nicht*. »Ohne selbst auch nur einmal seinen Fuß über die Schwelle der Dürener Anstalt gesetzt zu haben« (*Recklinghäuser Zeitung* v.

16. 3. 1972), warf der Sprecher der CDU, Klose, Neuberger vor, er habe »in unbedachter Hast und Konfusion in Düren Potemkinsche Dörfer aufgebaut« (zit. nach *Kölnische Rundschau* v. 16. 3. 1972). »Ohne klares Konzept (und) ohne ausreichende Vorbereitung des Personals [...] sei hier der moderne Strafvollzug, ›den wir alle wollen‹, durch dilettantische Praktiken in Mißkredit gebracht worden« (*FR* v. 21. 3. 1972).

Aber nicht ›tiefe Sorge‹ und ›Verantwortung‹, sondern die Hoffnung, aus dem Streit um das Dürener Experiment politisches Kapital zu schlagen und ihre Wählerscharen zu vergrößern, ließ die nordrhein-westfälische CDU-Opposition bedenkenlos und auf bestehende Ressentiments in der Bevölkerung gegen jedwede Modernisierungsversuche im Strafvollzug spekulierend diskreditieren, »was die CDU-Fraktion des Bundestages und ihr rechtspolitischer Wortführer Max Güde (als Vorsitzender des Sonderausschusses zur Strafrechtsreform – Verf.) einst gutgeheißen hatten« (*Die Zeit*, 10/1972). Nur so ist es zu verstehen, daß sich die CDU mit der ungewöhnlich ausführlichen Antwort Justizminister Neubergers auf ihre Kleine Anfrage und der darauf folgenden Aussprache Mitte Januar 1972 nicht begnügte, sondern die Landesregierung Mitte März mit einer 58 Punkte umfassenden Großen Anfrage erneut veranlaßte, »zum Thema Düren im besonderen und zum Strafvollzug im allgemeinen« (*Die Zeit*, 10/1972) Stellung zu nehmen und damit alles das zu wiederholen, was bereits im Januar gesagt worden war. Die *Frankfurter Rundschau* kommentierte diese Vorgänge lakonisch: »Die jüngste Debatte des Nordrhein-Westfälischen Landtages über den Strafvollzug mutete manchen an wie eine schlechte Reprise. Weil die Tendenz des Stückes in den Augen der CDU gegenwärtig Konjunktur hat, wollte sie es noch einmal auf den Spielplan setzen« (*FR* v. 21. 3. 1972).

Tatsächliche Vorkommnisse in der Dürener Anstalt

Obwohl stets der Versuchs- und Experimentiercharakter der Anstalt betont worden war, ließ man dem ›Modell Düren‹ keine Zeit, sich zu entwickeln und zu behaupten. Die Gegner dieses Modells ließen es sich vielmehr nicht nehmen, quasi von der ersten Stunde an (z. B. *Kölnische Rundschau* v. 26. 10. 1971) jede auch noch so geringfügige Unregelmäßigkeit im Dürener Vollzug zu registrieren, um hernach durch Druck auf das Justizministerium das zum Scheitern zu bringen, was sie schon seit langem als ›zum Scheitern verurteilt‹ prognostiziert hatten.

»Zu dem, was in der Presse – aufgrund unautorisierter Kontaktnahme bzw. gezielter, von bisher unbekannter Stelle lancierter Fehlinformationen – kolportiert worden ist, kann man«, so Bechtel, »in etwa sagen: ein Drittel hat gestimmt, ein Drittel war maßlos aufgebauscht bzw. entstellt oder gar falsch wiedergegeben und der Rest war frei erfunden. [...] Ich kann dies an den einzelnen Vorwürfen ganz gut explizieren:

Alkoholexzesse – Alkohol ist hier angesetzt und getrunken worden; das ist in jeder Strafanstalt so, ohne daß die Öffentlichkeit viel Aufhebens davon macht. Hier ist es nur deshalb ein bißchen mehr aufgefallen, weil die Leute bis zum abendlichen Einschluß freie Kommunikationsmöglichkeiten im Hause haben. Das hatte zur Folge, daß dann eben nicht nur einer allein in seiner Zelle vor sich hinsoff oder meinetwegen auch mehrere Mann in einer verschlossenen Gemeinschaftszelle, wo man von ihnen nichts hört und nichts sieht, sondern daß hier auch mal einige im Haus herummarschiert sind und gesungen haben.

Rottenbildungen – dies ist einer von den Punkten, von denen ich sagte: maßlos übertrieben und aufgebauscht. Es hat nur einen einzigen Vorfall in dieser Richtung gegeben, als sich zwei unserer Insassen in angetrunkenem Zustand hier auf dem Flur geprügelt haben.

Die vorgeblichen Belästigungen von Aufseherinnen und Bedrohungen von Aufsehern sind frei erfunden. [...] Vor kurzer Zeit hat hier mal das *ZDF* einige Kurzinterviews mit Anliegern aus der Umgebung veranstaltet, um festzustellen, ob die sich tatsächlich – wie es in den Zeitungen geheißen hatte – belästigt fühlten. Ergebnis: die fühlten sich keineswegs belästigt. [...]

Und nach demselben Aufteilungsmodus (1/3, 1/3, 1/3) lassen sich auch alle anderen Vorwürfe zwischen Wahrheit und reiner Erfindung einstufen, wobei uns die auf Tatsachen beruhenden Dinge gar nicht so sehr störten, da sie im Rahmen unserer therapeutischen Arbeit als Übergangsschwierigkeiten durchaus zu erwarten waren. Im übrigen waren diese Schwierigkeiten zu dem Zeitpunkt, als die Presseverlautbarungen erschienen, längst beherrscht, therapeutisch aufgearbeitet« (Interview).

Reaktion des Justizministeriums

Aber trotz des geradezu läppischen und in vielen Fällen erdichteten Charakters der gegen die Dürener Anstalt erhobenen Vorwürfe – selbst Neuberger hatte sie als »Aufbauschungen und Übertreibungen von Bagatellvorfällen bezeichnet« (*FR* v. 21. 3. 1972) – hat sie das Düsseldorfer Justizministerium zum Anlaß genommen, das bisherige Behandlungskonzept durch eine Reihe von Einschränkungen regressiv, d. h. in Richtung auf den herkömmlichen Normalvollzug, zu verändern. Die Reaktion Neubergers erscheint um so unverständlicher, als er – wie die *Frankfurter Rundschau* zutreffend schreibt – »wider besseres Wissen zurückgesteckt (hat)« (*FR* v. 21. 3. 1972). Sie wird erst dann verständlicher, wenn man auch parteipolitische Erwägungen in

Betracht zieht, d. h. die Befürchtung der nordrhein-westfälischen SPD, »des ›Modells Düren‹ wegen Stimmen zu verlieren« (*Der Spiegel*, 12/1972). Zwar vertrat Neuberger noch Mitte Januar 1972 im Landtag – in seiner Antwort auf die Kleine Anfrage der CDU – die Ansicht: »In Düren sammeln wir – das ist ja der Sinn der Modellanstalt – erste Erfahrungen. [...] Die Unzulänglichkeiten, die in dieser Zeit sichtbar geworden sind, dürfen kein Grund sein, das Experiment und damit die Entscheidung des Bundesgesetzgebers in Frage zu stellen« (Plenarprotokoll der 39. Sitzung des nordrhein-westfälischen Landtags, S. 1449), aber bereits kurze Zeit später ließ er an diesem Experiment eine Reihe von grundlegenden Abstrichen vornehmen und stellte es damit selber in Frage.

Diese Abstriche stellen sich nach Bechtel vorerst hauptsächlich dar als: »Einschränkungen unserer Kontakte mit der Außenwelt«; dies betrifft nicht nur die »Ausführungen der Insassen in die Stadt«, sondern auch ihren »Besuchs-, Paket-, Brief- und Telefonverkehr«, deren Kontrollen wieder wie im herkömmlichen Vollzug gehandhabt werden. Aber auch in anderen Bereichen hat die Vollzugsordnung gegenwärtig Vorrang vor der Therapie. Arbeitsverweigerungen – bei dem bisher schlechten und unzureichenden Arbeitsangebot nur allzu verständlich – sollen künftig nicht mehr wie bisher »lediglich therapeutisch in Angriff genommen werden« (Interview), sondern mit ›gezielten Sanktionen‹ geahndet werden: »Einkaufssperre, kein Rückgriff auf eingezahlte Gelder oder auf Rücklagen, Isolierung der Gefangenen im Haftraum während der Arbeitszeit« (Neuberger, a. a. O., S. 1450) oder – dies jedoch nur im äußersten Fall – ›Verlegung in andere Haftanstalten‹.

Ferner sollen die Insassen jetzt auch »schärfer auf die Einhaltung des Alkoholverbots hin kontrolliert‹ (werden). Das gelegentlich vorgekommene Einschmuggeln von Alkoholika durch Besucher oder anstaltsinterne Gärversuche mit Brot, Wasser und Obst werde es (so Neuberger – Verf.) nicht mehr geben« (*FR* v. 19. 1. 1972). Eine äußerst überflüssige Maßnahme, wenn man den Äußerungen Bechtels folgt, da das Alkoholproblem zum Zeitpunkt der Pressekampagne längst therapeutisch – »ohne daß jemals irgendeine Hausstrafe ausgesprochen worden war« (Interview) – bewältigt war. Bechtels Kommentar dazu: »Der Blitz kam viele Wochen nach dem Donner, d. h., der Donner war bei uns hier im Hause längst verrollt, und dann erst kam der Blitz« (Interview).

Die einschneidendste Maßnahme seitens des Justizministeriums war jedoch nach Ansicht vieler Beobachter, daß die Anstalt nun nicht mehr, wie das Gesetz es vorschreibt, von einem therapeutisch ausgebildeten Arzt, sondern von einem Juristen geleitet werden soll (*Die Zeit*, 10/1972). Neuberger begründete diesen Wechsel in der Anstaltsleitung, daß »der Arzt im Einzelfall überfordert

sein kann, die richtige Grenze zwischen allgemeinen Verwaltungs-
erfordernissen und therapeutischen Belangen zu ziehen« (zit. nach
Düsseldorfer Nachrichten v. 7. 3. 1972). Gleichzeitig kündigte er an,
daß er in Bonn dafür plädieren wolle, »daß die bundesgesetzliche
Vorschrift, die für solche Anstalten allein einen Arzt als Leiter
vorsieht, umgehend geändert wird« (*Düsseldorfer Nachrichten* v.
14. 1. 1972).

Mit dieser Vorschrift, nach der nun wieder die Verwaltung die
Oberhand über die medizinische Betreuung erhalten soll, wäre
jedoch – nach Auffassung einer medizinischen Zeitschrift – »das
Experiment gescheitert, denn welche sozialtherapeutischen Maßnahmen notwendig sind, dürfte für einen Juristen schwerer zu
entscheiden sein als für einen Psychiater« (*Medizinstudent*, 3/1972,
S. 28). Aber gerade diese Einschränkung scheint den davon per-
sönlich betroffenen Anstaltsleiter Dr. Bechtel nicht allzu sehr zu
bekümmern, da er sie weniger als Einschränkung denn als Entlastung empfindet. »Jetzt kommt – auch mit meinem Wunsch –
ein Jurist mit ins Haus. [. . .] Ich halte das für sinnvoll, weil eine
ganze Reihe juristischer und rein verwaltungsmäßiger Dinge hier
mit hereinspielen, die mich zum einen zeitlich und kräftemäßig –
von der Anforderung hier im Hause – und zum andern auch von
meiner Vorbildung her überfordern: ich bin Arzt und kein Jurist
oder Verwaltungsfachmann. [. . .]
Bei der gegenwärtigen Regelung hatte und habe ich auch viel zu
wenig Zeit, um mich in ausreichendem Maße um die therapeutischen Angelegenheiten, die Ausbildung der Mitarbeiter und das
therapeutische Milieu hier im Hause zu kümmern. [. . .] Es ist zwar
gesetzlich festgelegt, daß sozialtherapeutische Anstalten unter
ärztlicher Leitung stehen sollen; aber der Arzt ist dann von diesen
Gestaltungs- und Organisationsfragen dermaßen absorbiert, daß
er seinen eigentlichen Tätigkeiten kaum noch nachkommen kann.
Zumal ich auch noch – wie bereits erwähnt – Anstaltsarzt bin und
damit zusätzlich die somatische Versorgung der Insassen zu erledigen habe« (Interview).
Auf die Frage, ob mit einem Juristen als Über- oder Beigeordne-
tem der bisherige Freiheitsraum nicht eingegrenzt würde, verweist
Bechtel nur auf die ohnehin schon erfolgten Einschränkungen:
»Der Freiheitsspielraum ist ohnedies sehr gering, und das Justizministerium hat diesen Freiheitsraum in den letzten Wochen
noch sehr, sehr eingeengt. Und schon zur Beachtung der Grenzen
dieses Freiheitsraumes ist mir ein Jurist im Hause willkommen.
[. . .] Und wenn dieser Jurist kooperationsfähig und -bereit ist, so
kann ich weitaus unbefangener und schlagkräftiger meine Argumente aus therapeutischer Sicht vorbringen: die und die Modi
müssen wir haben, und du, mein lieber Herr Jurist, mach es mal
möglich!« (Interview).
Ob diese Argumentation Bechtels eine Rationalisierung des mini-

steriellen Erlasses ist oder ob er tatsächlich den Juristen an seiner Seite benötigt, vermögen wir nicht zu beurteilen. Eines scheint jedoch sicher zu sein, und dies gefährdet alle bisherigen Erfolge weitaus mehr als ein zusätzlicher Jurist: aufgrund der bisherigen vom Ministerium verordneten Maßnahmen sind »Insassen und Personal gleichermaßen verunsichert über den Fortgang des Experimentes. Die Vertrauensbasis scheint gestört« (*FR* v. 21. 3. 1972). »Die Insassen fühlen sich mit Recht für ihr anständiges Verhalten zu dem sie sich durchgerungen hatten, bestraft, und das Personal ist deprimiert und sieht seine therapeutischen Bemühungen gefährdet. Und so wird sich u. U. jetzt manch einer überlegen, ob er unter diesen neuen Gegebenheiten wird weiter mitarbeiten können« (Interview).

Zwischen den beiden Überschriften »Die sozialtherapeutische Modellanstalt in Düren ist ein sorgfältig geplantes Experiment« (*FR* v. 11. 5. 1971) und »Dem Experiment Düren droht ein langsamer Tod« (*FR* v. 21. 3. 1972) liegen knappe achteinhalb Monate; sicherlich zu wenig Zeit für die endgültige Entwicklung dieses bescheidenen Experiments, aber offensichtlich genügend Zeit, um es zu zerschlagen.

Erwähnenswert erscheint mir noch, daß einer der maßgeblichen Kritiker der Dürener Anstalt, Helmut Locher von den *Düsseldorfer Nachrichten*, anläßlich eines Preisausschreibens um den ›Wächterpreis der Tagespresse 1972‹, »mit dem zweiten Preis (5000 DM) für die Aufdeckung von Mißständen in der Modell-Haftanstalt Düren ausgezeichnet (wurde)« (*FR* v. 6. 12. 1972).

Schlußbemerkung

Keine noch so gute Sozialpolitik – vorausgesetzt, daß sie überhaupt möglich wäre – kann innerhalb des kapitalistischen Systems eine Veränderung der kriminogenen sozioökonomischen Situation der Unterprivilegierten in ihrer Gesamtheit bewirken; dazu müßten erst die Verhältnisse selber verändert werden. Daraus den Schluß zu ziehen, daß vor der mit einer gesamtgesellschaftlichen Umwälzung verbundenen Ausmerzung aller kriminogenen Faktoren Maßnahmen im Interesse der Unterschicht und insbesondere ihrer kriminalisierten Teile völlig überflüssig, da ohnehin nur systemstabilisierend, wären, käme jedoch einer revolutionsfetischistischen Verkürzung gleich, die allenfalls der psychischen Stabilität ihrer Verfechter nützte. Denn gerade Kriminalität, die nach Engels individuelle und rohste Form der Empörung gegen die bestehende Gesellschaftsordnung, dient den davon Betroffenen und ihrer Klasse am allerwenigsten; vielmehr kommt sie – wie in den einleitenden Abschnitten skizziert – infolge ihrer individualisierenden Wirkung vor allem dem Interesse der Herrschenden an der Aufrechterhaltung der Klassenstruktur entgegen.

Absolute Priorität unter den Ansätzen zur ›Behandlung‹ Krimineller kann sicherlich derjenige für sich beanspruchen, der auf eine Politisierung der kriminalisierten Individuen abzielt – auf eine Transformation von unbewußtem individuellem ›Protest‹ in bewußtes solidarisches Handeln. Inwieweit dies jedoch unmittelbar oder erst über eine Reihe von Vermittlungsschritten geschehen kann, wird vom Grad der jeweiligen Stabilität (bzw. Labilität) des einzelnen Individuums abhängig sein.

Als ein Bündel solcher Vermittlungsschritte erhielte die institutionalisierte ›Sozialtherapie‹ nur dann ihre Berechtigung, wenn sie dazu beitragen könnte, ihre Adressaten – womit jedoch nicht der gesetzlich vorgesehene, primär aus Rentabilitätserwägungen zusammengewürfelter Delinquentenkreis gemeint sein kann – von inneren und äußeren antisoziales Handeln bewirkenden Zwängen zu befreien, bei gleichzeitiger Sichtbarmachung der gesellschaftlichen Anteile ihrer scheinbar bloß individuellen Problematik, und sie damit zu *bewußter* aktueller Realitätsbewältigung innerhalb ihrer Herkunftsschicht zu befähigen. Zielsetzung sollte also nicht die Versöhnung der Delinquenten mit den ›kaputtmachenden‹ Verhältnissen, sondern die Entwicklung kritischer Distanz gegenüber den repressiven Mechanismen der Gesellschaft

sein. Eine weitere Aufgabe einer so verstandenen Sozialtherapie
wäre es, neben dem Abbau der Stigmatisierung von Straffälligen
(vgl. D.u.H. Peters, 1970, S. 120) über die wissenschaftliche
Auswertung der je unterschiedlichen Auswirkungen gesellschaftlicher Widersprüche in der individuellen Psyche deren konkrete,
im System verankerte Ursachen aufzuzeigen, um sie zu dessen
Veränderung nutzbar zu machen. Die Frage danach, wer eigentlich derzeit – und nicht erst in ferner Zukunft – diese Aufgaben
in Angriff zu nehmen imstande ist, muß bei dem gegenwärtigen
Bewußtseinsstand der sogenannten Fachleute jedoch unbeantwor-
tet bleiben.

Aus diesem Grunde und auch nach allen vorliegenden offiziellen
Materialien ist zu erwarten, daß Sozialtherapie im Strafvollzug
vor allem zu einer subtileren Ausformung bisheriger Vollzugs-
formen führen wird – Substitution kurzfristiger äußerer durch
langfristige innere Anpassung – und nicht zu einer tatsächlich
neuen Vollzugsform mit emanzipatorischem Gehalt.

Hierfür spricht auch die Tatsache, daß nicht humanitäre Erwägungen, nicht moralische Empörung über die zum Teil unmensch-
lichen Bedingungen des Regelvollzugs den Anstoß zur Einführung
sozialtherapeutischer Anstalten gaben, sondern allein die sich allmählich abzeichnende Erkenntnis von der Wirkungslosigkeit und
damit Kostspieligkeit des bisherigen Vollzugs und der Verviel-
fachung dieser Kosten durch den immer wiederkehrenden Ausfall
einer zunehmenden Zahl von Produktionskräften. Auf diese
Korrelation zwischen dem Stand der Produktionsverhältnisse und
dem jeweiligen Strafsystem hat Ernst Bloch im Zusammenhang
mit der Abschaffung des Galgens hingewiesen: »Erst als die früh-
kapitalistische Prosperity einsetzte, wurde das Zuchthaus rentabler
als der Galgen«.

Eine solchermaßen den Verwertungsbedingungen des Kapitals
subsumierte ›Sozialtherapie‹ dient auch in anderer Hinsicht den
Interessen des Systems: einerseits gehen in diese Art der Therapie
eben jene Ideologien ein, auf denen das kriminogene Gesellschaftssystem basiert, andererseits werden nicht die gesellschaftlichen
Ursachen der Kriminalität, sondern nur deren Symptome im
delinquenten Individuum zu beheben versucht. Qua Verinnerlichung der gesellschaftlichen Normen und Wertvorstellungen
wird der unbewußte unfreiwillige zum unbewußten freiwilligen
Untertan befördert.

Dieses Buch zielt keineswegs auf eine pauschale Verurteilung von
Sozialtherapie *allgemein* ab; seine Absicht ist vielmehr, eine länger-
fristige kritische Auseinandersetzung mit dem *derzeitigen* Konzept
von Sozialtherapie anzuregen, die uns im Interesse der oben aufgezeigten möglichen positiven Momente dieser Therapieform
und der davon Betroffenen unumgänglich erscheint. Denn nicht
die Kritik am Konzept der Sozialtherapie wird zu einem »Instru-

ment zur Erhaltung dieser Gesellschaftsordnung« (Hohmeier, Quensel, 1971, S. 41), sondern diejenige Sozialtherapie, die unter dem Deckmantel der akuten Hilfeleistung allein an Symptomen kuriert und damit die Verschleierung der eigentlichen Ursachen für Kriminalität fortsetzt.

Literatur

Erster Teil: Kriminalität und Gesellschaft

Abholz, H.-H.: Die Rolle des industriellen Arbeitsplatzes für die Ätiologie psychischer Erkrankung, in: *Das Argument* 60/1970.

Adorno, T. W.: Negative Dialektik, Frankfurt 1966.

ders.: Zum Verhältnis von Soziologie und Psychologie, in: Aufsätze zur Gesellschaftstheorie und Methodologie, Frankfurt 1970.

Adorno, T. W./Horkheimer, M. (Hg.): Soziologische Exkurse, Frankfurt 1956.

Berger, P./Luckmann, Th.: Die gesellschaftliche Konstruktion der Wirklichkeit, Frankfurt 1969.

Berndt, H./Reiche, R.: Die geschichtliche Dimension des Realitätsprinzips, in: Habermas, J. (Hg.), Antworten auf Herbert Marcuse, Frankfurt 1968.

Bernfeld, S.: Antiautoritäre Erziehung und Psychoanalyse, Bd. 1–3, Frankfurt 1969.

Bernstein, B. u. a.: Lernen und soziale Struktur, Amsterdam 1970.

Bolte, K. M.: Deutsche Gesellschaft im Wandel, Opladen 1967.

Brenner, Ch.: Einführung in die Psychoanalyse, Frankfurt 1967.

Brückner, P.: Zur Sozialpsychologie des Kapitalismus, Frankfurt 1972.

Bundeskartellamt, *Presseinformation* Nr. 7/73 vom 23. 1. 1973: ›Wieder beschleunigter Konzentrationsprozeß im Jahre 1972. Rekordzahlen in einzelnen Bereichen‹.

dass., *Presseinformation* Nr. 21/73 vom 3. 4. 1973: ›Konzentrationsprozeß geht weiter‹.

Caesar, B.: Autorität in der Familie, Reinbek b. Hamburg 1972.

Clutchette, J.: Zur Gefängnis-Reform, in: Davis, A., (Hg.), Materialien zur Rassenjustiz, Neuwied 1972.

Davis, A.: Politische Gefangene, Gefängnisse und Befreiung der Schwarzen, in: Davis, A. (Hg.), Materialien zur Rassenjustiz, Neuwied 1972.

Enzensberger, H.-M., in: USA: Organisationsfrage und revolutionäres Subjekt. Fragen an Herbert Marcuse, in: *Kursbuch* 22/1970.

Frankfurter Allgemeine Zeitung vom 26. 7. 1972: ›Reform des Wirtschaftsstrafrechts‹.

Frankfurter Rundschau vom 1. 3. 1973: ›In der Bundesrepublik tötet sich jede Stunde ein Mensch selbst‹.

dies. vom 3. 3. 1973: ›Kriminalität kommt der Wirtschaft teuer zu stehen‹.

Freud, S.: Gesammelte Werke, Imago Publishing Co. Ltd., London 1940, Fotomechanischer Nachdruck, S. Fischer Verlag, 18 Bde.

Fromm, E.: Der moderne Mensch und seine Zukunft, Frankfurt 1960.

ders.: Marx' Beitrag zur Wissenschaft vom Menschen, in: Bloch, E., u. a.: Marx und die Revolution, Frankfurt 1970.

Gefesselte Jugend. Fürsorgeerziehung im Kapitalismus, Autorenkollektiv, Frankfurt 1971.

Gottschalch, W./Neumann-Schönwetter, M./Soukup, G.: Sozialisationsforschung, Frankfurt 1971.

Guha, A.-A.: Sexualität und Pornographie, Frankfurt 1971.

Habermas, J.: Strukturwandel der Öffentlichkeit, Neuwied 1962.

Hofmann, W.: Grundelemente der Wirtschaftsgesellschaft, Reinbek b. Hamburg 1969.

ders.: Der neue Hang zur Gewaltsamkeit, in: Hofmann, W.: Abschied vom Bürgertum, Frankfurt 1970.

Huch, K. J.: Einübung in die Klassengesellschaft, Frankfurt 1972.

Huffschmid, J.: Die Politik des Kapitals, Frankfurt 1969.

Huffschmid/Joachim/Koenigs/Krueger/Mänicke/Vorberg: Die Widersprüche des westdeutschen Kapitalismus und die Wirtschaftspolitik der SPD, in: *Kursbuch* 21/1970.

Jaeggi, U.: Macht und Herrschaft in der Bundesrepublik, Frankfurt 1969.

Kallwass, W.: Der Psychopath, Berlin, Heidelberg, New York 1969.

König, R.: Anomie, in: Fischer-Lexikon Soziologie, Frankfurt 1967.

Krahl, H.-J.: Rede auf einem teach-in, in: ders., Konstitution und Klassenkampf, Frankfurt 1971.

Kühnl, R.: Formen bürgerlicher Herrschaft, Liberalismus–Faschismus, Reinbek b. Hamburg 1971.

Künzel, E.: Jugendkriminalität und Verwahrlosung, Göttingen 1971.

Laing, R. D.: Phänomenologie der Erfahrung, Frankfurt 1969.

Langer, E.: Täglicher Kapitalismus. Die Frauen in der New Yorker Telefongesellschaft, in: *Kursbuch* 22/1970.

Malinowski, B.: Geschlecht und Verdrängung in primitiven Gesellschaften, Reinbek b. Hamburg 1962.

Marcuse, H.: Aggressivität in der gegenwärtigen Industriegesellschaft, in: Marcuse, H., u. a., Aggression und Anpassung in der Industriegesellschaft, Frankfurt 1968.

ders.: Versuch über die Befreiung, Frankfurt 1969.

ders.: in: USA: Organisationsfrage und revolutionäres Subjekt. Fragen an Herbert Marcuse, in: *Kursbuch* 22/1970.

Marx, K.: Thesen über Feuerbach, in: Marx, K./Engels, F., Werke (MEW), Bd. 3, Berlin 1969.

ders.: Das Kapital, Bd. 1, in: Marx, K./Engels, F., Werke (MEW), Bd. 23, Berlin 1969.

ders.: Zur Kritik der politischen Ökonomie, Erstes Heft, Berlin 1970.

Marx, K./Engels, F.: Die deutsche Ideologie, in: Marx, K./Engels, F., Werke (MEW), Bd. 3, Berlin 1969.

Mead, M.: Jugend und Sexualität in primitiven Gesellschaften, 3 Bde., München 1970.

Merton, R. K.: Sozialstruktur und Anomie (1957), in: Sack, F./König, R. (Hg.): Kriminalsoziologie, Frankfurt 1968.

Mitscherlich, A./Mitscherlich, M.: Die Unfähigkeit zu trauern. Grundlagen kollektiven Verhaltens, München 1967.

Moser, T.: Jugendkriminalität und Gesellschaftsstruktur, Frankfurt 1970.

Newton, H. P.: Gefängnis, wo ist dein Sieg?, in: Davis, A. (Hg.): Materialien zur Rassenjustiz, Neuwied 1972.

Oevermann, U.: Schichtenspezifische Formen des Sprachverhaltens und ihr Einfluß auf die kognitiven Prozesse, in: Roth, H. (Hg.), Begabung und Lernen, Stuttgart 1969.

Parow, E.: Psychotisches Verhalten und Umwelt, Frankfurt 1972.

Peters, D./Peters, H.: Therapie ohne Diagnose? Zur soziologischen Kritik am kriminologischen Konzept sozialtherapeutischer Anstalten, in: *Kriminologisches Journal* 1970, S. 114 ff.

dies.: Destruktives und Konstruktives zur deutschen Kriminologie, in: *Kriminologisches Journal* 1972, S. 241 ff.

Plack, A.: Die Gesellschaft und das Böse. Eine·Kritik der herrschenden Moral, München 1967.

Richter, H. E.: Eltern, Kind und Neurose, Reinbek b. Hamburg 1969.

Roth, H. (Hg.): Begabung und Lernen, Stuttgart 1969.

Roth, J.: Armut in der Bundesrepublik, Darmstadt 1971.

Sachverständigenrat zur Begutachtung der gesamtwirtschaftlichen Entwicklung: Gleicher Rang für den Geldwert, Jahresgutachten 1972/73, Stuttgart, Mainz 1972.

Schelsky, H.: Die skeptische Generation, Düsseldorf, Köln 1958.

Siebke-Gutachten: Vermögenskonzentration weiter verschärft, in: *Frankfurter Rundschau* vom 6. 8. 1971.

Sozialisation statt Strafe. Ein Programm zur Resozialisierung dissozialer Jugendlicher konkretisiert am Modellfall Westberlin, Autorenkollektiv, Berlin 1971.

Sozialistische Kriminologie, Buchholz, E., u. a., Berlin 1971.

Sozialistisches Patientenkollektiv Heidelberg, Dokumentation, Teil I, Gießen o. J.

Wetter, R./Böckelmann, F.: Knastreport, Frankfurt 1972.

Wulff, E.: Psychopathie? – Soziopathie?, in:*Das Argument* 71/1972.

Zweiter Teil: Sozialtherapeutische Anstalt und ›Sozialtherapie‹

Abholz, H. H./Gleiss, J.: Zur Frage der Anpassung in der psychiatrischen Therapie – dargestellt am Beispiel des Buches ›Die negierte Institution‹, in: *Das Argument* 71/1972.

Ackermann, E.: Zwei Jahre Erfahrungen in der Justiz – Sonderanstalt Hamburg-Bergedorf, in: *Monatsschrift für Kriminologie und Strafrechtsreform*, 1971, S. 367 ff.

Adorno, T. W: Die revidierte Psychoanalyse, in: Sociologica II (Frankfurter Beiträge zur Soziologie 10), Frankfurt 1962.

ders.: Zum Verhältnis von Soziologie und Psychologie, in: Aufsätze zur Gesellschaftstheorie und Methodologie, Frankfurt 1970.

Aichhorn, A.: Verwahrloste Jugend, Wien 1923.

Alexander, F./Staub, H.: Der Verbrecher und seine Richter, Wien 1929.

Alternativ-Entwurf eines Strafgesetzbuches, Allgemeiner Teil, 2. Auflage, Tübingen 1969.

Ammon, G.: Gruppendynamik und Aggression, Berlin 1971 a.

ders.: Freizeitgestaltung im Rahmen einer gruppendynamischen Arbeitstherapie, in: *Praxis der Psychotherapie* 1971 b, S. 152 ff.

Basaglia, F. (Hg.): Die negierte Institution, Frankfurt 1971.

Basaglia, F./Basaglia Ongaro, F.: Die abweichende Mehrheit. Die Ideologie der totalen sozialen Kontrolle, Frankfurt 1972.

Bauer, M./Richartz, M.: Angepaßte Psychiatrie als Psychiatrie der Anpassung, in: *Das Argument* 60/1970, S. 152 ff.

Baumann, J. (Hg.): Programm für ein neues Strafgesetzbuch, Frankfurt 1968.

ders.: Geleitwort, in: Mauch, G./Mauch, R.: Sozialtherapie und die sozialtherapeutische Anstalt, Stuttgart 1971.

Bechtel, J.: Interview (Tonband), Februar 1972.

Berne, E.: Spiele der Erwachsenen, Reinbek b. Hamburg 1967.

Bernfeld, S.: Antiautoritäre Erziehung und Psychoanalyse, Bd. 1–3, Frankfurt 1969.

Bitter, W. (Hg.): Heilen statt Strafen, Stuttgart 1957.

ders.: Verbrechen – Schuld oder Schicksal?, Stuttgart 1969.

Blöschl, L.: Grundlagen und Methoden der Verhaltenstherapie, Bern, Stuttgart, Wien 1972.

Bräutigam, W.: Indikation und Prognose bei analytisch nicht behandelbaren
Krankheitsbildern, in: *Zeitschrift für Psychotherapie und medizinische Psychologie* 1966, S. 105 ff.

Brink, O.: Die Kriminalität ist eine Krankheit, in: *Zeitschrift für Strafvollzug*
1964.

Clauser, G.: Psychotherapie-Fibel, Stuttgart 1963.

Cohen, A. K.: Mehr-Faktoren-Ansätze, in: Sack, F./König, R. (Hg.), Kriminalsoziologie, Frankfurt 1968.

Cohen, D.: Diskussionsbeitrag in: Bachmann, C. H. (Hg.), Psychoanalyse
und Verhaltenstherapie, Frankfurt 1972.

Cooper, D.: Psychiatrie und Anti-Psychiatrie, Frankfurt 1971.

Der Nordwestspiegel vom 7. 3. 1972: ›Alternative Holland‹.

Dilger, K.: Das Wesen der Sozialtherapie und ihre Bedeutung in der Strafrechtsreform, in: *Monatsschrift für Kriminologie und Strafrechtsreform* 1969,
S. 255 ff.

Dörner, K.: Einleitung, in: Dörner, K./Plog, U. (Hg.), Sozialpsychiatrie,
Neuwied, Berlin 1972.

Drucksache V/4095: Zweiter Schriftlicher Bericht des Sonderausschusses für
die Strafrechtsreform, Verhandlungen des Deutschen Bundestages, V.
Wahlperiode, 1969.

Engel, S. W.: Zur Metamorphose des Rechtsbrechers, in: *Monatsschrift für
Kriminologie und Strafrechtsreform* 1966, S. 151 ff.

ders.: Psychotherapie im Gefängnis, in: *Universitas* 1967, S. 1079 ff.

Entwurf eines Strafgesetzbuches 1962 mit Begründung (E 1962).

Feige, J.: Neue psychologische Methoden für die Behandlung der Gefangenen, in: *Zeitschrift für Strafvollzug* 1962, S. 316 ff.

Feldman, W.: Sozialtherapie, Essen 1970.

Fischer F.: Irrenhäuser – Kranke klagen an, München, Wien, Basel
1969.

Frankfurter Allgemeine Zeitung vom 26. 7. 1972: ›Reform des Wirtschafts-
rechts‹.

Freud, S.: Gesammelte Werke, Imago Publishing Co, Ltd. London 1940,
Fotomechanischer Nachdruck, S. Fischer Verlag, 18 Bde.

Fürstenau, P.: Probleme der vergleichenden Psychotherapieforschung, in:
Bachmann, C. H. (Hg.), Psychoanalyse und Verhaltenstherapie, Frankfurt
1972.

Germain, Ch.: Die Gruppenarbeit als Behandlungsmethode für Häftlinge,
in: *Internationale Kriminalpolizeiliche Revue*, Paris 1964, S. 2 ff.

Gesetz: Zweites Gesetz zur Reform des Strafrechts, Bundesgesetzblatt, Bonn
1969.

Göppinger, H. E.: Möglichkeiten und Grenzen einer Resozialisierung mit
Mitteln der Psychiatrie, Psychologie und Psychotherapie, in: *Bewährungshilfe* 1964, S. 244 ff.

Gottschalch, W./Neumann-Schönwetter, M./Soukup, G.: Sozialisationsforschung, Frankfurt 1971.

Goudsmit, W.: Über Abwehrmechanismen bei sogenannten Psychopathen,
in: *Psyche* 1962, S. 512 ff.

ders.: Psychotherapie bei Delinquenten, in: *Psyche* 1963/64, S. 664 ff.

Güde, M.: Kriminalpolitische Zielsetzung in der Strafrechts- und Strafvollzugsreform, in: Rollmann, D. (Hg.): Strafvollzug in Deutschland, Frankfurt 1967.

ders.: Verhandlungen des Deutschen Bundestages, IV. Wahlperiode, S. 3190f;
zit. nach Nedelmann, C., u. a.: Kritik der Strafrechtsreform, Frankfurt
1968.

Habermas, J.: Theorie und Praxis, Neuwied, Berlin 1963.

Haesler, W. T.: Psychotherapeutische Behandlung von Sexualdelinquenten,
in: Göppinger, H./Witter, H. (Hg.), Kriminologische Gegenwartsfragen,
Heft 9, Stuttgart 1970.

Hanack, E.-W.: Juristische Voraussetzungen der Einweisung von Delinquenten in sozialtherapeutische Anstalten, in: *Zeitschrift für Psychotherapie
und medizinische Psychologie* 1970, S. 45 ff.

Heigl, F.: Persönlichkeitsstruktur und Prognose, in: *Zeitschrift für Psychosomatische Medizin* 1964, S. 102 ff.

Held, T.: Das analytische Psychodrama, in: *Zeitschrift für Psychosomatische
Medizin und Psychoanalyse* 1969, S. 287 ff.

Hirschmann, J.: Die psychotherapeutische Behandlung von Rechtsbrechern,
in: Würtenberger, Th. (Hg.), Kriminologie und Vollzug der Freiheitsstrafe, Stuttgart 1961.

Hoek-Gradenwitz, E.: Die Behandlung der Psychopathen in den Strafanstalten, in: *Psychologische Rundschau* 1963 a, S. 93 ff.

ders.: Die unbestimmte Internierungszeit und ihre Bedeutung für die Resozialisierung, in: *Zeitschrift für Strafvollzug* 1963 b, S. 322 ff.

ders.: Strafvollzug, Behandlung und Resozialisierung, in: *Neue Juristische
Wochenschrift* 1964 a, S. 2194 ff.

ders.: Behandlungsmethoden gegenüber schwierigen Kriminellen (Psychopathen), in: *Der Vollzugsdienst* 1964 b, S. 100 ff.

ders.: Behandlungsmethoden und Behandlungsformen für erwachsene Straffällige in Dänemark, in: *Bewährungshilfe* 1965, S. 190 ff.

ders.: Sozialpsychologische Behandlungsmethoden und ihre Ergebnisse –
ein Erfahrungsbericht mit kriminellen Psychopathen, in: Forschungsberichte zur forensischen Psychologie, Heft 2 (Prognose und Bewährung),
Berlin 1966.

Hoffet, H.: Die medizinischen Behandlungsmöglichkeiten von Sexualdelinquenten, in: *Schweizerische Zeitschrift für Strafrecht* 1968, S. 378 ff.

Hofstätter, P. R.: Die amerikanischen Tochterschulen der Psychoanalyse,
in: Frankl, E. u. a. (Hg.), Handbuch der Neurosenlehre und Psychotherapie
Bd. 3, S. 507 ff, München, Berlin 1959.

Hohler, R.: Die Strafrechtsreform – Beginn einer Erneuerung, in: *Neue
Juristische Wochenschrift* 1969, S. 1225 ff.

Hohmeier, J./Quensel, St.: Therapie ohne Diagnose? Zur Kritik von Dorothee und Helge Peters an der Konzeption der sozialtherapeutischen Anstalt,
in: *Kriminologisches Journal* 1971, S. 40 ff.

Huffschmid, J., u. a.: Die Widersprüche des westdeutschen Kapitalismus und
die Wirtschaftspolitik der SPD, in: *Kursbuch* 21/1970.

Janz, H. W.: Begriff und Aufgabe einer psychiatrischen Beschäftigungstherapie, in: *Praxis der Psychotherapie* 1971, S. 97 ff.

Kaiser, G.: Neue Wege im Strafvollzug, in: *Kriminalistik* 1968, S. 171 ff.

Kaufmann, A.: Dogmatische und kriminalpolitische Aspekte des Schuld-
gedankens im Strafrecht, in: Baumann, J. (Hg.): Programm für ein neues
Strafgesetzbuch, Frankfurt 1968.

Kihn, B.: Die Kontaktpsychologie nach Ernst Speer, in: Frankl, E. u. a. (Hg.),
Handbuch der Neurosenlehre und Psychotherapie Bd. 3, S. 413 ff, München, Berlin 1959.

Krause, W. F. J.: Freiwillige Entmannung aus medizinischer und kriminal-
biologischer Indikation, in: Bürger-Prinz, H./Giese, H. (Hg.), Beiträge
zur Sexualforschung, Heft 32, Stuttgart 1964.

Künzel, E.: Schluß – Kritische Überlegungen, in: Moser, T., Gespräche mit
Eingeschlossenen, Frankfurt 1969.

ders.: Jugendkriminalität und Verwahrlosung, Göttingen 1971.

Langelüddeke, A.: Die Entmannung von Sittlichkeitsverbrechern, Berlin
1963.

Langen, D.: Psychotherapie bei Sexualdelinquenten, in: Bürger-Prinz, H./
Giese, H. (Hg.), Beiträge zur Sexualforschung, Heft 34, Stuttgart 1965.

Laschet, U.: Ergebnisse neuer medikamentöser Behandlungsmethoden bei
Sexualdelinquenten, in: Göppinger, H./Witter, H. (Hg.), Kriminologische
Gegenwartsfragen, Heft 9, Stuttgart 1970.

Lebovici, S.: Eine Verbindung von Psychodrama und Gruppenpsychotherapie, in: de Schill, St. (Hg.), Psychoanalytische Therapie in Gruppen,
Stuttgart 1971.

Mauch, G./Bechtel, J.: Kastration im Strafvollzug, in: *Monatsschrift für Kriminologie und Strafrechtsreform* 1968, S. 200 ff.

Mauch, G./Mauch, R.: Sozialtherapie und die Sozialtherapeutische Anstalt,
Stuttgart 1971.

Mauch, R.: Interview (Tonband), Oktober 1970.

Mitscherlich, A.: Gutachten zu Fragenkreis VII, in: Bundesministerium der
Justiz (Hg.), Gutachten und Stellungnahmen zu Fragen der Strafrechtsreform mit ärztlichem Einschlag, Bonn 1958.

Moreno, J. L.: Das Psychodrama, in: Frankl, E. u. a. (Hg.), Handbuch der
Neurosenlehre und Psychotherapie, Bd. 4, München, Berlin 1959, S. 312 ff.

Moser, T.: Repressive Kriminalpsychiatrie – Vom Elend einer Wissenschaft,
Frankfurt 1971.

Nass, G.: Psychotherapie bei Straffälligen, in: Nass, G. (Hg.), Strafvollzug
und Jugendkriminalität, Heft 5 der Forschungsberichte zur forensischen
Psychologie, Berlin 1968.

Nedelmann, C.: Die Reform des Rechtsgüterschutzes unter dem Dogma des
Strafprinzips, in: Nedelmann, C., u. a.; Kritik der Strafrechtsreform,
Frankfurt 1968.

Niederschriften der Sitzungen der Großen Strafrechtskommission, IV. Wahlperiode, 45. Sitzung, Bonn 1958.

Niederschriften über die Sitzungen des Sonderausschusses für die Strafrechtsreform, V. Wahlperiode (insbesondere die 102., 115., 116. und 144. Sitzung), Bonn 1968/69.

Niederschriften: des Unterausschusses der Strafvollzugskommission der
Länder o. J.

Peters, D./Peters, H.: Therapie ohne Diagnose? Zur soziologischen Kritik
am kriminologischen Konzept sozialtherapeutischer Anstalten, in: *Kriminologisches Journal* 1970, S. 114 ff.

dies.: Destruktives und Konstruktives zur deutschen Kriminologie, in:
Kriminologisches Journal 1972, S. 241 ff.

Pietsch, K.: Versuch einer Psychotherapie im Strafvollzug, in: Seipp, P. u. a. (Hg.), Jugend im Blickpunkt – Erziehung zur Freiheit durch Freiheitsentzug, Neuwied, Berlin 1969.

Ploeger, A.: Das Psychodrama in der klinischen Psychotherapie, in: *Zeitschrift für Psychotherapie und medizinische Psychologie* 1965, S. 202ff.

Quensel, E.: Groupcounselling im Strafvollzug, in: Sonderdruck aus der Zeitschrift *Caritas* 5/1970, S. 30ff.

Quensel, St.: Der Alternativ-Entwurf in Zahlen, in: Baumann, J., Hrsg.: Programm für ein neues Strafgesetzbuch, Frankfurt/M. 1968.

ders.: Die gesetzliche Regelung der sozialtherapeutischen Anstalt in der Bundesrepublik, in: *Kriminologisches Journal* 1970, S. 4ff.

Rasch, W.: Die sozialtherapeutische Aufgabe – Stellung und Einstellung der Psychiatrie, in: *Kriminologisches Journal* 1970, S. 34ff.

ders.: Grundsätze des Dürener Behandlungsprogramms, in: *Justizverwaltungsblatt* 1971, S. 124f.

Rehn, G.: Buchbesprechung, in: *Kriminologisches Journal* 1972, S. 76ff.

Reich, W.: Der triebhafte Charakter, Leipzig, Wien, Zürich 1925.

Richter, H. E.: Patient Familie, Reinbek b. Hamburg 1970.

ders.: Die Gruppe, Reinbek b. Hamburg 1972.

Schittar, L.: Die Ideologie der therapeutischen Gemeinschaft, in: Basaglia, F. (Hg.), Die negierte Institution, Frankfurt 1971.

Schmid, R.: Einwände. Kritik an Gesetzen und Gerichten, Stuttgart 1965.

ders.: Vorwort, in: Nedelmann, C., u. a.: Kritik der Strafrechtsreform, Frankfurt 1968.

Schmitt, G.: Verhaltenstherapie – eine neue Behandlungsmethode?, in: *Monatsschrift für Kriminologie und Strafrechtsreform* 1971, S. 9ff.

Schneider, K.: Klinische Psychopathologie, Stuttgart 1950.

Schneider-Jonietz, B.: Ergebnisse neuer medikamentöser Behandlungsmethoden bei Sexualdelinquenten, in: Göppinger, H./Witter, H. (Hg.), Kriminologische Gegenwartsfragen, Heft 9, Stuttgart 1970.

Schraml, W. J.: Abriß der klinischen Psychologie, Stuttgart, Berlin, Köln, Mainz 1969.

Schraml, W. J./Selg, H.: Verhaltenstherapie und Psychoanalyse, in: *Psyche* 1966, S. 529ff.

Schultz, H.: Strafrechtsreform nach dem Alternativ-Entwurf, in: Baumann, J. (Hg.): Programm für ein neues Strafgesetzbuch, Frankfurt 1968.

v. Schumann, H.-J.: Behandlung und Resozialisierung von Sexualdelinquenten, in: *Kriminalistik* 1971, S. 508ff.

Seebandt, G.: Moderne medikamentöse Behandlung sexualtriebabartiger Männer in der Bewährungszeit, in: *Bewährungshilfe* 1969, S. 120ff.

Seegers, J.: Arbeitstherapie, in: Frankl, E. u. a. (Hg.), Handbuch der Neurosenlehre und Psychotherapie Bd. 5, München, Berlin 1961, S. 1ff

Sozialisation statt Strafe, Ein Programm zur Resozialisierung dissozialer Jugendlicher konkretisiert am Modellfall Westberlin, Autorenkollektiv, Berlin 1971.

Sozialistisches Patientenkollektiv Heidelberg, Dokumentation Teil II, Gießen 1971.

Spiel, W.: Die Psychotherapeutischen Möglichkeiten im Strafvollzug, in: *Kriminalistik* 1965, S. 273ff.

Steiner, J. M./Schumacher, H./Quensel, St.: Groupcounselling im Erwachsenenvollzug, in: *Monatsschrift für Kriminologie und Strafrechtsreform* 1966, S. 160ff.

Strotzka, H.: Einführung in die Sozialpsychiatrie, Reinbek b. Hamburg 1972.

Swildens, J.: Einführende Betrachtung zur ›Client-centered-Therapy‹, in: *Praxis der Psychotherapie* 1967, S. 197ff.

Tagungsberichte der Strafvollzugskommission (hg. vom Bundesjustizministerium): Bd. 1, Arbeitstagung vom 4.–7. 12. 1967 (o. O. und o. J.), Bd. 2, Arbeitstagung vom 26. 2. – 1. 3. 1968 (o. O. und o. J.), Bd. 8, Arbeitstagung vom 13.–17. 10. 1969, Bonn 1969.

Tausch, R.: Gesprächspsychotherapie, Göttingen 1970.

Thomann, R.: Psychotherapeutische Behandlung von Straffälligen, in: *Bewährungshilfe* 1961, S. 330ff.

Uleyn, A.: Nicht-Direktive Therapie, in: *Jahrbuch für Psychologie, Psychotherapie und medizinische Anthropologie* 1957/58, S. 256ff.

Wahl, A.: Gruppentherapie und Behandlung Straffälliger in internationaler Sicht, in: *Bewährungshilfe* 1963, S. 101ff.

Watzlawick, P./Beavin, J. H./Jackson, D. D.: Menschliche Kommunikation, Bern 1969.

Wendt, C.-F.: Die Möglichkeiten und Grenzen psychotherapeutischer Behandlung von erwachsenen und jugendlichen Rechtsbrechern, in: *Monatsschrift für Kriminologie und Strafrechtsreform* 1957, S. 193ff.

Wetter, R./Böckelmann, F.: Knastreport, Frankfurt 1972.

Wolff, J.: Therapie ohne Diagnose? Zur Kritik von Dorothee und Helge Peters an der Konzeption der sozialtherapeutischen Anstalten, in: *Kriminologisches Journal* 1970, S. 197ff.

Wolff, R./Hartung, K.: Psychische Verelendung und die Politik der Psychiatrie, in: *Kursbuch* 28/1972.

Wulff, E.: Kritische Sozialpsychiatrie in der Bundesrepublik, in: Dörner, K./Plog, U. (Hg.), Sozialpsychiatrie, Neuwied, Berlin 1972.

Dritter Teil: Die Praxis der sozialtherapeutischen Modelleinrichtungen in der BRD

Ackermann, E.: Zwei Jahre Erfahrungen in der Justiz – Sonderanstalt Hamburg-Bergedorf, in: *Monatsschrift für Kriminologie und Strafrechtsreform* 1971, S. 367ff.

ders.: Sachstandsbericht über sozialtherapeutische Einrichtungen unter Berücksichtigung der in der Sonderanstalt Hamburg-Bergedorf seit dem 1. 4. 1969 gemachten Erfahrungen, Manuskript, Hamburg 1973.

Baan, P. A. H.: Zur Behandlung und Resozialisierung psychisch gestörter Delinquenten, in: Ehrhardt, H./Ploog, D./Stutte, H. (Hg.), Psychiatrie und Gesellschaft, Bern, Stuttgart 1958.

Bechtel, J.: Interview (Tonband), Februar 1972.

Bild-Zeitung vom 5. 1. 1972: ›Fröhliche Feste hinter Gittern‹.

dies. vom 19. 1. 1972: ›Haftexperiment gescheitert‹.

Boley, Th.: Der Hohenasperg, Bietigheim/Württ. 1972.

Brink, O. A.: Von der kriminellen zur sozialen Gruppe durch Gruppentherapie im Gefängnis, in: *Monatsschrift für Kriminologie und Strafrechtsreform* 1964, S. 121ff.

Der Spiegel 12/1972: ›Man wird ja hier regelrecht überanstrengt‹, S. 62ff.

Die Welt vom 4. 6. 1971: ›Vor dem Eintritt in die Zelle wird angeklopft‹.

dies. vom 5. 5. 1972: ›Häftlinge der Sonderanstalt helfen beim Spielplatzbau für ein Kindertagesheim‹.

Die Zeit 10/1972: ›Wenn Gitterstäbe fehlen … ‹, S. 53.

Drucksache V/4095: Zweiter Schriftlicher Bericht des Sonderausschusses für die Strafrechtsreform, Verhandlungen des Deutschen Bundestages, V. Wahlperiode, 1969.

Dürener Lokalanzeiger vom 5. 10. 1971: ›Nur noch die Gitter erinnern an das alte Gefängnis‹.

Dürener Zeitung vom 5. 10. 1971: ›Die »große Freiheit« hinter Gittern‹.

Düsseldorfer Nachrichten vom 11. 1. 1972: ›In NRW droht ein Aufstand der Vollzugsbeamten‹.

dies. vom 14. 1. 1972: ›Lustige Tage in Düren sind vorbei‹.

dies. vom 7. 3. 1972: ›Mehr Aufsichtsbeamte in den Gefängnissen‹.

Eisenberg, U.: Zum Behandlungskonzept Sozialtherapeutischer Anstalten, in: *Neue Juristische Wochenschrift* 1969, S. 1553 ff.

ders.: Die Sozialtherapeutische Anstalt im zukünftigen deutschen Strafrecht – Vorbilder in Europa – Empfehlungen, in: Göppinger, H./Witter, H. (Hg.), Kriminologische Gegenwartsfragen, Heft 9, Stuttgart 1970.

Engell, R.: Resozialisierungsarbeit mit psychiatrischen Mitteln im Zentralkrankenhaus für den badisch-württembergischen Strafvollzug, in: *Jahrbuch für Psychologie, Psychotherapie und medizinische Anthropologie* 1968, S. 166 ff.

Express vom 19. 1. 1972: ›Dolce Vita‹ im Mustergefängnis‹.

Frankfurter Rundschau (FR) vom 11. 5. 1971: ›Nur nachts werden die Zellen zugeschlossen‹.

dies. vom 19. 1. 1972: ›Justizminister Neuberger gestand nichts ein‹.

dies. vom 21. 3. 1972: ›Dem Experiment Düren droht ein langsamer Tod‹.

dies. vom 6. 12. 1972: Zur Person.

Gschwind, M.: Die Sozialtherapeutische Anstalt in verschiedenen europäischen Ländern, in: *Zeitschrift für Psychotherapie und medizinische Psychologie* 1970, S. 59 ff.

Hamburger Abendblatt vom 4. 6. 1971: ›In dieser Strafanstalt stehen die Türen offen‹.

Hamburger Morgenpost vom 5. 7. 1972: ›Häftlinge bauten einen Spielplatz‹.

Hoek-Gradenwitz, E.: Die Behandlung der Psychopathen in den Strafanstalten, in: *Psychologische Rundschau* 1963 a, S. 93 ff.

Hohmeier, J./Quensel, St.: Therapie ohne Diagnose? Zur Kritik von Dorothee und Helge Peters an der Konzeption der sozialtherapeutischen Anstalt, in: *Kriminologisches Journal* 1971, S. 40 ff.

Holzapfel, R.: Therapeutische Aspekte im Vollzug, in: *Monatsschrift für Kriminologie und Strafrechtsreform* 1971, S. 372 ff.

ders.: Die Sonderanstalt Hamburg-Bergedorf, dreijährige Praxis und Erfahrungen, in: Ehrhardt, H. E. (Hg.), Perspektiven der heutigen Psychiatrie, Frankfurt 1972.

ders.: Interview (Tonband), September 1970.

Kappeler, M./Kaune, W.: Ist eine Tätigkeit im Heim für den Sozialarbeiter noch interessant? Erfahrungen aus einem therapeutisch-pädagogischen Jugendheim, in: *Unsere Jugend* 1964, S. 565 ff.

Klüwer, K.: Das therapeutisch-pädagogische Heim in Rösrath, Bez. Köln, Aufgabe und Arbeitsweise, in: *Neues Beginnen* 1962 a, S. 8 f.

ders.: Mental Health und Sozialarbeit, in: *Neues Beginnen* 1962 b, S. 53 ff.

ders.: Das therapeutisch-pädagogische Jugendheim ›Haus Sommerberg‹, Struktur und Arbeitsweise, in: *Jahrbuch der Arbeiterwohlfahrt*, Bonn 1964/65.

ders.: Dissoziale Jugendliche in der Industriegesellschaft – Ein praktisches Beispiel der Behandlung, in: *Praxis der Kinderpsychologie und Kinderpsychiatrie* 1965, S. 113 ff.

ders.: Stationäre Psychotherapie bei jugendlichen Dissozialen, in: Handbuch der Kinderpsychotherapie, 1969 a, S. 808 ff.

ders.: Schwierige Jugendliche im psycho-sozialen Spannungsfeld, in: Simon-sohn, B. (Hg.), Jugendkriminalität, Strafjustiz und Sozialpädagogik, Frank-furt 1969b.

ders.: Das therapeutisch-pädagogische Jugendheim ›Sommerberg‹. Einige Erfahrungen über ein soziotherapeutisches Experiment, in: *Praxis der Kin-derpsychologie und Kinderpsychiatrie* 1970a, S. 223ff.

ders.: Gedanken zum Aufbau einer Sozialtherapeutischen Anstalt, in: *Neues Beginnen*, 1970b, S. 94ff.

ders.: Interview (Tonband) in Haus Sommerberg, Herbst 1970.

Kölnische Rundschau vom 26. 10. 1971: ›Wenn den Tätern Ausflüge leicht gemacht werden‹.

dies. vom 3. 1. 1972: ›Haftanstalt Düren verbreitet Unruhe‹.

dies. vom 16. 3. 1972: ›Über Düren bleiben Ansichten geteilt‹.

Künzel, E.: Aufnahmekriterien und erste Behandlungsergebnisse, in: *Praxis der Kinderpsychologie und Kinderpsychiatrie*, 1965a, S. 214ff.

ders.: Jugendkriminalität und Verwahrlosung. Ihre Entstehung und Therapie aus tiefenpsychologischer Sicht, Göttingen, 1965b.

ders.: Kritische Überlegungen, in: Moser, T.: Gespräche mit Eingeschlosse-nen, Frankfurt 1969.

ders.: Interview (Tonband) in Haus Sommerberg, Oktober 1970.

Langelüddeke, A.: Die Entmannung von Sittlichkeitsverbrechern, Berlin 1963.

Lellau: Interview (Tonband) in Haus Sommerberg, Oktober 1970.

Mauch, G.: Psychotherapie Krimineller im Vollzug als Resozialisierungs-maßnahme, in: *Der Krankenhausarzt* 1963, S. 74ff.

ders.: Psychotherapie im Strafvollzug, in: *Monatsschrift für Kriminologie und Strafrechtsreform* 1964, S. 108ff.

ders.: Psychotherapie an Kriminellen in Holland, in: *Monatsschrift für Krimi-nologie und Strafrechtsreform* 1965, S. 177ff.

ders.: Psychotherapie im Strafvollzug, in: *Schweizerische Zeitschrift für Straf-recht* 1966, S. 401ff.

ders.: Sozialtherapie im Strafvollzug, in: *Zeitschrift für Psychotherapie und medizinische Psychologie* 1970, S. 66ff.

ders.: Interview (Tonband) auf dem Hohenasperg, Dezember 1971.

Mauch, G./Bechtel, J.: Kastration im Strafvollzug, in: *Monatsschrift für Kriminologie und Strafrechtsreform* 1968, S. 200ff.

Mauch, G./Mauch, R.: Sozialtherapie in der Strafanstalt – Möglichkeit und Grenzen, in: Bitter, W. (Hg.), Verbrechen – Schuld oder Schicksal?, Stuttgart 1969.

dies.: Sozialtherapie und die sozialtherapeutische Anstalt, Stuttgart 1971.

Medizinstudent 3/1972: ›Der Arzt und sein fideles Gefängnis‹, S. 27ff.

Merkblatt über die Behandlung Strafgefangener und Sicherungsverwahrter in der Sozialtherapeutischen Abteilung Hohenasperg vom 13. 4. 1970.

Moser, T.: Die Angst der Juristen vor dem Kompetenzverlust, in: *Frank-furter Allgemeine Zeitung* vom 4. 8. 1972.

Neuberger, J.: ›Die kriminalpolitische Bedeutung der sozialtherapeutischen Anstalten‹, in: *Justizverwaltungsblatt* 6/1971, S. 121ff.

Niederschriften der Sitzungen der Großen Strafrechtskommission, IV. Wahl-periode, 45. Sitzung, Bonn 1958.

Niederschriften über die Sitzungen des Sonderausschusses für die Strafrechts-reform, V. Wahlperiode (insbesondere die 102., 115., 116. und 144. Sitzung), Bonn 1968/69.

Niederschriften des Unterausschusses der Strafvollzugskommission der Län-der, o. J.

Niederschrift der 39. Sitzung des nordrhein-westfälischen Landtags, S. 1447 ff.

Padberg, A.: ›Entwicklung und Planung von sozialtherapeutischen Anstalten in Nordrhein-Westfalen‹, in: *Justizverwaltungsblatt* 6/1971, S. 122 ff.

Pardon 3/1972: ›Herr Ohnemichel schlägt zurück‹, S. 34 ff.

Peters, D./Peters, H.: Therapie ohne Diagnose? Zur soziologischen Kritik am kriminologischen Konzept sozialtherapeutischer Anstalten, in: *Kriminologisches Journal* 1970, S. 114 ff.

Rasch, W.: Die sozialtherapeutische Aufgabe – Stellung und Einstellung der Psychiatrie, in: *Kriminologisches Journal* 1970, S. 34 ff.

ders.: Grundsätze des Dürener Behandlungsprogramms, in: *Justizverwaltungsblatt* 6/1971, S. 124 f.

Recklinghäuser Zeitung vom 16. 3. 1972: ›Strafvollzug und Lieschen Müller‹.

Rheinische Post vom 17. 1. 1972: ›Mustergefangene?‹.

Roosenburg, A. M.: Psychotherapeutische Erfahrungen an Strafgefangenen, in: Bitter, W. (Hg.), Verbrechen – Schuld oder Schicksal?, Stuttgart 1969.

dies.: Beantwortung von Fragen über die Führung der Utrechter Klinik, in: Bitter, W. (Hg.), Verbrechen – Schuld oder Schicksal?, Stuttgart 1969.

Sachs, J.: Zur Behandlung von kriminellen Psychopathen in Dänemark, in: *Monatsschrift für Kriminologie und Strafrechtsreform* 1955, S. 69 ff.

Stürup, G.: Treating the Untreatable, Baltimore 1968.

ders.: Fünfundzwanzig Jahre Erfahrungen in der Behandlung von Rückfallverbrechern, in: Bitter, W. (Hg.), Verbrechen – Schuld oder Schicksal?, Stuttgart 1969.

Stumpfl, F.: Psychohygiene im Strafvollzug, in: Frankl, E. (Hg.), Handbuch der Neurosenlehre und Psychotherapie Bd. 4, München, Berlin 1959, S. 687 ff.

Widmer, A.: Erfahrungen mit sogenannten Psychopathen im dänischen Strafvollzug, in: *Monatsschrift für Kriminologie und Strafrechtsreform* 1966, S. 145 ff.

Fischer
Taschenbuch
Verlag

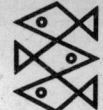

Politik und
Sozialisation

Urs Jaeggi
Kapital und Arbeit in der
Bundesrepublik
Elemente einer gesamtgesellschaft-
lichen Analyse
400 Seiten / Bd. TTP 6510

Wilfried Gottschalch
Bedingungen und Chancen
politischer Sozialisation
Aufsätze
142 Seiten / Bd. 1311
(Originalausgabe)

Tilmann Moser
Jugendkriminalität und
Gesellschaftsstruktur
Zum Verhältnis von soziologischen,
psychologischen und psychoanalytischen Theorien des Verbrechens
316 Seiten / Bd. 6158

Irma Gleiss/Rainer Seidel/
Harald Abholz
Soziale Psychiatrie
Zur Ungleichheit in der psychiatri-
schen Versorgung
280 Seiten / Bd. TTP 6511
(Originalausgabe)

Peter Brosch
Fürsorgeerziehung
Heimterror und Gegenwehr
172 Seiten / Bd. 1234
(Originalausgabe)

Wilfried Gottschalch/Marina Neu-
mann-Schönwetter/Gunther Soukup
Sozialisationsforschung
Materialien, Problematik, Kritik
200 Seiten / Bd. TTP 6503
(Originalausgabe)

Fischer Taschenbuch Verlag

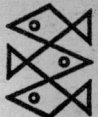

Psychologie.

Alfred Adler
Menschenkenntnis (Bd. 6080)
Über den nervösen Charakter
(Bd. 6174)
Der Sinn des Lebens
(Bd. 6179)
Individualpsychologie
in der Schule (Bd. 6199)
Heilen und Bilden (Bd. 6220)
Praxis und Theorie der Individual-
psychologie (Bd. 6236) (Febr. '74)

August Aichhorn
Psychoanalyse und Erziehungs-
beratung (Bd. 6233) (Jan. '74)

C. H. Bachmann (Hrsg.)
Psychoanalyse und Verhaltenstherapie (Bd. 6171)

S. A. Barnett
Instinkt und Intelligenz
Rätsel des tierischen und
menschlichen Verhaltens
(Bd. 6067)

K.-J. Bruder (Hrsg.)
Kritik der bürgerlichen Psychologie
Zur Theorie des Individuums in der
kapitalistischen Gesellschaft
(Bd. 6198)

Werner Correll
Lernen und Verhalten (Bd. 6146)
Grundlagen der Optimierung von
Lernen und Lehren

Johannes Cremerius (Hrsg.)
Psychoanalyse und Erziehungs-
praxis (Bd. 6076)

Erik H. Erikson
Einsicht und Verantwortung
(Bd. 6089)

Sigmund Freud
(zus. mit Josef Breuer) Studien
über Hysterie (Bd. 6001)
Darstellungen der Psychoanalyse
(Bd. 6061)
Abriß der Psychoanalyse/
Das Unbehagen in der Kultur
(Bd. 6043)
Drei Abhandlungen zur
Sexualtheorie (Bd. 6044)
Totem und Tabu (Bd. 6053)
Massenpsychologie und
Ich-Anlayse / Die Zukunft einer
Illusion (Bd. 6054)
Über Träume und Traumdeutungen
(Bd. 6073)
Zur Psychopathologie des
Alltagslebens (Bd. 6079)
Der Witz und seine Beziehung
zum Unbewußten (Bd. 6083)
»Selbstdarstellung«
Schriften zur Geschichte der
Psychoanalyse (Bd. 6096)
Brautbriefe
Briefe an Martha Bernays aus den
Jahren 1882—1886 (Bd. 899)
Der Wahn und die Träume in
W. Jensens »Gradiva« mit dem
Text der Erzählung von Wilhelm
Jensen (Bd. 6172)

Fischer
Taschenbuch
Verlag

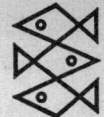

Psychologie.

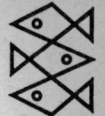
Alfred Adler

Heilen und Bilden.
Ein Buch der Erziehungskunst
für Ärzte und Pädagogen
(Bd. 6220) (Sept. '73)

Individualpsychologie in der
Schule. Vorlesungen für Lehrer
und Schüler (Bd. 6199)

Werner Correll

Lernen und Verhalten.
Grundlagen der Optimierung
von Lernen und Lehren
(Bd. 6146)

Fischer Lexikon Pädagogik

Neubearbeitung
Hrsg.: Hans-Hermann Groothoff
(FL 36)

**Funk-Kolleg
Erziehungswissenschaft**

Eine Einführung in 3 Bänden.
Hrsg.: W. Klafki, G. M. Rückriem,
W. Wolf, R. Freudenstein, H.-K.
Beckmann, K.-Ch. Lingelbach,
G. Iben, J. Diederich.
(Bd. 6106, 6107, 6108)

**Funk-Kolleg Grundlagentexte
Pädagogische Psychologie**

Bd. 1: Entwicklung
und Sozialisation.
Hrsg.: C. F. Graumann/
H. Heckhausen. Funk-Kolleg
Bd. 14 (Bd. 6113)

Bd. 2: Lernen und Instruktion.
Hrsg.: M. Hofer/F. E. Weinert.
Funk-Kolleg Bd. 15 (Bd. 6114)

Martin Goldstein/Will McBride

Lexikon der Sexualaufklärung
(Bd. 1221)

Reinfried Hörl (Hrsg.)

Kinder in ihrer Welt — Kinder
in unserer Welt. Kleines Prak-
tikum für Eltern und Erzieher
(Bd. 6085)

Tilmann Moser

Jugendkriminalität und
Gesellschaftsstruktur (Bd. 6158)

Fischer
Taschenbuch
Verlag

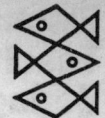

Pädagogik.

Johannes Cremerius (Hrsg.)
Psychoanalyse und Erziehungs-
praxis (Bd. 6076)

**Sozialistische Projektarbeit im
Berliner Schülerladen
Rote Freiheit**
Autorenkollektiv am Psycholo-
gischen Institut der FU Berlin
(Bd. 1147)

Karin Storch
Der zweite Bildungsweg.
Chance oder Illusion?
(Bd. 1372) (Herbst '73)

Johannes Weber/Jochen Schatte
Lesetraining.
Eine Anleitung zum schnelleren
Lesen und besseren Lernen
(Bd. 1240)

Lutz von Werder
Von der antiautoritären zur
proletarischen Erziehung.
(Bd. 1265)

Gunther Wollschläger
Kreativität und Gesellschaft.
Neue pädagogische Methoden
am Beispiel der Jugendkunst-
schule Wuppertal (Bd. 6177)

Hans Zulliger
Heilende Kräfte im kindlichen
Spiel (Bd. 6006)
Helfen statt strafen auch bei
jugendlichen Dieben (Bd. 6037)
Umgang mit dem kindlichen
Gewissen (Bd. 6074)
Die Angst unserer Kinder. Zehn
Kapitel über Angstformen,
Angstwirkungen, Vermeidung
und Bekämpfung der kindlichen
Ängste (Bd. 6098)

Fischer
Taschenbuch
Verlag

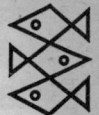

›Informationen zur Zeit‹ —
in 5 Jahren:
1,5 Millionen Gesamtauflage

Probleme der Gesellschaft

Christa Becker
Problem 218
Bd. 1310/Originalausgabe

Bürgerinitiativen
Schritte zur Veränderung
Hg. v. Heinz Grossmann
Bd. 1233/Originalausgabe

Ulf Homann
Das Haschischverbot
Gesellschaftliche Funktion und
Wirkung
Bd. 1268/Originalausgabe

Kommunalpolitik — für wen?
Arbeitsprogramm der
Jungsozialisten
Hg. v. Wolfgang Roth
Bd. 1272/Originalausgabe

Kriegsdienstverweigerer: Gegen
die Militarisierung der Gesell-
schaft
Hg. v. Haug/Maessen
Bd. 1173/Originalausgabe

Sport in der Klassengesellschaft
Hg. v. Gerhard Vinnai
Bd. 1243/Originalausgabe

Sozialisation

Peter Brosch
Fürsorgeerziehung
Heimterror und Gegenwehr
Bd. 1234/Originalausgabe

Wilfried Gottschalch
Bedingungen und Chancen
politischer Sozialisation
Bd. 1311/Originalausgabe

Schülerladen Rote Freiheit
Sozialistische Projektarbeit
Herausgeber-Kollektiv
Bd. 1147/Originalausgabe

Lutz von Werder
Von der antiautoritären zur
proletarischen Erziehung
Bd. 1265/Originalausgabe

Hans-Jürgen Haug/
Hubert Maessen
Was wollen die Schüler?
Politik im Klassenzimmer
Bd. 1013/Originalausgabe

Hans-Jürgen Haug/
Hubert Maessen
Was wollen die Lehrlinge?
Bd. 1186/Originalausgabe

Schulreform
oder Der sogenannte Fortschritt
Hg. v. J. Beck und L. Schmidt
Bd. 1121/Originalausgabe

Fischer
Taschenbuch
Verlag

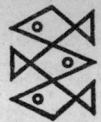

›Informationen zur Zeit‹ —
Darstellungen, Materialien, Analysen

Veränderung der Gesellschaft

Veränderung der Gesellschaft
Sechs konkrete Utopien
Hg. v. Hendrik Bussiek
Bd. 1092 / Originalausgabe

**Wege zur veränderten
Gesellschaft**
Politische Strategien
Hg. v. Hendrik Bussiek
Bd. 1205 / Originalausgabe

Svetozar Stojanović
**Kritik und Zukunft
des Sozialismus**
Bd. 1264

Weltfrieden und Revolution
Hg. v. Hans-Eckehard Bahr
Bd. 1102

Politik der BRD

Wilfried v. Bredow
Die unbewältigte Bundeswehr
**Zur Perfektionierung eines
Anachronismus**
Bd. 1353 / Originalausgabe

Peter Brückner
Freiheit, Gleichheit, Sicherheit
**Von den Widersprüchen des
Wohlstands**
Bd. 1324

Harold Rasch
Politik mit dem Osten
**Von der Abschreckung zum
Frieden**
Bd. 1165 / Originalausgabe

Probleme der Arbeiterklasse

Anpassung oder Widerstand?
**Gewerkschaften im autoritären
Staat**
Hg. v. Sven Papcke
Bd. 1094 / Originalausgabe

Erwin Breßlein
Drushba! Freundschaft?
**Von der Kommunistischen
Jugendinternationale zu den
Weltjugendfestspielen**
Bd. 1358 / Originalausgabe

**Schwarzbuch: Ausländische
Arbeiter**
Hg. v. Siegmar Geiselberger
Bd. 1325 / Originalausgabe

**Gewerkschaften und
Klassenkampf**
Kritisches Jahrbuch 1972
**Hg. v. O. Jacobi/W. Müller-
Jentsch/E. Schmidt**
Bd. 1312 / Originalausgabe

Fischer
Taschenbuch
Verlag

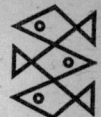

›Informationen zur Zeit‹ — die politische Reihe: aktuell, kritisch

Gewalt in der Politik

Am Beispiel Angela Davis
Der Kongreß in Frankfurt
Hg. v. A. Davis Solidaritäts-
komitee
Bd. 1350/Originalausgabe

Georg Krämer
Mord & Terror
Britischer Imperialismus:
Nordirland
Bd. 1300/Originalausgabe

Peter M. Michels
Aufstand in den Ghettos
Zur Organisation des Lumpen-
proletariats in den USA
Bd. 1319/Originalausgabe

»Ich war gern in Vietnam«
Leutnant Calley berichtet
Aufgezeichnet von John Sack
Bd. 988/Deutsche Erstausgabe

Der Fall CSSR
Strafaktion gegen einen
Bruderstaat
Bd. 964/Originalausgabe

Bobby Seale
Wir fordern Freiheit
Der Kampf der Black Panther
Bd. 1198/Deutsche Erstausgabe

Walter Hollstein
Kein Frieden um Israel
Zur Sozialgeschichte des
Palästina-Konflikts
Bd. 1226/Originalausgabe

Dritte Welt

Che Guevara und die Revolution
Hg. v. H. R. Sonntag
Bd. 896/Originalausgabe

Das Rote Buch
Worte des Vorsitzenden
Mao Tse-tung
Hg. v. Tilemann Grimm
Bd. 857/Originalausgabe

Heinz Rudolf Sonntag
Revolution in Chile
Bd. 1266/Originalausgabe

Chinas sozialistischer Weg
Berichte und Analysen der
Peking Rundschau
Hg. v. F. R. Scheck
Bd. 1267/Originalausgabe